刘军平／著

传统的守望者

张岱年哲学思想研究

人民出版社

目　　录

序

郭齐勇

张岱年先生是20世纪中国哲学史上的一代宗师。他在哲学理论、中国哲学与文化诸研究领域都有所创建,建立了以"问题意识"为框架的中国哲学史研究范式,提出了以唯物、理想、解析为中心的中国哲学的新构想,开拓了中国新时期价值学说的处女地,自觉地对中国哲学学科的自主性及方法论进行反思,成就斐然,学说独树一帜,是继熊十力、冯友兰之后的最富有理论原创性的中国哲学家。

张岱年先生学养深厚,好学深思,博闻强记,其慧根学识早在风华正茂的青年时代就得到显露。在读大学时期就发表了《关于老子年代的一假定》、《先秦哲学中的辩证法》、《谭理》、《论外界的实在》等一系列在学术界颇有影响的论文,早在25岁时就写下了以问题为纲的力作《中国哲学大纲》,冯友兰先生曾对其犀利的哲思和初现端倪的哲人气象嘉许不已,并极力推荐其就任清华大学哲学系教职。作为"清华学派"的一员,他始终朝着会通中西哲学的道路迈进,同时又恪守着传统资源。"立德、立功、立言"是其做人、做学问的目的,也是"为己之学"的结果。尽管经过历次政治运动的磨难,也难以改变他对哲学智慧的追求,对宇宙人生的思考,对人文价值的弘扬,对社会危机的反思,以及他的终极信念与关怀。他从未口头上承认他是一位儒家或"新儒家",但是,在他身上体现了"为天地立心,为生民立命,为往圣继绝学,为万世开太平"(张载《西铭》)的传统儒家知识分子的使命感。

随着西化大潮滚滚洪流的涌入,传统文化在分崩离析中式微。"天下恶乎定?"作为哲人的张岱年先生终其一生,守望着脚下这片资源,夜以继日,焚膏继晷,泽惠国人。"自强不息","厚德载物"是中华民族精神的体现,也是这位哲人践履躬行所奉行的座右铭。他力图要做的是让传统的源头活水流淌在华夏大地,流向世界,浇灌芸芸众生。中国需要什么样的哲学?天道与人道如何保持和谐一致?为此,张岱年先生一方面守望着传统,不遗余力地诠释中国哲学的特点,另一方面,以开放的胸襟吸纳西方哲学的精华,如穆尔、罗素的逻辑分析法,马克思主义的新唯物论等,使中学西学在两者的视阈中融合,超越了传统的本位文化观。"中国能不能建立起新的伟大的哲学,是中华民族能不能再兴之确切的标示,而如想创造新的哲学,必须先认清现在中国所需要。"①哲学"不是世界之外的遐想"②而是"时代精神的精华"③,它以其独特的理性思维回答了人们应该做什么和怎么做的问题,并成为人们修身的依据和安身立命的精神家园。不仅如此,在国家存亡、民族复兴之际,它能为我们指明方向:"在此时,如企图民族复兴,文化再生,更必须国人对于世界人生都有明切的认识,共同统会于一个大理想之下,勇猛奋斗,精进不息。在此时是需要一个伟大的有力

---

① 《张岱年全集》第1卷,河北人民出版社1996年版,第242页。以下所有涉及《张岱年全集》的引文,出版单位、出版时间和版次不再注出,仅注明《张岱年全集》卷数和页码。

② 《马克思恩格斯全集》第1卷,人民出版社1956年版,第120页。

③ 《马克思恩格斯全集》第1卷,人民出版社1956年版,第121页。

的哲学作一切行动事业之最高指针的。"①这些话至今读起来还让人感到震撼！为了创造一种能振奋民族精神的哲学，张岱年先生认为，只有将唯物、理想和解析结合在一起，融合中西哲学之长，才能创造一种新的哲学，这就是其"综合创新"的主旨。

其"综合创新"的源泉在哪里？创新并不是异想天开，平白虚构，其坚实的土壤来自于传统，根源于传统，"返本开新"是其创新的法宝。在吸取孔子的"仁学"，即以"人道"为主要内容并含有宗教性的终极关怀的思想基础上，张岱年先生提出了"充生以达理，胜乖以达和"的哲学命题；从老子的"道论"中，他探幽发微，论证道论是中国哲学本体论的开始，从老子的辩证法中提炼出自己辩证法的核心范畴（"反"与"复"等），展示了事物充盈衰微的大化流行的过程；从中华文化宝库《易经》的"生生之谓易"、"刚柔相推而生变化"、"一阴一阳之谓道"的精湛思想中，他提出了《事理论》中"延续与变化"的哲学范畴，以彰显宇宙"生生两一，一本多极"的生生不已、瞬息万变的世界；"天行健君子以自强不息，地势坤君子以厚德载物"被张岱年先生推崇为中华民族的民族精神。这一切，显示了作为哲学家的张岱年先生在多元文化大潮冲击下是如何守住自己，守住传统，进而超越传统，以实现"阐旧邦以辅新命"的使命的。

在弘扬传统、借鉴西方哲学资源和方法论的基础上，张岱年先生始终思考的问题是，如何建立富有现代学科意义的中国哲学。在当今，中国哲学之所以被排斥于海外多数哲学系的大门之外，其主要原因是中西哲学范式的不可通约性。脱胎于传统的经史子集的中国哲学，其学科的专业性和自主性直到20世纪初才破土萌

---

① 《张岱年全集》第1卷，第237页。

芽，即使如此还被人质疑为"中国的哲学"，或者"哲学在中国"。可以说，在创建中国哲学具备现代形态的学科方面，张岱年先生用力最勤，贡献巨大。一方面，在概念范畴的厘定方面，他极大地拓展了从周敦颐的《太极图说》（提出了太极、理、气、性、命等一系列理学的基本范畴）到朱熹、吕祖谦编订的《近思录》（分门别类地划分为道体、为学、致知、存养、克治、家道、出处、治体、治法、政事、教学、警戒、辨异端、观圣贤等十四卷），以陈淳的《北溪字义》，到清代戴震的《孟子字义疏证》，有关中国哲学概念范畴的一系列命题的内容，他的《中国古典哲学概念要论》(1989)对中国古代概念范畴的体系作了全面研究。"哲学是概念的游戏"（金岳霖语），没有概念的确切性和明晰性，学科的自主性就无从谈起。在概念范畴的创新性方面，张岱年先生可以说是集传统中国哲学概念研究之大成。任何人要进入中国哲学的大门，是绕不过张岱年先生的。另一方面，除了中国哲学的大智慧、大真知以及其特殊性外，张岱年先生也看重哲学的普遍理性，以期沟通"他者"，与"他者"对话，这是中国哲学研究的新方向。因此，西方哲学的理性、逻辑性及方法论是会通中西的必由之路，也是他一贯坚持的体验——解析——会通的路数。

除了上述提到的主要贡献之外，张岱年先生另一个主要学术贡献是，独辟蹊径地创立了宋明哲学史的三派说。长久以来学术界一直认为，宋明理学包括两个学派，即以程颐、程颢、朱熹为代表的程朱学派和以陆九渊、王守仁为代表的陆王学派。张岱年先生经过长时期精心研究后，审慎地提出了理学中还有一个重要学派，即以张载、王廷相、王夫之为代表的学派，可称张王学派，突出了以"气论"为主的张王一系，开创了宋明哲学史的三派说。张岱年先生不仅创立了张王学派说，在其一生的哲学生涯中，他实际上成为了张王等"气学"的继承者和创造转化者。

刘军平的专著是在其博士论文基础之上修改而成,应该说是国内外第一部有关张岱年先生哲学思想研究的博士论文,其开拓性和前沿性自不待言。作者全面地探讨了张岱年先生的哲学思想,把其放在20世纪中国哲学的大背景上加以研究,论证严密,逻辑性强,材料丰富,史论结合。总的来看,其特点如下:

第一,定位正确。张岱年先生的哲学思想宏富而复杂,他在中国哲学的许多方面都有所建树。在我国学界,对于张岱年先生的定位见仁见智,有"气论"者,有"综合创新"派,有"新唯物论"说,有"解析学派",有"新儒家",有"清华学派"等不同的提法,这些派属归类从不同的侧面反映了张岱年先生的哲学观。刘军平牢牢地抓住了其哲学的最核心部分,将其定位于"传统哲学的守望与创造者"。有了这一适当的定位,其他问题就迎刃而解。这一定位高屋建瓴,纲举目张,既正确地评价了张岱年先生作为哲人的历史地位,又凸显了其哲学思想的本质特点。

第二,找到了张岱年先生哲学思想的真正源头。刘军平通过仔细梳理,发掘出其哲学思想的源头有二:首先是孔子的仁学、老子的道学、《易传》的变易与刚健;其次是张载、王廷相、王夫之主"动"的谱系,认为二者是张岱年先生哲学思想的基础和创新源泉。刘军平认为,"综合创新"论的主要目的是为了传统的创造性转化,因而将张岱年先生的哲学思想放在整个大传统下予以考察,显发其与传统的渊源。

第三,注意其哲学思想的发展与演变。张岱年先生的哲学活动跨度时间长,从20世纪横贯21世纪初,其中有些哲学观点在不断修正、演变,从早期的"天人五论"到后期的著述,有些观点与早期思想相距甚远,乃至相抵牾,怎样化解这些不一致的地方?刘军平对其发展变化有其自己独到的阐释。

第四,把握了张岱年先生价值研究的关键所在。刘军平认为,张岱年先生是国内新时期价值观的开拓者。他从"以人为本"、"以和为贵"以及"义利统一"三个方面审视了张岱年先生关于传统价值观与现代价值观的联系。在当前构建"和谐社会"的大环境下,实现人的价值,强调人是社会生活之本,是中国文化关于人生意义、人生价值和人生理想的核心所在,也反衬了中国人生论重视"此岸"而不是"彼岸"的特点;"和谐社会"的诉求是当前治国方略和最高理念,刘军平对张岱年先生价值观的阐发有重大的现实意义,重视这些传统资源,也是传统自我转化的需要,这一点确实发前人所未发。

第五,挖掘了张岱年先生哲学思想中关于"中国哲学"自主性的论述。刘军平通过反复阅读张岱年先生的鸿篇巨制,从中提炼出他关于哲学自主性的要点:在哲学与中国哲学的界定上,在中西哲学有无形式上与实质上的系统的区别上,在中国哲学的特殊旨趣上,在哲学概念范畴的创新上,以及在哲学研究的问题意识上等。这一研论不仅体现了张岱年先生完善中国哲学作为一门学科的自觉意识,也反映了刘军平对当下有关中国哲学自主性讨论的反思及其前沿意识。

最后,刘军平广泛搜罗有关张岱年先生研究的一切文献资料,编目归类,其态度认真严谨。应该说,刘军平撰写的有关张岱年先生文献研究的综述及编目是目前国内最完备的,收集了《张岱年全集》中没有收录的许多文献,全面地反映了该领域的发展和新成果,归纳总结正确,可以看出刘军平是花了大力气的。不仅如此,刘军平的构思严密,行文流畅,显示了其哲思慧根和扎实的文字基本功。

刘军平在攻读哲学博士学位的过程中，勤奋笃实，刻苦研读中西方哲学原著原典。在 2002 年 9 月至 2005 年 6 月三年的紧张攻读期间，他积极参与我们学科点举办的学术会议，又发表了可观的科研成果，有的论文为人大报刊复印资料全文转载，有的被《新华文摘》转摘。在三年的攻读期间，他惜时如金，节假日也很少休息。他以读书为乐，畅游学海，"饭疏食饮水，曲肱而枕之，乐亦在其中矣"。作为在职攻读的博士生，他还承担着繁忙的教学任务，能按时完成博士论文是要付出很大努力的。

由于他英文好，能够读原著，能体察中西哲学的异同与不可通约性，这使他能朝着中西会通的路数走下去。在读博期间，他还多次翻译哲学文章，其译笔地道文雅，得到了著名汉学家谢和耐（Jacques Gernet）先生的褒奖。

"博学而笃志，切问而近思。"刘军平在攻博期间问学于萧汉明、李维武、田文军、徐水生、吴根友等教授，得到他们的悉心指导。2005 年 6 月，在他的论文评审及答辩过程中，得到了萧萐父、蒙培元、陈来、李宗桂、李翔海、高新民等校内外专家教授的耐心指导和中肯的评论。这是我和刘军平要特别致谢的。评审专家和答辩委员会的专家们高度评价了其论文，认为："张先生去年逝世（指 2004 年），本论文的选题正当张先生哲学盖棺定论之时，确属前沿，研究对象与目标十分明确……论文体现了作者具有当代的学术意识，既深入了对张先生学术思想的认识，又紧密结合了当下的哲学与文化的关怀与讨论，更是有现实意义。"（陈来）"《传统的守望者——张岱年哲学思想研究》是在 20 世纪中国哲学研究中具有重要价值的一篇学位论文，其重要价值体现在以下两个方面：其一，本论文涉及的问题堪称是真正深入到了学科前沿。论文涉及中西马三方互动的核心议题；其二，本论文对于剖析 20 世纪中国哲学具有鲜明的典型性……从作者的写作反映出,作者围绕选题进行了大量有效的阅读,对文献资料的引证严格遵守学术规范,论证有力,推论严谨,对研究对象既有深入的体认,亦有细密而理性的梳释,体现了作者一定的'批判意识',表明作者真正掌握了本学科领域坚实宽广的基础理论、深入的专门知识。"(李翔海)"这篇博士学位论文,问题意识强,注意哲学思考,重视张先生哲学思想的主体的确定,思路开阔,重点突出,逻辑严谨,材料翔实,论证合理,对于中国哲学的研究具有积极的意义。"(李宗桂)在答辩委员会上,通过无记名投票,评定为优秀等级。本书正是在听取专家们的意见与建议基础之上,修改而成的。

2005年9月至2006年8月,他被中美富布赖特基金遴选为富布赖特研究学者(Fulbright Research Scholar),负笈美国耶鲁大学从事中西文化比较的研究。在此期间,他应邀去西东大学、哥伦比亚大学、哈佛大学、维斯里安大学、库兹城大学讲学或参加学术活动,与著名学者狄百瑞(William De Bary)、杜维明、成中英诸先生晤谈,其学术活动在《西东大学学报》(The Setonian 2006年2月2日)及北美最大华文报刊《世界日报》(2006年4月1日)都有报道。这些经历扩大了其视野,这对于其学术成长将非常有利。

祝愿作者有新的进步!

是为序。

2006年10月于武昌珞珈山

引　言

　　20 世纪上半叶中国正处于一个大变革的时代,形形色色的文化思潮冲击着中国大地。在五四时期,有关中西古今文化论争中,涌现出种类繁多的文化哲学理论。其中较有影响的有张之洞提出的"中体西用论",梁漱溟提出的"中国文化复兴论",陈序经、胡适提出的"全盘西化论",陶希圣等人提出的"中国本位文化论"等等。20 世纪的贤哲们在中西交汇之际殚精竭虑地苦苦思索着中国文化的出路,给东方文化寻找希望。然而,无论是"国粹派"、"本位派"还是"西化派",都无法摆脱中西体用二元对立的思维方式,其相同点是将物质文化和精神文化绝对地对立起来。"国粹派"和"本位派"认为中国的价值观和文化观比西方优秀,中国应该引进的是西方的物质文明;而"西化派"则对中国传统文化及其价值缺乏同情的了解而予以拒斥。

　　怎样沟通中国传统文化与现代西方文化的关系? 他们之间存在可以会通的内在逻辑联系吗? 中西古今的文化转型期能够催生出既能继承和发扬中国传统文化,又能充分融合西方文化哲学的理论来吗?

　　自 20 世纪 30 年代起,张岱年先生在《哲学上一个可能的综合》一文中,为中国哲学提出了一个更新的、更理想的模式,即将"唯物、理想、解析,综合于一",也就是以马克思主义哲学的辩证唯物论为基础,重视中国哲学的道德和人生哲学,运用西方逻辑解析法之长,以弥补中国哲学之不足。其综合的方法是解析法和辩证法,其哲学体系贯穿宇宙论、人生论和知识论。在20世纪早期,张岱年把其哲学体系称之为"综合创造论",后期称之为"综合创新论"。张岱年的哲学体系不仅具有丰富的内涵,而且超越了"中体西用"、"全盘西化"等二元对立的思维模式,兼综中西之长,纠正了中西之弊端,在融合中国传统文化与西方先进文化上做出了贡献。张岱年的哲学思想不仅弘扬了民族文化,而且为当代文化建设指明了方向,是独树一帜的新的哲学观。

自五四运动以来,马克思主义及其哲学在中国逐渐传播。与此同时,西方现代思潮也纷纷传入中国。一批卓有建树的哲学家们在融贯中西的基础上纷纷创建了自己的哲学体系,中国哲学出现了空前繁荣的局面。其中,有熊十力的新唯识论、冯友兰的新理学、金岳霖的"道"论、贺麟的心学体系,以及张岱年的"综合创新"哲学体系。张岱年作为20世纪"十哲"的最后一哲,相对于熊十力、冯友兰、金岳霖、贺麟等人,他独特的哲学体系还未被充分地、系统地关注,还没有展开全面地研究。鉴于此,本人选择研究张岱年的哲学思想,以期阐明其哲学思想的独特价值。不言而喻,科学地分析和评价张岱年哲学思想,对于挖掘中国传统哲学以及20世纪中国哲学资源的宝库,是一个富有挑战性和有意义的工作。

张岱年的"综合创新论"是一种综合的、开放的哲学思想,展开这一课题的研究不仅对于继承和弘扬悠久深厚的中华文化、创建具有中国特色的社会主义新文化有着积极的意义,而且将有利于我们学习、借鉴、继承和吸收古今中外的优秀文化成果,实现对中国哲学的本土资源做出创造性的转换。本书重在研究张岱年先生打通"中"、"西"、"马"所创立的一种可能的模式,探索中国传统哲学在现代社会情境下何以进行创造性转换的一次努力和尝试。这对于弘扬民族精神，反省和检讨传统文化及其价值观，有着历史和现实的意义。

首先，鉴于 20 世纪 80 年代以来，学者们对张岱年的文化哲学思想已经发表了一些文章，其中范学德就张岱年的"综合与创造"哲学思想出版了专著，笔者所做到的是，尽量多地收集有关张岱年研究的资料。在此基础上，笔者编写了《张岱年哲学思想研究文献及索引》并撰写出较为详尽的研究综述。在充分掌握已有资料的基础上，本书试图将张岱年的哲学思想研究再向前推进一步，将其有关中国哲学思想的真奥义、真精神展示给国人。

其次，围绕张岱年哲学思想的内核"综合创新"展开研究，阐发"综合创新"的主要内容和哲学贡献。本书将以研究主题为结构，分成若干章节进行讨论，而不是就张岱年的"综合创新"本身展开线性描述，将着重解剖和挖掘其哲学思想的深层意蕴，将其落到实处。就"综合创新"而言，主要阐发唯物与解析的结合，论证张岱年外界实在的理论与中国传统哲学的渊源，阐明唯物与理想结合的哲学路数。

再次，本书考察的着重点是张岱年哲学思想产生的历史背景和发展形成过程，张岱年哲学与逻辑实证论的关联，张岱年如何将马克思主义唯物论与中国传统唯物论相结合、中国传统的辩证法与西方逻辑方法相结合，张岱年对中国哲学概念范畴的系统梳理，张岱年对中国传统道德伦理和价值观的研究，张岱年对中国哲学主体性的申论，并穿插比较张岱年哲学思想与冯友兰、金岳霖哲学思想的异同。因此，剖析张岱年的哲学思想与渊源，我们必须重视张岱年对传统哲学中孔子思想、《易传》思想和中国传统辩证哲学思想的批判与继承，特别是他对张载、王船山、颜李哲学思想的阐发,对中国传统价值思想研究开启山林式的拓展,以及捍卫中国哲学自主性所做出的艰辛努力,这是贯穿本书的核心所在。笔者试图通过对张岱年哲学思想展开全面深入的研究,以期揭示其独特的哲学价值。

综观张岱年的整个哲学学术思想,我们可以发现它有一条明晰可辨的主线——融合中西哲学,创造新的哲学形态。"综合创新"哲学思想主要经历三个发展阶段:20世纪20年代的初步奠基期所提倡的"综合创造说";20世纪80年代的重新确立期所提出的"综合创新论";20世纪90年代走向的系统期。在20世纪的中国哲学史上,张岱年哲学思想是最具特色,也是最有价值的理论之一。在探索中国哲学史的过程中,在提出、发展、建立自己的哲学理论中,"为往圣继绝学"的宗旨横贯张岱年哲学思想的整个体系。

在中国哲学史的研究方面,张岱年梳理了中国唯物主义发展史,论证了唯物论在中国哲学史上的存在及其不容忽视的地位,对不同时代的唯物史人物进行了专门的论述。张岱年在中国哲学史的宏观研究方面开辟了崭新的道路,即不是以时间或人物为经纬展开论述,而是以概念范畴或问题来展开研究。其《中国哲学大纲》不仅在方法论上开创了撰写中国哲学史的先河,而且从其理论深度来看日益显现出巨大的价值。在系统梳理和研究中国哲学问题的基础上,张岱年缜密地考察了中国哲学概念中的原始意义与流变,在借鉴西方哲学解析法的基础上,对名辞意谓进行精密的分析,从而为中国哲学寻找出一套条理系统,而不是完全诉诸西方哲学的模式和话语。如在突出宋明道学的"气"的概念上,在本根论的"道"的厘清上,在辩证法、伦理观和价值观的论述上,都做出了独具匠心的诠释。不仅如此,张岱年还在有关中国哲学的界定、中国哲学史的研究范围、中国哲学的合法性以及方法论领域给我们留下了宏富的思想。就思想深度而言，在20世纪中国哲学史界张岱年也是独领风骚。在当下，中国哲学又一次面临着危机的时刻，重温和发掘张岱年有关这一方面的哲学思想有着不可替代的现实意义。

张岱年在哲学理论上的贡献主要体现在：把辩证唯物论与中国哲学的优良传统以及20世纪早期的西方分析哲学有机地结合起来，融"唯物、理想、解析"于一炉，会通了中西哲学的精华。张岱年认为，马克思主义的辩证唯物论是当代最有价值的哲学理论，中国传统哲学是中国现代哲学的活水源头，西方分析哲学代表了西方哲学的发展潮流，只有对以上三者进行过滤、分析、批判、综合，才能创造出真正意义上的中国哲学。这种创造性的转换既综合了三者的长处，又避免了三者的短处，同时跳出了"中体西用"或"全盘西化"的二元对立的僵化思维模式。张岱年在20世纪40年代所撰写的《天人五论》是对这一体系雏形的论证，它标志着张岱年哲学体系的初步确立。

张岱年在中国文化研究领域的主要贡献是主张用唯物辩证法来研究文化问题，既反对"全盘西化"，也反对"中国文化优越"论。从张岱年哲学理论建立的初期开始，他就坚持主张对中国传统文化批判地继承，兼综中西文化之长，进行综合创新。对于那些裂冠毁冕、拔本塞源的行为，从根本上数典忘祖、不知返本报始的做法，张岱年是深恶痛绝的。传统对于张岱年来说，是切割不断的联系。此外，在文化研究方面，张岱年从20世纪30年代起，就开始提倡并研究中华"民族精神"，认为"自强不息"刚健有为的进取精神和"厚德载物"的宽容精神是中国文化的基本精神。自20世纪80年代的"文化热"兴起以来，张岱年提倡的这一文化观得到了哲学界、文化界的广泛认同。

本书采用多元客观的研究方法,试图对张岱年的哲学思想进行全方位、系统的研究,解剖和挖掘张岱年哲学思想的深层意蕴,显发张岱年哲学思想内在的逻辑性,并建立与此相适应的理论框架结构,凸显张岱年哲学思想的永恒价值和独特的思想魅力。

一百多年来,中国哲学在西方哲学大潮的冲击碰撞下走向新生,张岱年既是这一过程的见证人,又是中国哲学创造性转化过程的参与者。如何借鉴西方哲学的特长,继承弘扬传统哲学的精华,创建新的哲学形态,是 20 世纪每一位哲学家必须思考的问题。张岱年成功地回应了上述诸问题,在继往开来的转型期,为中国哲学的发展进行了富有洞见性的反思与创新,给我们留下了宝贵的遗产。

本书第一章对张岱年的学思历程、学术渊源及主要学术成就与贡献做了概括。在对张岱年本真生命的追寻过程中,我们既体悟到张岱年作为一代哲人把问学与道德集于一身的崇高品格,又鸟瞰式地领略了他对中国哲学卓越的贡献。笔者认为,张岱年作为 20 世纪最有影响、自成体系的哲学家之一,他的哲学思想深深根植于中国传统哲学的土壤之中。他既是传统的守望者,又是沟通传统与现代的桥梁。

第二章指出,传统对于张岱年来说,是一条永远割裂不断的脐带,赓续先贤文化生命的命脉是张岱年哲学创新的内在动力和源泉。从这种意义上看,张岱年的哲学思想在理论形式、哲学命题和言说方式上都具有鲜明的民族意识。构成张岱年哲学理论的基础是孔子的仁学思想、老子的辩证法以及《易传》的变易、刚健精神,这三个方面是张岱年哲学创新的源头活水。张岱年不仅对这三大源头有所阐发与认同,在建构自己的哲学体系中他也从中寻找学理上的支撑,获得灵感,从而拓展了其哲学思想的深刻内涵。

第三章从张岱年"综合创新"的条件及路线图入手,主要考察了唯物与解析的综合以及唯物与理想的综合。在唯物与解析的综合过程中,张岱年运用西方哲学的逻辑解析法,对传统唯物论的概念范畴、哲学命题做了探微入幽的廓清。本章认为,逻辑解析法对于张岱年来说是手段而不是目的,其直接目的是为了论证外界的实在性,其终极目的是通过辨名析理,清理中国哲学命题的意谓,为中国哲学创造性的转化打下坚实的基础。事实上,张岱年证明外界实在性的着力点,放了知觉与存在的关系、外界是可以被认识的对象等认识论问题上。有鉴于此,本章分析了张岱年的外界、感觉、实践为主体的认识论模式。在事理关系上,张岱年主张的是"物统事理"和"物源心流"。这一立场基本上继承了中国哲学唯物论中关于事理的传统,同时还对前人的观点有所发展。在论证事、物、理皆为实有的过程中,笔者透析了张岱年对张载、王船山、颜李哲学思想的阐发、批判与继承。笔者认为,张岱年哲学思想中刚毅、主"动"的学说秉承于上述诸贤,是其哲学思想中不容忽视的一条主线。不仅如此,在事理的界定和论述上,张岱年采取开放的多元主义立场,借鉴了罗素、怀特海的思想。毋庸置疑,张岱年的"综合创新"始终设定普遍主义的立场,它超脱了文化相对主义的基点,为中国哲学的发展寻找到一条切实可行的新路径。在唯物与理想的讨论中,笔者围绕张岱年关切的"天人关系"、"生与理的合一"以及"群己一体"的哲学命题展开研究。笔者认为,张岱年提出的"动的天人合一"的哲学命题重在强调天人关系的动态平衡、人与自然彼此相互协调、适应及融合的过程。这种哲学观不仅补充和发展了传统的"天人合一"的思想,而且为当今的生态伦理提供有益的借鉴。

本书第四章涉及的是张岱年在伦理价值研究方面所做的开拓性贡献。该部分具体阐述了张岱年在价值学上的基本问题、基本派别、基本特点以及价值的定义、价值的层次、价值观等方面所做出的整体建构。张岱年一反20世纪80年代国内许多学者趋之若鹜地仅转述西方价值学观点的倾向，通过对中国哲学史的钩沉，率先发掘了中国传统哲学的一个重要方面，即中国哲学上的价值学说，开创了中国古典哲学价值论研究前无古人的理论拓荒工作，创建了中国传统哲学的价值学说。在张岱年研究的众多的价值学问题当中，本书重点探讨了"以人为本"、"以和为贵"、"义利统一"等哲学命题。笔者认为，"兼和"之所以是张岱年哲学体系的核心范畴，是因为其对传统资源中有关"和"的价值思想的认同。本书还解读了张岱年对儒家哲学人的主体性的论说，意欲突出张岱年对人格价值、人格尊严、人的存在的重视。

本书第五章探讨的中国哲学的自主性问题是当下人们讨论的热点。通过深入地研读张岱年宏富的著述，本书认为，张岱年在揭示中国哲学的特质、辨析中西哲学的异同方面，覃研深思，用力甚巨。他慧思独运，以犀利的眼光对中国哲学中"活的"与"死的"内容进行了审视。笔者力图彰显张岱年在强化中国哲学的自觉意识的过程中，是如何以一种高瞻远瞩而又客观理性的视角看待哲学的一般性和中国哲学的特殊性的。笔者发现，张岱年之所以条分缕析地解析中国哲学的概念范畴，梳理其脉络条理，考镜其源流，是为了使中国哲学的概念范畴更加精确，更加具有逻辑性，其终极目的是为了突出中国哲学的主体性。笔者认为，在整个中国哲学史上，在中国哲学概念范畴的研究上，张岱年将占有永久的、不可替代的地位。

最后，笔者还观察到，张岱年在哲学研究中有强烈的本土视野。为此，本书进一步检讨了张岱年在问题意识、观念框架、话语系统，以及在此基础上建立的一套中国哲学的诠释方法。通过反思张岱年在建构现代意义中国哲学上所作的开启山林的努力，以使来者可以对中国哲学的自主性有更清醒的认识。

毫无疑问，张岱年是中国文化之根的传承者和守护者。他对于中华民族的意义在于，他能清醒地看到文明冲突之下传统文化的处境和命运，而努力重建中国哲学的道德价值体系。身处社会转型时期的张岱年，长期以来把其主要精力都投注到对传统哲学的深层问题进行反思和重建上。作为一代国学大师，他以深厚的学养承续着20世纪梁漱溟、熊十力、陈寅恪、冯友兰等老一辈国学大师的事业。从更远的源头上看，张岱年的传承源头有二：一是先秦孔子、《易传》中的刚毅、刚健的学说；二是宋元明清时期的张载、王夫之、颜元等唯物主义的、主"动"的思想。所以，笔者认为，在承续先贤命脉的基础上，张岱年的哲学凸显了中国传统哲学刚健、主"动"的哲学谱系。这种主"动"的哲学思想可以说是对自19世纪以来中国思想缺乏刚劲、积弱返重的积极回应；另一方面，也可以说是对西方思潮冲击的回应。可以设想，在20世纪中国哲学史上，如果没有张岱年等以继道统为己任的哲人，如果没有薪火相传的后续者，中国文化哲学思想会出现严重的断层、断裂。如果没有张岱年对传统的弘扬，在全球化的今天，我们可能还无法找到能够再现自我的身份和言说的话语方式。

张岱年的哲学、文化思想深深植根于中国传统文化的土壤之中，同时以海纳百川的胸怀吸收和容纳了现代哲学的丰富内涵。在20世纪中国哲学的转型期，张岱年对中国哲学做出了大胆的探索，成果丰硕，成一家之言。在21世纪的全球化时代，沟通、对话、融合成为主流话语的今天，注重古今兼综、中西融会的张岱年的哲学思想反映了时代的脉搏和潮流,具有广阔的理论前景和时代意义。因此,系统地研究和整理张岱年的哲学思想已经刻不容缓,时不我待。

在笔者看来,其理论的可贵之处在于创新:改变旧的思维方式以适应新的时代,改变旧的哲学范型以建立新的模式,改变旧的研究方法以采用多元客观的方法,洗汰旧的道德观点以确立新的价值观。同时,最根本的一点是,张岱年是传统文化精神的最坚决的捍卫者,是一位"为往圣继绝学"的哲人。无论是综合也好,解析也好,他都围绕重建中国传统哲学这个宗旨而不遗余力。赓续先贤文化生命的命脉是张岱年综合创新的内在动力和源泉。不言而喻,张岱年为中国哲学的更新、转型而另辟蹊径,其所建立的崭新的哲学模式影响了20世纪的中国哲学,并且继续影响着未来中国哲学的发展走向。

第一章　本真生命的追寻：
张岱年哲学导论

第一节　早期的求学和致思

1982年初夏的一天。北京大学的"中国哲学史史料学"的最后一堂课，座无虚席。一个能容纳上百人的大教室挤得水泄不通。听课的人有北京大学的研究生、本科生、留学生，还有北京大学、清华大学、中国人民大学的教师。偌大一个教室，无扩音设备，一位鹤发童颜的长者连续讲两个多小时还毫无倦意。这是一个知识饥渴的年代。师生们济济一堂听这位长者传中国文化之道统，吸取中国哲学之精华。由于年事已高，他的心痛病还不时发作。他登上讲坛，服一次药，讲十来分钟；再服药，再继续讲。在座者无不为他坚韧的毅力、"为往圣继绝学"的精神和精彩的讲课内容所折服，敬佩之情油然而生。课毕，全体起立，以一阵又一阵热烈的掌声表示他们的敬意。有的学生提出："请老师再讲一讲治学方法！"又响起了更热烈的掌声。长者没有推却，继续讲了八个字："博览，深观，辨析，谨严。"这是长者理解哲学学说真谛的深切体认。讲课终于在如雷鸣般的掌声中结束。① 这堂课既是言传又是身教,如切如磋,如琢如磨。讲台上下师生之间如此水乳交融般的交流,即使在北京大学也是不多见的。这位受师生欢迎的长者是谁? 他就是我国著名哲学家、哲学史家、国学泰斗,令人"高山仰止,景行行止"的张岱年先生。

一、出身于书香门第

张岱年(1909—2004)字季同,别署宇同。1909 年 5 月 23 日出生于北京西城区西安门附近的酒醋局胡同,原籍河北省(时称直隶省)献县杜生镇一个名叫小垛庄的小村庄。其父亲张濂,生于 1872 年,字中卿,光绪二十九年(1903 年)进士,1907 年授职翰林院编修。辛亥革命后,1918 年被选为众议院议员,之后曾任沙河县知事和枣强县知事。晚年赋闲在京过着隐居的生活,喜黄老之学。对《黄帝内经》和《黄庭经》颇有研究。曾在住宅大门和南屋门上贴上这样的对联"大林容豹隐,原野听龙吟"以及"礼泉无源,芝草无根,人贵自立;户枢不蠹,流水不腐,民生在勤",前者表达了自己隐居的志向,后者勉励后辈自立自强。书香门第的家庭为张岱年的学识成长营造了一个良好的文化氛围。其母赵太夫人生于 1869 年,生有四子二女,岱年行三。她一生辛劳勤俭持家,待人宽厚仁慈,只不过天不假年,在张岱年只 11 岁时(1920 年)就去世,时年仅 52 岁。回忆起早年蒙童无知,不能返本报始,报答母亲的养育之恩,张岱年唏嘘不已。② 母亲勤勉质朴的性格以及宽待他人的做人准则,

---

① 参见刘鄂培:《育人不倦,直道而行》,《光明日报》第 4 版《理论周刊》2004 年 5 月 11 日;又见刘鄂培主编:《综合创新——张岱年先生学记》,清华大学出版社 2002 年版,第 22 页。

② 参见《张岱年全集》第 8 卷,河北人民出版社 1996 年版,第 572 页。

对张岱年刚毅木讷的性格的形成有重要影响。

说到张岱年，就不能不提他的长兄张崧年。张崧年又名申府，长张岱年 16 岁，申府先生 1913 年考入北京大学数学系，1917 年毕业后留校任教。他积极投身新文化运动，1919 年参加五四运动，参加创办了《每周评论》，任《新青年》编委，经常以"赤"、"赤子"等笔名翻译和发表文章，宣传马克思主义，介绍西方文化思想，倡导民主科学。他 1920 年追随李大钊筹组北京共产主义小组，奔走于"南陈北李"之间，是中国共产党的第一批党员。1921 年初，张崧年应邀去法国，任里昂大学中国学院教授。在此期间，他先后介绍刘清扬、周恩来加入中国共产党，组成中共旅法小组。1922 年，他转到德国后担任中共旅欧总支部书记兼中央驻柏林通讯员。曾和周恩来一起介绍朱德加入中国共产党。1923 年底回国后，他参与了黄埔军校的筹建，1924 年任黄埔军校政治部副主任，同时担任蒋介石的英德文翻译。1931 年至 1936 年他任清华大学哲学系教授，后因参加领导"一二·九"爱国运动而被逮捕入狱。出狱后，倾心全力从事抗日救亡活动。作为中国新实在论的代表，张申府与我国现代思想界名人胡适、梁漱溟等同期的中国现代哲学家齐名。

张申府对张岱年的学术道路选择产生了直接影响。在国内学术界，他最先引进了罗素哲学，并进而主张"列宁、罗素与孔子，三流合一"。张申府先生曾用"R"为笔名发表文章。这个字母有三个含义："Russia"、"Red"、"Russell"，以示对罗素的景仰，取这个笔名的寓意是"我是红色的罗素"。作为最推崇罗素又酷爱读书的人，张申府曾把自己的书斋命名为"罗名女人许之斋"，"罗"即罗素，"名"即名学（现译逻辑），"女"是《列女传》，"人"为《人物志》，"许"为许刻本。他把一生的读书爱好荟萃于一，而最钟情的罗素排位第一。① 他是国内最早研究罗素的专家。

青年时期的张岱年，不仅得张申府的指点，耽读英国新实在论哲学，而且服膺"三流合一"主张，在20世纪30年代提出了"文化综合创新"说。他认为，中国哲学今后的一条新路，即将唯物论与逻辑分析方法以及孔子的仁学结合起来，建立一种综合的哲学。这包括：在方法上，将唯物辩证法与形式逻辑的分析方法综合起来；在理论上，将现代唯物论哲学与中国古代哲学的传统结合起来。尽管他一生从事学术的侧重点不同，但在治学的基本主张与方向上较为一致。张申府是新实在论的代表，深得罗素哲学要旨。家庭环境的耳濡目染，为张岱年奠定了爱国主义思想基础，并使他走上毕生致力于国学研究的道路。经张申府的介绍，张岱年早年就接触到马克思、恩格斯的著作。早在20世纪20年代末到30年代初，张岱年读了恩格斯的《费尔巴哈论》、《反杜林论》和列宁的《唯物论和经验批判论》，并完全接受了唯物论的思想。他把辩证唯物论同西方的新实在论、实用主义、生命哲学、突创进化论、新黑格尔主义以及超人哲学做了比较，认为辩证唯物论既博大精深又切合中国实际，因而是最具有价值的哲学。张申府不仅安排岱年入学就读，而且亲自指导他学习。在北京师范大学读书期间，张岱年在其兄长的亲炙下，发表过多篇学术论文。并且，长兄的博学多闻和为民主革命奋不顾身的精神，深深地影响了张岱年的一生。

回溯张岱年之所以在学术上取得如此大的成就，其渊源有：一是家庭父兄的影响，父亲国学修养深厚，对经史子集有很深的造

----

① 参见章立凡：《翻开尘封的历史——我所知道的张申府》，《作家文摘》2004年12月3日。

诣,如其父亲对老子的喜好可能影响了张岱年对老子辩证法思想的深入研究,其兄对罗素逻辑解析的阐释代表了当时国内的最高水平,张岱年日后之所以能熟练掌握并使用逻辑解析法与其熏染是分不开的;二是他坚持以辩证唯物论为其哲学思想的基础,弘扬的中国传统哲学思想的精髓。毋庸置疑,张岱年在哲学理论上独有建树与其家学渊源的影响是分不开的。而张氏一家出了两位哲学家也一时在中国哲学界传为美谈。

张岱年从小就受到了良好的教育和传统文化的熏陶。3 岁时随母亲回到乡下,使张岱年有机会亲近大自然。天上的星星、草丛中的蝴蝶等大自然的奥妙,都使幼小的张岱年感到着迷和兴奋不已。幼童时入村中私塾,诵《三字经》、《百家姓》,稍长读《论语》、《孟子》、《大学》及《中庸》四书。张岱年自幼好学,初在乡间读私塾时,私塾先生教诵课本"牛有角,羊亦有角",张岱年即问,这"亦"字当"也"字讲吧?塾师对小岱年的聪颖感到非常惊奇。《左传》中的故事使他着迷,直到年长以后他还记得小时候先生讲的《左传》中"郑伯克段于鄢"的故事。张岱年读"四书五经"如饥似渴,虽然不能深刻体会孔孟思想的微言大义,但随着年龄的增长和人生体验的丰富,中国传统文化的精髓已经在他幼小的心灵深深扎下了根。无疑,较为正规的儒家教育为张岱年从事中国哲学研究打下了坚实的基础。

1920 年,在故乡度过了八年难忘的岁月后,11 岁的张岱年又回到了北京。直到他逝世,他在北京这个文化故都一直生活了八十多年,很少离开过生于斯、长于斯的城市。

二、结缘于北京师范大学

1920 年秋,张岱年到北京师范大学附属小学插班学习,聪颖的岱年学习刻苦认真,三年后小学毕业,成绩名列前茅。张岱年读小学时就对国文课本中的《达尔文传》感兴趣。"物竞天择,适者生存"的进化论观点给他留下了深刻的印象。1923年小学毕业后,14岁的张岱年考入了北京师范大学附属中学试验班,初中读书时,张岱年就有志于学,对宇宙、人生等重大问题感兴趣,时常读一些哲学概论一类的书,从小就养成了独立思考的习惯。三年之后,张岱年完成了初中学业。1927年春,18岁的张岱年就读于北京师范大学附属中学,1928年夏高中毕业。各种因缘际会,张岱年青少年的求学历程与北师大紧密相连。

在北师大附属中学学习的5年期间,张岱年博览群书,好学深思。当时的北师大附中地处琉璃厂附近,张岱年经常流连其间,阅读搜寻各种书籍并逐渐对哲学书籍开始感兴趣。"可以说,中学5年,是我开启心智,逐渐亲近'爱智之学'的时期。"①由于受父亲和同学的影响,初中二年级开始,张岱年对老庄哲学产生兴趣,读《道德经》和《新解老》,对《道德经》哲学中的"道"是天地万物的最高原则有所领悟,接着又读了《哲学概论》之类的哲学书籍,开启了思哲的大门。

念天地之悠悠,体宇宙人生之奥秘,是古往今来先贤圣哲青少年时期的共同特点。如朱熹5岁就仰望着浩淼的太空,苦苦思索,"烦恼这天地四边之外,是什么物事。见人说四方无边,某思量也须有个近处,如这壁相似,壁后也须有什么物事。某时思量得几乎成病。"(《朱子语类》卷九十四)同样,少年的张岱年也对宇宙人生的一些哲学问题开始了思考,"常常独自沉思:思天地万物之本

---

① 林在勇主编,张岱年著,林大雄整理:《张岱年学述》,浙江人民出版社1999年版,第15页。这是由张岱年口述、林在勇笔录所整理的文稿。

原,思人生理想之归趋。每日晚上经常沉思一二个小时,养成致思之习。"①张岱年一直保持这种好学致思的品格直至耄耋之年,力图做到《中庸》所谓"博学之、审问之、慎思之、明辨之、笃行之"。初中三年级时,校长林砺儒为全校做学术演讲,阐释德国哲学家康德的"三大律令"。年少的张岱年感到非常钦佩和激动。从此,"要把任何人看做目的,不要看做工具"的这一道德律令深深镌刻在张岱年心里。在以后的哲学构思中,张岱年一直强调中国伦理学的"良贵"思想,不能不说是受了康德思想的启迪。初中毕业时,少年张岱年立下了为把中国建设成为一个富裕、强大的国家而奋斗的宏愿:"强中国,改造社会;成或败,退隐山林。"无独有偶,这一志愿和结果,与张岱年后期所推崇的王夫之的命运不无相似。虽然张岱年没有走上政治救国的道路,也没有像王船山那样退隐山林,但其报国之志始终不渝。他所走的是一条哲学救国的道路,他深信这样一条真理:一个没有理论思维的民族是没有希望的民族。在20世纪20年代国难当头,中国受到帝国主义列强的欺凌,"救国图存"使大多数青年走上了爱国主义的道路;万里赴戎机,血洒疆场是许多热血男儿的选择。为了华夏民族的振兴,探索救国救民的真理也是历史赋予斯人的使命。二者殊途而同归。少年张岱年痛感国耻,萌发了救国之心,通过求知、求真而决定走上学术救国的道路。"在我年轻的时候,当时中国正处在国难深重的关头,在半殖民地半封建的状态下,国家贫穷落后,当时中国的爱国人士追求救国救民的道路。因我对哲学感兴趣,所以就从哲学方面去探索救国救民的真理。当时我感觉到救国救民必须有正确的世界观、正确的人生观,于是就从这方面进行研究,看了许多中

---

① 《张岱年全集》第8卷,第575页。

国古代哲学、西方哲学的书。"①当时的中国,国破山河,民生凋敝,积重难返,面临着被西方列强瓜分宰割的命运。"长叹息以掩涕兮,哀民生之多艰。"(《离骚》)何以致此? 这一切深深刺激着张岱年,迫使他进行哲学上、理论上的思考和天问。

张岱年在很早的时候就显露了与众不同的哲学慧根。幸运的是,在其迈向哲学道路上,张岱年幸运地遇到了他哲学启蒙的领路人。上高中一年级时,班主任汪伯列老师正是这样的伯乐。汪先生不仅开设了张岱年感兴趣的"中国哲学史"课程,还常和张岱年晤谈当时中国学术界的情况。当张岱年写出了自己的处女作《评韩》的哲学文章,批评韩非子专重刑法反对道德教化的观点时,汪先生赞许有加,认为文章的理论水平不在大学生之下。受此嘉许,张岱年又写了一篇题为《关于列子》的文章,以证明列子确有其人,反驳列御寇是虚构之说,1932 年发表在《北京晨报》的副刊上,这是张岱年正式发表的第一篇文章。当时的学术界有人认为,列子是庄子杜撰的寓言故事,历史上并无其人。通过论证,张岱年认为,不仅《庄子》书中有列子的记载,而且《吕氏春秋》和《战国策》中都有文字涉及列子。张岱年的结论是:尽管《列子》一书基本上是伪书,但应该肯定列子作为先于庄子的道家人物存在。这是一篇颇有分量的考据性短文。一名中学生能写出如此的考据文章让师们都刮目相看。对于汪先生的教诲、赏识,张岱年多年以后还心存感激。

岁月如梭,1928 年,张岱年考入清华大学,旋即退学。1928 年

---

① 张岱年、冈田武彦:《中国哲学与二十一世纪》,《浙江学刊》1998 年第 3 期。在这次有名的中日哲学界的晤谈中,张岱年和冈田武彦两位东方哲人回顾了自己是如何走上了哲学之路的经历。

9月又报考北京师范大学教育系,被录取。当时的北京师范大学受北京大学蔡元培先生所提倡的学风的影响,推崇思想自由,治学实行兼容并蓄,延聘教师以学术成就为主,不论政治观点。在这样一种自由的学术氛围里,张岱年如鱼得水。张岱年既听教育系的课,也旁听其他系的课。其中,钱玄同先生讲的"经学史"和邱椿先生讲的"教育心理学"是张岱年最感兴趣的课程。钱先生擅长即兴发挥,边走边讲,讲课生动活泼;邱先生讲课既内容丰富,又深入浅出。在课外之余,张岱年的大部分时间用于阅读中国古典哲学著作。在中国哲学方面,梁启超的《论中国学术思想变迁之大势》、胡适的《中国哲学史》(上卷)以及冯友兰的《中国哲学史》(上卷)都是他必读之书。通过反复研读胡、冯的著作,张岱年决心走一条与胡、冯不同的道路,即以一种不同的方式写中国哲学史,这就是日后完成的蜚声中外的《中国哲学大纲》。在冯友兰的影响之下,张岱年对老子的年代问题很感兴趣。可以说,张岱年的学术生命肇始于1931年。时年只有22岁的张岱年由于在北京师范大学学习期间,博览群书,刻苦攻读,阅读了大量中国古典典籍,便具备了较深的哲学功底和较强的独立思考的能力。这一年张岱年撰写了一篇颇具哲学功底的文章《关于老子年代的一假定》。该文在《大公报·文学副刊》上发表之后,引起了罗根泽先生的注意,后来将此文收入《古史辨》第四册中。张岱年对于老子的研究在其哲学生涯中可谓最早,这很可能与其父亲"好黄老之学"有关。中国哲学史界对于孔、老的年代问题有过一次大辩论,这次辩论曾在学术界掀起了轩然大波。以胡适之为主一派的认为,老子先于孔子,而以梁启超为主的一派则认为孔子先于老子。张岱年发表的《关于老子年代的一假定》一文引起了冯友兰先生的注意,其严密的考证,细心的推理,使冯先生以为作者"必为一年长宿儒也",由此可见张岱年研究老子功力之深厚。日后冯、张二人相见,冯先生不仅赞叹张岱年的天资之美,更悦其气象木讷,聪颖而深藏不露,遂与张岱年形成了学术上切磋之谊,更让堂妹冯让兰与岱年订百年好合之盟,友上加亲,成就了一段婚姻佳话。冯、张二人的立身与为学不仅是中国哲学界的楷模,二人形成的终生相互切磋的学术情愫更是让人羡慕不已。

进入大学学习后,张岱年在思哲的海洋里畅游,如鱼得水。同时,张岱年在其兄长张申府的指导下阅读了许多西方哲学名著。张岱年最喜爱的西方哲学家是罗素(B. Russell)、穆尔(C. E. Moore)、怀特海(A. N. Whitehead)和博若德(C. D. Broad)。张岱年通过阅读西方哲学著作有意识地训练自己的哲学思维。特别是罗素著作中论证严密的逻辑分析,层层剖析、精确不苟的方法令张岱年大为赞赏。罗素的分析哲学对张岱年哲学思想的形成影响很大。除此之外,恩格斯的《路德维希·费尔巴哈和德国古典哲学的终结》、《自然辩证法》,列宁的《哲学笔记》等书都是他终身的至爱。在北京师范大学读书期间,张岱年还积极参加学生活动,他和王重民、孙楷第、刘汝霖等人组织了一个名为"努力学社"的学会并出版了《努力学报》。当时北京师范大学的各种学生学会相当活跃,章太炎、鲁迅、张申府等知名人士都应邀到北京师范大学讲演。在此期间,由于其兄张申府的介绍,张岱年有幸结识中国哲学界的前辈如熊十力、金岳霖、梁漱溟和冯友兰。和这些先生的晤谈和求教进一步加深了张岱年对中国哲学问题的了解,从而终身受益。子曰:"益者三友,损者三友。友直、有谅、有多闻。"(《论语·季氏》)年轻的张岱年通过和上述诸公的交往,建立了终生的友谊。不仅如此,通过取人之长,补己之短,张岱年善纳百家之言而融于一炉,哲学思想日趋成熟。而张岱年非凡的哲学慧思也引起了哲学前辈的关注。如张岱年向熊十力先生请教一些理学和佛学的问题后,熊十力不仅赠送其《新唯识论》和《破破〈新唯识论〉》。在双方的一次晤谈之后,意犹未尽的熊先生还给张岱年写了一封信。后来以《答张季同》的标题收录在《十力语要》中。①

在这封信中,熊十力不仅对《论语》中的"学"与"思"做了新的阐释,并且强调感官经验并不能观察到万物变化的根源。熊十力不仅强调"思"的证会,而且也强调"学"的躬行,而"践形尽性"乃是其最高原则。熊十力博大精深的思想体系固然是其匠心独具、深造自得所创建,但是其"体用不二"的本体宇宙论思想主要是扬弃《周易》和王船山哲学而形成的。其直觉主义远源为禅宗和陆王心学,近源为柏格森与梁漱溟的生命哲学做了沟通。至于其在认识所由发生、主体认知结构、对象意识的形成和心与境的相

---

①　萧萐父主编:《十力语要》,《熊十力全集》,湖北教育出版社2001年版,第36—38页。这封信的原文是:"作文与读览两不能费,两不可费,然真工夫实有在作文读览之外者。《论语》'默而识之',《易》曰'默而成之','不言而信,存乎德行'。此是何等功夫!贤者大须留意。子曰:'学而不思则罔,思而不学则殆'。此'思'字不是常途所谓思想,此'学'字亦非读书之谓。《论语》博学于文,'文'不谓书册也。凡自然现象皆谓之文。《易·系传》言'仰观于天,俯察于地,近取诸身,远取诸物',借博文之谓,皆学之谓也。故学则不外感官经验,而思则不限于感官所得,其默识于不言之地,炯然自明。而万物一理,通于一而莫不毕者,故贞信而无所罔也。此思也,吾亦名为证会。如唯限于感官经验,则可以察物之分殊,而万化根源,终非其所可窥也。令兄前有来信,以谓今人只知张目求见,不悟闭眼始有深见,见处甚高。时贤那得语此?又东方学术归本躬行,《孟子》'践形尽性'之言,斯为极则。(形为身。身者道之所凝,修身以体道,此身即道之显也,是谓践形。性亦道也,人秉道以生,既生而能不拘于形气之私,乃有复其性,即宏大其道,而性分无亏欠,故曰尽性。)故知行合一之论,虽张于阳明,乃若其义,则千圣相传,皆此旨也。欧风东渐,此意荡然。藐予薄殖,无力扶衰。世既如斯,焉知来者?前函令兄,欲贤者得暇且图把晤,想尚未见此函也。"张岱年对熊子学思结合、"践形尽性"的观点甚为赞同。

互关系方面,则深深地打上了唯识学的印记。熊十力哲学的最显著的特点,是他将传统儒家哲学——其中主要是宋明理学特别是陆王心学——所凸显出的内圣极致的"孔颜乐处"给予了本体论的新论证,即把宋明理学的伦理学和人生观翻转为宇宙论和本体论。张岱年十分推崇熊先生的人格气象、治学风范以及他在近现代中国哲学史上做出的杰出贡献,敬佩他融会中、西、印思想而独创的哲学理论体系的世界意义。在《体用论》中,熊十力发表的有关中国哲学创新的观点始终激励着张岱年:"东方古哲遗经,其中确有宝物在,尤望学者苦心精究。将来有哲人兴,融合上述诸学,以创立新哲学之宇宙论,是余所厚望也!"①熊十力创立新哲学的思想启迪着张岱年综合创新的哲学思想,其融合中、西、印的思路鼓舞着张岱年,朝会通中西的道路上走下去。

但是,张岱年所主张的辩证唯物论与熊十力的哲学观点也有相抵牾之处。张岱年意欲构建的哲学体系是继承、弘扬中国固有的唯物论与辩证法思想。由这封信中我们也可以看出张岱年早期辩证唯物论的倾向。如张岱年在1933年3月发表的《谭"理"》一文,既反对唯心论者认为事物是人心所赋予的主观论,也反对唯理论者认为在事物的具体世界之外还有理的共相世界的观念实在论。"现在我们来讨论这种关于'理'的唯心说。这种学说,以为外界本来只是混沌的紊乱的;理非外界自具,乃由我们的心固有先验格式而看出来的,外界映在新的格式内而出现了条理,所谓条理只是外界的格式投射在外物上的……试问人心怎么会有格式呢?"②同年5月,为了进一步证明外界的客观存在,反驳主观

---

① 萧萐父:《吹沙集》,巴蜀书社1991年版,第593页。
② 《张岱年全集》第1卷,第99页。

唯心论及佛家讲的"心作万有"、"万法唯识"的观点,张岱年又发表了《论外界的实在》,认为外界的实在不仅可以由实践加以证明,而且也可以从理论上加以证明。最终,张岱年的结论是:"本来,说一切心造是容易极了,但任举经验中一物而问心如何造之,则极难言,且心是如何一回事,盖亦难说。物原非心造,心只能知之;如欲将物改造之,当由身有所动作。"①从这两篇重要论文中,我们可以看出:首先,作为一名23岁的青年大学生张岱年具备了一名哲学家应该具有的独立思考的天赋,不盲从,不附和,具有哲学问题意识;其二,其唯物论的主旨倾向已经完全确立;其三,论文分析细致、缜密,"析事论事,精妙绝伦"。在论证上,张岱年运用了逻辑解析法,以严密的逻辑,层层推理,在理论上论证了"外界的实在"。上述两篇文章的独特之处在于将逻辑解析法与辩证法加以综合,因而赢得当时学术界的好评。孙道升将张申府、张岱年兄弟誉为"解析法的新唯物论",认为"此派具有批判的、分析的精神,其作品在新唯物论中,可谓是值得注意的,最有发展的"。②

　　时光荏苒,从1928年到1933年,由于采取了灵活的学分制,张岱年在北京师范大学经历了五载寒窗后,顺利毕业。这五年时光的课外时间,张岱年醉心于研读哲学书籍。在古今中外哲学著作的滋养下,张岱年的哲学思维异常活跃,其哲学的理论概括能力、综合分析能力日趋成熟。从1932年到1933年的两年时间里,作为一名二十三四岁的在校大学生,张岱年用"宇同"(意味"宇宙

---

　　①　《张岱年全集》第1卷,第147页。
　　②　孙道升:《现代中国哲学界之解剖》,载《国闻周报》1935年第12卷第45期。

大同")的笔名先后发表了奠定其哲学思想的一系列文章如《先秦哲学中的辩证法》、《秦以后哲学中的辩证法》、《辩证法与生活》、《辩证法的一贯》、《谭"理"》、《论外界的实在》、《世界文化与中国文化》以及《辩证唯物论的知识论》等。这样的情况在中外哲学界可以说是凤毛麟角。

张岱年大学毕业论文的题目是《怀梯黑的教育哲学》（现译名怀特海）。该文讨论了怀特海之哲学思想、教育本质论、教育目的论、教育节律论、教育上自由与训练关系等。张岱年认为，虽然怀特海虽非教育专家，但是他的教育思想有独到的地方，确有发前人未发的极有价值的贡献。通过研究怀特海的教育思想可进一步窥探其哲学旨趣。的确，怀特海的哲学思想对张岱年哲学思想的形成产生过极大的影响。怀特海认为教育之唯一科目是"生活"，张岱年在《品德论·诠人》中也认为："人生之归宿，即在生活中。生活之圆满，即在人生之归宿，充生以达理，增健以为公，即是生活之圆满。"①怀特海的思想与张岱年哲学中的"理生合一"十分吻合。确实如此，怀特海的过程哲学思想对张岱年哲学思想的形成影响非常大。

子曰："古之学者为己，今之学者为人。"（《论语·宪问》）求学的目的是为了充实自己，使自己的言行符合生活理想。人生的目的是提高自己、充实自己，使自己的品德变得高尚。年青的张岱年通过对怀特海哲学思想的阐发，而树立了自己人生的崇高理想。《怀梯黑的教育哲学》后来发表在 1934 年 5 月 31 日《师大月刊》第 12 期上。从 1920 年秋入北京师范大学附小到北师大附中，一直读到 1933 年北师大毕业，张岱年与北师大结缘颇深。

---

① 《张岱年全集》第 3 卷，第 208 页。

当年的北师大在厂甸,多年以后每当回忆起在北师大度过的那些蹉跎岁月,那熟悉的校舍、难忘的恩师和学友,张岱年感慨万千:"20年代师大附中的图书馆、礼堂以及上课的教师、校园中的花坛,在我的头脑中至今还有一定的印象,到现在90年代已经七十来年了,实际上已有很大的变动。追忆当年老师的教诲,同学相处的情况,感慨系之!"①1933年,24岁的张岱年走出了北师大的校门,他发表的一系列颇具功力的论文引起了学术界的瞩目。

第二节　成长于"清华学派"的青年才俊

1933年大学毕业时,年仅24岁的青年才俊张岱年因发表哲学学术论文多篇,经冯友兰和金岳霖先生的推荐,被清华大学哲学系破格聘为助教,从事哲学专业的教学工作。一个从教育系毕业出来的年轻人能够在清华哲学系任教,确实是不同凡响。当时的清华哲学系人才济济,群贤毕至。清华哲学系始创者是金岳霖先生,创办之初由金先生任系主任。1928年,冯友兰到清华大学哲学系任教,于是金先生虚怀若谷,请冯友兰任系主任。现在中国哲学界所熟知的一些人,如邓以蛰、张申府、张岱年、沈有鼎、张荫麟、王宪钧、洪谦、任华等都曾任教于清华哲学系。同其他院系相比,清华大学哲学系比较重视理论建树,在方法论上推崇逻辑分析。

20世纪30—40年代是中国现代哲学的繁荣期。这种繁荣景象不只表现在形形色色的西方哲学都相继进入了中国哲学的视

_____
① 《张岱年全集》第8卷,第570页。

野，而且表现于在借鉴、消化和吸收西方哲学的基础上，出现了具有中国特色的哲学学派。在这些学派当中，值得重视的是"清华学派"、"马克思主义学派"和"现代中国新儒家学派"。胡伟希把"清华学派"称之为"日神精神"，把新儒家称之为"酒神精神"。与"酒神精神"的新儒家更多地从中国传统文化中寻找它的原型相比，"日神精神"的"清华学派"有一个共同遵循的学术主旨，即既提倡"新实在论"，同时又有成员吸收了辩证唯物论的思想，有的成员接受了唯理论或唯心论的影响，并且在学术研究中尽量恪守"价值中立"的立场。① 笔者认为，胡伟希用"日神精神"和"酒神精神"来比喻"清华学派"和"新儒家"是不太适当的，但他指出该学派恪守价值中立的立场却是客观公允的。1935 年，清华大学哲学系讲师孙道升在《现代中国哲学界之解剖》一文中首次从学派的角度指出，中国哲学界存在着一个以"新实在论"为标示的哲学学派，其大本营在清华哲学系。孙道升说："其中张申府先生之罗素，邓以蛰先生之美学，沈有鼎先生之逻辑，皆称一时独步，而首领当推金岳霖先生。"②如此多的有造诣的哲学大家汇聚在同一所大学的同一个系内，并且他们的学术旨趣和研究方法在不同的程度上十分相似，这在中国学术思想史上确实是一件盛事。

中国现代哲学史上到底有没有一个"清华学派"？ 有人认为，所谓"清华学派"并非是一个严格的术语，因为当时的清华学术群体，无论在哲学上、文学理论上，还是在其他社会科学理论上并未

① 胡伟希：《观念的选择：20 世纪中国哲学与思想透析》，云南人民出版社2002 年版，第 7 页。

② 孙道升：《现代中国哲学界之解剖》，载《国闻周报》1935 年第 12 卷第 45 期。

自觉形成一个学术流派，它指的是清华学术群体在学风上融会中西，会通古今，兼取各家之长。①

作为清华大学哲学系的一员，张岱年是怎样看待"清华学派"的提法呢？张岱年在《回忆清华哲学系》中认为，"清华学派"的说法是有根据的，是值得审视的：近年来有些同志认为，20世纪30年代至50年代初的清华哲学系，可以称为清华学派，我认为这是有根据的。清华学派有什么特点呢？我认为清华学派可以说有四个特点：第一，为振兴中华而追求真理的治学精神；第二，以逻辑分析为主要方法；第三，试图融合中西哲学思想，建立具有时代精神的理论体系；第四，肯定学术与政治的区别，保持谦虚开放的思想态度。② 清华学派的人认为解析法是哲学思维的基本方法，并且都怀有"学术救国"、追求真理的愿望。在此文中，张岱年简要地介绍了金岳霖、冯友兰、邓以蛰、张申府以及他自身的学术思想和主张。无论我们承不承认有"清华学派"这样一个哲学学派，就当时清华良好的学术氛围来说，对张岱年哲学思想的形成是相当有利的。

自1933年到清华哲学系工作，一直到1952年因全国高等院校的调整离开清华，在这20年时间里，张岱年一方面努力钻研中国哲学史，一方面努力探索哲学的理论问题，清华的学风、治学主张对他影响不小。1936年正是在清华任教期间，张岱年写成了以问题为纲叙述中国哲学发展历程的《中国哲学大纲》，副标题为《中国哲学问题史》。这是第一部以问题为纲的中国哲学史，主要

---

① 参见张耀南、陈鹏：《实在论在中国》，首都师范大学出版社2002年版，第61页。

② 《张岱年全集》第8卷，第540页。

将中国哲人所讲的哲学理论问题选出,分别梳理其源流发展,以显示中国哲学之整个条理系统,既注重对中国古代哲学概念范畴的分析,也注重诠释中国古代哲学的理论体系。书中特别阐扬了中国古代的唯物论与辩证法思想,强调要继承发扬清初以来的唯物哲学家王船山、颜习斋、戴东原的哲学思想。该书1943年被选为私立中国大学的讲义,1958年以"宇同"的笔名在商务印书馆正式出版。全书共分为三个部分:第一部分宇宙论,分为本根论、大化论;第二部分人生论,又分为天人关系、人性论、人生至道论、人生问题论;第三部分致知论,又分为知论与方法论。这里所谓宇宙论相当于西方所谓的形而上学(metaphysics),本根论相当于西方本体论(ontology),致知论相当于认识论(epistemology)。之所以选择"致知"这一名词是因为当时流行的观点是,中国古代哲学没有认识论。而《中国哲学大纲》的开拓性特点之一就是,选出"致知论"的问题加以讨论,以证明中国古代也有认识论。韦政通也指出:"西方哲学以知识问题为主。以知识问题为主的哲学,是要对我们的知识以反省,要求对知识的起源、知识的结构、知识的价值、知识的理想等问题有所知的一种学问。中国哲学以人生问题为主,主要是求得人生的一种智慧、一种人生的境界。如用对知识问题的成就作标准,衡量中国哲学,则中国实无法和西方相比。但也不是说,在中国哲学里,完全没有这样一个问题存在。"[1]以往撰写中国哲学史的作者对知识论的论述往往语焉不详,而张岱年尽管没有对致知论展开充分的讨论,但是毕竟触及知识论的问题。这里我们可以看出"清华学派"的一个共同特点:不管是冯友兰也好、金岳霖也好、张岱年也好,他们在会通的同时注重引进西方的

---

① 韦政通:《中国文化概论》,岳麓书社2003年版,第106页。

东西，如理性、知识、认知、逻辑和科学等来弥补中国传统哲学的不足，同时也注意建立"自家"的哲学。毫不夸张地说，张岱年的《中国哲学大纲》的完成确立了他在现代中国哲学史上的地位。不仅如此，我们可以发现《中国哲学大纲》有如下特点：第一，运用逻辑解析法，以逻辑解析区分名辞或命题的意谓，历史而逻辑地考察每个范畴的流变；第二，以唯物论作为基础，早在20世纪30年代初，张岱年就完全接受了唯物辩证论的基本观点，肯定了辩证唯物论的正确性，认为它既切合实际，又是最有价值的哲学；第三，重视中国传统哲学的人生和道德哲学，对天人关系、人性论、人生理想论和人生问题论做了充分的阐述，论述精当。1936年春，风华正茂的张岱年年仅27岁，就完成了50万字的《中国哲学大纲》，他请冯友兰先生评阅此书时，冯先生给予了高度赞誉。此书的价值在于展示了中国传统哲学的理论体系，对中国哲学中的概念、范畴、问题争论做了较全面的阐述，特别是对中国古代哲学关于致知论的论述，使那种认为古代哲学没有认识论的流行观点难以立足。此书的观点以及论证方法，充分体现了唯物辩证法对张岱年的影响。《中国哲学大纲》后来被翻译成日文在日本发行，受到好评。它体现了"唯物、理想、解析，综合于一"的思想，特别是体现了"清华学派"提倡的用逻辑解析法区分名词或命题的意谓的特点。

"清华学派"的学术特色与其他学派相比有什么不同？中国现代著名哲学家冯友兰是这样看的：在战前，北京大学哲学系的传统和重点是历史研究，其哲学倾向是观念论，用西方哲学的名词说是康德派、黑格尔派，用中国哲学的名词说是陆王；相反，清华哲学系的传统和重点是用逻辑分析方法研究哲学问题，其哲学倾向是实在论，用西方哲学的名词说是柏拉图派，用中国哲学的名词说是程朱。冯友兰粗略地比较了清华和北大的不同,但是,他没有提到在运用逻辑解析法方面清华哲学系更独树一帜。早在张岱年进入清华大学工作之前,孙道升就把张申府、张岱年兄弟的哲学观点称为"解析法的新唯物论"。继发表《谭"理"》和《论外界的实在》以后,张岱年与金岳霖、张申府、沈有鼎、王钧宪、任华等"清华学派"擅长逻辑解析的人相互砥砺,相互激荡,经过深入的思考,而提出了将马克思主义辩证唯物论、解析法与中国哲学中的优秀传统结合起来的哲学观点。

张岱年于1936年在天津《国闻周报》上发表了《哲学上一个可能的综合》,提出将"唯物、解析与理想,综合于一"的慧识,这一综合法体现了张岱年哲学体系的总纲领,体现了张申府先生提出的"孔子、列宁、罗素,三流合一"的思想。它既撷取了中国传统哲学的精华,又兼综西方哲学之长;同时也可以说是"清华学派"重视逻辑实证、逻辑解析的一种必然结果。张岱年在哲学理论上既赞扬新实在论的逻辑解析法,更推崇马克思主义辩证唯物论的价值。这种创新精神为中国哲学在20世纪的转型设计出一条新路。笔者认为,"清华学派"的提法是有根据的,正是在"清华学派"学风的影响下,张岱年才走出了一条兼综中西的哲学道路。

1937年的夏天风云突变。"七七事变"以后,清华大学南迁,张岱年滞留北京,闭门著书。"在侵略军占领北平的岁月里,张岱年并没有荒废自己的时光,躲进小楼成一统,他和许多朋友一道,用学问来抵消因民族命运多塞而带来的精神痛苦。当时,张遵骝从云南来北平探亲,他了解朋友们的精神痛苦,于是倡议成立一个研究学问的联谊会,参加者有张恒寿、翁独健、王森、韩镜清、成庆华等,定名为'三立学会'。所谓'三立',就是中国传统的'三不朽':'立功、立德、立言'。"①学友们相互切磋,相互慰藉,张岱年身体力行,在朝着立言、立德方面奋力向前。1942年至1948年张岱年又完成了代表其哲学思想的力著《天人五论》。它包括《哲学思维论》、《知实论》(1942年)、《事理论》(1943年)、《品德论》(1944年)和《天人简论》(1948),合称为《天人五论》,最后一论是前四论的总结。《哲学思维论》提出了他对哲学的本质观点,研究了世界事物之基本关系、区别及其统一关系,认为哲学基本的思想方法有三,即演绎法、归纳法与辩证法;《知实论》力图从对感觉的分析来论证客观世界的实在,认为感相是外在事物的映象;《事理论》讨论了事物与规律、共相等有关问题,从而提出了系统的宇宙观;《品德论》涉及的是人生理想问题,提出了"充生以达理"、"胜乖以达和"的精辟见解。《天人简论》共分十节:1. 天人本至;2. 物统事理;3. 物原心流;4. 永恒两一;5. 大化三极;6. 知通内外;7. 真知三表;8. 群己一体;9. 人群三事;10. 拟议新德。《天人五论》与《中国哲学大纲》一道,构成了张岱年先生的哲学体系,前者为论,后者为史,一史一论,相得益彰,体现了张岱年哲学思考的初步成果。

水木清华不仅见证了张岱年学术上的成长,而且他在此期间的成果奠定了其在中国哲学史上的地位。张岱年的一生与清华园结下了不解之缘,他一生五出五进清华园,在中国哲学界也传为美谈。1928年,张岱年年方19岁,以优异的成绩毕业于北京师范大学附属中学,如愿以偿地考取了心仪已久的清华大学哲学系,成了一名清华人,这是张先生第一次和清华园结下不解的缘分。后来,

① 刘鄂培:《综合创新——张岱年先生学记》,清华大学出版社2002年版,第283页。

由于不满国民党推行"党化教育"而实行的军训,他自动从清华大学退学,后成为北京师范大学教育系专业的学生。张岱年二进清华园是1933年夏季。张先生以优异成绩毕业于北师大教育系。在北京师范大学读书之余,他研读中国古典哲学、西方哲学、马列主义经典,特别是他撰写了《关于老子年代的一个假定》等具有学术价值的论文,并积极参与梁启超、胡适、冯友兰等大家关于老子年代的一场热烈争论,当即受到学界的广泛关注与好评。尽管他曾从清华退过学,但是清华却不拘一格,启用了这位有前途、有哲学才华的年青人。在清华任教期间,张先生的父亲于1934年3月不幸病故。因父丧忧伤影响健康,他于暑假辞去清华教职。张岱年三进清华园是1936年的秋天。经过了两年的休整,由冯友兰先生推荐,张岱年仍回到清华大学哲学系任助教,讲授"哲学概论"与"中国哲学问题"两门课程。正当张岱年先生一心一意地构筑自己的哲学体系的时候,1937年日寇侵华,时局突变,偌大的清华园再也放不下一张书桌。清华大学及"清华学派"的主要成员纷纷南迁,经长沙等地抵达昆明,在抗战期间与北京大学、南开大学共同组建西南联合大学。张先生献身清华哲学系教学与研究的壮志难酬! 张岱年四进清华园是1946年。抗战胜利后,流亡到昆明的清华大学于1946年5月10日迁回北平清华园复校。冯友兰先生于1946年1月18日专门致函梅贻琦校长,特推荐张先生"自三十五年度(1946—1947学年)起为清华哲学系教授"。于是,张岱年在中断长达9年之久以后,第四次进入了清华园。1948年12月,清华园迎来了解放,张岱年于1951年被提升为清华大学哲学系教授。1952年,全国高校第一次进行院系大调整,清华的文、理、法各学院都并入北京大学,全国各校的哲学系都集中到北大。张先生随着院系调整也调入北大哲学系,他又一次离开了清华园。

张岱年五进清华园充满历史性的象征意义。在1985年，清华大学
成立了思想文化研究所。翌年，张先生已七十有六高龄了，早已年
逾古稀，他却欣然应邀出任思想文化研究所的首任所长，并一直工
作到1993年为止，长达9年之久。① 甚至连张岱年先生本人都不
曾想到，在有生之年能够又回到一生都梦魂萦绕的清华园工作！

可以毫不夸张地说，水木清华里的一草一木陶冶了张岱年的
性情，历练了他的学识。即使在北京大学工作的日子，张岱年还经
常漫步于清华园，去看清华园里朱自清先生描述的"荷塘月色"的
美景，而"清华学派"严谨扎实的学风也影响了张岱年的治学
路向。

第三节　举世非之而不加沮

1952年，全国高等院校调整，北京大学、清华大学、武汉大学、
燕山大学、南京大学和中山大学的哲学系合六为一。清华的文科
并入北京大学，张岱年调任北京大学哲学系教授，从此，他一直在
北京大学从事中国哲学的教学和研究工作。根据刘鄂培等人的划
分，"张岱年的学术生涯长达70余年。有起有伏，经历了一个曲
折的发展过程。总的来说，他的思想有两个特别活跃的时期，中间
有一段低谷。两个高潮分别处于30—40年代，80—90年代。"②
第一个高峰期从1931年到1948年，在长达18年的时间里，张岱
年先生不仅完成了《中国哲学大纲》(1937) 和《天人五论》等确立

---

① 参见钱耕森：《人民日报》(海外版)第6版，2004年5月17日。
② 刘鄂培：《综合创新——张岱年先生学记》，清华大学出版社2002年版，
第267页。

其哲学地位的著作,而且整理出中国哲学辩证唯物论的条理系统,提出了新的哲学命题和文化观——"文化综合创新论"。第一个学术高峰期是张岱年学术思想的活跃期,他不仅提出了关于中国哲学的独特见解,写出了颇具影响力的一系列论文,更重要的是逐步建立起了自己较为成熟的哲学体系。这个时期他是成果丰硕、新颖观点迭出的时期。但是从50年代初到80年代初,张岱年生活在"万马齐喑"的年代,无可奈何地眼看着黄金岁月蹉跎。

　　20世纪50年代初,新调整的北京大学哲学系人才荟萃,由金岳霖先生任系主任,系里的老师有冯友兰、汤用彤、朱谦之、宗白华、黄子通、贺麟、郑昕、张岱年等。1949年解放时正值张岱年的不惑之年,其创作和思想应该说会迎来新的高峰。张岱年也以满腔的热忱投身于哲学研究之中,投身于新中国的建设事业。但是,这是一个教条主义与形而上学猖獗的年代,哲学家们在强大的意识形态的压力下,不得不选择转变自己的思想,以与新的意识形态相协调:"金岳霖先生与冯友兰先生都努力学习辩证唯物论哲学,思想上有了重大的转变。金、冯两先生在哲学上本来都已成一家之言,而今努力研读马、恩、列及毛主席的著作,他们的谦虚态度是值得钦佩的。"①对于张岱年来说,这种转变并不急遽,因为早在30年代初的求学期间,他不仅广泛阅读了近代西方实用哲学、生命哲学、康德主义、分析哲学各流派的哲学,还精心阅读了马克思、恩格斯、列宁的著作,并为辩证唯物主义的光辉所吸引,从而确立了用辩证唯物主义研究、分析中国哲学的志向。"共产主义理想是人类最高的理想。共产主义社会是最美好的,最光明的社会,最优越的社会。这决不是我们的阶级偏见,这乃是客观真理。'大

---

① 《张岱年全集》第8卷,第603页。

道之行也，天下为公。'古代人民即已有了大同的理想。谁能否认大同理想的卓越呢？"①崇尚"直道而行"的张岱年此时虽说还不是一名中共党员，但是却坚信共产主义的崇高理想。无论身在何处，其朴实无华、至诚无息的性格都体现了其为学为人之道。正是良好的马克思主义及辩证唯物论的基础，使张岱年与苏联专家一同开设了"马克思主义基础"课程。

1954 年，张岱年与冯友兰一同开设了"中国哲学史"课程，这是新中国第一次开设的关于中国哲学史的课程。冯友兰讲授先秦至汉初的哲学史内容，张岱年讲授汉初至明清的内容。这一时期，张岱年的教学和研究的重心围绕在挖掘明清之际辩证唯物主义的思想传统。从 1949 年到 1957 年，张岱年一心一意地投身到中国哲学的研究当中，其生活是忙碌而充实的。他先后发表了《王船山的唯物论思想》、《张横渠的哲学》、《中国古代若干基本概念的起源与演变》、《中国古典哲学的几个特点》、《中国伦理思想发展规律的初步研究》等重要论文。《王船山的唯物论思想》一文引起了贺麟先生的注意，并在金岳霖先生的建议下发表在《光明日报》上；《张横渠的哲学》经冯友兰先生的推荐发表于《哲学研究》创刊号（1955 年第 1 期）上。前者论证了王船山的唯物论和辩证法思想，使学术界接受了王夫之的哲学是唯物论的观点；后者论述了张载的气化学说，并对张载的唯物论的基本范畴"气"作了详细的理论阐述。在这段时间里，张岱年还完成了关于宋明哲学史的论著《宋元明清哲学史提纲》、《张载——中国十一世纪唯物主义哲学家》和《中国唯物主义思想简史》。

张岱年自青年时代起就认为自己不适合从事政治，而走上了

①　《张岱年全集》第 8 卷，第 327 页。

学术报国的道路。即使如此，生活在 20 世纪下半叶的中国知识分子还是不得不卷入各种政治斗争的旋涡中去，甚至遭受不正当的对待和迫害。1956 年，中共中央宣布了"百花齐放，百家争鸣"的"双百"方针。张岱年认为，只要在马克思主义指导下开展百家争鸣，是学术发展的正常途径。在一次座谈会上，张岱年说，先秦时期曾出现过百家争鸣的局面，现在党又提倡百家争鸣，这让人感到欢欣鼓舞。同在北京大学任教的熊十力先生，感到崇尚"直道而行"的张岱年可能会因为自己的畅所欲言而受到政治牵连，因而善意地提醒他说："你要注意情况是复杂的。你如不注意，可能有人以最坏的污名加在你的头上。"①真是没有想到，熊十力先生的话竟然一语成谶。事隔不久，就在 1957 年的秋天，在北大哲学系一次工会的小组会上，因为张岱年为冯友兰、潘光旦先生在"三反、肃反"中的不公正对待而鸣不平，遭到了历史上第一次严重的政治厄运。他万万没有想到，自己因为为他人"不平则鸣"而被扣上了"资产阶级右派"的帽子。此后，张岱年被剥夺了在北京大学教学和写作的权利，一直到 1962 年才摘下这顶"右派"的帽子，并且一直到 1979 年 1 月才完全恢复名誉和待遇。

从 1962 年开始，张岱年可以参加教学，但是不允许发表文章。从 1957 年到 1979 年的二十多年时间里，张岱年的学术研究几乎陷于停顿，几乎没有发表过论著。这是张岱年的不幸，也是中国哲学的不幸！更是民族的不幸！人生有几个二十年啊！孔子说，"五十而知天命"，年近五十的张岱年感到了天命的无常，用他自己的话说，"我年近五十竟遭此大厄，才知道人生确实有命存焉，

---

① 《张岱年全集》第 8 卷，第 605 页。

实亦由自己狂傲不慎所致"①，他对"命"的哲学含义有了更深切的理解。其实张岱年并不是狂狷耿介之士，就因为说几句正直的话，而受到莫须有的迫害，真是"欲加之罪，何患无辞"。这使张岱年感到世态之炎凉，人生之不测。尽管一些人深文周纳，但金岳霖、朱谦之、唐钺等人仍相待以礼，与之维持纯洁的友谊。即使是下放劳动期间，淳朴的老百姓还暗中帮助和鼓励张岱年，使他相信天理公道自在人心。

　　"文化大革命"开始后，张岱年被勒令"靠边站"，但他仍然在整理资料、读书，不贰其志，在黑白颠倒的年代保持自己的独立思考，不降其志，不辱其身。即使是"文化大革命"期间被当权派勒令迁居，搬出原来的大房子，住进中观园一间半的小房子，张岱年也没有向当权派屈服过、求情过。在那人妖颠倒的岁月里，许多学术大师因不堪凌辱而自杀了，如北京大学的翦伯赞先生就是悲惨的一例。张岱年感到痛心的是，中华传统文化也遭受到前所未有的荡涤。孟子的"率其子弟攻其父母，自生民以来，未有能济者也"（《孟子·公孙丑上》），使张岱年感叹不已。传统伦理道德和社会秩序被摧残，人们"大义灭亲"，亲情泯灭，价值观颠倒混淆，所谓的"革命"和"正义"即是出卖亲人、同事和朋友。亲情的背叛比比皆是，出卖朋友得到鼓励，父子反目不胜枚举。张岱年感到可悲的是，传统文化的大厦在"文化大革命"的风雨中摇摇欲坠，中华民族的精神之树花果飘零。哲学的使命何在？

　　无可奈何花落处，似曾相识燕不归。1969 年，已经步入"耳顺"之年的张岱年被下放到江西鄱阳湖畔的"五七"干校劳动锻炼。他常常在夜阑人静之际仰望北斗，思索人生命运的哲理问题。

---

　　① 《张岱年全集》第 8 卷，第 606 页。

他仿佛回到了童年,与天地自然合一的境界让他获得了前所未有的精神上的安慰。"虽然人可以被剥夺外在的自由,不能讲课,不能发表文章,但是通过静观自然而获得幸福的境界,却是他人难以剥夺的。在此时,他又仿佛与程明道、张横渠等主张'吾与天地万物一体'、'民吾同胞,物吾与也'的哲学家进入了同一个对话的世界。人是一根能思考的芦苇,他比压垮他的外在力量更伟大;人还是一根能静观的芦苇,他比拘束他的外在力量更悠远,更意味深长。思考和静观支持着他走过了这些不顺利的年代。"①在思考中,张岱年是多么祈望有一天能再续这断裂的文化道统,恢复被颠倒的伦理道德啊。经过了几十年的风风雨雨,经过无数次斗争、谩骂、批评,作为哲人的张岱年洞察了世间的喜怒哀乐、世态炎凉,荣誉和诋毁已经不能使他大悲大喜,已达到了"不动心"的境界,用庄子在《逍遥游》中所说的"举世誉之而不加劝,举世非之而不加沮"的境界来形容他再也恰当不过。

张岱年感到最不能接受的是在批林批孔的岁月里,一些御用文人炮制了许多歪曲事实的文章,强词夺理,肆意攻击孔夫子,曲解儒家哲学文本。在1974年"批儒评法"达到高潮的时候,张岱年被邀请为各种学习班讲解儒家和法家的历史,他仍坚持客观冷静的态度,实事求是地介绍孔子,不曲学阿世,迎合当局。从1957年被打成右派到1976年粉碎"四人帮"的二十多年的艰苦岁月里,尽管不许发表学术文章,但张岱年通过整理哲学资料、编辑哲学教材以及教学等方式继续发挥传承道统、学统的作用。他先后参加了《中国哲学史教学资料》(先秦、两汉、魏晋南北朝、隋唐部

---

① 刘鄂培:《综合创新——张岱年先生学记》,清华大学出版社2002年版,第295页。

分)的资料选注工作,参加了北京大学哲学系《中国哲学史》教材的编写,其中他主笔了宋元明清的部分。这些教材不管是在当年,还是在现在,在哲学史教学方面都起着"善莫大焉"的作用。尽管在编写这些教材中,张岱年执笔撰写的部分字数不少,但谦虚的岱老却不肯把它们纳入自己的全集中,这反映了一位哲人和文人的崇高胸襟。

第四节　举世誉之而不加劝

1977 年,张岱年的学术生涯迎来了第二春。沉默多年以后,张岱年的学术积累爆发了。自张岱年发表《关于张载的思想和著作》的文章以来,他的哲思如泉水一般汩汩喷涌,论文一篇接一篇地发表。1978 年 12 月,在山西太原召开的第一次中国哲学史讨论会上,张岱年名至实归地被选为中国哲学史学会会长。在第二次、第三次大会上,张岱年又连续被选为会长,一直到 1989 年他主动辞去此职务为止,他担任此职达十余年之久;后又被推举为名誉会长。同时,他还担任中华孔子学会会长、清华大学思想文化研究所所长、中国社会科学院哲学研究所兼职研究员等多项社会职务。1983 年是他难以忘怀的一年,74 岁的张岱年在这年被接纳为中国共产党党员,实现了他人生理想的追求。这十余年是中国哲学蓬勃发展的时期,张岱年为了推动中国哲学的发展而殚精竭虑,引领后学,作出了难以磨灭的贡献。他拼命工作,想弥补所失去的二十多年的时光。这段时间也是张岱年哲学思想的多产期和丰收期。

在教书育人方面,从 1978 年恢复招收研究生开始,张岱年焕发了学术青春,"不用扬鞭自奋蹄"是他生命不息、诲人不倦的最好写照。先生在哲学园地里,不辞劳作,辛勤耕耘,培养了大批哲学人才,他们都已成为教育和研究机构的中坚力量。恢复招生的头几年他先后培养了陈来、程宜山、刘笑敢、李存山、王中江等一大批中国哲学史研究生,而他们现在在中国哲学研究方面已经取得斐然的成果,成为当代中国哲学界的中流砥柱;不仅如此,张岱年培育了全国哲学界几代学生,听过张岱年讲课、讲座的学生更是不计其数。他们大部分都已经成为中国哲学界的中坚力量,其学术成长的历程与张岱年的教诲与培养难以分开,学术生命的成果离不开张岱年的精心栽培。他殚精竭虑,推动中国哲学教育,呕心沥血,泽被后学。张岱年以"修辞立其诚"为治学宗旨,集学问与道德于一身。他从教七十余年,奖掖后学以百千数,既是一位诲人不倦的导师,又是一位诚恳宽厚的长者。凡接触过他的同道、朋友、学生无不为其学者风范和道德人格感动。而他对学生,不仅在学习上循循善诱、严格要求,在生活上更是问寒问暖、慷慨相助。①向张岱年求学、请教的人不计其数,80 年代后期,他光是给各种学者写的序、跋就有 160 多篇。这该占去他多少宝贵的时间啊! 对

---

① 张岱年先生的亲炙弟子陈来先生曾这样深情地回忆自己的恩师:"张先生从来不争名誉、不争地位,对金钱更不计较,对同志的困难,常慷慨相助。他常主动询问他的同志、学生家中有何困难需要帮助。有一学生去世,张先生连续三年每年寄给这个学生的家属一百多元以资助生活。他与晚辈、学生合写文章,稿费从来全部给合作者。张先生曾与三位中年学者共同编著《荀子新注》,自己主动提出不要稿费。1978—1979 年张先生在北京大学为研究生讲授《中国哲学史史料学》课程,中国人民大学哲学系一位同志与北大一些同志一起为张先生作了详细记录,提供给张先生整理参考。1981 年这位同志去世,次年出书后张先生把稿费的大部都送给了这位同志的家属,一时在人民大学传为佳话。张先生的道德文章,识之者莫不交口称道。正惟如此,国内不少中青年学者,仿照旧式习惯,以'私淑弟子'自居。这决不是崇尚张先生名望,实是慕张先生为人之诚。的确,张先生的个人作风,充分体现了马克思主义世界观和中国哲学优秀传统的结合。"由此我们可以窥见张先生为学为人一致的思想境界。参见陈来先生原文,载刘鄂培、衷尔钜编:《张岱年研究》,清华大学出版社 2004 年版,第 111 页。

同道、同志,张岱年充满爱心和真情。张岱年学问渊博,为人温厚,受人称颂,这也是人们乐于向他求教的原因。如果说孔子有弟子三千,岱老的弟子又何止三千!用"桃李满天下"来形容一点也不为过。弟子们的成长使他感到"吾道不孤",看到了中国哲学研究的光明未来。孟子曰:"君子有三乐,而王天下不与存焉。父母俱存,兄弟无故,一乐也。仰不愧于天,俯不怍于人,二乐也。得天下英才而教育之,三乐也。君子有三乐,而王天下不与存焉。"(《孟子·尽心上》)张岱年是快乐的,这一段时间他精力充沛、心情愉快地投入到他所钟爱的事业中。

粉碎"四人帮"后,张岱年为研究生开设了"中国哲学史史料学"和"中国哲学史方法论"两门课程,后来依据讲课提纲整理成书,分别由三联书店和中华书局出版。《中国哲学史史料学》通过挖掘中国哲学史的史料,评述群籍,对浩如烟海的中国古代典籍进行梳杷,考察各种历史史料的来历,确定其作为真实史料的价值。张岱年既擅长理论分析,又精于史料考证。他提出史料学的方法有二:第一是对于史料的广泛调查和探索;第二是对于史料的年代、真伪的考订和鉴别。具体目的就是,"中国哲学史的科学研究,就是以马克思主义的辩证唯物论和历史唯物论的基本观点研究中国哲学思想发展的根本规律,总结理论思维的经验教训,锻炼人们的理论思维能力。"[1]冯友兰所著的《中国哲学史史料学初稿》是中国哲学史的开创性著作。与冯友兰不同的是,张岱年的《中国哲学史史料学》详细地评述了殷周以来有关哲学思想的文献资料,对于先秦诸子考证尤为详备。他对老子年代、《周易》年代的考证有理有据,令人信服。对于老子的身世问题,中国哲学界

---

[1] 《张岱年全集》第4卷,第271页。

众说纷纭,张岱年同意郭沫若先生的观点,即老子与孔子同时代,并年长于孔子的提法,并且认为老子为孔子的先生。张岱年还发现:"《论语》中有批评'以德报怨'的话,正是孔子对于老子的批评,亦足为证。"①但是,张岱年指出,郭老认为环渊就是关尹,这是主观臆断。关于《周易》,有些人认为它是春秋时代的作品,如郭沫若《周易之制作时代》就认为《周易》是春秋时代的作品。② 张岱年则认为,《左传》庄公二十二年记载,周史有以《周易》见陈侯者,证明当时已有《周易》古经了,从而提出《周易》作于周初的见解。张岱年通过《中国哲学史史料学》一书考镜源流,厘清了这些史料的年代和真伪,其突出之处是强调了对于哲学思想的理论分析方法,包括哲学概念范畴的分析、哲学命题的分析和哲学体系的分析;其不足之处是,尽管对中国古典哲学著作做了详解,但是对于历代著作的版本未加详述。

"工欲善其事,必先利其器"。张岱年认为,方法就像望远镜,又像显微镜。哲学研究离不开方法论,它要有望远镜的方法以研究遥远的事物,又要有显微镜的方法以研究细微的事物。20世纪80年代,学术界关于中国哲学史方法论问题展开了争鸣。关于哲学史的研究方法,张岱年坚持三点:第一,马克思主义关于哲学基本问题与哲学基本派别的论断也适合于中国;第二,唯物主义的基本原则是实事求是,我们必须掌握全面丰富的史料,具体问题具体分析;第三,要明确肯定自周秦以来有一个唯物主义的传统,必须理解中国古代唯物论的理论内容,充分认识其历史价值。因此,张

---

① 《张岱年全集》第8卷,第611页。
② 参见郭沫若:《中国古代社会研究》上,河北教育出版社2000年版,第361—368页。

岱年在《中国哲学史方法论》中提出了关于哲学史研究的一系列观点，即对于哲学思想的阶级分析方法、哲学思想的理论分析方法、正确理解"历史的与逻辑的统一"、哲学遗产的批判与继承，以及整理史料的方法，都提出了独特的见解。例如，涉及哲学的普遍意义和特殊意义的问题，张岱年特别强调了哲学命题具有两重意义，即普遍意义和特殊意义。一方面，它反映了某一客观的普遍规律，这是其普遍意义；另一方面，当一个思想家提出一个命题的时候，他是根据某些特殊事例而提出的，是某些特殊事例的总结和概括，这是它的特殊意义。他举例说：孔子说："学而不思则罔，思而不学则殆。"孔子所谓"学"是指学习诗书礼乐，所谓"思"是指就诗书礼乐加以思考。这是这句话的特殊意义。但是，这句话反映了接受已有知识与个人独立思考的关系，总结了一项认识规律，又是具有普遍意义的。①

　　在中国哲学中，有些哲学命题同时具有宇宙观、认识论、道德论的多层意义。例如程朱学派的"性即理也"这一命题具有多层意义，要做全面的辩证的分析，它既可以指一类事物的根本规律，也可以指人的本性即仁义礼智。因此，对于一些复杂的哲学命题要采用不同的方法。司马迁说："非好学深思、心知其意，固难为浅见寡闻道也。"（《史记·五帝本纪》）浅尝辄止、不求甚解就达不到"心知其意"。针对20世纪流行的"信古"和"疑古"的史料分析法，张岱年提出了"析古"，即解析、辨析史料的真实性。总之，张岱年认为，哲学需要用逻辑分析方法来分析命题、现象、概念，使之精确，而且要与唯物辩证法相结合。

　　自20世纪80年代以后，张岱年笔耕不辍，孜孜不倦，又发表

---

①　参见《张岱年全集》第4卷，第154页。

了大量研究中国哲学史、哲学理论和中国文化的学术论文。其中有《孔子哲学解析》、《论〈易大传〉的著作年代与哲学思想》、《论庄子》、《论宋明理学的基本性质》、《论中国古代哲学的范畴体系》、《中国哲学"天人合一"思想的剖析》、《简评中国哲学史上关于人的价值的学说》、《中国古典哲学的价值观》、《中国文化与中国哲学》、《中国传统文化的分析》、《中国文化的历史传统及其更新》、《文化传统与民族精神》、《论价值的层次》、《中国文化发展的道路——论文化的综合创新》、《正确对待民族文化遗产》、《论价值与价值观》、《论重新估定一切价值》、《试论中国文化的新统》以及《现代中国哲学的发展道路》等一系列重要文章。不仅如此，他还出版了《中国哲学发微》、《求真集》、《玄儒评林》、《文化与哲学》、《中国伦理思想研究》、《中国古典哲学概念范畴要论》、《思想·文化·道德》、《张岱年学术论著自选集》等文集和专著。1989 年至 1994 年，清华大学陆续出版了《张岱年文集》六卷本，其中后两卷一百多万字为张岱年在 1978 年到 1989 年的主要论著。1996 年，河北人民出版社出版了《张岱年全集》八卷本，共约四百万字，后两卷主要是他 1989 年以后的论著。直到 2004 年，95 岁高龄的张岱年还出版了《文化与价值》一书。可以说，张岱年的一生是生命不息，著述不止。"在 1977 年张先生'米寿'（88 岁寿辰）之时，就有学者评论说：'这样高年的学者还写出这么多文章，据我所知，在中国当今的学术界，是绝无仅有的。'这种现象可用'穷且益坚'来解释，即张先生发奋努力，以弥补曾经沉寂 20 年的缺憾；而深层次的原因，则是张先生努力实践其早年提出的'充生以达理，胜乖以达和'的人生道路（即扩充内在的生命力，克服生命的乖违，以达到合理、和谐的道德境界），他已把《易传》所谓'天行健，君子以自强不息'，'地势坤，君子以厚德载物'，深深地化入他的伟大人格之中。"①张岱年的著述是他一生追求真善美的写照,是用心血浇铸而成的。它们凝聚着张岱年一生智慧的结晶,体现了对家国天下、文化道统的执著与爱。

张岱年始终对文化问题感兴趣,尤其是 1984 年后,他在文化的内涵、文化的民族性和普遍性、中国传统文化、中西文化比较和建设新文化等方面做出了积极的探索。"他坚持以唯物史观指导文化研究,既反对全盘西化,也反对保守主义,主张综合中西文化之长,创造新型的中国文化。认为只有正确理解中国文化的优秀传统,才能具有民族的自尊心、自信心,才能具备文化进步的基础,同时还要看到中国文化在近代落伍了,必须吸取西方文化的先进成就,尤其是民主与科学。建设新文化,必须坚持社会主义方向,离开了它,就不是中国特色的社会主义的文化。"②张岱年把中华民族精神概括为"自强不息"、"厚德载物",即发扬自觉性、坚持前进精神,以和为贵、宽容博厚精神。这是中华文化优秀传统的核心。张岱年的"文化综合创新论",得到了学界的普遍赞同。

有人说哲学家有三种类型:一是散文型;二是诗歌型;三是戏剧型。孔子是散文型,老子是诗歌型,墨子是戏剧型。张岱年自己比较认同的是散文型。但他也喜欢诗人陶渊明的诗歌和他那种淡泊名利的境界:"甚念伤吾身,正宜委运去,纵化大浪里,不喜亦不惧,应尽便须尽,无复独多虑。"(《陶渊明集》卷三,《归田园居五首》)散文型的哲学家乐天知命,随遇而安,自觉地践履自己的人生理想和道德原则。他所认同的散文型的哲学家虽然没有豪言壮

---

① 李存山:《张岱年的学术方向》,《光明日报》第 4 版《理论周刊》,2004 年 5 月 11 日。

② 张拴平:《国学大师——张岱年》,《光明日报》第 1 版,2000 年 4 月 11 日。

语,也没有惊天动地之举,但其一言一行寓崇高于平实之中。的确,作为一位德高望重的学者,张岱年是平实的:生活平实,说话平实,文字平实,学术观点也平实。《中庸》说:"爵禄可辞也,白刃可蹈也,中庸不可能也。"这说明人的一生要达到中庸、不偏不倚的境界是不容易的。张岱年的平实就是一种"尊德性而道问学,致广大而尽精微,极高明而道中庸",这是他平生学术与生活的真实写照。这种平实不是平庸,它透出的是哲思的高明,是对宇宙人生道理的深切体会。张岱年不仅言行简易平实,而且一辈子倡导"直道而行",不管在学术上还是在政治上都"务正学以言,无曲学以阿世"(《汉书·儒林传》)。"从这里我们可以看出张先生的'直'。他对冯先生一直是非常尊敬的,《张岱年全集》第八册中就有六篇惠议冯先生的文章。论学术,冯算是张先生的前辈;论私情,张先生则是冯先生的堂妹夫,但在学术观点上,两人是有很多不同的。还是以《庄子》为例,如果拿张先生的《史料学》和冯先生20世纪60年代初写的《中国哲学史新编》对照,会发现前者几乎处处是针对后者的。不因为是尊者或者亲者,就有所回避。这就是《易传》上说的'修辞立其诚'。"①在《中国哲学史新编》中冯友兰认为研究庄子哲学,应该打破郭象本内外篇的分别。对于此,张岱年提出了自己的思考,即《庄子》按照内外杂篇来分类有无根据?《庄子》一书中哪些篇目真正是庄周的思想? 辨别的标准是什么? 张岱年展开的讨论有理有据,展现了其深厚的史料学功夫,但研讨的语气是平实的。张岱年的平实与其文风、人品一样,真淳务实。他自己也说:"平日读书,喜简约之文,厌敷衍之词。因而

---

① 王博:《寓豪气于平实之中——悼张岱年先生》,《光明日报》第1版,2004年5月13日。

每执笔则务求简赅,削去浮词。"①行文简洁,提要钩玄已经成为张
岱年哲学著作的一种风格。他的一生就是这样平实而伟大!

2004年4月24日凌晨2时50分,中国现代著名哲学家、哲学
史家和国学大师张岱年先生因患心肌梗塞引起心律衰竭,经救治
无效,走完了他95岁的人生岁月。哲人其萎,风范长存! 他的不
幸辞世,是中国哲学界无可弥补的损失。张先生学问唯求严求真,
无以真理为相害,做人唯求正直,不因福祸而避趋,致力国学复兴
不遗余力。哲星陨落,哀思遍寄,竟无所祷。② 张先生如同一颗闪
耀在银河中的璀璨之星,从天际中划过。作为一代鸿儒,他用精湛
智慧延续传统文化的命脉。他所提出的"综合创新"理论将如同
经古文章流芳百世,他的"直道而行"的人格将垂示探求真理的
后人。

作为一代哲学家、国学大师,张岱年绝不仅仅是"为学术而学
术",而是心怀"为天地立心,为生民立命,为往圣继绝学,为万世
开太平"(《西铭》)的神圣使命感,终生勤勉,致思学问,造福华夏
文化学术事业,堪称一代学人楷模。他为民族的哲思、未来殚精竭
虑。恩格斯曾说:"一个民族要站在科学的最高峰,就一刻也不能
没有理论思维。"③如果说在20世纪的中国有人站在了理论思维

---

①　《张岱年全集》第3卷,第3页。

②　张岱年的弟子李存山写的《悼恩师张岱年》:"九五之尊逝三哲,泰山梁柱
哭如何。道通天人传万世,思接千古汇千河。中年谠言而获罪,晚岁刚健以彰德。
不欲自违其所信,渠山拙叟气巍峨。"以志寄托人们的哀思。注:诗中的三哲指梁
漱溟、冯友兰、张岱年三位大哲学家,他们都在95岁高龄去世。张岱年晚年自号
"渠山拙叟","渠"指张横渠,"山"乃王船山,以示对张横渠、王船山的景仰。此诗
载2004年4月27日《新京报》。又见李存山《张岱年先生的中国哲学史研究》,
《哲学研究》2004年第6期,第17页。

③　《自然辩证法·反杜林论旧序》,《马克思恩格斯全集》第20卷,人民出版
社1963年版,第384页。

的最高峰,那张岱年先生就应该是"登泰山而小天下"、站在哲思高峰的一位伟大的哲人。

第五节　张岱年的主要学术成就与贡献

作为 20 世纪最有影响、自成体系的哲学家之一,张岱年的主要学术贡献主要体现在以下几个方面:1. 建立将"唯物、理想、解析,综合于一"的新哲学体系;2. 提出"综合文化创新"的系统理论;3. 阐发中国固有的哲学概念范畴;4. 创立了宋明哲学史的三派说;5. 中国现代哲学伦理价值的开拓者;6. 彰显墨子的哲学思想;7. 中国哲学学科建构的自主意识。

1. 建立将"唯物、理想、解析,综合于一"的新哲学体系。1936年,张岱年先生发表了《哲学上一个可能的综合》,文中为中国哲学的发展探索出一条新路,提出了一个新哲学纲领:其中"唯物"指辩证唯物论与中国传统唯物论、辩证思维相结合;"理想"指中国的道德与人生哲学;"解析"即西方的"逻辑解析法"。这是一个融会中西哲学精华于一体的新思路。而这一体系的主要目的是要将马克思主义哲学同中国传统哲学的精华相结合,将马克思主义哲学、中国传统哲学的辩证法同西方哲学中的逻辑分析方法相结合,将中西哲学之精华冶为一炉。

陈来指出,张岱年先生的这一发展现代中国哲学的思路和格局,正是我们现在哲学界习惯所说的"中、西、马"的结合。"中、西、马"大三角是我国当代哲学研究的主要格局,关于"中、西、马"三者的互动与结合,是近年来受到大家关注的课题,但在这方面很少有系统的构想,更少有体系之作。而张岱年先生在 30—40 年代的哲学写作正是将"中、西、马"三方面结合做了一个系统的有益尝试,即以辩证唯物论为哲学体系的主干基础,在中国哲学方面吸收中国古代哲学把自然主义与人生理想相结合的传统,把辩证唯物论与人生价值理想做进一步的结合;在西方哲学方面,吸收穆尔、罗素的逻辑分析法,对辩证唯物论进行更细密的理论论证。[①]

　　这里所说的"唯物",既是指马克思主义的新唯物论,又是指中国固有的唯物论传统,特别是宋明理学中张载、王船山一系的"气论"或"唯气论",两者在张岱年的哲学思想中是紧密联系在一起的。五四运动以后,辩证唯物论传入中国,特别是 30 年代初,马克思主义的哲学观被系统介绍到中国并为许多立志改造中国的知识分子所接受,使中国思想界发生了巨大的变化,越来越多的人学会了马克思主义这个"科学的宇宙观和社会革命论"。因为这些观点不同于旧唯物论,故中国哲学界称之为"新唯物论"。张岱年认为新唯物论是最有生命力、最有活力的哲学流派,因而试图将其纳入到自己构建的哲学体系之中。他指出:"旧唯物论是机械的,新唯物论是辩证的。彼为机械的,故将生(生命)还原于物,而不见物生之异;此为辩证的,故既辨物生之同,亦辨物生之异;既知物生之异,亦不忘物生之同。"[②]年青的张岱年已经敏锐地觉察到:首先,新唯物论在方法论上,即唯物辩证法远远优于旧唯物论,它既看到矛盾的相反相成,又能看到矛盾的对立统一。其次,新唯物论主张物先于心知,外界不待感知而存在。再次,马克思主义的辩证唯物论的哲学模式注重的是认识世界的一般规律和本质,体现为一种知识论模式的哲学。新唯物论的知识论要点有三:(1)从历史与社会去考察知识,也就是辩证唯物主义在社会历史领域的推

---

① 参见陈来:《张岱年哲学思想之最新探寻》,《信息导刊》2003 年第 21 期。
② 《张岱年全集》第 1 卷,第 130 页。

广和运用;(2)经验与超验之矛盾之解决,观念范畴在经验之后,而非在经验之先;(3)实践是检验真理的标准。新唯物论的实践观既吸收了实用主义的优点,又强调了实践的社会性。① 新唯物论不仅在方法上重视辩证法,而且强调实践是检验真理的标准,因而综合不同哲学流派之"见",去折衷之"弊"。

20世纪30年代,自从西学传入中国,西学与中学即处在相互影响、相互作用、相互交融之中,由此开出了中国思想史上一个新的历史时代。当时的西方各哲学流派如实验主义、新实在论、逻辑实证论、柏格森主义、尼采的超人哲学纷纷进入中国。张岱年一方面吸纳了当时颇有影响的辩证唯物论,努力建立一个与逻辑分析方法相结合的新唯物论体系,另一方面,他尤为注重阐发中国哲学中的辩证思想和唯物论思想。而中国辩证唯物论思想是张岱年哲学体系的活水源头之一。"我的理想:百提(罗素),伊里奇(列宁),仲尼(孔子),三流合一。吾以为将来中国之新哲学,必将如此言之所示。将来之哲学,必以罗素之逻辑解析方法与列宁之唯物辩证法为方法之主,必为此方法合用之果。而中国将来如有新哲学,必与以往儒家哲学有多少相承之关系,必以中国固有的精粹之思想为基本。"②在30年代,各种哲学流派相互排斥,彼此对立,张岱年敢于打破门户之见,以一种开放的心态,吸纳各派之长,为我所用,建立了将"唯物、理想、解析,综合于一"的哲学模式。西学东渐以来,中国哲学界采取的是中西互释的方法,即一方面以西释中,证明古老的中学在现代仍有其不可替代的价值;另一方面又以中释西,证明中学有高于西学、为西学所不能及之处。"自近代

---

① 参见《张岱年全集》第1卷,第131页。
② 《张岱年全集》第1卷,第133页。

以来,这种中西互释的方法确实推动了中国学术界的发展创新,有其不能否认的重要意义。但它又存在着两个明显的弱点:第一,中西互释虽然使中国传统的学术发生了变化,产生了一些新的学术流派和思想,并推动中学参与到世界学术的发展中去,但仍未能超出已有的中学西学,作出不为中学与西学的视界所局限的理论创新。第二,这种中西互释,或者是为了解决近代以来中华民族的振兴问题,但却无法达到对中国近代社会的科学认识;或者脱离中国近代社会发展的实际,作一种纯学术理论建构,因而不能实际作用于中国社会的发展,当然也不可能在广大社会群众(包括知识界)中发生影响,而只存在于一个狭小的学术圈子之内。"①张岱年从"道并行而不相悖"的思想出发,既吸收马克思主义的唯物论思想,又运用逻辑分析方法发掘中国古典哲学中辩证思维的主要内容,走出了中西互释的局限,找到了中学与西学之间的平衡点;通过实事求是地对待古今中外哲学中某些合理的东西,经过批判地分析改造,集各家所长,从而创造出一种新的哲学形态;既博采外来哲学之长,又撷取中国传统哲学之精华;同时,这种新形态的中国哲学"必与以往儒家哲学有多少相承之关系,必以中国固有的精粹之思想为基本"。② 在"以我为主"思想的主导下,张岱年在30年代初就发表了《先秦哲学的辩证法》、《秦以后的辩证法》两篇论文,这是现代中国论述中国哲学辩证思想的肇始。不仅如此,在张岱年50多万字的力作《中国哲学大纲》中,他对中国哲学辩证思维中的变与常、反复、两一做了系统的论述;同时,他还揭示了

① 刘纲纪:《关于中国哲学的创造性转化的思考》,载吴根友等主编《中国哲学的创造性转化》,云南人民出版社2004年版,第8页。

② 《张岱年全集》第1卷,第133页。

张载、罗钦顺、王廷相、王夫之、颜元、戴震的唯物论思想脉络。1956年,张岱年《中国唯物主义思想简史》既是张岱年研究"中国固有的精粹之思想"的丰硕成果,也是构成张岱年哲学体系的重要有机部分。

从另一个角度看,苏俄时代的马克思主义唯物论把"整个世界"作为自己的研究对象,并把"整个世界"还原为自然物质,去追寻人类社会生活背后的绝对本体——抽象的物质,其结果是人类生活世界、人的主体性、创造性被忽略了,哲学无法落实到人们的生活世界,实现对人的价值和命运的关怀。怎样在中国文化的土壤里实现人生价值观的重建,也就是张岱年所关切的"理想"问题。在《中国哲学大纲》中,张岱年花了最大的篇幅来讨论中国哲学中的"人生论"。在"人生理想论"以及"人生问题论"部分中,张岱年对中国传统中的人生哲学,以及仁、兼爱、诚等道德观加以提炼,对义与利益、命与非命、动与静、理与欲,运用逻辑分析法加以廓清。他运用逻辑分析法详细地考察了中国传统哲学中唯物论、辩证法、人生论各个概念范畴的原始和流变,为其哲学体系的建立确定了一套独特的方法论。"因此,张先生对中国唯物主义思想史的研究,不是牵强地去套,而是充满着对古代思想资料和古典概念的细致分析和解说,所以即使与张先生哲学观不同的人也不能不佩服他的解释方面的功力,从他的解说中学到中国哲学的知识。所以,在现代中国哲学对古代唯物思想的研究中,张先生的研究也是具有开创性的,而且是系统性的。"①这种开创性既避免了中西对立、体用二元的僵化思维模式,又超越了"文化复兴派"

① 陈来:《张岱年先生的学术贡献》,载《中国思想史研究通讯》2004年第2期。

的本位文化观，用辩证的体系周全地考察了中国哲学与世界哲学的关系，用"空间与时间双向交叉"的方法，由今察古和由前思后并行，将自中视西与从西看中相结合，更为全面和科学地建构了中国哲学的体系。

张岱年认为，唯有将传统文化中的优良成分继承下来，将西方文化中对中国哲学有益的东西借鉴过来，使两者有机地结合到一起，而又以中国传统文化中的优良成分为主，构成中国哲学新的内容，才是最理想的文化选择态度和中国哲学的重建模型。新唯物论和辩证唯物论的结合，用逻辑分析法区分中国哲学中的命题之意谓，同时重视中国传统哲学中的道德和人生哲学，它不仅是张岱年先生的一种主体建构，而且是20世纪中国哲学的一种客观选择，中国哲学在主客体的统一中获得一种新的哲学生命。

2. 提出"综合文化创新"的系统理论。在张岱年先生的学术思想中，有一条明晰可辨的思想主线，这就是"融会中西马，创造新文化"的"文化综合创新论"，其目的就是为了建设具有中国特色的社会主义新文化。早在20世纪30年代，张岱年就参与了关于中国文化建设的大讨论，并写下了许多闪耀着真知灼见的文章，如《世界文化与中国文化》、《关于中国本位文化建设》、《西化与创造》等。在这一系列文章中，他认为文化发展有其阶段性和连续性，旧的文化必须加以改造以适应新的时代，然而，中国传统文化的精髓、其"活的东西"需要继承。"中国旧文化的改造，同时就是新文化的创成，也可以说是中国文化的复兴。要使中国文化得到发展，必须对现在的社会进行批判。虽应认识旧文化中的优秀成分加以发扬，却决不可受传统思想的拘束而不勇于创新。"①各国

---

① 《张岱年全集》第1卷，第156页。

文化因地域、生产力发展的不平衡,其文化发展也有高下之分。中国文化在过去几千年的历史长河中像埃及文化、印度文化、希伯莱文化、希腊罗马文化一样,在世界文化发展史上写下了光辉的一页。只是到了近代,中国文化才落后了。"中国文化本来是先进的,不料以后停滞了,落后了。在此时代,中国应由西方文化给予的刺激,而大大地发挥固有的创造力,创造出新的文化,使之在将来的世界文化中有更重要的地位,作出新的贡献。"①张岱年不同意以中学、西学分文化体用,而主张发挥中华民族的主体意识,以"今中为体",即以马克思主义的普遍原理同中国实际相结合的社会主义原则为"体";"古西为用",即批判地继承中国传统文化,同时吸纳西方文化的先进成果,走综合创新之路,创造出一种全新的社会主义新文化。

怎样对待传统文化? 怎样对待西方文化? 这一直是张岱年思考的主要问题。张岱年既反对"全盘西化",又反对复古主义。"全盘西化"只能使中国文化成为西方文化的附庸,而最后归于消亡。"发扬中国固有的卓越文化遗产,同时采纳西洋的有价值的精良贡献,融合为一,而创造出一种新的文化,但不要平庸的调和,而要做一种创造的综合。"②

成中英先生是这样看待创造与综合之间的关系的:"什么是'综合的创造'呢? 简言之,综合就是体会及体验不同的事物与观点以达到一个整体思考,并表现一个整体的秩序;创造就是有意识地提出和表现整合不同事物及不同观点的思维和认识。很明显,'综合的创造'是一种逻辑上的归纳,但绝对不是单纯的归纳,它

① 《张岱年全集》第 1 卷,第 157 页。
② 《张岱年全集》第 1 卷,第 229 页。

是紧密联系经验以体验的一种思想创造，有其广大的客观性与主观性的基础，更重要的是融合了客观与主观体验的一种观照。"①"创造的综合"也就是不因袭、不守旧，扬弃东西方旧文化而吸取之长，创成新的文化。在文化的创造过程中要注意中国文化的特色，坚持民族文化的自主性和独立性，探索中国文化自身发展的规律，并且"创新"绝不意味着文化的断裂，而是优良文化传统的继承和发展。有意识地整合中西文化之长，从整体上了解中西不同的思维方式，把握和体验不同的观点，达到主客观的融合之后，才能真正地创新。

在 20 世纪 80 年代后期，张岱年更明确地提出了文化发展的"综合创新论"，并且发表了多篇文章讨论文化创新问题。张岱年在文化发展方面提出的另一个洞见，是关于文化系统的分析与选择。他认为，任何文化都包含若干文化要素。这些要素有些是可以经过改造而容纳到别的文化体系中，有些则不能脱离原系统而存在。文化要素之间有相互兼容和相互抵牾的关系。任何文化都不是铁板一块，而是既可以保持自身的独立性，又可以选择地吸收外来文化的要素。如中国哲学在吸收印度哲学养分的基础上，成功地实现了创造性的转换。在全球化、多元化的新的历史条件下，把"一贯之道"的中国文化与"文化多元共同体"有机地协调统一起来，是"文化综合创新论"的另一个基本特质。所谓"综合"，就应该是接纳多元文化的多样性和丰富性，吸纳多元文化要素的有益成分，真正做到"和而不同"。中国哲学只有这样，才能在"综合创新"中得到永生。

关于文化与民族精神，张岱年认为任何民族精神都有其作为

---

① 刘鄂培、衷尔钜编：《张岱年研究》，第 321 页。

民族文化的主导思想。民族文化的最高指导原则可称为"民族精神"。中华民族精神可以用《易传》中的两句话加以表述："天行健,君子以自强不息;地势坤,君子以厚德载物。""自强不息"就是中华民族不断进取、奋力拼搏的精神;"厚德载物"就是中华民族崇尚和平、崇尚道德、海纳百川的博大宽容精神。这既是中国古代哲学中的精湛思想,亦是中华民族的民族精神。在20世纪80年代中期,国内流行"传统文化否定论",且甚嚣尘上。在讨论"中国走向何处"、"中国文化走向何处"等大是大非的关键问题上,张岱年高屋建瓴地提出民族精神命题,使国人找到了前进的方向。在中国文化是主"动"或主"静"的问题上,张岱年提出大多数中国思想家是"动静合一"的,以印证《易传》上说的"动静不失其时,其道光明"的辩证观点。由此,张岱年也反对"中国文化是主静的文化,是精神文明;西方文化是主动的文化,是物质文明"的文化相对主义的提法。随着时间的推移,张岱年的"综合文化创新论"越来越显示出新的生命力。

3. 阐发中国固有的哲学概念范畴。把哲学史作为人类认识的发展史来研究,揭示每个时代理论思维发展的规律,就必然涉及哲学体系的基本概念范畴。黑格尔指出:"既然文化上的区别一般地基于思想范畴的区别,则哲学上的区别,更是基于思想范畴的区别。"①研究中国古典哲学的概念范畴以及演变,将使人更深刻地认识到中国哲学的特点。1935年,张岱年撰写的《中国哲学大纲》是以问题为纲叙述中国古典哲学的发展演变,对中国哲学的基本概念范畴做了较为系统的探索与诠释。因此,《中国哲学大纲》既可作为中国哲学问题史来读,也可作为中国哲学范畴史来

---

① 黑格尔:《哲学史讲演录》第1卷,商务印书馆1978年版,第47页。

读。它是广泛运用逻辑分析方法的一个成功的范例。张岱年通过问题分析、概念分析、命题分析来深入阐发其发展演变,不拘泥于哲学概念的字面意义,对这些范畴做出了准确、全面的"深层结构"的界定。这种"历史而逻辑"的阐释方法,为人们研究中国哲学提供了重要的方法论的典范,其成就得到海内外学人的高度评价。

哲学问题发展是通过哲学范畴的演化推进实现的。西方范畴哲学体系和哲学命题都以概念范畴为基本单位,而中国哲学的特点突出地表现在它有一套与西方哲学迥然不同的概念范畴,而这些概念范畴随时代的不同而内容不同。1955年,张岱年发表了《中国古典哲学中若干基本概念的起源与演变》,主要疏释了中国哲学宇宙观中的一些重要概念范畴,如"气"、"天"、"道"、"太虚"、"理"、"体用"等。对中国古典哲学中的这些概念范畴张岱年既注意到其演变,也注意阐释其在特定时代的含义。如对"气"的解释既肯定它是物质构成的材料,也肯定它是生命和智慧的根源。张岱年意识到,"精气说"是先秦的一个重要学说,也可以说是现代原子论的一种形态。万物生灭即气之聚散,宇宙氤氲只是一气而已。《孟子·公孙丑上》:"气,体之充也。"《管子·心术下》:"气者,身之充也。"《庄子·知北游》说得更明晰:"人之生,气之聚,聚则为生,散则为死。……故曰通天下一气耳。"接着,张岱年解释了"太虚"与"气"的密切联系。在《中国哲学大纲》中,张岱年花了两章的篇幅来解释"气"的源流和发展演变,使人更深刻地认识到中国哲学思维的发展历程。

在20世纪80年代撰写的《中国古典哲学概念范畴要论》的专著中,张岱年考察了中国上古至近古各主要哲学家和学派的哲学范畴体系演变,并历史而逻辑地分别列出单一范畴和对偶范畴。张岱年认为,中国古典哲学的概念范畴可分为三大类:一是自然哲学的概念范畴;二是人生哲学的概念范畴;三是知识论的概念范畴。这三大概念范畴之间又有相互交叉的含义。张岱年选择了比较深奥的、歧义较多的概念范畴,一一作了清晰的逻辑解析。"哲学的概念范畴都有一个提出、演变、分化、会综的历史过程。同一个范畴,不同的思想家、不同的学派,对之有不同的理解。不同学派的思想家对于别家所用的概念范畴,常常不能虚心体会。这里牵涉到一个重要问题:人与人之间是否可以相喻呢?"①张岱年强调了中国哲学中范畴体系的层次与演变,指出哲学范畴的出现,既有其先后次序,这可称之为历史顺序,又由于范畴之间存在蕴涵、包容、对立等逻辑关系,这种次序可称之为逻辑顺序。此外,张岱年还注意到哲学范畴的"循旧与立新"。比如,中国哲学在近代从西方、日本引进了许多新的哲学概念。对于传统的哲学概念来说,有些需要继承,有些需要改变,有些需要创造新的概念范畴。

张岱年敏锐地观察到,古与今、中与西之间,某些范畴之间存在不可通约性或通约性。中国古典哲学有一套独具特色的概念范畴体系,既与西方哲学有共性相通之处,也有其别具一格的逻辑范畴,不能机械地、生硬地用西方哲学范畴来套用、比附中国哲学范畴。美国哲学家库恩(Thomas Kuhn)在《科学革命的结构》中提出,科学是在常规科学与科学革命的交替中,或新旧范式的取代中发展的。科学革命的标志就在于新的科学与常规科学的不可通约性(incommensurability),或新旧范式间的不可通约性。在此,库恩

---

① 《张岱年全集》第4卷,第450页。

的不可通约性表现为工作于其中的科学家在包括视觉、知觉、心理方面在内及整体世界观之间的不可通约性或格式塔转换。[①] 张岱年既注意到不同时代、不同哲学家以及不同哲学流派之间可能存在范畴概念的"不可通约"现象，又注意到西方哲学范畴与中国哲学范畴之间的共性，如天人关系、心物关系、思维与存在的关系在一定程度上又有相似之处。哲学概念之间存在内在的联系，而且人与人之间是可以相喻的。不仅如此，从中国哲学的古今时序上看，先秦儒家、先秦道家、魏晋玄学、宋明理学的范畴群之间，有着相互继承、相互影响的关系。"一个民族，除了共同语言、共同地域、共同经济生活之外，还有'表现在共同文化上的共同心理素质'。"[②]从《中国哲学大纲》到《中国古典哲学概念范畴要论》，张岱年对中国古典哲学中的概念范畴钩玄提要，不务详尽，去其朦胧、模糊的含义和意谓，显其共有的普遍性概念，使转型时期的中国哲学既保持了原生形态，同时又使其成功地进入了现代中国哲学的话语之中，进而彰显了现代中国哲学的主体性和合法性。其不足之处是对佛学和近代外来的范畴概念的论述语焉不详。无论如何，张岱年在中国哲学概念范畴的厘清方面取得了开拓性的成就，可以说是超迈前贤，这也是其对于中国哲学的重要贡献之一。张岱年深入而系统地研究了中国哲学概念范畴，从而为中国哲学的合法性找到了立足点。

4. 创立了宋明哲学史的三派说。如果说冯友兰的"新理学"是"接着"宋明理学讲的，那么我们也可以说张岱年的"气论"（唯

---

① 参见王善博：《追求科学精神——中西科学比较与融通的哲学透视》，广西人民出版社1996年版，第152页。

② 《张岱年全集》第5卷，第123页。

气论、气本论或气一元论）也是"接着"中国传统的"气论"讲的。在宋明道学中，以前的著述一般只讲程朱理学和陆王新学。程颐和其兄程颢共同创立了"理学"，因为"道"和"理"是他们最高的哲学范畴。"陆九渊是宋明时期'心学'的开创者，他把儒家思孟学派和佛教禅宗的思想糅合在一起，又接受了程颢'天'即是'理'、'天'即是'心'的思想的影响，提出'心即理'、'宇宙便是吾心，吾心便是宇宙'的主观唯心主义思想体系。南宋时期，陆九渊的'心学'与朱熹的'理学'曾在学术上进行过激烈的争论，是当时很有影响的学派之一。明代王守仁又继承陆九渊的思想，把'心学'发展到更加完备的阶段。"①长久以来，中国哲学界认为宋明"理学"和"心学"是该时期的两大流派。"自清初的学术史著作《宋元学案》以来，许多学术史著作认为宋明理学包括两个学派，即程颐、程颢、朱熹为代表的程朱学派和以陆九渊、王守仁为代表的陆王学派。我认为这是不正确、不全面的。事实上，理学中还有一个重要学派，即以张载、王廷相、王夫之为代表的学派，可称张王学派。"②张岱年先生独辟蹊径开创了宋明哲学史的三派说。张岱年不仅创立了张王学派说，在其一生的哲学生涯中，他实际上成为了张王的继承者和守卫者。有关这一点，笔者在以后的论述中还要详细论及。

张岱年认为，自先秦至明清中国哲学有一个唯物主义的传统，而"气论"是这一优良传统中的主要理论发展形态。在《中国哲学大纲》中，张岱年以"气论一"和"气论二"两章讨论了其思想源流。在 20 世纪 50 年代，张岱年陆续发表了《王船山的唯

---

① 萧萐父、李锦全主编：《中国哲学史》，人民出版社 1983 年版，第 88 页。
② 《张岱年全集》第 6 卷，第 325 页。

物论思想》《张横渠的哲学》等论文,并且出版了《张载——十一世纪中国唯物主义哲学家》和《中国唯物主义思想简史》的专著,一直到90年代主编了90万字的《中国唯物论史》。继承和弘扬中国古代唯物论传统这一条主线是张岱年矢志不渝的方向。在张岱年看来,“气”是中国古代唯物主义的基本概念,或者说是中国哲学唯物论的主要形式。实际上,中国古代哲学中所谓的“气”,既类似于西方所谓的物质,又可指道德精神之气。“气”(energy)与西方的主要唯物论观念“原子”有很大的不同,前者因具有连续性、流动性、不可分离性而具有内在动力,与西方物理学中的“场”相接近;相比较而言,“原子”是可以分离的,具有机械论的某些特征。英文表示物质元素有原子(atom)、分子(molecule)、电子(electron),所谓原子本是指一个不可再分的微小的固体单位,作为固体它具有惰性,需要外力作用。而中国哲人表示客观存在的物质——气,运行不息,具有动态结构,它自身无形,贯通一切事物之中。虽然“气论”在不同的时代具有不同的形态,但肯定客观实在,坚持从世界本身说明世界却是一致的。

张岱年还观察到,“气”和“理”的观念,虽然起源于先秦时代,但在先秦诸子的著作中还没有发现以“理”与“气”对举的例证。在宋代,“理”与“气”成为最重要的一对哲学范畴。例如,张载从气的聚散、变化的角度来谈“理”:“天地之气,虽聚散、攻取百涂,然其为理也顺而不妄。气之为物,散入无形,适得吾体;聚为有象,不失吾常。太虚不能无气,气不能不聚为万物,万物不能不散为太虚。循是出入,是皆不得已而然也。”《正蒙·太和》张岱年认为:“张横渠的唯物论就在于他认为一切存在都是气,无形的太虚也是气。他的唯物论更在于他肯定神与性是气所固有的,而‘理’是气聚散的规律。"①张岱年晚年自号"渠山拙叟",表现了他对继承和发展中国气论传统矢志不渝的决心。

张岱年从宋明哲学史中清理出一条唯气论的思想主线:张载——陈亮、叶适——王廷相——王夫之——颜元、李塨等。张岱年从与宋明哲学史中的朱熹理学、陆九渊心学相鼎足的张载入手,挖掘张载至戴震这条被人忽略的唯物主义思想的主线。张岱年指出,朱熹编著《近思录》《伊洛渊源录》将张载的"关学"列于二程"洛学"的附庸,与实际情况不符。"应该承认,张载以气为本,程朱以理为本,陆九渊、王守仁以心为本,乃是理学中的三种不同的本体论学说。"②张岱年指出,张载、王廷相、王夫之是一脉相承的。为何要把这样一个独立的学派作为程朱学派的附庸呢?把理学思潮简单地析别为程朱、陆王两派,不是一种偏见就是视事实于不顾。因此,张岱年力主气本论、理本论、心本论是宋明理学的三个基本派别。这一划分石破天惊、振聋发聩。"张先生的这个分法,是从哲学史的角度,而不是从儒学史的角度来分的,这种哲学史的分法是重视哲学家在宇宙论和形上学的立场来区分他们的派别。这种从理、气、心何者为最高原理来划分宋元明清哲学的主张后来成为国内外绝大多数中国哲学研究家的共识。如日本研究中国哲学的学者也主张这种分法,冯友兰晚年的《中国哲学史新编》也采取这种分法。用冯友兰先生的说法,这可以说是张先生的'特识'。"③正是张岱年的这种"特识"和真知灼见,才使我们今天能客观地把握宋明哲学发展的主要脉络。

---

① 《张岱年全集》第5卷,第30页。

② 《张岱年全集》第6卷,第325页。

③ 陈来:《张岱年先生的学术贡献》,载《中国思想史研究通讯》第2期。

5. 中国现代哲学伦理价值的开拓者。19 世纪末 20 世纪初,西方哲学界兴起了关于价值论(Theory of Value)和价值学(Axiology)的研究,对于价值的意义、价值的准衡、价值的类型等问题,提出了许多不同的观点,出现了许多不同的学派。20 世纪初期以来,现代西方哲学的一个重要转向,就是从古典本体论、近代认识论转向现代价值论,其主要焦点局限于道义论与功利论。进入 20 世纪的中国哲学面临着世纪的变革,同时也应该实现价值转换。张岱年意识到,这种价值转换就是从古典的文化本位价值取向、近代的文化价值取向到 20 世纪的文化融合的价值取向,这也是中国传统哲学从中国走向世界的价值转换。"文化的核心在于价值观,道德的理论基础也在于价值观。新发展的关键在于价值观的批判继承、革旧立新。"①张岱年还对价值的类型和层次问题,价值的基本标准问题都进行了周密的论证和阐发。

在 20 世纪 80 年代初期,张岱年对于中国的价值观和伦理思想进行了比较深入的分析、批判和研究,是新时期现代哲学伦理价值的开拓者。他先后发表了《新时代中国文化的价值观》、《论价值与价值观》、《论价值的层次》、《论重新估定一切价值》、《中国古典哲学的价值观》以及《简评中国哲学史上关于人的价值的学说》等三十多篇具有深刻见地的系列文章,并且组织了有关价值标准的大讨论。

首先,张岱年发掘出作为强调人生论的中国哲学,它自古以来就注重人的价值、人格尊严、显示着人的自觉,这就是中国哲学中"以人为本"的学说。他指出,虽然价值观的名词是近代才出现的,但是中国古代哲学中与其意义相当的是"贵","贵"本义为爵

---

① 张岱年:《文化与价值》,新华出版社 2004 年版,第 8 页。

位崇高，后引申指性质优越的事物。"天地之性人为贵"(《孝经》)就肯定了人是万物之灵长的内在价值。孟子提出的"人人有贵于己者，弗思耳。人之所贵者非良贵也。赵孟之所贵，赵孟能贱之。"(《孟子·告子上》)"良贵"是人人所固有的价值，而不是人之所贵。孟子认为的"良贵"观念，是指人的内在价值即是道德觉悟。儒家哲学充分肯定了人的价值和人格尊严，"使人成为其人"，是中国古典哲学中应该继承和发扬的内容。20世纪80年代后期在中国思想界流传着一股"中国传统思想中根本没有人或人格观念"的论调，通过阐明中国哲学中人的观念，张岱年一方面批驳了这种错误思想，另一方面首次倡导了中国哲学价值观的研究，并且具有试图从人本思想扩展到更为广阔的生命哲学的意向。在强调"以人为本"的现代多元化的今天，张岱年对传统价值论中的"人"的挖掘意义非凡。

其次，张岱年高屋建瓴地探讨了有关价值观的主要内容：义利问题、理欲问题、德力问题、法教问题等。围绕这些问题而形成了中国古典价值论的两大类型：道义论与功利论。更具体地说，中国古典价值论，较有影响的四大学派：儒家贵仁的内在价值论；道家贵无的超越价值论；墨家贵利的功用价值论；法家贵力的唯力价值论。按照历史的逻辑，先后出现了几种价值观：春秋时代叔孙豹提出的"立功、立德、立言"的"三不朽"价值观；孔子以人为贵的内在价值观；墨子功利至上的功利价值观；孟子"天爵"、"良贵"的人生价值观；老庄贵无的相对主义价值观；《易大传》中道义功利统一的价值观；荀子德力全尽的价值观；法家道德无用论的功利主义价值观；董仲舒重义轻利价值观；王充"德力俱足"价值观；宋明理学义利之辨的价值观；王夫之"珍生务义"价值观。儒墨之间有义利之辨，儒法之间有德力之辨，义利、德力关系是中国价值观发展过程中的基本问题。① 在不同的价值观中,张岱年通过比较,分析了各家所长及所短,而倾向于王充"德力俱足"、"义利统一"的价值观。他进而指出,义利问题、理欲问题、德力问题、法教问题是价值观的主要问题,但不是根本问题。其最根本的问题是个人与群体、物质生活与精神生活的关系问题。

再次,张岱年注意到价值研究中有关价值层次的问题。张岱年总结出价值的三个层次:(1)价值是客体满足主体的需要,凡能满足主体需要的即有价值;(2)对于价值也有一个评价问题;(3)对于主体本身的价值也需要评价。不仅如此,张岱年还解释了"真、善、美"不仅仅是内在价值,还可以看做是"最高价值"。② 真是认识的价值,善是道德的价值,而美是艺术价值。张岱年还总结了价值的不同类型,认为中国传统文化中与现代语言价值相等的字是"贵"等。他认为,"和"是价值的最高标准。

张岱年对于中国哲学中价值观的研究,开拓了中国哲学史研究的新视野,拓展了现代中国哲学研究的空间。在 20 世纪 80 年代,价值研究一度成为伦理学研究中的热点,可以说张岱年在其中的作用是居功甚伟。他对于价值观的分析和划分细致入微,同时也注意对传统价值的传承和新价值观的确立。

6. 彰显墨子的哲学思想。在中国先秦哲学史上,诸子并起,百家争鸣,最有影响的是儒、道、墨三家。古语云:"孔席不暇暖,墨突不暇黔"。这反映了墨子栖栖皇皇的救世精神和在当时产生的巨大影响。战国时期,儒墨并称为"显学"。孟子说:"杨朱墨翟之言盈天下,天下之言不归杨则归墨。"(《孟子·滕文公》)事实

---

① 参见《张岱年全集》第 6 卷,第 68—84 页。

② 参见《张岱年全集》第 7 卷,第 27 页。

上,秦汉以来儒、道、墨三家的盛衰消长决定了中国哲学发展演变的趋向。长期以来,哲学史家对尚贤、尚同、节用、节葬、非乐、非命、兼爱、非攻、天志、明鬼等十事见仁见智。但是,墨家以及后期墨家在认识论方面的长处逐渐被人湮没。在清代学者的基础上,近代学者复兴墨学,功不可没。在此基础上,张岱年指出:"墨家长于逻辑与自然科学,对于形式逻辑和物理学、几何学做出了卓越的贡献。应该承认,在先秦时代,中国文化是全面发展的。但是后来墨学中绝了,于是墨家的逻辑学和物理学、几何学知识未能被继承下来。虽然汉代以后,天文历算之学仍不断发展,却未能继承墨家的遗产。这与中国后来未能产生自己的近代实验科学是有一定联系的。"①对于墨家重视逻辑与物理、几何研究所取得的成就,张岱年给予了充分肯定。

作为传统文化的护道者,张岱年意识到儒道墨各家皆有所长,皆有所蔽。一方面,他不能赞同墨家"天志"、"明鬼"的宗教迷信观点;另一方面,他认识到虽然墨家已经中绝了,但墨家在认识论以及在自然科学上的成就,仍是需要继承的遗产。他甚至认为,如果墨学在"罢黜百家,独尊儒术"之后没有中绝,中国文化将是另一种面貌。张岱年的分析在一定程度上回答了李约瑟难题,即李约瑟博士1954年在《中国科学技术史》第一卷中提出的一个"难题"(paradox):为什么现代科学只在欧洲文明中发展,而未在中国(或印度)文化中成长?② 不少哲人为此难题苦苦思索,从不同的角度得出不同的结论,在此无须赘述。但这里需要指出的是,张岱

---

① 《张岱年全集》第7卷,第413页。

② 参见菲利普·弗兰克著,许良英译:《科学的哲学》,上海译文出版社1985年版,第31页。

年的回答无疑是这一问题的最佳答案。

近代以来,大多数哲学史家对墨子的"兼爱"思想贬多褒少,认为"天下之人皆相爱"的想法不切实际,是脱离社会的天真幻想,是把超阶级的兼爱主张当做普遍的社会法则。在张岱年看来,"兼爱"的"兼"有群我一体的意思,可惜的是许多哲学家都跳过了这一点。中国文化历来最缺乏的正是群我一体的思想。墨子的兼爱,与此种观念颇相近。他还从《礼记·礼运》中的"大同"说中看出了墨家的影响。"天下为公",实即墨子所谓"以兼易别";而"不独亲其亲,不独子其子",实即墨子所谓兼爱。"大同"实乃儒家吸取墨家思想后创立之社会理想。张岱年别出心裁地指出,与其说《礼运》的作者受了道家的影响,毋宁说受了墨家影响更深。通过推演,张岱年得出了"大同"学说是儒家吸取墨家思想影响而创立的。张岱年"与群为一"的哲学命题与其说来自于儒家,不如说来自于墨家的影响。

张岱年所认定的是,墨家特别是后期墨家中的《经上》、《经下》、《经上说》、《经下说》、《大取》、《小取》六篇涉及自然科学的命题,还有认识论和逻辑的命题,比前期墨家思想深刻,因此是先秦认识论、逻辑史和科学史的重要材料。张岱年充分肯定墨家"强本",重视物质生产、重视生产技术的思想,后期名辩之学也对逻辑做出了卓越的贡献。在《论墨子的救世精神与"摹物论言之学"》一文中,张岱年表彰了墨学对理论思维的探索。他认为,"摹略万物之然,论求群言之比"揭示了墨家学术的特点与内容。"摹略万物之然"即是探索自然界的实际情况,"论求群言之比"即是研究思想言论的规律。① 用现代话语来表述,前者是自然科学的

---

① 参见《张岱年全集》第7卷,第150页。

研究,后者是形式逻辑的研究。由此,使人联想到张岱年在其哲学体系中重视逻辑分析、重视知识论的倾向,不能不说是一种巧合。

五四以来,梁启超、胡适、冯友兰、杜国庠等哲学史家对墨学从不同的角度都做了阐发,但张岱年的功绩是,通过对不为人所注意的史料的钩沉,发掘了墨学理论的闪光之处,发人之所未发。对于墨学中的科学探索精神(包括对形式逻辑的重视),舍己为人、自我牺牲的人道主义精神,张岱年推崇有加。在今天看来,它们仍然是值得大力发扬的精神。通过对墨家思想的开发,张岱年补正并矫正了中国传统哲学中的偏失与不足,那就是要肯定自然知识的价值,承认分析思维的必要和破除等级意识。现代中国哲学的发展之路,不仅是中学与西学的综合,而且应该是儒、道、墨诸家的综合,这是张岱年典型的哲学综合方式。他指出墨家之学"见"有胜过儒、道两家之处,并把它作为中国哲学应该继承的宝贵遗产,进一步推动了墨学在 20 世纪后期的研究。

7. 中国哲学学科建构的自主意识。近百年来是中国哲学学科转型、成长发展的一个不同凡响的世纪。在现代中国哲学的草创时期,胡适、冯友兰的哲学史都以西方哲学为框架,来寻找和确定中国哲学的内容。金岳霖在给冯友兰的《中国哲学史》写的"审查报告"中质疑为,是哲学在中国的历史,还是中国的哲学历史?这一问题意识的开始,使得中国哲学界如大梦方醒。是我们装饰了别人的哲学之梦,还是别人成为我们的哲学之梦? 主张中国没有哲学,不光是像马勒伯郎士、黑格尔之类的西方人,还有国内的"全盘西化论"者。如陈序经说:"中国的哲学胜过西洋吗? 这无论是谁都不敢相信。要是哲学而像梁漱溟先生所说是思想的进一步,那么中国差不多可以说上没有哲学的。一部孔子的菁华的《论语》,一部孟轲的菁华《孟子》,西一句,东一句,这里一个意思,那里一个意思。意思既不贯串,词句也不相接。听说最初译成西文时,一位欧洲人这样说:'要想保着孔孟的盛誉于西洋,这些书是顶好不要翻译。'"①陈序经所依据的是西方哲学、人类学、文化学的理论,从一元模式出发,把西方哲学的范式作为唯一的哲学范式,通过将柏拉图、亚里士多德与孔子、孟子相对比,独断地否定中国有哲学存在。面对这股否定中国哲学的思潮,张岱年挺身而出,奋起辩驳中国无哲学的观点。首先,张岱年从界定哲学一词含义着手,说明无论是中国哲学还是西方哲学,爱智是其本质特点。从形态上看,西方、印度和中国三大哲学传统形式不一,内容也各具特色。张岱年赞同冯友兰关于中国哲学特点的说明:中国哲学虽然无形式上的系统,但有其实质上的系统。其次,哲学这个术语应该是一个类称,而西方哲学不是哲学的唯一范型。再者,从哲学研究的内容上看,中西哲学都涉及宇宙论、人生论和认识论,古今中外不同的哲学家对其中的一个侧面或三个方面都有所表述。张岱年意识到中国哲学中认识论不太发达,在《中国哲学大纲》中专门设致知论部分予以探讨,彰显中国哲学中的知识论形态。

　　为了确立中国哲学的自主性,化解中国哲学的危机,张岱年对中国哲学的特殊旨趣进行了深入的研究。他不仅总结出中国哲学的六大特点,而且还概括了中国哲学中六大"活的"与"死的"特征。从中西哲学对比的角度研究中国哲学,张岱年既凸显了中国哲学的真精神、真奥义,又理出了其自身的不足。他始终以一种客观的、辩证的态度看待中西哲学,其着眼点是通过中西哲学的互释,解决了学术理论建构的正当性,推动中国哲学参与世界哲学的对话。在思维方式上,张岱年认为,要完全改变或否定中国传统的

----

　　①　陈序经:《东西文化观》,中国人民大学出版社2004年版,第221页。

思维方式是不可能的。因为注重直觉的思维方式与注重分析的思维方式在中国哲学的建构中同等重要。虽然他早期对直觉思维的作用持怀疑态度，但是在 20 世纪 80 年代后期，他既青睐分析方法，也推崇中国哲学独特的体认方式。

张岱年在 20 世纪的哲学史上占有一席之地，与他在中国哲学概念范畴上所取得的成就分不开。中国哲学的自主性在一定程度上依赖概念范畴的确立与廓清。张岱年剔除了中国哲学概念范畴的模糊性、多义性，以精确的分析与诠释表达了中国哲学概念范畴的指示、证明、分类和表述的基本功能。概念范畴体系的系统化标志着对中国哲学本身认识的深化和提高。张岱年以一种自觉的意识考察了中西哲学概念范畴的通约性问题，指出其异同。通过证明中国哲学有自成体系的概念范畴系统，张岱年有力地反击了中国无哲学的荒谬论调，其历史与逻辑的结合方式，既保持了中国传统哲学的理路，又使所描述的概念更加清晰准确。

从 1931 年发表第一篇论文算起，张岱年的学术经历跨越了近 80 个春秋。作为 20 世纪"十哲"的最后一哲，张岱年在辩证唯物论中国化、探索社会主义新文化等重大理论问题上取得了非凡的成就。通过整理、挖掘中国传统哲学，张岱年完成了将中国经史子集向现代哲学转变的任务。胡适之首创用西方的哲学模式来研究中国哲学，使中国哲学的研究脱离了经学模式；张岱年则采用西方哲学的方法研究中国哲学，对中国哲学的原有概念加以综合创新，形成了有中国特色的哲学。从这一点看，张岱年对于中国哲学的贡献比胡适还要大。与胡适不同的是，他以唯物论哲学为基础，运用分析方法，重新诠释中国哲学，建立起了以范畴和问题为中心的中国哲学研究范式和具有综合性的哲学体系。在文化观上，张岱年既反对西化论，也不赞成复古论，而提出了融会古今中外优秀文化精华的"综合创新论"，在中国思想和哲学的发展中做出了重要贡献。

20 世纪末到 21 世纪初，一股中国无哲学的思潮再次在中国蔓延，以德里达为首的西方哲学又一次重弹黑格尔的老调。在新的时期，中国有没有哲学成了每一个哲学研究者不得不回答的斯芬克司之谜。重温张岱年在有关中国哲学自主性方面的宏论，我们不得不佩服他那敏锐的问题意识。无论是在建构他自己的哲学体系，还是在研究中国哲学史的过程中，这种问题意识始终在伴随着他。通过重建中国哲学的思维论和方法论，张岱年寻觅到了认识中国知识论形态的一条途径。通过这条途径，他把现代中国哲学引上一条康庄大道。无论如何，我们说张岱年在 20 世纪中国哲学史上，对中国哲学的自主性、自觉性阐述得最多，观点最为鲜明详尽。挖掘这些思想对我们当下讨论中国哲学合法性问题有着重要的指导意义。

毋庸讳言，张岱年的主要学术贡献是多方面、多层次的，其哲学思想具有独特的、不可替代的价值。在探讨和把握几千年中国思想文化发展规律的基础上，张岱年对其哲学体系进行"自觉"的综合创新。从这种角度看，张岱年既是一位坚定的传统文化的护道者、守望者，又是 20 世纪中国哲学文化集大成者。他是"继冯友兰之后，在中国哲学史界个人著作最多，影响最大"的哲学家。①近百年中西文化的碰撞、冲击在张岱年这里实现了初步的融合。进入 21 世纪的中国哲学，正迈向弘扬超越中国传统文化与融合借鉴西方先进文化之路，这种积极主动的文化融合意识代表着中国哲学发展的方向。弘扬与超越、借鉴与融合是双向选择的互动过

---

① 刘文英：《中国哲学史百年述评与展望》，《中国哲学史》2001 年第 1 期。

程。从这一点来看,张岱年的哲学建构代表着最有前瞻性、最健康、最富有创新性的思想潮流。

第二章 先秦哲学——张岱年 哲学思想的源头活水

　　"问渠那得清如许,为有源头活水来"。张岱年的哲学思想不是建立在空中楼阁之上,而是深深地根植于中国古典哲学的传统之中。其中,作为儒家哲学创始人的孔子、道家学派的开创者老子、宏毅刚动的《易传》思想以及墨子等人的哲学思想对构成张岱年哲学的理论基础有着深刻的影响。因此,张岱年的哲学思想无论在理论形式上,还是在命题系统上,都具有鲜明的民族特点。与牟宗三的新儒家"返本开新"的思想不同,张岱年"返本"的目的不仅仅是回到儒家的传统路子中去,更是为建构自己的哲学体系打下坚实的基础,而"开新"是为了创造性地为中国传统哲学的智山慧海传薪继火。张岱年批判性地继承了中华民族先哲的哲思精华,创造性地发展了中国哲学。毫无疑问,先秦哲学思想是张岱年思想的原动力。

第一节 仁学——继往开来的源泉

　　儒学开创以来,由于其思想内容的丰富性和提出的哲学问题的现实性,在思想大变革的春秋战国时期就成为"显学"。自汉代以来,董仲舒"罢黜百家,独尊儒术",孔子思想一直在我国传统思想中占统治地位。的确,孔子以担荷人文精神的使命感,提出了对于传统的继承与整理的问题,形成了包括后来的整个儒学的根本任务,这也是儒学成为中国哲学主流的一个重要原因。在《朱子语类》中,朱熹说:"天不生仲尼,万古长如夜。"这说明了孔子在儒家道统及中国传统文化中的历史地位。但是,在五四运动思潮的强烈冲击下,反孔贬孔成为当时思想的主要基调。传统在五四运动的暴风骤雨中开始断裂,传统文化的价值基石开始动摇。"山雨欲来风满楼",从韩愈提出的"尧舜禹、汤文武、周公孔孟"的传道谱系,在五四时期已经不可同日而语。儒学在中西文化的大碰撞、大裂变中逐渐从产生它的母体中游离出来,而成为像余英时所说的"游魂"。

作为一种源远流长的、富有根源性的儒家精神如何在现代中国的文化语境下生存下去? 如何正确地理解和评价孔子,把握转型时期中国传统文化的脉络? 作为一名弘道者,张岱年以继承传统为己命。在张岱年所撰写的数以百计的论述中国哲学文化的论文中,尤其以论述孔子的文章最多。张岱年的首要功劳是,确立孔子是中国古代思想集大成者,是中国哲学的开端。他明确地指出:"中国文化对于全世界的贡献即在于注重'正德',而'正德'的实际内容又在于'仁'的理论与实践。孔子谓仁即'己欲立而立人,己欲达而达人',其意义就是与人共进,相爱以德。"①张岱年高度

---

① 《张岱年全集》第 1 卷,第 155 页。参见 1933 年 6 月 15 日他在天津《大公报》上的著文《世界文化与中国文化》。从 1946 年发表《孔子平议》的专文开始,张岱年先后发表了《孔子在中国文化史上的地位》、《孔子与中国文化》、《孔子评价问题》、《论"孔子之是非"》、《探索孔子思想的真谛——六十年来对孔子思想的体会》、《关于孔子哲学的批判与继承》、《述与作》、《孔子对于中华民族的贡献——纪念孔子诞生 2540 周年》等一系列评价孔子的论文。

评价了孔子在中国哲学史上的地位:"把古代思想总结起来而成为一个一贯系统的第一个哲人是孔子。孔子是开创新时代的人,却也是集大成的人。他结束了以前的时代,开始了新的时代。孔子哲学不是以前思想之反,而乃是以前思想之结晶与更进的发展。"①早在20世纪30年代张岱年就意识到孔子对于知识论的贡献,讨论过孔子的"求真知之道"。"首论求真知之道者,是实为孔子。孔子于知识,别无所论,惟于所以获得真知之道,曾屡言之。"②他对孔子学思并行的为学之方做了初步的分析,认为中国哲学特重人生论,哲学家所主要关切的问题是人生问题。"孔子所以是中国哲学的开端,乃因为他是第一个提出一个人生论系统的。"③张岱年截断众流,重新肯定孔子在哲学史、思想史上的地位,明确道统自孔子讲,而不是从尧、舜、禹、汤、文、武、周公讲,梳理了儒家道统的发展脉络和传道谱系,强调中国哲学始产生于孔子,凸显了孔子在中国哲学史上的应有地位。

从一开始,张岱年就以一种客观理性的态度评价了孔子的仁学思想、人生论、教育思想、述与作的关系,力图站在历史的高度揭示孔子思想的精神实质。不仅如此,笔者也注意到,张岱年在构建自己哲学体系的过程中,也无不受到孔子思想的影响。

一、揭示仁之道——从"爱人"到"达仁"

孔子的仁学思想是其哲学思想的核心之所在,他运用这一范

① 《张岱年全集》第1卷,第194页。另参见1934年1月25日《大公报》发表的《中国思想源流》一文。

② 《张岱年全集》第1卷,第123页。参见张岱年于1934年4月发表在《清华学报》上的《中国知论大要》一文。

③ 《张岱年全集》第2卷,第195页。

畴是为了表现人文精神的内在本质。《诗经》中关于"仁"字有两见:一是"洵美且仁"(《郑风·叔于田》);二是"其人美且仁"(《齐风·芦令》)。此处的"美"指外表的美,而"仁"指内在本质的美。无疑,孔子的仁学继承了自西周以来的文化思想。在张岱年看来,孔子既是传统文化的护卫者,又是新文化的开拓者。而张岱年所做的是,一方面揭示其蕴涵的中心意义,另一方面指出其价值思想。

"仁"的最初、最本真的意义是"爱人",即表现对父母、兄弟的亲情之爱。有子曰:"君子务本,本立而道生。孝悌也者,其为人之本欤?"(《论语·学而》)他从家庭、血缘亲情之爱,推及到社会群体、个人人格的实现,延及到人伦关系。台湾学者韦政通把仁学的特质归纳为四点:第一,热爱生命、热爱生活,如颜子虽居陋巷,依然不失其内心的悦乐。第二,真正平等的精神。平等是对生命价值的普遍尊重,所以说"仁者人也"(《礼记·表记篇》)。不管其知识、贫富、贵贱、禀赋如何,其生命价值都一样。第三,作为人类基本特质的仁,使人类的生命成为创生不息的过程。生在宇宙方面的表现是"春作夏长",在人生方面的表现是"终日乾乾",也是经由爱(仁)统而为一的。第四个基本特质是好恶的抉择。韦先生甚至认为,仁是最高的善和自由。①

张岱年认为,"仁"本来是一种道德天赋,但为了求得一种理想的道德修养,达到人的完全自觉,"君子"还需要主观修养加以弥补。所以孔子说:"我欲仁,斯仁至矣。"(《论语·述而》)"为仁由己,而由人乎哉?"(《论语·颜渊》)孔子提倡的是,人们通过道

---

① 韦政通:《中国思想的创造转化》,云南人民出版社2002年版,第138—141页。

德自觉意识,把人的主观修养转化为道德主体的德性。正是在这种意义上讲,孔子把"仁"看成是最高的道德标准。无论栖身何处,无论得志与沦落,努力扩展自己的"仁"的本性,是人的终身追求。这也就是"无终食之间违仁"(《论语·里仁》)。在评价他最喜爱的学生颜回时,他也只是说"其心三月不违仁"(《论语·雍也》)。无须臾之间离道,才能到达人生之最高境界。张岱年认为,孔子的仁正是在践履中体现其价值,根据主体的躬行而拓展其含义,根据实际情况而有所发展。这是以批判和继承的眼光对待"仁"的价值思想。他指出:"从根本上说,'仁'是动的,是自强不息的。'仁'是在现实中体现理想,在日常生活中达到的崇高境界。中国古代哲人所苦心思虑的就是如何使人们能有合理的生活,其结晶即'仁'。他们总觉得人必须'正德',然后人生才有价值。中国人的生活基调即在于'正德'。这就是中国文化对于全世界的特殊贡献。"①张岱年把"仁"这种实践理性看做是"正德"的需要,认为它是中国文化对于世界的贡献,即使在将来的世界文化中有重要的地位。他还认为中华文化深沉雄厚、勇猛宏阔、刚健安毅、朴实稳重的根本倾向深受孔子的影响。孔子不仅刚毅木讷,气象深厚,而且积极勇进,弘毅刚健。"孔子的思想宏大、圆融、中正,然而在根本上是主动的。"②将仁与主体修养、正德的要求联系起来讲,是张岱年对儒家"仁"的一种独特的阐发。

　　不仅如此,张岱年指出了中国文化受孔子弘毅、朴实精神"仁学"的影响。这种正面影响对塑造个体和民族精神起着重要的作用。例如,在孔子眼里,仁不仅是一种主体诉求,还是最重要的道

---

① 《张岱年全集》第 1 卷,第 156 页。
② 《张岱年全集》第 1 卷,第 194 页。

德原则。张岱年对于"君子义以为上"(《论语·阳货》)中的"义"的理解是,它是道德原则,因为"义"的内容是一个虚格,所以"义"的内容等于仁;义又是一个虚位范畴,而不是一个具体的道德范畴,所以孔子说的"仁者安仁,知者利仁"(《论语·里仁》)。"安仁"即等于安于仁而行之,"利仁"即以仁为有利而行之,有所为而为。也就是仁者实行仁德,不是以仁德为手段,而是以仁为目的。在张岱年看来,仁对于孔子来说,有崇高的内在价值,为了道德理想,个体可以牺牲自己的生命:"志士仁人,无求生以害仁,有杀身以成仁。"(《论语·卫灵公》)他认为,孔子提倡的为理想而献身的精神对中华民族的发展起了积极的作用。

张岱年发现,孔子的仁有一定的层次性,因而他对于孔子的"仁学"含义进行了详尽的分析,以探求其奥义。张岱年注意到《论语》中关于弟子问仁的记载很多,孔子所答,因人而异,各不相同。例如,孔子对颜渊说"克己复礼为仁"(《论语·颜渊》),对仲弓则说"出门如见大宾,使民如承大祭。己所不欲,勿施于人。在邦无怨,在家无怨"(《论语·颜渊》),对司马牛又说"仁者其言也讱"(《论语·颜渊》)。可以说,孔子对颜渊、仲弓或司马牛所说的"仁"都只是仁的一个方面。我们可以这样说,孔子所谓仁的含义具有层次性,有深有浅,可谓"仁者见仁,智者见智"。为此,在《中国哲学大纲》的《人生论》中,张岱年专门辟出一章探讨"仁"的含义。他认为,孔子对于中国思想之贡献,即在阐明仁的观念,而"己欲立而立人,己欲达而达人"(《论语·雍也》)是仁的中心主旨。通过运用逻辑解析法,张岱年厘清了"仁"所包含的四种主要含义,"此意谓尚可加以更进的解析:一、仁是一方自强不息,一方助人有成,是人己兼顾。二、仁可以说包含对别人的尊重。三、仁是由己及人,仍以自己为起点。四、仁固包含情感上的爱,乃物质生活上的扶助,而更注重道德上的励道。仁固注意别人生活的维持,而更注意别人道德的提高。仁者对于别人的爱助,目的在于使其成为有德行有成就的人。"①张岱年从仁的主旨中总结出"自强不息"、"人己兼顾"、"由己及人"、"扶助他人"、"励导他人",用词简单平实,但阐明了仁的丰富意蕴,是对孔子仁学思想贴切的理解。同时,"仁"是关于人我关系的准则,承认别人是与自己一样的人,是"爱人"、"立人"、"达人"的前提。"近能取譬,可谓仁之方也矣"(《论语·雍也》),即是推己及人的前提。张岱年通过周全的分析,指出了"仁"所包含的范畴层次,揭示了孔子仁学所蕴涵的意义,并充分肯定"仁"是一个崇高而切实的人生理想原则。更重要的是,张岱年指出了仁是忠、恕、礼、恭、敬、勇诸德的总称,甚至义与善的内容也是仁。依义而行,也就是依仁而行,仁与义不是并立的两德,而只是一事。但是仁是兼涵诸德的最高的德,达到了仁的境界,也就到达了生命价值的最高境界。

张岱年认为,孔子的"仁"是中国哲学中关于人性"自我实现"的滥觞,它对中国哲学中的人性论思想有重要的影响。这与上文中韦政通所说的"好恶的抉择"意思相近。人为了保住人之所以为人的特质,要接受无止境的挑战和考验,一方面要赋予仁以伟大的意义,另一方面,又要接受命运艰难困苦的考验,甚至在"生"与"仁"发生冲突时,需要牺牲生命来成全仁。有意义的抉择是用"仁"来衡量自己的一生。孔子认为,每一个人都有独立的人格,都有实现仁德的要求,这说明仁是自由意志的要求,仁的自由性不是强制的结果。所以他讲:"为仁由己,岂由人乎哉?"(《论语·颜渊》)实际上这个"仁"就是一种内在的要求,"仁"的实现也就是

---

① 《张岱年全集》第 2 卷,第 288—289 页。

一种自我实现。正是孔子开启了自我实现的观念。孟子讲扩充人的善性也是自我实现，他提出的"践形"就是实现形体中的可能性，把形体中所有可能性都发展起来。这叫做"践形"。"践形"这个概念和现代的"自我实现"概念较接近，只有圣人才能够"践形"，才能够实现他自己所有的可能性。《中庸》也比较明确地讲"尽性"，孟子则讲"尽心"。《中庸》讲圣人能"尽己之性"，把自己的性尽量认识之，扩充之，发展之，然后能"尽人之性"以及"尽物之性"，最后参赞天地之化育。"尽己之性"也就是"自我实现"，即把个人的善良本性都呈现出来，要是本性中都是不善良的东西，那么实现起来就无意义了。荀子跟孟子不一样，他讲"性恶"。"化性"就是要改变本性，荀子强调的是实现自己的主观能动性。后来的宋儒如周敦颐讲"诚"，他认为"诚"是圣人的本性，是纯粹的善，把本性尽量地实现出来就是"诚"。程朱学派都是讲要尽量发挥圣人本来的善性，也可以说是包含了"自我实现"的含义。陆王学派特别强调人都有一个"本心"，将本心的善良尽量发挥出来，就是圣人。因此，追根溯源，张岱年发现了孔子的仁所蕴涵的丰富思想，以及中国哲学中与西方"自我实现"相对应的思想。不仅如此，张岱年把孔子的仁与《易传》的"天地之大德曰生"联系在一起，沟通了个体生命之源与宇宙生化之源，使仁具有了本体宇宙论的意义。"万物之生意最可观，此元者善之长也，斯所谓仁也。"（《河南程氏遗书》，卷十一）"心比如谷种，生生之理便是仁。"（《河南程氏遗书》，卷十八）在对仁是生的阐释的基础上，张岱年赞同宋儒关于仁是生之意。在他看来，生就是一种创造，就是一种刚健不息的创生过程。"仁"超越层面的内涵即生道、生德，是"天人合一"之德。

　　笔者认为，在构建自己的思想体系《天人五论》中的《品德论》

时，"仁学"对张岱年的影响颇深："道德之基本原则为公。道德之端，以己推人。道德之至，与群为一。以己之所欲推人之所欲，道德之始，兼善天下，而以人群为一体，道德之极。"①所不同的是，张岱年发展了孔子的仁学思想，将其扩展到群体之道德。因此，张岱年赞同"智仁勇三者，天下之达德也"（《中庸》）的说法。"然所谓仁者，不惟求人人饮食男女之得遂而已，乃更在于求人人之所以贵于禽兽者之扩充。所谓立人达人之旨在此。"②"己欲立而立人，己欲达而达人"（《论语·雍也》）具有深刻丰富的含义：一方面肯定作为个体的人有立达的要求；另一方面又肯定别人也有立达的要求，既要努力上进，实现自己的立达，也要协助别人实现立达。这是一个人我并重、群己并顾的道德原则。

在吸收消化"仁"学的基础上，特别是"立人"、"达人"的纲目内容的基础上，张岱年进而提出"充生以达理，胜乖以达和"的哲学命题。"争取人之生存，即争取异于禽兽且贵于禽兽之生存，易言之，即争取合理之生存。合理之生存，即克服生之冲突，以达于生之和谐。"③在张岱年看来，"己欲立"即是扩充生之矛盾，扩充生力，改变环境，扩充"人之异于禽兽者几希"之道德的善。"己欲达"，即是"增健以为公"，"生之本性曰健，人之至德曰公"。④ 人生之理想在于超脱贵于禽兽者，兼善天下，与群为一，此乃是崇高的道德理想。我们看到了张岱年对孔子思想的继承和发展，特别是将"己欲立"理解为生力的扩充，是新的历史时期对孔子思想的创造性的诠释。

① 《张岱年全集》第 3 卷，第 213 页。
② 《张岱年全集》第 3 卷，第 212 页。
③ 《张岱年全集》第 3 卷，第 208 页。
④ 《张岱年全集》第 3 卷，第 209 页。

不仅如此,张岱年的"达和"思想也深受孔子以及中国传统"尚和"文化的影响。孔子弟子有若说:"礼之用,和为贵。先王之道斯为美,小大由之。"(《论语·学而》)《国语》记述史伯之言说:"夫和实生物,同则不继。以他平他谓之和,故能丰长物而归之。若以同裨同,尽乃弃矣。"(《国语·郑语》)不同的事物聚集在一起,产生一种新的平衡,这叫做"和"。"和"也是事物生成的起点,金、木、水、火、土杂成一起方能生物。故晏子也说:"故《诗》曰:'德音不瑕。'今据不然。君所谓可,据亦曰可;君所谓否,据亦曰否。若以水济水,谁能食之?若琴瑟之专一,谁能听之?同之不可也如是。"(《左传·昭公二十年》)孔子的"君子和而不同,小人同而不和"(《论语·子路》)进一步区别了同与和、多样性与包容性、斗争与和解的关系。张岱年意识到,为了实现个人的人生理想,人生的历程存在着竞争和斗争,也就是"充生",但要发展人的内在生命力,克服生之乖违(对立与冲突),最终目的是达到"和"的境界,也就是人生理想圆满和谐之精神境界。"人生之道,在于胜乖以达和。"①张岱年把"和"看成是事物对立冲突后所到达的理想境界,既看到了对立面的矛盾,又看到了和谐、平衡的重要性。

由此,我们可以追溯到张岱年哲学命题的思想源泉,并且找到了张岱年人生论与孔子仁学的渊源与关联。

二、求真知之道

"知"或"智"是一个认识论的范畴,也是一个伦理学的范畴。作为认识论的范畴,"知"指对事物的认识;作为伦理学的范畴,"知"指对于道德的认识。张岱年认为:"一般的意见认为,中国哲

---

① 《张岱年全集》第3卷,第209页。

学完全没有知识论与方法论,其实是谬误的。"①孔子主张仁与智相结合,知、仁、勇三达德的"知"有知性之义。"知"是仁德的一种自觉,是实现人的自觉。孔子的仁学实际上就是情感之学,其知识学实际上是"知情合一"之学。由理性化的道德情感即仁,转换为自觉的意志行为即所谓"践仁"。德性之知与性智之知是"知"的一体两面。《大学》中有"致知"的名词,到宋明哲学中,"致知"乃成为一个很重要的讨论项目。现在我们使用"致知"一名词来总括知识论及方法论。有人认为,西方哲学属于"知"的类型的学问,而中国哲学属于"做"的类型的学问(科学或人生观的学问)。"知"的类型的学问在思维方式上以事实判断为前提,通过论证的手段,达到逻辑上的或演绎上的牢不可破,它体现的是普遍、客观、精确的定义或普遍可接受的知识;而"做"的学问在思维方式上以价值判断为前提,通过体验的手段,达到境界上的至高无上,它诉诸主观、人生实践和个人体验。② 张岱年认为,应当重视中国哲学的特殊性,反对生硬地将西方哲学的模式套在中国哲学思想上。但是,过分夸大中国哲学的特殊性,认为中国没有知识论也是错误的。虽然冯友兰也分析了"知识论及逻辑论所以在中国不发达之原因",但是他只是指出"不发达"的原因,并没有否定知识论的存在。③ 赵敦华认为:"孔子'仁'与'知'并举,'知'与'仁'的关系类似于苏格拉底所说的'知识'和'德性'的关系。"④西方人的道德意识开始于苏格拉底。苏格拉底提出"认识你自己",把人们的

---

① 《张岱年全集》第 2 卷,第 521 页。

② 参见方朝晖:《"中学"与"西学"——重新解读现代中国学术史》,河北大学出版社 2002 年版,第 151 页。

③ 参见冯友兰:《三松堂学术文集》,北京大学出版社 1984 年版,第 104 页。

④ 赵敦华:《中国哲学术语的双向格义》,《中国哲学史》2003 年第 3 期。

目光从天国拉回到自己的心中,在内心发掘道德的自觉意识,这种自觉意识本身就是知识,因此"知识就是德行"。在轴心时代,差不多的情况也发生在中国。孔子的"为己之学"与苏格拉底的"认识你自己"意义相当。但是,需要注意的是,孔子所说的"知"有多重意义。由于这一问题涉及中西哲学的可比性问题,在此暂不展开。

中国哲学中的"知"即包括所谓的认识、知识、知觉的意思。中国古典哲学中认识论与伦理学的重叠合一,常常使人忽略了孔子对于认识论的贡献。张岱年早在20世纪30年代就提出:孔子不仅是中国古代第一位哲学家,而且是过去学问的集大成者,也是知识论的开创者。孔子对待知识的态度十分严肃:"子曰:'由!诲汝知之乎!知之为知之,不知为不知,是知也。'"(《论语·为政》)对于"生而知之",孔子认为在现实中也只能虚悬一格,"吾非生而知之,好古敏以求之者也"(《论语·述而》)。那么,如何区分中国哲学知识论中的"知"与伦理学中的"德",这是张岱年在思考儒家人生论中一直探讨的问题。

张岱年主要探讨了关于"智"的两个问题:第一,智与学的关系如何?智是先验的还是来自经验?第二,智与德的关系,即认识与道德的关系如何?

应该说,"智"与"知"的区别在于前者是指人的智力、能力,后者是前者的发挥、运用的体现。但是,由于古汉语"智""知"同源互训,这里主要讨论的是认识论方面的知识问题。对于知识是先验的还是通过学习而得到的?张岱年注意到孔子并没有详细讨论"生而知之"的含义。孔子只说:"生而知之者上也,学而知之者次也。"(《论语·季氏》)孔子总是说自己是通过学习,博文多见而获得知识,这证明孔子是一个实事求是的人。"盖有不知而作之者,我无是也。多闻,择其善者而从之。多见而识之。知之次也。"
(《论语·学而》)但是,出于对认识能力的先天的区别,孔子说:
"生而知之者,上也;学而知之者,次也;困而学知,又其次也;困而
不学,民斯为下矣。"(《论语·述而》)孔子在知识学的概念中,提
出了"生知"与"学知"的区别。与孔子相反,孟子肯定良知是"不
虑而知"的。他说:"人之所不学而能者,其良能也;所不虑而知
者,其良知也。孩提之童,无不知爱其亲,及其长也,无不知敬其
兄。亲亲,仁也;敬长,义也。无他,达之天下也。"(《孟子·尽心
上》)对于不是从经验得来的道德意识以及良知良能,张岱年也没
有否定其是特殊的知识形态。他进而肯定孔子学思相济的学习方
法,"学而不思则罔,思而不学则殆"(《论语·为政》)。对于学习
态度,张岱年要求求知者不要臆测妄为,不要武断无知,不要固执
己见,须破除我执。"子绝四:毋意,毋必,毋固,毋我"(《论语·子
罕》)。张岱年提出:"孔子绝之以四者,皆求真知者所当绝也。"不
任意揣度,不凭空武断,不僵化固执,不自以为是,强调了求知者的
思维必须符合客观性和灵活性。即使在今天,戒除这"四绝"也是
追求真理者应该身体力行的。

　　不难发现,孔子仁智兼重,多次以仁智并举:"仁者安仁,知者
利仁"(《论语·里仁》)。"智者乐水,仁者乐山;智者动,仁者静;
智者乐,仁者寿"(《论语·雍也》)。通过考察孔子的道德教训与
言说,张岱年总结出"仁"与其他道德纲目之间的关系:(1)孔子以
仁为最高的道德原则,而忠、信、恕、孝、悌、恭、宽、敏、惠诸德,都是
从属于仁的,是从属于最高原则的道德规范。(2)孔子以知者、勇
者与仁者并举,足证孔子也重视智与勇。(3)孔子以为"博施于民
而能济众"为高于仁的"圣"的境界。孟子说:"昔者子贡问于孔子
曰:夫子圣矣乎? 孔子曰:圣则吾不能,我学不厌而教不倦也。子

贡曰:学不厌,智也;教不倦,仁也。仁且智,夫子既圣矣。"(《孟子·公孙丑上》)足证"圣"是仁智的统一。(4)孔子提出"中庸",以"中庸"为德之至,可见在孔子的思想中,"中庸"是一种崇高的修养境界。(5)在孔子的言论中,未尝以仁义并举,孔子所谓义只是当然准则之意,还不是一个具体的道德规范。(6)孔子提出君子的标准是"修己以安人",这可以理解为孔子关于修养效验的观点。"修己以安百姓"是"尧舜其犹病诸"的"圣"的境界;"修己以安人"是一般人从事道德修养可能达到的境界。① 张岱年经过层层分析后发现,尽管孔子认为其他道德原则是从属于仁的,孔子将仁与智和勇并举,"博施济众"是高于仁的"圣"的境界,"中庸"是一种崇高的道德修养,君子的道德标准是"修己以安人",但是,这里涉及的一个关键问题是"仁"等于"知"吗? 或者说在孔子的仁学中,道德与知识有什么不同吗? 张岱年认为,道的主要内容是仁,德是行道而得诸己,当然是仁。但是,孔子并没有把"知"当做一德,故仁不涵知,也可以说知识并不等于仁。从孔子"崇德、辨惑"之教,我们也可以看出孔子对于仁智的关系。所谓"辨惑"即辨别自相矛盾,而"辨惑"的目的是为了肯定道德的价值。对于智,孔子更有解释:"务民之义,敬鬼神而远之,可谓知矣。"(《论语·雍也》)"应该承认,这是孔子的一个重要观点,即认为肯定道德的价值才是智,关于鬼神的信仰不是智。孔子把智与原始宗教迷信对立起来。从这个意义上看,孔子所谓智既有近代思想中所谓'理智'的意义,也有近代思想中所谓'理性'的意义。"②张岱年把孔子以德育代替宗教的观点看做一种理性的认识,确实精湛。

---

① 参见《张岱年全集》第3卷,第521—522页。
② 《张岱年全集》第6卷,第280页。

的确,从孔子以后,孟荀以至宋儒都继承了孔子的这一观点,从而形成了中国传统文化的一个特点。

张岱年注意到,同西方知识论的构建不同,儒家的知识论言简义丰,并且在实践中考察求知之道,强调举一隅而反三的启发式学思方式,特别重视学与思、知与行的结合。"孔子所说虽神简,然皆不磨之至理。如实践之,亦皆不易。然求真知,又皆必须实践者也。"①孔子的学思统一的路径在《中庸》里得到进一步体现:"博学之,审问之,明辨之,笃行之……有弗行,行之弗笃,弗措也。人一能之己百之,人十能之己千之。果能此道矣,虽愚必明,虽柔必强。"《中庸》明确提出了知行的次序问题。在张岱年看来,知行、学思的关系说明知识不是先验固有的,而是"知之者"通过自己的认识器官与知识的对象产生关系之后才获得的。由于"学"在知识的认识过程中属于感性形式,是知识的来源。张岱年指出,在"学"的基础上还必须有"思",在"知"的基础上还必须有"行";学是认识的起点,思是理性认识的延伸;只学不思,就会迷惘落空,只思不学,就缺乏根基;二者之间相互依存的辩证关系必须统一起来。由此看出,张岱年主张的是"道德所以为道德,在于不仅是思想认识,而更重要的是行为的规范。道德决不能徒托空言,而必须见之于实际行动。因此,道德修养固然包括认识方法,而更主要的是行动的方法,提高生活境界的方法。道德修养兼赅'知'与'行'两个方面。"②通过反思知识论与伦理道德之间的关系,张岱年得出学必须与行相结合,并认为知识并非不待学习而得的先验产物。在这一点上,他非常认同王夫之关于行先于知的精湛观点。一言

① 《张岱年全集》第1卷,第123页。
② 《张岱年全集》第3卷,第658页。

以蔽之,由于中国哲学史上伦理学与知识论上的相互渗透关系,孔子所谓的学、思、行还不能说是完全分化了的纯粹知识论的范畴,这使其认识论的完整形态消融在伦理道德之中。事实上,学思、知行的关系体现了中国哲学理智与情操的统一。

在方法论上,除了学思结合、一以贯之、多学而识三点之外,张岱年对孔子的方法论有更深的悟解。"孔子之方法,更有五点可说:一绎言,二叩其两端,三辨惑,四一言一蔽,五阙疑。"①"绎言"即所谓用语言演绎推导,闻一知十,闻一知二。孔子说:"举一隅而不以三隅反,则不复也。"(《论语·述而》)又如孔子赞扬弟子子贡"告诸往而知来者"(《论语·学而》)。往者,指已经讲过的话,来者指推知未来的话。张岱年认为,叩其两端,即观察其矛盾的双方。一切问题,皆起于矛盾的冲突。事物常包含种种矛盾,是即问题之所由发生。对于每一问题,观察其所由发生的矛盾,便能迎刃而解了。张岱年指出,孔子发现矛盾,承认矛盾,从不同的方面加以分析,然后把问题综合起来回答,是符合认识论的规律的。在《论语》中有关"两端"的观念还有损与益、过与不及、进与退、问与质、学与思、义与利、生与死、言与行等都是对立的两方面。尽管孔子没有充分展开,但是他承认事物的两端而不能只注意事物的一个方面是深湛的观点,明确显示了其辩证性。《中庸》的"执其两端,用其中于民"既是"中庸"原则的应用,也告诉人们不要"攻乎异端",陷于一偏。所谓"辨惑"即辨别自相矛盾。"子张问辨惑。子曰:爱之欲其生,恶之欲其死。既欲其生,又欲其死,是惑也"。(《论语·颜渊》)辨惑即通过反省而摆脱自相矛盾的境地。关于解蔽,《论语·阳货》提到六言六蔽:"子曰:由也,女闻六言六蔽

---

① 《张岱年全集》第 2 卷,第 640 页。

乎？对曰未也。居，吾语女。好仁不好学，其蔽也愚。好知不好学，其蔽也荡。好信不好学，其蔽也贼。好直不好学，其蔽也绞，好勇不好学，其蔽也乱。好刚不好学，其蔽也狂。"(《论语·阳货》)仁、知、信、直、勇、刚六种德行都是孔子推崇的优良品格，但是如果不与"好学"联系起来，就会陷于偏见、固执。最后由于宇宙之大，对于知识的追求是不可穷尽的。对于所不知道的事情，孔子告诉我们"多闻阙疑，慎言其余"(《论语·为政》)。这是一种不武断、不妄加猜测的认真求知态度。张岱年所总结的有关孔子学思结合的方法论不仅凸显了孔子有关方法论的洞见，而且厘清了先秦有关知识论的线索。

由上分析可以看出，孔子对于知识的认识有其条理性和原则性。亚圣孟子论"孔子圣之时"说："孔子圣之时也，孔子之谓集大成。集大成者，金声而玉振也。金声也者，始条理也；玉振之者，终条理也。始条理者，智之事也；终条理者，圣之事也。"(《孟子·万章下》)孟子认为，作为中国文化之集大成者的孔子，开创了学在民间的知识(智慧)体系，达到了圣人的境界。其知识有条有理，井然有序。对于如何获得知识，如何对待知识，孔子总结了一套认识论的方法。张岱年对于孔子认识论思想概括得非常全面，也非常具体，特别是他凸显了孔子在认识论上的建树。

孔子是中国认识史上第一个对人的认识进行反思的哲学家。他不仅提出了一系列认识论的思想，而且提出了一些重要的认识方法，其认识思想呈现了较为完整的体系，揭示了他对基本认识问题的看法。张岱年通过发掘孔子有关认识论的观点，旨在说明孔子不仅仅是一位理论道德的倡导者，更重要的是他是一位平实而有理性的哲学家。"弘毅"、"弘道"即是弘扬真理，追求真理。通过彰显孔子知识论方面的"微言大义"，张岱年旨在证明，孔子的确具有深邃的哲学观点,他为人类认识史作出了重要的贡献。

三、辩证客观地评价孔子

张岱年认为,孔子是中国哲学的开创者,是中国文化集大成者,是中国历史上卓越的文化巨人。他系统地整理了夏、商、周三代的文化典籍,开创了知识分子讲学议政的新风。他发奋忘食、乐以忘忧地追求学思,力图达到道德上的崇高境界;他一以贯之的人道主义思想"仁"成为儒家思想的精髓,其栖栖惶惶的救世精神展现出自强不息的人格魅力。孔子开创的儒家有益的道德思想是多方面的。如在肯定人具有独立人格时,他说:"三军可夺帅也,匹夫不可夺志也"(《论语·子罕》)。孔子还称赞伯夷叔齐"不降其志,不辱其身"(《论语·微子》),强调的就是保持人格尊严,达到真正人的自觉。张岱年指出,孔子的观点体现了他对人的自我意识的重视,发现了自我意识的意义,对于改造自我、完善自我、提高主体意识有积极的作用。孔子对于人的主体地位的发现与重视,是认识史上的一个里程碑。

张岱年观察到,孔子提倡的人伦关系说明,强调任何个人只能在人际关系中生存,既重视人伦的传统,又没有抹杀人的独立人格。司马谈说:"儒者博而寡要,劳而少功,是以其事难尽从,然其序君臣父子之礼,列夫妇长幼之别,不可易也。"(《论六家要旨》)司马氏认为父子、长幼的关系是不可易的。张岱年意识到,在新的社会形势下,"君臣"之礼已经不能适应现代社会的人伦观念。孔子的思想既有积极的一面,也有消极的一面。例如,孔子一方面维护传统礼制,对继承传统文化起着不可估量的作用,但是,另一方面,在一定程度上限制人的自我意识和能动性。张岱年反复重申,尊孔、批孔的时代已经结束,中国哲学界面临的任务是客观地评价

孔子、研究孔子。① 对于孔子的仁学思想、求知态度、积极进取的
精神以及对道德的重视,张岱年给予了充分肯定。

　　从五四运动以来,一直到"文化大革命",孔子的思想遭到了
无情的攻击和谩骂。在这"花果飘零"之际,从无知少年到工农兵
学商都口诛笔伐地声讨"孔家店"。张岱年用科学、客观、冷静的
眼光重新审视了儒学,特别是孔子思想在现代社会中的价值。
"时至今日,尊孔的时代久已过去了,对于'孔子'之是非应作出历
史的考察和客观的评论。究竟'孔子之是非'的内容如何? 孔子
的所是与所非的是非如何? 孔子的所是未必是,孔子的所非未必
非,但亦不能说孔子的所是皆非是,孔子的所非皆非非。对于这些
问题应该实事求是地加以辨析。"②张岱年认为,如果一味以孔子
的是非为是非,则遏制了创造性的思想;如果一味地诋毁孔子则说
明了对传统的无知。对于孔子的是非,应该持客观和理性的态度,
考察历史传统应该公允和冷静。20 世纪 80 年代初,张岱年提出
了关于孔子哲学思想的十个要点:述古而非复古;尊君而不独裁;
信天而怀疑鬼神;言命而超脱生死;标仁智以统礼乐;道中庸而疾
必固;悬生知而重见闻;宣正名以不苟言;重德教而卑农稼;综旧典
而开新风。③ 对于这十条,张岱年在论述孔子的文章中都有所阐
发。我认为,"述古而非复古",说明张岱年不赞成把孔子整理典
籍、提倡"克己复礼"看成是倒退的行为,这一点是给予孔子正确
的定位;"尊君而不独裁"说明张岱年看出了儒家有着民主的意识
和传统;"信天而怀疑鬼神,言命而超脱生死"说明虽然儒学不是

---

① 参见《张岱年全集》第 5 卷,第 472 页。
② 《张岱年全集》第 6 卷,第 479 页。
③ 参见《张岱年全集》第 6 卷,第 544 页。

宗教,但有内在的超越性;"标仁智以统礼乐"说明了"仁智"在儒学诸德中的核心作用;"道中庸而疾必固"说明儒家无论是在道德修养上,还是在求知过程中有不偏不倚的"执中"心态,不固执己见;"悬生知而重见闻"的观点说明了孔子对"生而知之"先验主义的知识来源论存疑的态度,强调学思结合;"宣正名以不苟言"体现了孔子恢复传统伦理秩序的政治主张,反对名不副实,因而具有认识论和逻辑学的意义;"重德教而卑农稼",孔子重德教后来成为整个中国文化的特点,但是这里张岱年提出的"卑农稼"的观点还值得进一步探讨;"综旧典而开新风",说明张岱年认为孔子是传统文化之集大成者,他继承了夏、商、周三代的礼制和典籍,开创了中国文化的新时代。从以上十条分析来看,张岱年对孔子是崇敬和褒奖有加的。他全面客观地评价了孔子思想的积极意义和消极作用。对于孔子在中国哲学史和文化史上的地位,张岱年认为无人可替代。"孔子的学说对于中华民族的共同文化和共同心理的形成起了别人不能比拟的深远影响。"①的确,孔子不仅开创了重视历史经验的优良传统,而且高度重视道德价值,提倡积极、乐观、有为的精神。"中华民族,有一个奋发向上、自强不息的传统,同孔子的影响是分不开的。"②在 20 世纪 80 年代初期,能大胆地肯定孔子在中国历史上的作用是需要勇气的。

　张岱年认为,尊孔的封建社会已经过去了,盲目反孔的时代也一去不复返了。现在,我们有可能站在新的历史高度对孔子思想进行公正的评价了。早在 20 世纪 30 年代,张岱年就客观地指出孔子思想中应该摈弃的方面:"述而不作,信而好古",这有崇古卑

---

① 《张岱年全集》第 6 卷,第 85 页。
② 《张岱年全集》第 6 卷,第 86 页。

今的态度,影响了开拓创新;鄙视工艺,如樊迟请学稼,孔子说樊迟是"小人",这是不重视工艺的态度;严分尊卑,孔子重礼是为了巩固当时的社会秩序,它既协调了阶级冲突,怀柔庶民,同时又强调了等级差别。① 张岱年对孔子述而不作持批评态度,认为它影响了中华民族的创新精神,是泥古保守。不重视工艺带来的后果是,人们鄙视技术而追求空灵的精神。关于这一点,张岱年认同墨家重技术、重实际的精神,虽然墨家思想一部分来源于儒家思想。张岱年认为,封建社会的等级之分,应该打破,新社会应该提倡人人平等和"良贵"精神。

　　总而言之,张岱年"不以孔子之是非为是非"的客观批评精神,从 30 年代到 80 年代一直没有改变;五十余年研孔、评孔,对于他来说,就是探索孔子思想真谛的过程。从古至今,董仲舒、扬雄、何晏、王弼、王守仁、康有为等对孔子有着各种各样的解释。他们立论不同,观点各异,究竟如何适从呢? 张岱年认为,每一时代的学者对于孔子学说的阐释,都是依据自己的需要而着重发挥孔子思想的某一方面,这种诠释都有当下的意图和目的,未必与孔子思想原意相吻合。根据解释学的观点,任何理解和解释都依赖理解者和解释者的前理解,也就是解释的"先入之见"。前理解是历史赋予理解者或解释者的特殊视域,谁也不能将自己从这种历史视域中拨出去。但是理解者的终极使命就是要扩大"视域融合",也即当下我们理解孔子要跳出共时性的圈圈,与历时性的视域共鸣和融合,在这样的理解当中,历史和当下、主体和客体构成了一个

----

① 　参见《张岱年全集》第 1 卷,第 347 页。我认为,张先生关于孔子鄙视工艺的提法有待商榷,因为它可能涉及对历史文本的具体解读和诠释,"樊迟请学稼"也要根据一定的上下文去了解和重构其真实的历史语境。

无限的统一整体。也就说,我们必须在理解中显示孔子本身的历史真实性。无论如何,孔子带普遍意义的思想还是应该继承的。在20世纪很长一段时间里,许多人对待孔子采取虚无主义的态度,不加分析地给予全盘否定,这是与哲学探索真善美的精神背道而驰的。

从上述张岱年提出的观点来看,随着时代的改变,孔子所揭示的思想真谛还是要肯定的,否定孔子、否定传统就可能走进不可知论的死胡同;同时也需要剔除其与时代不符合的部分。"孔子圣之时者"也体现了孔子是一位与时俱进的伟人。文化是常新的,对传统哲学思想应吸其精华,去其糟粕,只有继承才能有创新。我们也可看出,张岱年在建立自己的哲学体系时,继承了孔子学说中有价值的思想。无论是在建构《天人五论》时,还是在撰写《中国伦理思想研究》中,孔子思想对张岱年的影响无处不在。这种将继承性和创造性相结合的思维方式,体现了张岱年的高度智慧。

"纵观先秦哲学,唯有孔子的精神境界最高尚而又切实,平易而不神秘,是古代哲人崇高的精神境界的卓越典范。"①张岱年对于孔子的高度评价溢于言表,其实,他自己又何尝不是一位平易而切实的哲学家呢?

第二节　道:本根与反复

西方哲学家把公元前1000年之内的希腊、印度、中国、以色列在古代文明历史进程中所经历的"突破"称之为"哲学的突破"(philosophical breakthrough)。德国哲学家雅斯贝斯(Karl Jaspers)

---

① 《张岱年全集》第6卷,第520页。

把这一光辉灿烂的精神文明时代称之为"轴心时代"。在这个时代,中国出现了孔子、老子、墨子、庄子等一系列思想家;印度出现了《奥义书》时代的智者和佛陀;希伯来人则拥有了一批希伯来先知;希腊则产生了以苏格拉底为代表的理性精神的天才。这种"突破"赋予世界及人类自身以一种前所未有的理性认识与创新。

周室东迁以后,典籍散佚四方,王官之学散为诸子之学,由王室独占的天下文化思想而分化为不同的思想学派,百家争鸣的局面不可避免:

> 古之人其备乎! 配神明,醇天地,育万物,和天下,泽及百姓,明于本数,系于末度,六通四辟,小大精粗,其运无乎不在。其明而在数度者,旧法、世传之史尚多有之;其在于《诗》、《书》、《礼》、《乐》者,邹鲁之士、缙绅先生多能明之。《诗》以道志,《书》以道事,《礼》以道行,《乐》以道和,《易》以道阴阳,《春秋》以道名分。其数散于天下而设于中国者,百家之学时或称而道之。天下大乱,贤圣不明,道德不一。天下多得一察焉以自好。譬如耳目鼻口,皆有所明,不能相通。犹百家众技也,皆有所长,时有所用。虽然,不该不遍,一曲之士也。判天地之美,析万物之理,察古人之全。寡能备于天地之美,称神明之容。是故内圣外王之道,暗而不明,郁而不发,天下之人各为其所欲焉以自为方。悲夫! 百家往而不反,必不合矣! 后世之学者,不幸不见天地之纯,古人之大体。道术将为天下裂。(《庄子·天下》)

这是一个令人感到悲哀的时期(公元前 6 世纪到 3 世纪):天下大乱,圣贤不一,道德不一,真理崩溃,伦理沦丧,权威受到质疑和挑战。也有人认为,这是一个百家争鸣、思想解放、砥砺交锋的辉煌时代。柳诒徵指出："惟历史事迹,视人之心理为衡。叹为道术分裂,则有退化之观,诩为百家竞兴则有进化之象。故事实不异,而论断可以迥殊;正不必以有春秋之始有专家之术,遂为从前毫无学术可言。"①到底怎样评价这一时期这一局面,不同的人确实有不同的见解。余英时认为:"'破'与'裂'自然是可以互训的,因此用西方的'哲学突破'或'超越的突破'之说来重释王官之学散为诸子百家这一历史过程,完全没有牵强附会的地方。其中唯一新颖之处即'突破'蕴涵了一个比较文化史的观点,不限于古代中国一地而已。"②余英时指出这种突破在古代文化发展史上有着积极的意义。孔子正是突破了王官之学的旧传统,而赋予诗书礼乐以新的精神与意义,寓开来于既往。如果用"正"——"反"——"合"的模式概括这一时期的思潮特点,张岱年认为孔子思想代表着中国哲学史上的第一次"正",老子思想代表第一次"反",两汉思想代表第一次"合"。

先秦道家就是中国轴心时代哲学"突破"的代表,从反面消解和批判了三代以来的礼乐传统,呈现出一种与儒家不同的独特的价值取向。这是中国古代理论思维的一次空前提高,其理论的抽象性和辩证性是前轴心时代所没有的,也是当时其他诸家所不及的。在此之后,先秦道家思想一直为秦汉儒家、宋明理学以及现代新儒家提供智慧资源,特别是成为与印度佛教乃至西方现代哲学的主要契接者和对话者。先秦道家对"真人"、"真性"、"无待"、"独化"学说的建构,"个体性原则"的提出,对相对主义价值观的申论,其"适己性"的内圣学与"与物化"的外王学,都是轴心时代

---

① 柳诒徵:《中国文化史》,上海古籍出版社 2001 年版,第 248 页。
② 余英时:《士与中国文化》,上海人民出版社 2003 年版,第 83 页。

独树一帜的智慧之论。①

对于张岱年来说，老子的"反复"、"有无"、"两一"等概念成为其哲学思想的主要源泉。如在《天人五论》之三《事理论》中，我们可以直接找到他对"有待与无待"、"道"、"体用"、"大一与天"、"两一与反复"的诠释与自己哲学思想的结合。张岱年还回答了中国哲学史上聚讼已久的重要问题：中国古代本体论起于何时？中国哲学有没有自身意义上的本体论？

一、本根与本体

西方哲学中的"本体论"（ontology）起源于 18 世纪，其词源于拉丁语 onto logia，在希腊语中 on 或 ont 表示存在的意思。"本体论"一词，最早见于德意志经院哲学家郭克兰纽（Rudolphus Goclenius 1547—1628）之《哲学词汇》，到公元 18 世纪，德国哲学家沃尔弗首次给予诠释，认为本体论属于理论科学，在哲学知识体系中是居于宇宙论、心理学、自然科学、伦理学、经济学、政治学之上的最高级地位。按照本体论以本原、基础、中心为出发点，古希腊柏拉图的理念论以理念为实体，亚里士多德的四因说以第一因为终极的实在，法国笛卡尔的哲学以"我思"为出发点，荷兰斯宾诺莎的本体论以实体为最终的依据，德国黑格尔以绝对精神为本体并从中发展他的哲学体系，在康德哲学中，本体指独立存在于意识之外的客体"自在之物"，它是不可认识之本体，人们只能认识并不能反映其本来面目的现象。康德把本体与现象割裂开来，在二者之间划一条不可逾越的鸿沟。胡塞尔的现象学则以先验的自我为

① 参见郭齐勇：《"新儒家"和"新道家"的超越》，《中国文化月刊》1993 年 5 月号。

本体,在 20 世纪的哲学本体论中独树一帜。

在古希腊时代,本体论和宇宙论早已存在。亚里士多德最早明确提出,哲学的"第一因"研究的是客观自然界一切事物的产生、灭亡、运动、变化的最根本、最原始的原因,也就是"第一因"。不过,他还认为存在一种不变的、超时空的、绝对的更为基本的本体(第二实体)。希腊哲人认为,现实的背后一定有一种简单的"始基"。"不管是古希腊哲人们的水、火或其他具体要素的本体论诠释,还是中国古代哲人们的气或其他诸如五行说等本体论诠释,显然都具有科学本体论色彩;或中国道家的'道'、'器'之说和巴门尼德的'存在'和'非存在'之说,显然又具有哲学本体论色彩。"①在中国哲学史上,人们习惯把体用并举,体和用是标志实体、形体及其功能、作用,本体及其现象,根本原理及其具体应用关系的重要哲学范畴。先秦时期,"体"和"用"分别作为单一的概念。《道德经》只言"用"不言"体",如"弱者道之用"等。张岱年认为,庄子所讲的"本根"也就是本体的意思。

在张岱年回答中国古代本体论起于何时之前,当时哲学界有一种比较流行的观点认为,中国古代本体论起于王弼,认为老子"有生于无"是讲宇宙生成或世界本原的问题,王弼"以无为本"才是世界本体的问题,甚至认为本体论观念是先由王弼提出来的。②张岱年认为这种错误的见解必须纠正。经过论证,张岱年针锋相对地指出:在中国哲学史上,第一个提出本体论学说的是老子,他第一次提出了宇宙本体论的模型,"本体"探求的就是宇宙万物统

---

① 赵凯荣:《本体论的当代转向及其意义》,载成中英、郭齐勇、潘德荣主编:《本体与诠释:中西比较》(第三辑),上海社会科学出版社 2003 年版,第 129 页。

② 参见《张岱年全集》第 5 卷,第 622 页。

一的基础。老子的"道"是天地万物赖以存在的基础,因而"道"是老子本体论的最高范畴。道与天地万物的关系在于:第一,道是先天地生的,是万物之始,"有物混成,先天地生"(《道德经》第二十五章);第二,道又是万物存在的根据,是万物之宗。① 张岱年还总结了中国古代本体论的发展规律,认为中国古代本体论的核心内容是随着时代的变迁或哲学家探讨的不同问题而演变的。认为哲学争论的问题主要有有与无、气与道,汉代哲学家们关心的是形神问题,宋元明清时期的哲学家则主要讨论心物和理气问题。

"道"在中国哲学中是一重要范畴。考其原变,其主要含义如下:道为道路、规律。道之原意是一定指向的道路。《易·系辞》说:"形而上者谓之道"。这里的"形而上"实际上指的是形以前,与宋明理学中所谓的"形而上"的含义是不同的。《易·系辞》并没有作形上形下的区别。《尔雅·释宫》:"一达谓之道路。"就是指人物所必经由的道路,引申为人物必遵循的规律。在老子以前,道从本义来看是道路,从引申义来看是人生道德所应行之路。张岱年认为,老子完成了从具体某一事物之道到哲学之道的飞跃,把道作为他哲学的最高范畴和万物的本体或本原。在张岱年看来,道为最初的混沌状态,也就是宇宙论上的建构,又是万事万物存在的根据,"道生一,一生二,二生三,三生万物"(《道德经》第四十二章)。因此,道为中国哲学本体论之始的说法有较强的依据。魏晋时期,王弼等玄学家否定了秦汉时以道为一、为原初物质混沌状态的规定,以道为无:"道者,无之称也,无不通也,无不由也。况之曰道,寂然为体,不可为象。"(王弼集校释《论语释疑》)宋明时期,道为理、为太极,理学家都以求道为重要课题。冯友兰接着宋

---

① 参见《张岱年全集》第5卷,第623页。

明理学讲,他认为:"无极,太极,及无极而太极,换言之,即真元之气,一切理,及由气至理之一切程序,总而言之,统而言之,我们名之曰道。"①陆九渊以心言道,提出"道未有外乎其心"、"千古斯人不磨心",直把程朱的本体"道"融于主体"心"之中。通过综合考察中国哲学史上各家各派对道的理解,张岱年提出,中国哲学本体论始于老子的道。

那么在张岱年的哲学体系中,本体的道到底是什么?

张岱年提出了"究竟"为"道"的观点。他认为,宇宙恒常之中,可以分为"究竟者"和未"究竟者"。事物到达了"究竟"状态也即是到达了"穷极"的状态。就"恒常"而言,可以分为"究竟恒常"和"未究竟恒常"。"究竟恒常"是指一切事物的变化的恒常,永显于一切事物中;"未究竟恒常"是指恒常无所不在,至极周遍。什么是道?"永显的恒常,谓之道,亦曰至理。道无所不在,为一切事物所共有之恒常。"②因此,张岱年的本体的"道"统摄一切事物,而一切事物皆蕴涵"道"。与冯友兰"太极"不同的是,张岱年的"道"虽然统涵一切的事理,但是不能离事而谈理。冯友兰的"道"是超然于事或物的世界之外,是一种"逻辑的在先"。张岱年认为,事物事事相续,有变有常,其变即是事,其常则是理,事中有理。至极是恒常,也就是"体",众多的变化就是"用"。与怀特海不同的是,张岱年将理与物区别为二,怀特海则废弃了本体的观念,将理与物合二为一。张岱年的"道"是贯穿一切事物的至理、至极。正是在辨析"道"的基础上,张岱年日后提出了"物统事理"

---

① 鲍霁主编:《冯友兰学术精华录》,北京师范学院出版社1988年版,第84页。

② 《张岱年全集》第3卷,第122—123页。

和"物源心流"的哲学命题。

　　老子的道在五千言中共出现七十四次。道既是事物的发展规律，也是本体。从中西比较哲学来看，虽然我们不能说西方的"logos"就是中国的"道"，但二者有不谋而合之处。人们通常以为理性主义的传统是柏拉图开创的，其实，赫拉克利特的"逻各斯"（Logos）学说就已经是理性主义的张本了。Logos 这个词同时具有三种意义：自然之道（laws），逻辑理性思维（logic），言说（dialogue）。赫拉克利特的"逻各斯"正是如此，它既是自然本身的"道"、客观规律，又是思维的"道"、理性、理念；同时也是语言、言说。可见这是以"能知"代"所知"的滥觞。此"逻各斯"不是感性的、经验的，而是理性的，故"道"与 Logos 既有重叠，又有不同之处。伽达默尔说逻各斯往往译为理性或思想，但其本义实为语言，所以"人是理性的动物"这句话，其实是"人是语言的动物"。"值得注意的是，汉语里的'道'字也恰好兼有道理与说话二义。"①中国的道与 Logos 一样，都是几千年"吾道一以贯之"的本体，但 Logos 的理性成分强于"道"，Logos 既指理性又指言说，而在一定程度上老子之道的辩证性强于 Logos，并且"道"是不可言说的。从具体的道路、具体方法之道到抽象之道，到真理到天道，中国哲学的"道"既有形而上也有形而下的寓意。从宇宙间一切事物所依照之理，到一切事物的实际变化，一阴一阳皆是道。因此，从中西比较哲学的角度看"道"，张岱年认为，老子开始了"道"的本体论的建构，完成了中国哲学史本体论上的一次飞跃，这种观点是有根据的，是经得起检验的。

---

　　① 张隆溪：《文化对立批判：论德里达及其影响》，载《公共理性与现代学术》，北京：生活·读书·新知三联书店 2000 年版，第 300 页。

　　张岱年认为宇宙论可分为两部分：一为本根论或道体论，即关于宇宙之究竟者的理论；二为大化论，即关于宇宙历程之主要内容之探究。本根论、道体论也就是本体论。关于本根，最早的一个学说是老子的道论。从词源上讲，张岱年认为本根来源于庄子：“惛然若亡而存，油然不形而神，万物畜而不知，此之谓本根。”（《庄子·知北游》）庄子亦主张道是宇宙的本根：“夫道有情有信，无为无形，可传而不可受，可得而不可见，自本自根，未有天地，自古以固存，神鬼神帝，生天生地。在太极之上而不为高，在六极之下而不为深，先天地生而不为久，长于上古而不为老。”（《大宗师》）从本根的衍变来看，“体”与“用”并举始于荀子。他说：“万物同宇而异体，无宜而有用，为人数也。”（《荀子·富国》）自魏晋以后有了“体用”之说。到了宋代，张横渠主张“太虚无形，气之本体”，把“本体”作为一个名词，指宇宙之根本。大多数中国哲学家虽然认为本根（本体）为万物中一根本，但否认本体与现象的殊绝。程伊川说：“至微者理者，至著者象也。体用一源，显微无间。”（《程氏·易传序》）张岱年注意到：首先，中国哲学最注重本体与事物不离的关系。于现象即见本根，于本根即含现象。事物由本体生出，而本体即在事物之中。这与西方的“现象现而不实，本体实而不现”的观念决然相对。其次，本体与事物之关系非背后实在与表面假象之关系。从本根论的发展演变，张岱年追溯到北宋的张载，指出张载是唯气的本根论集大成者。气在张载眼里，是最根本的，是自本自根的，宇宙一切皆气，更别无他物。

　　在张岱年的哲学思想里，体用可以解析为四种意义：（一）质能，即质体与功能。“质”指可触之实在；“能”指一物所可有之变化及其所可引起的变化。（二）变常。变即谓事，常即谓理。恒常是体，变化是用。（三）本末。事物的本原之始为体，原始的流衍为用。(四)实幻。即实在与幻象。实在为本体,幻象、现象、虚幻为用。① 在辨析本根、道基础上,张岱年进一步辨明了体用的纷繁含义。无论是质能、本末也好,变常、实幻也好,张岱年在讨论其关系时,始终坚持其物本论的基本观点。在下一章中,笔者将详细讨论张岱年的本体论思想的基础事理、本至的关系。我们可以看到,无论是在宇宙论的思想建构中,还是在人生理想论的阐发中,张岱年自始至终都捍卫了自己的观点。他的哲学思想是在吸取中国传统本根论、事理论、体用论、西方新实在论精华的基础上,进行了创造性的转化。

由上述讨论中我们可以看出,张岱年的功劳在于提出了庄子的"本根"就是现代哲学意义上的"本体",区分了道、本体、有待、无待的意义,将中国哲学最高范畴"道"给予本体论的地位并赋予自己新的诠释。他认为,本体在古代哲学中称之为"无待","道"就是"无待"。"永显之恒常,无起无过,无始无终,为无所待,可称之为'无待',亦曰'绝对'"。② "有待"就是现代意义上的"现象"。"有待"就是依赖他事他物。在张岱年看来,"有待"的事物虽然离心而存在,但与"无待"一样同属于实在。佛家以无待为实在,以有待为虚幻。与佛家不同,张岱年的实有绝非心造,这就贯彻了其一以贯之的唯物立场。

然而,在中国从事哲学研究的人中,并不是所有的人都与张岱年一样,认为中国哲学中有自本自根的本体论。

中国哲学对于本体的看法,可谓见仁见智。最近有学者认为,中学与西学的 ontology 的无可比性,在于前者是谈"应该",是价值

---

① 参见《张岱年全集》第 3 卷,第 124 页。
② 《张岱年全集》第 3 卷,第 123 页。

判断,后者是求"是",是事实判断,两者是不可比的。① 持这种观点的人还认为"本名 ontology 所指的内容是以'是'为其核心范畴的、逻辑地推论出来的范畴体系。中国哲学中并没有这样的内容。然而,'本体论'这个译名却很容易将人引向另一类内容,即以为它是关于本根、本体、体用等的学说。于是人们误以为中国哲学史中也存在着类似西方 ontology 的部分,甚至把中国哲学本体论问题当作专题作肯定的研究。这真是谬种误传了。"②这种观点主要认为,本体论是源自西方哲学的译名,它以纯粹概念或范畴为对象,是纯粹概念范畴自身运动构成的第一原理。它不是建立在对经验事实的描述和概括的基础上,而是与西方的语言特点有关。"由本体论的上述特征,我们可以发现,中国哲学并没有西方哲学意义上的本体论。但若我们着意要探寻中国哲学中第一哲学,'道'也许可以勉强担任。"③这种观点强调的是西方哲学中运用概念和范畴构造的第一原理的相对性,忽略将本体论看做是本体、本原问题的普遍性。实际上,自西学东渐以来,在西方强势话语的主宰下,这样一种观点在中国大行其道,即中国思想传统缺乏知识论、本体论的关注,中国传统文化没有"真理"观念,因此中国没有哲学。

如果我们重温张岱年对于本体论的有关论述,我们不得不佩服他的远见卓识和论证的严密。无论如何,20 世纪以来有关中

---

① 参见方朝晖:《"中学"与"西学"——重新解读现代中国学术史》,河北大学出版社 2002 年版,第 151—153 页。
② 俞孟宣:《本体论研究》,上海人民出版社 1999 年版,第 573 页。对于俞孟宣的观点,有人已经在讨论杜维明儒家思想资源对于本体论的建构时,作了评论。参见胡治洪著:《全球语境中的儒家论说:杜维明新儒学思想研究》,生活·读书·新知三联书店 2004 年版,第 52 页。
③ 方松华:《20 世纪中国哲学与文化》,学林出版社 1997 年版,第 90 页。

学、西学的异同分合问题，一直是中西文化持续不衰探讨的主题。但否认中国哲学本体论的存在等于陷入独断论和文化相对主义。我们可以这样说，如果老子所谓"道"仅仅是天地之始，那么道论就是一种宇宙生成论；如果老子的"道"不仅是天地之始，而是天地万物存在的依据，那么道论就是一种本体论。显而易见，道无所不在，万物都恃道而生，并且具有永恒性和普遍性（"独立而不改，周行而不殆"（《道德经》第二十五章）。张岱年做出这样的结论："老子的道论是中国哲学本体论的开始，这是确然无疑的。"①他通过证明中国哲学存在本体论，是期望给予中国哲学本体论的地位。

　　张岱年在讨论中国哲学的特色时，提出了它有六大特色，其中第五点是："重了悟而不重论证。中国哲学不注重形式上的细密论证，亦无形式上的条理系统。中国思想家认为经验上的贯通与实践上的契合，就是真的证明。能解释生活经验，并在实践上使人得到一种受用，便已足够；而不必更做文字上细微的推敲。可以说中国哲学只重生活上的实证，或内心之神秘的冥证，而不注重逻辑上的论证。体验久久，忽有所悟，以前许多疑难涣然消释，日常的经验乃得到贯通，如此即使有所得。"②中国哲学重体悟、重实践是它的一大特色，但并不能否认其内在的思想脉络。虽然中国现代哲学脱胎于传统的经史子集，虽没有明显的外在形式，但却具有内在层次，发现其内在条理、考察其概念范畴是现代研究中国哲学学者的使命。从熊十力、胡适之、冯友兰到张岱年，他们何尝不是筚路蓝缕地为重构中国哲学的体系而殚精竭虑呢？如果否定中国哲学有本体论（本根论）的存在，实际上就是否定中国哲学的自主性

---

① 《张岱年全集》第 7 卷，第 494 页。
② 《张岱年全集》第 2 卷，第 8 页。

或主体性,惟西方哲学某些人的观点马首是瞻。"如所谓哲学专指西洋哲学,或认西洋哲学是哲学的唯一范型,与西洋哲学的态度方法有所不同者,即是另一种学问而非哲学;中国思想在根本态度上实与西洋的不同,则中国的学问当然不得叫做哲学了。"①这是张岱年从反面诘问怀疑中国哲学本体论存在的观点。或者我们可以这样说,如果我们不使用来自西方的哲学术语、概念范畴,那么我们就无法讲什么是"中国的哲学"了,甚至无法讲"哲学在中国"了。如果从本体与存在的关系上思考,也可以说明什么是本体论。"哲学所要纳入的,不是单纯的物的、人的、观念的和社会的存在,而是宇宙人生及其全部特质的同时存在,即所谓大全。这种大全是宇宙人生诸存在之大共,是最高的存在。这种最高的存在,才是哲学所要探讨的本体;其他各种存在,则是各门科学所研究的对象。哲学本体论就是探讨最高存在的学问。"②"本体论"(being,existence)关于宇宙终极存有学说的路径,可以追溯到巴门尼德。他提出本体是以系词 Being 所表示的抽象、思辨的"存有"。西方哲学的"存有"与中国哲学的"本根"当然有不可通约之处,这正是不同文化的特性所在,但不能以这种文化相对论的观点否定中国哲学本体论的存在。哲学的使命就是探讨最高存在或本体,如果中国哲学连本体论都没有,哲学之名如何成立?皮之不存,毛将焉附?

对于中国没有本体论的错误论调,张岱年一以贯之地反对。他既反对武断、机械地用西方的模式来套中国哲学系统,又强调要

---

① 《张岱年全集》第 2 卷,第 2 页。

② 李维武:《二十世纪中国哲学本体论问题》,湖南教育出版社 1991 年版,第 2 页。

细心地考察其内在发展脉络和条理系统。在考察中国本体论源流时,他详细诠释了本、本根、元、体用、质用、本体、实体等不同的哲学含义和命题,并总结出中国哲学本体论的三个特点:(1)本体论与天地起源论既相区别,又相联系。老子的道既是"天地之始",又是天地万物依赖的根据。(2)在本体论学说中存在着唯物主义与唯心主义的对立。(3)儒道两家本体论观念有其显著特点。①的确,儒道两家在强调体用的一致方面,都强调即体即用,体不离用,用不离体,与佛教把客观世界看成是"假象"、"幻相"迥然有异。张岱年的这种洞见与成中英的观点不谋而合:"我们当然可以把这种对表现万物变化与延续的实在的理解看成既是本体论的,又是宇宙论的一个有机整体。它是本体论的,因为它按照在变化之中的东西直接展示了存在者。它是宇宙论的,因为它也表明宇宙的实在如何作为个体物和相关物的创生而显得秩序与发展。我把这种对实在的理解指称为'本体——宇宙论'的,因为在希腊哲学本体论的和宇宙论的之间不存在分离,在实在与现象之间也没有差别。"②因为从一开始,张岱年就把宇宙论分成本根论和大化论两个部分,旨在示意中国哲学中天地起源论和本体论是相互结合的,也是有区别的。前者讨论的是宇宙的现象与过程,后者讨论的是宇宙的本质与究竟。从这一点上看,张岱年深受20世纪鸿儒熊十力先生的影响。熊先生融儒释道于一家所创立的新唯识论体系的重点在于穷究宇宙实体之学。他根据西方本体论的概念将宇宙本原、本体的理论与中国哲学体用关系相结合,在《体用论》

① 参见《张岱年全集》第5卷,第493—494页。

② 成中英:《本体诠释学洞见和分析话语——中国哲学中的诠释和重构》,载《本体与诠释:中西比较》(第三辑),上海社会科学出版社2003年版,第11页。

中提出了中国哲学体用的特点：（1）本体是万理之源，万德之端，万化之始。（2）本体即无对即有对，有对即无对。（3）本体是无始无终。本体显为无穷无尽的大用，应该是变易的。然大用流行，毕竟不曾改易其本体固有生生、健动，乃至种种德性，应该说是不变易的。① 在熊十力心目中，宇宙本体即等于人生之理，因此他的本体论又称为"一元实体论"或"心本论"。通过对体用论的建构，他所寻找的是中国哲学的第一原理，以肩负起抵抗和回应西方哲学的挑战，为儒家哲学及整个中国哲学奠定立足点。虽然中国哲学强调的是本体与现象与过程不必在本质上分为二橛，但在范畴上是有必要辨别的。张岱年认为，本体为究竟实在，现象为本体的显现。本体是不变之体，现象为变化之用。本体表达为终极性的主词，现象表达为指述性的述词。例如五行阴阳说既有宇宙本质又有万象万物的属性。在这一点上他明显借鉴了熊十力先生关于"本体显为无穷无尽的大用"的慧识。这种观点回击了实体论是自然存在的根源，回答了生命与心灵将以何种方式存在及如何超越的问题。

因此，本体与现象表现在显与隐、体与用、实性与属性的区别。故而，在老子的本根恰恰体现了这样一种物质与精神的二元特点，这给后来的研究者带来了人言人殊的口实。张岱年认为张载所讲的"体"含义有三：一是本性；二是形体；三是事物的部分或方向。"太虚无形，气之本体。"肯定无形的太虚是气存在的本来状态。黄宗羲在《明儒学案·自序》中说"心无本体，工夫所至即其本体"，是指未来的状态而言。虽然提出宋明哲学中有"气论"、"道论"、"心论"是张岱年的学术贡献，但是说整个中国古典哲学本体

---

① 参见《中国现代哲学原著选》，复旦大学出版社 1989 年版，第 513 页。

学说中有这样三个派别似乎有些牵强,可以看出张岱年是受了当时强调唯物与唯心之间的斗争的影响。我认为,张岱年这一提法有待商榷。

毫无疑问,张岱年对老子本体论的研究推进了中国哲学本体论的研究。张岱年对于老子本体论的论述,也有人持不同的意见。王干才认为,中国古代哲学的本体论特别是老子及先秦诸子的本体论多是"本原"意义上而非"本质"意义上的本体论。本原意义的本体论主要是阿那克西德曼"无限物"意义上的朴素唯物论。朴素唯物论中的"道"或"无限物"都是人类从低级向高级、由具体到抽象发展途径上的有机环节,而非脱离人类思维总体发展趋势的一个既非物质又非精神的神秘概念。① 在王干才看来,"本原"代表原始、朴素的智慧,那时的哲人只能提出一些既符合直观事实,又合于朴素理性知识的认识。"本根"、"本原"、"基始"只相对于具体事物、"变形物"而言。所以他认为,17 世纪以前,有本体论思想而无本体论。广义的本体论包括古代和近代的本体论,严格意义上的本体论、狭义本体论是指近代本体论。但是,王干才又说:"我完全同意张岱年先生关于'认为中国哲学没有本体论,实乃荒谬的误解'的主张"。② 由此,我们可以发现王干才难以自圆其说的悖论:一方面同意张岱年中国古代存在本体论的说法;另一方面又等于说广义的本体论不是本体论。再者,张岱年一贯不同意把古代的唯物论思想说成"朴素"的提法,把先秦的智慧说成朴素的、低级的而把现代人的智慧说成是高级的,这显然是武断的。

---

①　参见王干才:《也论老子的本体论——就教于张岱年先生》,《陕西师范大学学报》1995 年第 2 期。

②　王干才:《也论老子的本体论——就教于张岱年先生》,《陕西师范大学学报》1995 年第 2 期。

这样说又怎样理解"轴心时代"的哲学上的突破,以及所有西方哲学都是柏拉图的脚注的说法?总之,我们万万不能低估先秦哲学的智慧资源而否定其本体论的存在。另外,老子"道之为物,为恍为惚,恍兮惚兮,其中有象;恍兮惚兮,其中有物;窈兮冥兮,其中有精"(《道德经》第二十五章),把其中的道的体现"物"和"精"都说成物质性的东西也没有依据。从道是万物存在的根据所在也说明,老子的道与柏拉图的理念意义上的客观观念论极为相似。"中国古典哲学有一个显著的基本倾向,就是肯定'本根'即在事物之中。大多数提出宇宙观的哲学家都认为'本根'与事物现象是相即不离的。在西洋哲学或印度哲学中,有一个比较流行的观点,就是认为现象是不实在的、虚幻的,而唯一的实在乃是超越现象的本体,本体与现象的区别就是真实与虚幻的区别。这种观点在中国固有的哲学传统中是不存在的。"①

对于中国哲学有无本体论的论争,还有一种观点值得注意,这就是"非实体的本体论"。郭齐勇先生认为,"中国哲学的路数与西方前现代实体的路数很不相侔。在一定意义上,我们不妨说它是一种非实体主义的。中国哲学的原型观念中,中国儒释道三家的理论中,都有自己丰富的形上学或本体论思考,但它不是实体论式的。中国哲学是一种机体主义的存在哲学、生命哲学、人生哲学,它有自己独到的形上睿智。"②这种"非实体主义"的提法凸显了中国哲学中本体与现象、主观与客观难以决然分隔的特点,并且将实践与价值、人格与理想、心与物、天与人的结合看成是人最根本的生存状态,富有创造性和洞见。这种"非实体主义"的提法超

---

① 《张岱年全集》第 5 卷,第 124—125 页。
② 郭齐勇:《儒学与儒学史新论》,台湾学生书局 2002 年版,第 148 页。

越了中西哲学对实体的界定和争端,反映了中国哲学中"本根"与事物现象是相即不离的特征,引起了学界的注意。因为中国不少哲人确实很少涉及本体论及宇宙论,而重在人生论的建构。这种"非实体的本体论"可以说是受《易传》为首的中国传统思想的影响:宇宙间的万象万物充盈了巨大的生命,刚健有力,绵延相续,生生不已,流行不止。如果说印度、西方哲学从根本上是追求最后的"实体"、"本体",中国非实体化的"本体"则讲求生命化的流行的理境论。中国形而上学追求的是一种极高明的圆融的理境。天地万物感应交涉,旁通统贯。宇宙间的一切自然而然有其遭际境遇,在大化流行中演奏出和谐美妙的韵律。20世纪的哲人熊十力、梁漱溟等新儒家正是这种非实体主义向路的先驱。

　　毋庸置疑,张岱年对本根论、本体论细致的探讨,一方面推进了中国哲学本体论的研究,另一方面又对他哲学本体论的建构起着重要的影响。如提出"宇宙一本一至"这个哲学命题,张岱年解析六点:(1)一切总为一大历程,在此历程中之存在,有基本者,有衍生者。基本者可简名"先",衍生者可简名为"后"。后原于先,乃先之所生。(2)后不但为先所生,而且其活动又受先制约。(3)后虽受先所制约,而亦能反作用于先,先可受后之改变。后对于先之改变,亦受先所制约,而先之此种制约,亦渐受改变。(4)在结构性质上,可以说先是粗的,后是精的。在一意谓上说,可谓后较先为圆满,为卓越。(5)最后者与最先者之精粗,成对立相反之两极。(6)最基本者即物,最后生者即心。张岱年从物本论的观点出发,本为大化之始,为先生者,至为大化之极,为后生者,本至都为实在,本至是二非一。本为物质基础,至为圆满境界。宇宙大化起源于物质,生生日新,推陈出新,最终趋于极致,一切都在大化流行的大历程中流转。

　　张岱年把本根论分为本体论和大化论。大化论研究本根而又有大化历程的主要内容,在生生不已的变易历程中,有粗精之分和本末之分,先粗而后精,先卑而后高。老子说:"道生一,一生二,二生三,三生万物"(《道德经》第四十二章)。我以为,在道、一、二、三、万物这五个层次中,道是本根、最基本者是宇宙一本,一可能指无,二可能指天地,三可能指人。"一本"者也就是张岱年所指的道,"一至"指人。故老子说:"道大,天大,人亦大。域中有四大,而人居其一焉。人法地,地法天,天法道,道法自然"(《道德经》第二十五章)。从唯物主义的观点出发,张岱年认为道是最粗,也是最先者,人(心)是万物之灵长,是至精者。因此,老子不仅第一次提出了天地万物的起源,而且还给唯心主义留下了空间。唯心主义把宇宙中的最基本者看成是最精微者,把老子的道当成了黑格尔的"绝对精神"。张岱年批评了唯心主义的错误认识,指出一本一至是两极,物本先于心本。从张岱年"宇宙一本一至"的哲学命题中,我们依稀瞥见了老子关于宇宙论的论说,但是张岱年的创见在于肯定最初者、最粗者为宇宙之"一本",而天地之性人为贵,又肯定"一至"的能动性,反对机械唯物论者误以为物为最基本者,而又以为无高出于物之上者。所以说,张岱年在创建自己的哲学本体论"宇宙一本一至"这个哲学命题时,不仅仅受到老子的影响,而且发前人所未发。同时张岱年对老子的认识也有一个深化的过程即30年代的客观唯心论——50年代的唯物论——80年代既有唯物主义又有客观唯心主义的辩证观。

　　从中国哲学的源流来看,老子的"自然"观念是汉代王充唯物主义学说的前导,而老子"有生于无"观点又是魏晋王弼唯心学说的前导。因此,张岱年认为对于老子的本体论不能简单化。由此,我们可以了解到张岱年关于中国传统哲学本体论的基本观点:第一,不用"实在"、"幻象"的区别来讲本体,强调"体用一源,显微无间";第二,宇宙本体论和宇宙生成论往往是相互统一、相互结合的,有偏重生成论的,有偏重本体论的,有二者兼重的;第三,本体论与伦理道德学说密切结合,本体或本根不仅是宇宙中最究竟者,也是生活的最高标准。①

　　老子开创了中国本体论学说,提出了道而非天,是永恒的主体,是超越一切的绝对,否认了天或上帝的最高权威,在中国哲学史上具有重大的意义。张岱年通过对老子本体论的廓清,证明了道是天地万物的依据。更重要的是,张岱年在《天人五论》中的"一本多极"的哲学命题中,通过论证道是最基本物,坚持道是物质性的"一本",生与心是"多极",从而找到了唯物论的基础。

二、反复——张岱年辩证法的核心

　　老子哲学体系和哲学思想对张岱年哲学的影响是多方面的。特别是在辩证法方面,张岱年对老子的辩证法更做了深入的研究,并在创建自己的哲学体系时加以吸收、利用。中国辩证法最早的重要代表是老子。在《先秦哲学中的辩证法》这篇文章中,张岱年主要讨论了老子和《易传》的辩证法。在文中张岱年归纳了老子辩证法的三个要点:(1)事物的变化是有规律性的反转,如"反者道之动"(《道德经》第四十章);"大曰逝,逝曰远,远曰反"(《道德经》第二十五章)。事物的对立面会朝着它相反的方向转化,也就是自我否定,这是辩证法发展的必经之路。(2)张岱年还指出,事物并不总是绝对的反转,有时会采用一种反面的形态,才不至于

---

　　①　参见范学德:《综合与创造——论张岱年的哲学思想》,教育科学出版社1989年版,第279—280页。

反,如"大直若屈,大巧若拙,大辩若讷"(《道德经》第四十五章)。王弼注释为"随物而直,直在不一,故若屈也",将直理解为曲直。历来的注家都不怀疑"直"的正确性,而认为"直屈"正好相反相成。今楚简本《道德经》写成"大植若屈"。根据楚简本,吴根友做了新解:联系上文"植"字之意,则此句可直译为:"高大的户植仿佛很短。"此正是老子逆向思维来破常识之知。世人皆以门之户植愈高大,其守门也愈坚固。老子则不以为然,他认为,若民无盗心,则户植虽短而其门牢固。要而言之,楚简本《道德经》"大植若屈"句意思为:"高大的户植仿佛很短"。这一意思可能更接近老子原初之意。① 张岱年的解释与吴根友的新解异曲而同工:"直而若屈,实际上便已既非直亦非屈了,而可以说是直与屈之'合'了。物都是要反的,必容纳反面的要素,成为该物与其反面之'合',然后才是大顺。不过,我们虽可如此解说,而老子实不曾发明'合'的观念。可以说有了合的观念之萌芽,只差一点还没成熟;事实上已是在讲合了,却没有发明合的抽象的'合'的概念。"②如果这里用"合"的概念演绎这句话,我们也可以说"高大户植仿佛看起来很短",或者,"很短的户植仿佛看起来很高大",这是一种符合辩证法的思维方式。(3)反复原则的应用。对立的事物可以相互转化。如老子说:"天下皆知美之为美,斯恶已;皆知善之为善,斯不善已。故有无相生,难易相成,长短相较,高下相倾,音声相和,前后相随。"(《道德经》第二章)美者是人人所喜好的,恶者是人人所憎恶的。喜怒同根,是非同门。因此,对某一方面偏好才产生了差别,

---

① 参见吴根友:《楚简本〈老子〉"大植若屈"等新解》,《中国哲学史》2001年第 3 期。

② 《张岱年全集》第 1 卷,第 23 页。

美之所以为美是通过丑而比较得出的,实际上没有绝对的差异。

宇宙大化流行,一切健动变化不已。何谓反复?"就是事物在一方向上演变,达到极度,无可再进,则必反变为其反面,如是不已。事物由无有而发生,既发生乃渐充盈,进展以至于极盛,乃衰萎堕退而终于消亡;而终则有始,又有新事物发生。凡事物由成长而剥落,谓之反;而剥落之极,终而又始,谓之复。反即是否定。复亦即反之反,或否定之否定。"①张岱年认为,反复、两一及变易学说是中国哲学大化论最主要的部分。同两一理论相比,反复的理论比较疏略。他指出反复的理论相当于西方哲学中"否定之否定",但中国哲学的"复"更强调"更新再始"。作为否定意义的"反"起源于《左传》。宣公十五年,晋国伯宗说:"天反时为灾,地反物为妖,民反德为乱。"老子开始将"反"提炼为一个哲学范畴。张岱年敏锐地指出,"反复"中的反指两层意思:一指终则有始,更新开始;二为复返于初,回到原始。但是古代思想家往往将此二义混为一谈,而陷于简单的循环论。不寻常的是,老子最具个性的特征是在一系列正反链条中偏爱"反者"。汉学家葛瑞汉在《论道者:中国古代哲学论辩》中为我们列出了这样一套对立范畴:

A	B
有	无
有为	无为
有知	无知
雄	雌
实	虚
上	下

① 《张岱年全集》第2卷,第132页。

前	后
动	静
大	小
强	弱
坚	柔
直	曲

"《道德经》这部哲学诗给当代读者最鲜明的印象可能是它的绝非人们所熟知的无所不包的模式。它揭示了这样一种循环,任何变成坚、强、上、先和有的事物已经或最终将转化为柔、弱、下、后与无。消极面是积极成分发展的基础('贵以贱为本,高以下为基','重为轻君,静为躁君'),正是这个消极才是有活力的、有益的和有繁殖的。"①在这样一对辩证的范畴里,老子主张守弱处下,注重柔弱,意在虚空,和光同尘,无为不争,开启了道家"柔弱胜刚强"思想的先河。这样一种"反"不是一去不复返的"反",而是返老还童,即返回生命的本原,滋润生命,获得新的生命之后再向上发展。老子还把道比做"水":"上善若水。水善利万物而不争,处众人之所恶,故几于道。"(《道德经》第八章)水一遍遍地浇灌着植物,一次次地滋润着生命,它自身的生命何尝不又是一次次地从天空到大地的回归。故老子说:"大曰逝,逝曰远,远曰反。"(《道德经》第二十二章)水也会干枯,蒸发,重新形成水珠返回大地。张岱年认为"道即变之所以,由道乃有逝,既逝而愈远,远乃终于反,反是由道而有之动。道亦即反之所以。一切变化莫不反。"②事物

①　葛瑞汉:《论道者:中国古代哲学论辩》,中国社会科学出版社2003年版,第260页。

②　《张岱年全集》第2卷,第133页。

的发展由壮盛到消逝,到复归于原始,是一种有规律的运动。从元亨利贞、成盛衰毁,一切生物生生灭灭,大用流行。

张岱年很明显继承了老子的辩证思想。在谈到辩证法的基本原则时,他说:"否定之否定非即立定,此在发展的变化为然。但变化非近皆发展,在非发展的变化,其否定之否定或同于原初之立定,是即循环变化;或根本并无否定之否定,例如有生的个体之死为其生之否定,然一死永不能复生,更无死之否定可说。子孙之传衍,或者勉强可谓个体之死之一种否定,然自个体而言,实无所谓死之否定。在循环的变化则周而复始。否定之否定,即原来立定之再现。有时在一物言之,确为循环的变化,而其所处之环境,则在发生变异之中。如一草之春生秋枯,次年其种子又成新草,就草之本性而言,实为循环,而自联系观之,此草之对外关系之总和,与去年之草之对外关系之总和不相同。但此种关系,常系外在关系,是故仍当以循环视之。设其为内在关系,即草之形态因环境之改易而变异,便是新种之发生,而属于发展的变化。"①张岱年在这里精辟地提出了有关辩证的思想:第一,否定之否定并非肯定,变化并非一定是发展,而西方哲学中否定之否定有正反综合的意义;第二,肯定与否定的关系要视具体发展的情境。此外,否定之否定并不是简单的循环,否定之后的"反",可能到达高一级的肯定。因此,否定并非绝对否定,还有积累的一面。否定之否定在形式上"复返"至初,但很可能产生发展变化。这里张岱年所指的"立定"用现代话表示就是"肯定"。值得注意的是,张岱年在 20 世纪 30年代钻研唯物辩证法,深感许多著述对辩证法的论述不甚了了,语焉不详。于是,他在深入研读恩格斯、列宁、斯大林等人的著作以

———————————

① 《张岱年全集》第 3 卷,第 44 页。

及中国传统辩证法思想的基础上,条分缕析地在《哲学思维论》和《事理论》中提出了自己的思想。其中,老子的辩证法思想对张岱年的影响非常明显。张岱年把辩证法的基本原则概括为六点:第一,变化观点;第二,联系观点;第三,对立统一规律之第一方面——对立的统一关系;第四,对立统一规律之第二方面——内在矛盾;第五,质变与量变互转规律;第六,否定与否定之否定规律。在评价辩证法的基本观点和基本规律时,张岱年自己标明:以上六条原则用中国古代哲学中的名词"反复"、"两一"两大原则概括,其中第一、五、六条原则可以用"反复"来表示,而第二、三、四条原则可用"两一"来彰明。①

张岱年更直接用"两一与反复"(两一,也即张岱年所说的"对待",今作对立同一解;反复,也即"否定"或"否定之否定"解)作为其哲学命题。在讨论"反复"这个哲学概念时,张岱年借用逻辑分析的方法逐字地解析其含义:"所谓反者,即一性为其对立之性所代换,一历程本以某一性为其主性,忽转为该性的对立之性为主性,是谓反,亦曰反转,即转化为相反。反有二:一有始则有终之反,而有盛则有衰之反。"②他指出"荣枯"、"强弱"、"治乱"都是由盛转化为衰的情况。对于"复",他的定义是:"凡事物必终于否定,然其否定亦必终于否定。否定之否定可谓之复。复亦有二:一终则有始之复,而衰极复盛之复。"③但是,反复不是机械地重复,生命在永恒地更新。张载所说的"日月之形,万古不变。"(《正蒙注·参两篇》)揭示的是形式和本质之间的联系,事物的形状在外

---

① 参见《张岱年全集》第 3 卷,第 46 页。
② 《张岱年全集》第 3 卷,第 190 页。
③ 《张岱年全集》第 3 卷,第 191 页。

表看不出什么变化,但其本质在不断更新。"形折者,言其规模仪象也,非谓质也。质日代而形如一。无恒器而有恒道也。江河之水,今犹古也,而非今水之即古水。灯烛之光,昨犹今也,而非昨火之即今火。水火近而易知,日月远而不察耳。爪发之日生而旧者消也,人所知也。肌肉之日生而旧者消也,人所未知也。人见形之不变而不知其质之已迁,则疑今兹之日月为邃古之日月,今兹之肌肉为初生之肌肉,恶足以语日新之化哉!阳而聚明者恒如,斯以为日;阴而聚魄者恒如,斯以为月;日新而不爽其故,斯以为无妄也与!"(《思问录·外篇》)从辩证法的角度看,万事变动不居,反复从表面上看,有循环的意味。我们可以看出,张岱年一方面继承了自《易传》、老子、扬雄、张载、王夫之以来关于反复概念的论述;另一方面,他也注意吸取西方哲学的观点,即其辩证法中的否定之否定,表面上复返于初,而实则有所进步。但中国哲学中不同的人讲反复,观点也不尽相同,如扬雄认为一切事物都有反复,不极则不反,世界是一个充满反复的世界。王夫之反对扬雄的这一观点,认为事物对立实则相涵,一事物在发展过程中,其所蕴涵的相反即渐渐出现,动静、阴阳之间的转化是无端的。张岱年是比较认同张载、王夫之关于反复的观点,即事物是处于螺旋发展的,变化的根源在于事物变化的内在源泉,变化的方式是"刚柔相推"、"氤氲相糅"、"聚散相荡"、"升降相求"。这里明显看到《易传》对张岱年关于变化方式的影响。张岱年认为,《易传》中的一切变化都是一反一复,反复是变的规律,事物发展到一定的程度就必定转向其反面,达到相当的程度的状态就叫"穷"。变化的方式除了反复外,还有"积"或"渐"。

但是,张岱年并不是简单地延续老子的"反"("反者道之动","远曰反")的学说。也没有简单地在张载、王夫之等人有关反复的论述上停留不前。首先,在方法论上张岱年采用逻辑解析法清晰地界定了"反复"的含义;其次,他在讨论反复这个概念上主动地吸收了西方哲学辩证法的观点,说明反复并不是简单周而复始地循环周演,而是曲折、螺旋地演进,甚至在演进过程中有"扬弃",而"扬弃"是从德语"奥伏赫变"翻译过来的;再次,在对"反"的界定方面,老子是用诗化的语言表达其辩证思想,张岱年是用哲学范畴去层层叠进地分析、阐释,其结果是思想更加缜密细腻,解释更加周全。如在解释"复"的含义时,张岱年把它细分为"简复"和"丰复",指出"简复"是事物演变的简单复始过程,但并不是简单重复。而"丰复为丰富的复始。一立,二反,三复。如三在一方面与一相同,而在另一方面,亦容纳二之部分,而成为一与二之综合,如此谓自丰复。不仅与原立相类似,而亦与原立相异,有较丰富的内容。"①在张岱年看来,"丰复"是事物螺旋发展的阶段,其内容较之"简复"更复杂,内容更宏富。

由此可见,张岱年确实继承了老子辩证法的精华,而同时对传统辩证法的内容作了创造性的转换。而且,尤为值得注意的是,从哲学问题意识的角度,张岱年首次把中国哲学史的"反复"命题从中国古代辩证法思想中拈出,予以具体的讨论。不仅如此,在建构自己的哲学思想中,张岱年结合中国传统哲学中有关"反复"的思想,在借鉴西方有关"否定"、"否定之否定"及"扬弃"概念的基础上阐发了自己的思想。

---

① 《张岱年全集》第3卷,第191页。但是有关"反复"论述的不足之处是,尽管张岱年创造的一些哲学名词意义较简赅,但也较生僻,故有些名词如"丰复"一直不为人所知晓,不能不说有些令人遗憾。

无独有偶,老子的"反"之学说在 20 世纪的西方后现代语境中得到了再现。后现代主义哲学思潮在欧美学术界产生了强烈的震撼。20 世纪 70 年代以来,在哲学、文学、艺术领域发展而来的后现代主义是一种对现代主义原则、实践的反动(reaction)或抛弃(rejection)的思潮。从现代主义哲学向后现代主义哲学转向的过程中,雅克·德里达(Jacque Derrida)对西方传统理性主义的批判及其解构主义方案与上文中提到的老子的对立链中的 AB 模式有异曲同工之妙。"这种相似是如此引人注目,以至于存在着忽略二者差异的危险。在 AB 的对应中,西方人倾向于将其看做是互相冲突的,而中国人则看成是互补的,一种使其关注于阴阳划分的区别。德里达解释到,西方人从逻各斯中心论(logocentric)、极端语音中心论(ultimately phonocentric)的取向来取 A 舍 B,这种取向始于源自信号化事物(signified/signifier 应译为能指/所指,笔者按)的对立链条。"①像葛瑞汉指出的那样,德里达解构主义的首要任务就是摧毁西方逻各斯中心主义,其中在二元对立的结构中总是存在张力。德里达解构的是二元对立的在场形而上学,颠覆言语第一性、书写第二性的二元对立。"语言不是与纸上的死的记号相对的活的言语,即使说者或作者死去它仍有意义。《道德经》与德里达的共鸣在于,二者都从反方向来解构传统上 A 优于 B 的对立链条,并在颠覆二分法中给我们呈现出另一条逆向路线——对于《道德经》来说是'道',对于德里达而言是'印迹'。二者都使用了一种避免"逻辑/诗"(logic/poetry)对立的语言,一种矛盾陈述未被免除的语言,因为如果用于恰当的次序或组合,它们便能

---

① 葛瑞汉:《论道者:中国古代哲学论辩》,中国社会科学出版社 2003 年版,第 263—264 页。

使你置于真实的方向。"①解构哲学从老子否定之反得到启迪,通过打破传统哲学的羁绊而与之决裂,德里达摧毁了在场的形而上学,并同传统哲学的分析范畴分道扬镳。传统的形而上学是以二元对立为基础的学说,其言说方式体现了正反对立,如客观/主观、真理/谬误、精神/物质、灵魂/肉体、本质/现象、善/恶、生/死等等,统驭了西方哲学达两千年之久。德里达解构了二元对立的分析方式,开启了反本质主义、生存主义、主客融合主义、多元主义的价值特征,从而反驳、继承、发展和超越了前现代和现代主义,深刻地改变了形而上学的哲学言说方式,拓展了人们的思维空间。

德里达站在书写一方,反对赋予言说以特权,反对言语等于意义的形而上学观念,反对形而上学的言说方式。这一态度与老子一样,既有批判性也有建设性,既有解构性也有建构性,既有否定性也有认同性,既有无情性也有同情性。毫无疑问,打破语音中心主义对象形文字的偏见,有助于消除黑格尔认为的中文是非拼音文字而不适合哲学思辨,从而贬低中国哲学的欧洲中心主义的偏见。

两千多年来,老子的文化精神和价值体系经历了重大的转折。老子深邃的智慧,不仅仅给张岱年的辩证哲学思想提供了精神资源,而且通过对照,我们发现后现代的解构内容与老子的辩证思想有颇多相似之处。后现代反面的形态包含正面的内容,也具有深刻的含义。我们不得不惊叹两千多年前的老子对"反复"、"物极必反"哲学思想的阐述。在建构自己的哲学体系时,老子的思想无疑是张岱年哲学思想取之不尽的资源。同时,我们又感到庆幸:

---

① 葛瑞汉:《论道者:中国古代哲学论辩》,中国社会科学出版社2003年版,第264页。

张岱年始终保持一种学术批判的眼光来审视老子,而老子的"反"思想在张岱年这里又得到继承和弘扬。在后现代奢谈"反"和"解构"的躁谈和喧嚣中,我们是否该经由张岱年再回归到老子那里,在"大音希声"中去寻找哲思的"静谧"呢?

第三节　《易传》:变易与刚毅

《周易》包括《经》与《传》两个部分,《易经》是一部占筮之书,核心是八卦与六十四卦组成的符号象征系统。《周易》相传是伏羲化卦,文王重卦,周公作爻辞,孔子加"十翼"而成;其时代是由畜牧业转化到农业的时代,或者说是从原始社会转化到奴隶社会的产物。①《易》有简易、变易和不易三义。因此,《周易》充满辩证的宇宙观,吉凶、祸福、存亡、生死、泰否、往来、大小、内外、损益等。宇宙是一个大化流行的过程。"易者变易也",变易之道,天人之理也。自然界要遵循变易的法则,人也同样要遵从变易的法则。《周易》对中国古代哲学思想有着广泛而深远的影响。连孔子也说:"假我数年,五十学《易》,可以无大过矣。"(《论语·述而》)的确,《周易》流传古今,内容丰富,孕育了中国传统思想,开启了世世代代中国人的思想。

张岱年认为,《易传》"自强不息"、"厚德载物"的精神是民族精神。"近几年来,关于中华民族的民族精神,我提出一项见解,认为《周易大传》的两句话'自强不息','厚德载物'是民族精神

① 参见郭沫若:《中国古代社会研究》上,河北教育出版社2000年版,第66页。《易传》产生在春秋战国时期,是对《易经》的解释,共有《彖》上下、《象》上下、《系辞》上下、《文言》、《序卦》、《说卦》、《杂卦》十篇组成,又称"十翼"。

的集中表述。这只是用最简括的词句来表示民族精神的核心内容。"①张岱年读《易传》,研究《易传》,其哲学思想无不受其影响。在"我所爱的书目"十本书中,除了《论语》、《孟子》、《道德经》、《庄子》等外,张岱年还列举了《易传》。② 可见,他对《易传》的情有独钟。张岱年对《周易》及《易传》年代的精确考据以及对其哲学思想的阐发,在20世纪的中国哲学家中很少人能达到如此深的功夫。关于《易传》的年代问题,学术界莫衷一是。例如,郭沫若在《周易之制作时代》认为,《周易》是春秋时代的作品。郭氏的证据是《周易》有几处提到"中行",如《益》卦六三"中行告公用圭";《泰》卦九二"得高于中行",九五的"中行无咎";《复卦》六四"中行独复"。因此,郭沫若认为,"根据这些故事看来,我们又可以断定,《周易》之作决不能在春秋中叶以前。"③张岱年认为,这一见解实属武断。根据张岱年考证,《左传》庄公二十二年记载,周史有以《周易》见陈侯者,这在荀林父将"中行"之前80多年,"中行"绝非指荀林父。张岱年提出了《周易》作于周初的见解。1979年,他撰写了《论易大传的著作年代与哲学思想》,经过严密详细的考证后,认为《易传》是战国时代的著作,反对《易传》出于秦汉的说法,最典型的证据是惠施"历物十事"所谓的"天与地卑"实际上是《易传·系辞》中的"天尊地卑"的反命题。这篇文章不仅考证材

---

① 参见《张岱年全集》第7卷,第221页。在中国古典典籍中,张岱年对《周易》尤为看重。在《张岱年全集》第8卷中,张岱年就为《周易大词典》等十多部有关《周易》的专著作序。作为研究《周易》的专家,他生前还担任了"山东大学周易研究中心"学术总顾问。在他的许多论著中我们都找得到张岱年有关《周易》的论述。他先后写下了《周易与传统文化》、《〈周易〉经传的历史地位》、《〈周易〉的生生学说》、《"易学"与中华文明》、《初观帛书〈系辞〉》等大量有见地的文章。

② 《张岱年全集》第8卷,第445页。

③ 郭沫若:《中国古代社会研究》,河北教育出版社2000年版,第368页。

料翔实,在中国哲学史料学上也占有一定的地位。更重要的是,它阐发了《易传》的辩证思想及其在中国哲学史上的独特价值。张岱年的哲学体系的建构与《易传》的思想息息相关。因此,研究张岱年的哲学思想我们不能不涉及《易传》。

一、易:变易与守常

毫不夸张地说,《易传》是关于运动变化的一部著作,它认为一切事物都在发展变化着,"在天成象,在地成形,变化见矣"。(《系辞上》)日月星辰,山川草木,一切都有沧桑变迁,一切都有荣枯生死。从自然界到人类社会,一切都是变动不居的。事物变化的根源在于事物本身存在着阴阳矛盾。"一阴一阳之谓道"是中国辩证法史上关于对立统一法则最早的比较确切的表述,是《易传》对辩证法思想做出的一个重要贡献。

从 20 世纪 30 年代起,张岱年就开始了《易传》的研究。在《先秦哲学中的辩证法》中,他得出《易传》的辩证法思想主要有四点:第一,一切事物都是变化的;第二,其所以变化在于对立体之相互作用;第三,变化的公式是反与复;第四,变化的历程有聚有渐。① 张岱年指出了《易传》辩证法与老子辩证法之间的关系,二者都强调变化和反复,其中"反复"的原则是受《道德经》的影响。《易传》大化流行,生生不已,一切事物都在变化迁流中。自然界时刻处在生生不息的变化中,所谓变是指阴阳相推摩,交替变化,"一阖一辟谓之变","化而裁之谓之变","刚柔相推变在其中矣"。从宇宙生成的角度看,宇宙洪荒生成之后,生生不息;天地变化生日月,日月变化生光明、四时,四时寒暑变化生节气成一岁;

① 参见《张岱年全集》第 1 卷,第 24 页。

一岁四时变化万物枯荣轮转,周而复始。万事万物阖辟往来,新旧
更替,整个宇宙是一个变化的大历程:

> 富有之谓大业,日新之谓盛德,生生之谓易。(《系辞
> 上》)

> 易穷则变,变则通,通则久。(《系辞下》)

> 易之为书也不可远,为道也屡迁,变动不居,周流六虚,上
> 下无常,刚柔相易,不可为典要,唯变所适。(《系辞下》)

> 天地氤氲,万物化醇,男女媾精,万物化生。(《系辞下》)

《易传》中的一切事物瞬息万变,而且变化是创新的依据。生
育万物是伟大的事业,也是盛大的功德。万事万物的多样性与复
杂性("富有")就是事业伟大的表现。张岱年认为,万事万物日新
月异,新陈代谢,生生不已,生机勃勃,这是事物发展变化的普遍规
律。其中,"变通"也是《易传》提出的学说。"讲宇宙变化最详密
者是《易传》。《易传》认为一切事物都在变化迁流中,整个宇宙是
一个变化的大历程。"①宇宙万象、人类社会、春夏秋冬的四时更迭
就是变通的最好典型。张岱年指出,总之,变之本性只是变,不可
为典要,即不可立定死板的公式,而唯变之所至。一切在流转中,
宇宙乃是一日新无疆的历程。在《事理论》中,张岱年是这样给变
化下定义的:

> 由现在到未来之一事,实乃包含三事。

> 一、未来之转为现在;

> 二、现在之化为过去;

> 三、先后之相续。

> 此三者皆可谓变化。

---

① 《张岱年全集》第2卷,第126页。

一事由未来变为现在,即由不存在成为存在。此可谓之
曰生,或来。

一事由现在变为过去,即由现在转为曾存。此可谓之曰
过,或逝。

不同之事之继续出现,此可专称之曰变化。①

张岱年的观点是,宇宙由事物合成,一切事物皆是过程,一切
事物皆变动不居,事物的变化更迭流转不穷。事物失之交臂则再
非前事,昨日之风雷非今日之风雷,今日之黄花非明日之黄花。事
非前事,物异前物。可以看出,张岱年哲学思想受《易经》之影响
很明显。但是,张岱年对于“变化”所下的哲学定义更加科学、精
细、准确。从时间上看,事物可能由过去发展到现在还存在,此不
变之物,由于环境的变化,还应该分为过去、现在和未来。生与来
是事物存在的根本,事物从过去发展到现在,是一个持续的历程,
在此历程中一定有其不变之特性,此是事物存在的依据。发展过
程中有大的变化,造成事物特性的改变或消亡,就是大变或剧变。
但是,就事物的本性而言,事物有生有逝,有来有过,变化不断,绵
延不已。在此基础上张岱年说:

总一切之事事之过起,统一切之物物之始终,则为一无始
无终永过永起之运转变易之大流,谓之大化。大化即是统括
一切变化之无外的变化历程。

变为最平凡者,而亦为最奇妙者。宇宙之间,唯变为最平
凡,唯变为最奇妙。亦可谓有三方面:一变之事实,二变之规
律,三变之本原。②

---

① 《张岱年全集》第3卷,第140页。
② 《张岱年全集》第3卷,第147页。

张岱年所指的"事实"是具体事物的显著变化,变化的规律指的是变中有不变,变中有常,变有其常。事物的变化有其本原所在,变化的根本在于其存在的对立面(对待)的转化。"对立之相互作用,为变化之根源,亦即变化之源,其余一切变化则可谓变化之流,原流莫非变化。'刚柔相推而升变化',此乃宇宙中之一基本规律。"①张岱年从时空向度分析"变化"的形态、条件、规律、依据,其分析丝丝入扣,层层相环,比《易传》中关于变化的定义更加清晰、细腻而令人折服。其中,"变中有常"是在充分理解《易传》及其他先哲关于变化的思想基础之上,作出的创造性的哲学构思。

张岱年观察到,《易传》的辩证思想对中国思想家如贾谊、张载、二程、王船山、戴东原都有影响,他们都承认宇宙是生生日新之大流,而且这种变动是实在的。"中国哲人都认为变化是一根本事实,然不止如此,更都认为变化是有条理的。变化不是紊乱的,而有其不易之则。变化的不易之则,即所谓常,常即变化中之不变之义,而变自身也是一种常。宇宙是一大变易历程,变易中不易者,假名为体,体只是变易中之不易之假名。而此不易实有二:最根本的规律及最微而恒存之物质元素。变易亦是最根本者之一。然变易必有变易者,变易不得先于变易者。变易与变易者实是合一不离的。"②"变中有常"是中国哲学辩证法的一贯特色,张岱年反复提到这一特点,并把它写进《天人五论》中。不仅如此,从"变化是实在的"这句话,可以看出张岱年的唯物论主张:物是心之本,生、心、社会等为级数。张岱年从《易传》中了解到:宇宙本体与世界万事万物的本质不是两回事,而是"实在与现象"的统一和

----

① 《张岱年全集》第 3 卷,第 193 页。
② 《张岱年全集》第 1 卷,第 270 页。

"合一不离"的。万事万物都是天地在变易中生成的,故生和变易是天地的根本德性,最重要的是,"变易是最根本的。"在简易、不易和变易三种理解中,张岱年专取变易之理。在张岱年看来,《易传》之所以为易,不仅仅阐释的是阴阳法则,同理,人也同样要遵从事物的变易规律,所以变易的法则就是通过描述天道变化之无常,而言明人事、人世之兴衰,警喻人应当效法天道的变化而随时变易。

张岱年指出,《易传》讲的是宇宙变化的过程,这一过程的内容就是生生不息。"中国哲学认为宇宙是一个变易大流,一切都在变易中,而整个宇宙是一个生生不已无穷无尽的变易历程。然而变易中自有条理,宇宙是有理的,一切都有伦有序,不妄不乱。宇宙好似生生之流,而生生有其常则,生生亦即根本的常则之一。同时承认变易与条理,而予以适切的联系。这是中国哲学的特色。"①在总结中国哲学活的有益的内容时,宇宙的生生与变易是张岱年强调的中国传统哲学的特点之一。天地生成万物,生是天地的根本德性。"生生"一词就其本义讲,至少包含三层意思:1. 生而又生,连绵不断。"生生"表达的是一个生生不息的过程。孔颖达说:"生生,不绝之词。阴阳转变;后生次于前生,是万物恒生谓语之易也"(《周易正义·疏》)。说明的是时间前后变化的历程。2. 有而又有,丰富多彩。生生从理论上讲是一个"一生二,二生四,四生八"的过程,数量呈指数增长,变化迅速,生生繁衍,生生可谓是"富有"之源,侧重的是空间视角,强调变化态势。3. 新而又新,日新月异。生生之义不仅体现在时间上连绵不断,空间上丰富多彩,而且体现在发展上日新月异。生命化育,不是机械雷

---

① 《张岱年全集》第 2 卷,第 615 页。

同,而是蕴涵着质的变革。《易传》的"日新之为盛德",揭示了"生生"的实质表现。① 在稍后的讨论中,我们可以看到,这种"生生"的创造力正是张岱年哲学创造力的动力和源泉。

张岱年所提倡的新唯物论之精旨,可分为宇宙论与知识论说。其宇宙论之精义,最重要者可谓有三:1. 宇宙为一发展历程说;2. 宇宙根本之规律之发现;3. 一本多极之论。"变中有常"指的是:"一切事物皆是变动的,一切生物皆有生而灭之历程。而宇宙有规律,一切都在变动中,而变中有常。最根本之规律即辩证之律。何谓辩证? 谓一切事物皆内孕矛盾,谓一切变化皆矛盾或对立物之融结与分解。"② 20 世纪著名哲学家熊十力看过张岱年的这段有关辩证唯物论的论述后说:"你的文章说新唯物论将'变中有常',我看过许多新唯物论的书,没有看到这样的话。"③他对张岱年有关"变中有常"慧识是赞同的。"变中有常"的"常"在《易传》中也有:"动静有常,刚柔断矣"(《系辞上》)。老子有"知常曰明"。"变"在古籍中经常与变易连用。张岱年借用《易传》及中国古典哲学中的变常概念,表达变化中的规律和条理,在变化中注意到常。这在当时是把唯物辩证法与《易传》思想创造性地结合的范例。在当时的中国哲学界有些学者讲辩证法只强调斗争和变化,对于常而有意无意地忽略,张岱年用《易传》及中国古典哲学的变常思想及时纠正了这一偏颇。这与熊十力关于《易传》在阐述中国哲学流变宇宙的看法是相吻合的。"其所不同的是,张先生对《易》在哲学史上的地位给予了深刻的阐发,而熊十力在创立

---

① 刘仲林:《"创新"的中国文化渊源》,《天津师范大学学报》2001 年第 4 期。

② 《张岱年全集》第 1 卷,第 130 页。

③ 《张岱年全集》第 1 卷,第 135 页。

其哲学体系时则看到其言变最精,从而'归宗'《大易》,在自己的哲学体系中把宇宙看作流变的宇宙,重接《大易》系统,可以说是对中国真正文化统绪的光扬。"①张岱年和熊十力都赞扬《周易》续接先秦儒学的健进精神,张岱年把这种精神作为其建构宇宙论、人生论、本体论的基础,而熊十力的《新唯识论》则是刚健精神的直接体现。

明清之际的方以智曾提出过"常中有变"的观点:"区宇之内,土壤少殊,物生随异……古之所无者,何知今非创产? 今狎元者,乌知后之不变灭乎?"(《物理小识·总论》)变有不变是中国哲学家很早就注意到的现象,其实质是偶然性与必然性的问题。王夫之吸取了前人的观点而提出:"自有生物以来,迄于终古,荣枯生死,屈申变化之无常而不爽其则。"(《周易内传》,卷一)王夫之主要强调的是必然性与偶然性的共存,强调的是必然性中有偶然性。就其理论深度而言,王夫之对"常、变"概念的辨析不深,变常之间相涵的理由也没有充分的揭露。② 张岱年与先贤不同的是,首先对变、常两个概念有清晰的界定,其次张岱年对辩证法有过系统的阐发,并且有自己独特的观点。张岱年的变易观不仅受《易传》、中国传统哲学的影响,也受怀特海的过程哲学的影响。他的"变中有常"的立足点是变,常只是变化中的规律。王夫之提出的"变中有常"的目的是让人们在天崩地裂的大变革中,不要对民族前途失去信心。而张岱年更是用"变常论"呼唤人们,在民族危亡之际应该看到中国民族复兴的希望。

---

① 张光成:《中国现代哲学的创生原点——熊十力体用思想研究》,上海人民出版社2002年版,第76—77页。

② 参见胡发贵:《王夫之与中国文化》,贵州人民出版社2000年版,第289页。

非常巧合的是,王夫之、熊十力、张岱年等不同时代的哲人无一例外地都从《易传》中寻找其学理的依托。

二、生生:延续与变化

作为"五经"之首的《易经》,既是中国文化的源头,也是张岱年哲学思想创造的源头。在他的许多论著中都谈到了《周易》。他先后撰写的有关《周易》的文章有:《〈周易〉经传的历史地位》、《〈周易〉与传统文化》、《"易学"与中华文明》、《〈易传〉的生生学说》等。在《中国哲学大纲》的《大化论》中,他详细论述了"变易与守常"的命题。在先秦哲学的辩证法中,张岱年认为,《易传》的辩证思想最为精湛,他指出其中的三个最有意义的命题:1."生生之谓易"。2."刚柔相推而生变化"。3."一阴一阳之谓道"。这就是:第一,肯定万物是生生不息的。第二,肯定万物变化的根源在于对立面的相互作用。第三,肯定对立面的相互联系、相互推移是事物的最普遍的规律。《易大传》探讨变化的原因,指出了变化的根源,揭示了事物变化最根本的规律,这都是极其精湛的思想。①

张岱年列举的这三个命题确实有独创性。他指出了《易传》中变化的普遍性和永恒性,并说明了变化的根源就在于对立面的相互作用。而变化的根源何在?"刚柔相推"即阴阳互转,阴阳对立是变化的根本。"一阴一阳,相互对立、相互推移,这就是根本规律。所谓一阴一阳,是指对立两方面既相互对立又相互联系、既相互违异又相互转化。《说卦》说'立天之道曰阴阳,立地之道曰柔与刚,立人之道曰仁与义。……分阴分阳,迭用柔刚。'天道、地

---

① 参见《张岱年全集》第 5 卷,第 302 页。

道、人道都是对立两方面的统一，阴阳是彼此分别的，而有交迭的关系。"①阳的特征是刚健、进取的，阴的特征是柔顺、受动的；阳是主动的，阴是主静的。而阴阳交互之不可测就是"神"，即"阴阳不测之谓神"。在分析完这三个命题之后，张岱年总结出"一阴一阳之谓道"是中国哲学史中关于对立统一原理最早的表述。他认为，《易传》肯定了世界的丰富性和变化的无穷性。世界包罗万象，日日有新，时时有变，变之层出不穷，这就是易。但是，变化的"常"就意味着"天下一致而百虑，同归而殊途"。《易传》还提出"知柔知刚"的命题："君子知微知彰，知柔知刚，万夫之望。"张岱年认为兼顾刚柔，甚至主刚，比一味强调柔要全面。

张岱年不仅阐释《易传》，用批判的眼光解读《易传》，而且在构建自己的哲学体系时，我们依然可以发现其受《易传》的影响。在《天人五论》的《事理论》中，我们可以窥豹一斑。在论及"延续与变化"这个哲学命题时，他说："凡历程皆事事相续而成。事起起不已，过过不已，方起方过，方过方起。是谓事之延续。""事"在张岱年早期的著作中主要有两个方面：1. 构成物体的最微小的物质性元素，这种意义的事又叫事素、历程素。2. 物与物发生作用的经过。此即日常语言中所谓事。第一种意义的事，张岱年说的最多，且前后一贯。张岱年从怀特海哲学中接受的就是这种意义的"事"。② 元素与事素考察物的着眼点不同，事素表征的是相续不断历程中的最小单元，不是构成物最后的物质微粒。事素重点在其运动，运动的规律就是理，而元素无规律可言。我们注意到，

---

① 《张岱年全集》第 5 卷，第 229 页。

② 参见张学智：《怀特海与张岱年早期著作中的"事"概念》，《北京大学学报》2004 年第 5 期。

张岱年讲宇宙论不仅仅从《易传》吸取资源,而且从怀特海过程哲学中采撷了事是流动的、连续的元素质体的观念。

在给"永延"这个概念下定义时,受《易传》影响的印记更是显而易见:

> 由不存转而为存,谓之生;亦可谓之出,或来,或起,或发生,或出现。
>
> 《易传》曰:"生生以谓易。"所谓生,亦未来转为现在。
>
> 宇宙生生不已,永有出现,更无断时。
>
> 永有未发生者发生,永有来者。事事起起不已,过过不已,续续不已。
>
> 此可谓之永延,亦曰永续。①

宇宙事事相续,时间继续不已,从不存在到存在就是生、发生或出现。事物的永远变易、发生,永不停止,使人自然想到了《易传》中的"未济"。张岱年更直接套用《易传》中的语言来表达自己的观点:"生生是变化,亦是一事之起,任何一物之成,莫非生生。《易传》曰:'天地之大德曰生。'又曰:'日新之谓盛德,生生之谓易。'此数语者,深切著明,至矣尽矣。"②宇宙的历程是变易的历程,由粗而精,由简而赜,由一而化。在变化中对立统一是最普遍的必然规律之一。《易经》六十四卦本以阴阳二爻之变化推移而发展,其中蕴藏着对立统一之概念。生生就在开物成务,颐养万民中展现自然与人文的合一。朝来暮往,朝花夕拾,大河滔滔,逝者如斯,枯木逢春,都是大自然"生"之现象,"天地之心"却是人于天地自然的大化流行中的目的体验和超越层面上的内涵。孔子的学

---

① 《张岱年全集》第3卷,第139页。
② 《张岱年全集》第3卷,第140页。

生曾皙说过一段话："暮春者,春服既成,冠者五六人,童子六七人。浴乎沂,风乎舞雩,咏而归。"(《论语·先进》)孔子赞同地说:"吾与点也。"孔子体会到的是大自然之"生",即天地自然的大化流行,与人所肩负的"善"的使命的结合,通过回归大自然、体验大自然所"生",人也得到情感的宣泄和升华。通过自然之"生"的映衬,道德直觉与审美体验和谐地融为一体。

在《人与世界——宇宙观与人生观》一文中,张岱年总结出对待(对立统一)最主要的命题有四个:一切皆变易;一切皆两一;一切变化皆反复;一切变化由两一。第一条我们可以看出"生生之谓易"的影子,第二条的"两一"出自张载的"两不立则一不可见,一不可见则两之用息"(《正蒙》),第三条是老子关于"反复"的命题。由此,我们可以看出张岱年在吸收《易传》、老子、张载等哲学思想的基础之上,发展了辩证法的内容。他首先充分肯定宇宙的历程是变化的,而其中的"两"指的是对待或对立,"一"指的是统一或合一,"两一"指的是事物的发展是对立统一的,这是宇宙发展的普遍之规律。"《易传》最善言反复两一,而阐论以反复两一为观点方法即辩证法,亦较详。"①读张岱年的著作,可以发现他一方面注意吸收诸如《易传》等传统辩证法的变易、斗争的思想,另一方面也注重古代辩证法中和谐的原则。他把自己的宇宙观概括为"生生两一,一本多极",为的是突出宇宙生生不已、变化不息的性质。冯友兰先生曾把"仇必仇到底"和"仇必和而解"概括为对辩证法规律的两种认识,突出的是两者的对立。② 张岱年对"仇必和而解"提出了批评,认为它过分强调和谐,忽略了斗争和冲突。

---

① 《张岱年全集》第2卷,第567页。
② 冯友兰:《中国现代哲学史》,中华书局(香港)1992年版,第258页。

《中庸》"万物并育而不相害,道并行而不悖"的观点体现重和谐的思想。张岱年认为要达到这种境界在现实中不太可能,因此把它改为"万物并育而更相害,道并行亦相悖"。① 以此说明和谐是暂时的,斗争和冲突是永远的。"但张岱年并未简单地指责甚至抛弃中国哲学中关于和的思想;相反,他充分发掘了其中的积极内容,从客观和主观两个方面进一步阐发了和谐的重要意义。从客观方面说,他指出'和谐之为存在之基',没有和谐世界将成为须臾幻灭之世界;从主观方面说,和谐既是客观的必然,又是主观的当然。这也就弥补了西方辩证法对于和谐重视不够和缺少论述的不足。"②张岱年不仅仅看到的是"一"(和谐),而且也十分重视变易发展之过程,这也是《易传》的根本思想。与一味重视"和"的思想不同,他认为和解只是矛盾暂时的解决形式。在此,我们又显而易见地看到了西方哲学对他的影响。

张岱年借用"变易"的复杂性与阴阳奇偶的错综的变化的观念,以及变化的原因,拓展了"变易"的内涵。这种思想是深刻的,在一定程度上发展了《易传》的辩证思想。

三、刚健:民族精神之源

张岱年认为对于《易传》的研究,既要重视训诂、象数,又要重视义理。作为中国古代表现辩证思维的典籍,我们要注意它对中国文化产生的广泛而深远的影响。"《易大传》的理论贡献主要有两方面:一是揭示了自然世界及社会生活的对立统一的基本规律,

---

① 《张岱年全集》第 3 卷,第 193—194 页。
② 钱逊:《"综合创新"的一个范例——张岱年对"两一"(对立统一)的阐释》,《哲学研究》1996 年第 3 期。

并提出了一个具有唯物主义倾向的本体论;二是提出了以刚健为宗旨的人生观,为中华民族的精神文明奠定了理论基础。"①

《易传》之道的范围包括了天地万物的一切变化,同时它也是儒家本体论学说的基础。例如《系辞上》说:

> 一阴一阳之谓道。继之者善也,成之者性也。仁者见之谓之仁,智者见之谓之知,百姓日用而不知,故君子之道鲜矣。
>
> 显诸仁,藏诸用,鼓万物而不与圣人同忧。盛德大业至矣哉!

一阴一阳的相反相生的矛盾变化就叫做"道",承继天的这一法则的是"善",蔚成这一法则的是"性"。仁者看到天道法则说是"仁",智者看到天道法则就是"智",寻常百姓在日常生活中经常应用此道却毫不知晓,所以君子之道的全部意义就很少人知道了。天道以仁爱的面貌显现,使其恩泽普施天下万物,隐藏在日用生活中而不被觉察,鼓动化育万物却没有圣人教化万物所存的忧患。可见天的盛大德行和宏大功业是至美至善了!《易传》肯定一阴一阳的交互作用是万物变化的根源,任何事物都是由阴阳感化而生成的。而一阴一阳交互作用的过程就是道。纵然《易传》主要诠释的是宇宙万物变易之理,但由其易学之义理,进而可以推究道德修养的旨趣。"仁"、"善"、"智"何不是天道流行的显现?《易传》的以阐扬天道奥理,推道明事达致之境界,开启了"天道"以辅"人道"之理。《周易·序卦传》说:"有天地然后有万物,有万物然后有男女,有男女然后有夫妇,有夫妇然后有父子,有父子然后有君臣,有君臣然后有上下,有上下然后礼仪有所错。"这里我们可以看出《易传》唯物主义宇宙观:天地的交互作用是万物生成的基础,有天地万物然后有人类家庭与人伦关系。通过体悟天道渊博

---

① 《张岱年全集》第8卷,第141页。

之奥理，可以推致人伦孝道之理。夫妇、父子和君臣之道有了尊卑的名分。

　　张岱年注意到无论是程颢还是戴震，都把"生生"学说与儒家的"仁"联系起来。程明道说"万物之生意最可观，此元者善之长也，斯所谓仁也"（《河南程氏遗书》卷二上），而将道德范畴"仁"形而上化了。戴震认为"生生不息"是气化流行与"仁"串起来，从而把礼仪与生生条理联系起来。他们都发展了《易传》生生的学说。在中国哲学史上《易传》之所以地位崇高，就是它作为儒家的理论资源成功地回应了佛学的挑战。特别是宋明以来，理学之所以能取得对于佛道的优势，主要是以《周易》作为凭借。周敦颐、张载、二程的哲学思想受《易传》影响尤其深。他们大都"出老入释几十年，返求诸六经而后得之"，从《易经》中找到理论依据而建立了完整邃密的儒学学说。可以说，其主要理论资源得益于《周易》。"《周易》经传在中国传统哲学中占有重要的历史地位。直至现代，著名哲学家熊十力先生早年研习佛学，晚年'归宗大易'，特别推崇《大易》的形而上学。《周易》经传是熊十力哲学的一个重要思想源泉，这说明《周易》经传直至今日仍然具有一定的生命力。"①熊十力把《易传》称为《大易》，认为它是群经之王，诸子百家之母。在熊十力看来，《大易》所谈的"本体"是通过刚健纯粹、生生不息的"德用"方式显示出来。这与佛教谈"空寂"、道家谈"虚静"不同，因为他们丢失了生生化化不息之健。熊十力之所以能融儒、释、道于一炉，归根结底宗主在《易传》。《易传》刚健有为的精神转化了传统释道的空静，进而把握了人生创造的真谛。中国历代哲学家、思想家从《易传》中获得的无限的思想源泉，给了

_____

　　①　《张岱年全集》第7卷，第48页。

张岱年极大的启迪。

张岱年也注意到从阐释宇宙生成、变化的向度,而凸显道德伦理之常,进而建构中华文化精神的本体意涵。在中国传统哲学中,《易传》给我们提供了精思睿智的源泉,这些真知灼见对民族昌盛起着积极的激励作用。概括起来主要有:其一,中华民族的主体人格意识。一个民族必须要有其自觉性、独立性和主动性,才能独立于世界民族之林。其二,《易传》的有机整体观。它揭示对立统一的普遍规律,强调对立统一是相互转化根源,这种辩证观赋予中华民族不同于西方人的辩证思维方式,与西方形而上的思维方式相互补充,相得益彰。其三,《易传》关于刚健自强的思想深深影响了中华民族。它提倡人应效法天,积极向上,永不停息。其四,《易传》对于民族精神的塑造作用很大。

《易传》的创生精神贯注宇宙之一切,孕育着生命,人生天地间所需要做的就是发挥这种创生精神,参赞天地之化育。"穷神知化,德之盛也。"(《系辞下传》)他认为,自孔子以来,中国文化精神就重视"刚毅"("刚毅木讷近仁"《论语·子路》)。孔子弟子曾子说:"可以托六尺之孤,可以寄百里之命,临大节而不可夺也。君子人与? 君子人也。"(《论语·泰伯》)临大节而不可夺,即是刚毅的表现。孔子重刚、重进取,老子贵柔、重待后,正好相辅相成。但是,张岱年认为,老子的"贵柔"以及周敦颐的"主静"虽然有一定的影响,但绝不是中国文化的主流。在中国古典哲学中,与刚毅自强有密切联系的是关于人的独立意志和独立人格。"三军可夺帅也,匹夫不可夺志也。"(《论语·子罕》)为了仁德和理想可以牺牲个人的生命:"志士仁人,无求生以害仁,有杀身以成仁。"(《论语·卫灵公》)保持人格的尊严是刚健自强的基本要求。

张岱年提出,中国文化的基本精神无疑受了"刚健"自强基本精神的影响。孔子积极进取,发奋忘食。"孔席不暇暖"就是一种刚毅自强的兼济天下的精神。《易大传》进而提出"刚健"、"自强"的生活准则。《彖》传云:"大有,其德刚健而文明,应乎天而时行,是以元亨。"《象》传云:"天行健,君子以自强不息。"(《乾卦·象传》)"雷风恒,君子以立不易方。"(《恒卦·象传》)《易传》中的"刚健"呈现出运行不止,努力向上,坚忍不拔,勇于开拓进取的态势。《易传》所宣示的"刚健"、"自强不息"的思想,对于历代知识分子和广大人民群众起激励鼓舞作用。① 站在时代的高度,张岱年提出了中国文化的基本精神,其中第一条就是"刚健"自强。孔子积极有为,"发奋忘食,乐以忘忧"(《论语·述而》),就是刚毅精神的体现。曾子也说"士不可以不弘毅"(《论语·泰伯》),就是对刚强意志的一种肯定。《易传》中的"刚健而文明"(《大有》),"刚健笃实辉光"(《大畜》),进一步发挥了这种精神。"孔子'刚毅',曾子'弘毅',《易传》'刚健'、'自强不息'的思想对于中国文化的发展起了积极的推动作用。这一思想对于学术的发展、民族的进步起了显著的深远的作用,激励着人们努力克服困难,奋勇前进。"②《中庸》中说:"博学之,审问之,慎思之,明辨之,笃行之。有弗学,学之弗能弗措也;有弗问,问之弗知弗措也;有弗思,思之弗得弗措也;有弗辨,辨之弗明弗措也;有弗行,行之弗笃弗措也。人一能之己百之,人十能之己千人。果能此道矣,虽愚必明,虽柔必强。"人一己百,人十己千,就是一种发奋图强、自强不息的勤勉精神。天体日月运行不止,人活天地间也应当效法自然之象。这种自强刚毅的精神是中国思想文化发展的内在源泉,也

---

① 参见《张岱年全集》第8卷,第142页。
② 《张岱年全集》第6卷,第501页。

是中华民族发展壮大的动力。

张岱年把中国传统品德总结为智、仁、勇三达德。"勇者,力足以胜物而不挫于物。勇亦曰刚,亦曰毅,亦曰强。《易传》曰'天行健,君子以自强不息。'自强不息,可谓大勇。力强足以胜艰难,志坚足以抗险阻,然后为勇。"①对于刚强不屈,坚持正义,果敢不惧,张岱年把它称之为勇毅。中华民族在其几千年的长河中,能够克服艰难险阻,发展壮大,是由于有刚毅这股民族正气的支撑。勇之以高歌猛进,勇之以抗暴维义,勇之以克难排险,勇之以舍身护国。如文天祥在历史上就代表着民族刚毅的精神。他坚持抗元,最后英勇就义。他写的《正气歌》围绕着孟子的"吾善养浩然之气"讲,里面列举了从董狐、苏武到诸葛亮等 12 人。他们追求一种理想,而这种理想正是刚毅的化身。通过对理想的追求,他们把自己和国家、民族的命运联系在一起。这种对理想人格、浩然正气的追寻就是中华民族精神的体现。

面临前所未有的大变局和西方列强的冲击,华夏文化血脉断裂,使中华民族在寻找自己的精神归宿上显得步履艰辛而又彷徨不决。同张岱年一道的知识分子,重新把目光投射到《易传》这部充满忧患意识、充满生命力的著作上。张岱年深深体会到只有立足传统,吸取传统的精华,才能走上重建民族精神的康庄大道。从这种意义上看,《易传》是推动中华民族迈向新世纪的精神动力。

张岱年在 20 世纪后期,极力提倡把"刚毅"的《易传》思想作为中华民族精神,以鼓励国人积极向上,发奋图强。《易传》也是发展弘毅哲学的,"天行健,君子以自强不息",也就是说日月星辰

---

① 《张岱年全集》第 3 卷,第 214 页。

的天体永远在运动,永不停息地向前,君子应该效法天的刚健向上的精神,奋斗不息。"乾始能以美利利天下,不言所利,大矣哉!大哉乾乎,刚健中正,纯粹精也。"(《文言》)刚健中正表现出中国固有之精髓,在铸造民族精神上起着决定性的作用。中华民族是有古有今延续发展几千年的伟大民族,民族精神又可以称为"中华精神"。张岱年认为,中华民族的基本精神来自于儒家哲学,来自儒家所提倡的积极有为、发奋向上的思想。孔子"发奋忘食,乐以忘忧"(《论语·述而》),重视"刚毅",积极进取。《易传》的两句名言"自强不息、厚德载物"中的"自强不息"体现了坚韧不拔,勉励向前,积极健康,兢兢业业,绝不懈怠的主动精神。"君子终日乾乾"(《文言》),象征着君子应该像阳气上升一样,终日勤勉努力,与时俱进。在汉代以来的两千年中,《易传》被认为是孔子的著作,因而具有影响深远。《易传》刚强不屈("自强不息")的精神和宽容宽厚("厚德载物")的精神可以称为"中华精神"。张岱年的这些观点可以称为"中华精神论"。《易传》精神强调刚健中正、自强不息、日新其德,它不仅是中国哲学的源头,也是中华弘毅刚健精神的体现。张岱年意识到,民族精神是民族赖以生存和发展的精神支柱,是维系、协调和凝聚民族关系的精神纽带,是激励和推动中华民族超着共同目标奋进的精神动力。

何谓民族精神?"民族精神是指一个民族在长期的历史发展过程中逐步形成和培养的一种群体意识,是指一个民族在长期发展过程中逐步形成和培养的性格、格调、旨趣、心态、感情结构、理想境界等等,是一个民族在历史活动中表现出来的富有生命力的优秀思想、高尚品德和坚定志向,是该民族生存和发展的精神支柱,具有对内动员民族力量、对外展示民族形象的重要功能。民族精神是一个民族自立于世界之林的必要条件。"①张岱年认为,法国有法兰西民族精神,德国有日耳曼民族精神,作为五千年悠久历史文化的中华民族,不能没有中华民族精神。要使中华民族保持积极进取,蓬勃向上,开拓创新,与时俱进的精神品格,必须保持"自强不息"的《易传》精神。"自强不息"精神是民族文化的沉积和结晶,至今还闪耀着璀璨的光辉。这种民族精神在漫长的历史文化中渗透着思想文化、思维模式、伦理道德、心理结构、语言文字中的共同价值观,这种价值观从古至今有显著的连续性,是不能割断的。中华民族从《易传》推衍出来的这种精神在历史长河中受到人们广泛的服膺和遵从。在 20 世纪 80 年代改革开放的初期,张岱年以哲学家的气魄和洞见提出以《易传》中的"自强不息"、"厚德载物"作为中华民族的精神,并且作为自己的座右铭身体力行地提倡。张岱年一生在学术上勤勉有加,"自强不息"地进取,在道德人伦上像仁者一样,"厚德载物"地承载着世间一切兴衰荣辱。可以说,张岱年从《易传》中发掘进而践履所提倡的民族精神,也是他为人为学的宗旨。

应该承认,《周易》经传在过去的文化哲学史上曾经起到过巨大的作用,在实现民族复兴的今天,它仍然有着"生生"不已的生命力。民族精神既是一种历史的积累和沉淀,又是一个随着时代进步而不断更新和丰富的过程。由此,一个民族不能轻视自己的传统,也不能囿于传统,沉湎于传统,而应坚持历史性和时代性的统一,继承性和创造性的统一。传统中的优秀文化,凝聚了一个民族世世代代的智慧和创造,成为一个民族得以生存和延续的精神力量。民族的发展和复兴必然包含着优秀传统文化的继承。"周

---

① 郭齐家:《弘扬和培育民族精神》,《读书时报》2004 年 3 月 3 日。

虽旧邦,其命维新。"张岱年在《易传》思想的关照下,成功地运用
它建构了自己的宇宙论以及文化哲学。在生生和变易的宇宙观
上,他融合了《易传》与现代西方哲学的观点。在克服民族自卑
感,树立民族自信心上,他俯瞰中华民族的历史长河,洞察民族精
神的底蕴,把握时代的发展和要求,而推出了《易传》中的"自强不
息,厚德载物"作为中华民族的精神。汤一介认为,张岱年提出的
民族精神可以起到返本开新的作用。他说:"当今,中华民族正处
在伟大民族复兴的前夜,展望21世纪,中国哲学必须在'反本开
新'上,形成有中国特色的新哲学体系,取得辉煌的成就。'反本'
必须对我们哲学源头《周易》有深刻把握。我们对自己的哲学来
源了解得越深入,越会有面对新世纪的强大生命力。'开新',一
方面必须对周易哲学作出新的合乎时代的新解释,另一方面又要
利用周易哲学的资源来对当今人类社会面临的重大问题,创造性
地提出新的理论。'反本'和'开新'是不能分割的,只有深入发掘
传统哲学的真精神,我们才能适时地开拓出哲学发展的新局面;只
有敢于面对当前人类社会存在的新问题,并给以新的解释,才可以
使哲学传统真精神得以发扬和更新,使中国哲学在21世纪的'反
本开新'中重新燃起火焰,以贡献于人类社会。"①西方思想的输
入无疑极大地刺激和复活了中国传统思想,现代儒学除了要在
"回应——挑战"方面化解西方冲击带来的问题,还应该走出纯
粹书斋式的学术研究,而关照或关怀人们的精神生活。中国哲
学在佛教输入之后走上了柔静的路子,而近代西方思想的冲击,
必定使中国走上刚毅的路子。张岱年充满信心地预言道:"中国
思想之发展,简括而论之,也可以说只三大段,原始是弘毅、刚动

---

① 汤一介:《张岱年先生和〈周易〉》,《周易研究》2004年第3期。

的思想,其次是柔静的思想,最后否定之否定,又必是弘毅、刚动的思想。"①的确如此,张岱年不仅是提倡一种弘毅、刚动的哲学思想,更重要的是,笔者以为,如果张岱年哲学思想本身有个一以贯之的主线,那就是"弘毅刚动"。这条主线一直在其哲学思想的宇宙观、人生观、方法论的脉络中不停地跳动。这种主"动"是现代儒学对现代化浪潮的回应,是先秦儒学是否能承续往圣生命命脉而日日新的标志。这种儒学的"因革损益"是对传统的合理传承和创造性发展的必然。

有了张岱年对传统哲学的"返本开新"与"革本开新",有了这种"刚毅"的继承和光大,笔者深信,根植于五千年民族精神的土壤中的《周易》,一定能为生活在现在的人们再次找到曾经一度失落的精神家园。

由上观之,张岱年哲学思想的基石可以说是建立在孔子的仁学、老子的辩证法以及《易传》的变易、刚毅的思想基础之上。张岱年哲学体系的每一步建构都体现了他对先秦哲学的返本之后的革新。与牟宗三相比,张岱年的"返本革新"不仅仅是回到先秦圣哲那里去寻找资源,继道统为志,关键是在寻觅到活水源头之后,对其思想有所过滤,有所批判,有所发展,让传统哲学的活水流淌在 20 世纪人们的心田,汩汩不尽,润物细无声。

的确,张岱年哲学本体论的每一步构思,都可以找到先秦哲学的影子。其"以群为一"的哲学命题不仅在仁学思想的"立人"、"达人"的观念中找到理据,而且对张岱年的道德体系以及伦理体系有关照作用。对孔子的"仁者安人"、"义以为上"的道德至上论,他也有所认同和阐发。老子的辩证法在其《哲学思维论》、《知

---

① 《张岱年全集》第 1 卷,第 198 页。

实论》中通过唯物辩证法的兼综，发展到极致。在"辩证法之运用"、"辩证法之主要原则"等章节中，张岱年运用辩证法的"见"去一切"蔽"，消弭了庸俗的折衷论。辩证法中的"反复"、"两一"等术语的使用是地地道道的中国哲学的名词。《大易》对于20世纪的张岱年所敬佩的另一位哲人熊十力来说，是其生生不已的创生原点，同理，《易传》对于张岱年来说，不是旧学脉中的象数符号，而是回答时代诸大问题为根本目的的原创者。他把"刚健"、"健动"的《易传》精神看做是民族精神之源，站在时代的高度为20世纪天崩地裂的中国、积重难返的中华民族提供哲思的动力。可以说，他对《易传》的进一步阐释，是民族命运在形而上层次的折射。在《事理论》中，我们看到的不仅仅是变易与守常，而且是《易传》之生生的昂立，是延续与变化、永延与创造、大化与历程等《易传》精神的流转。张岱年认为："总之，《论语》中的'刚毅'、《易传》中的'刚健'思想对于中国文化学术的发展在历史上起了积极的促进作用。"①此外，《易传》与时俱进的精神，使国人时时刻刻都奋勇向前，革过自新。它"生于忧患，死于安乐"的忧患意识像警钟一样长鸣在国人耳边。这些精神在任何时代都永不褪色、永不过时。

张岱年的整体哲学思想，毋庸置疑，深受这种刚毅健动精神的影响。"仁"是两人之互动，是爱的不断涌现。孔子奋发有为的刚毅人生是对刚毅特点最好的写照；"反复"象征着斗争、运动的不停息；从张岱年的"动的天人合一"，我们又翻检到《易传》的刚动；"理在事中"何尝又不是说明事物在不停的运动，运动的规律就在运动的事物之中。使人感到惊奇的是，先秦三位先哲的思想中主

---

① 《张岱年全集》第6卷，第486页。

"动"的脉络,由于历史的风云际会,在张岱年身上又一次怦然律动着。由此,我们可以触摸到张岱年哲学思想真正的生命活力,在不露痕迹之间成为其创造的源泉。

第三章　中国哲学的新构想：唯物、理想、解析的综合

　　如果说先秦时期的"轴心时代"是中国哲思发展的滥觞，那么"转型时代"则可与之交相辉映。在五四运动的风雷激荡下，启蒙思想、民族主义、调和主义、保守主义以及"第三条道路"等思潮纷纷在中国登场。哈佛大学教授张灏把1895年至1924年划归为中国思想史上由古典而现代的"转型时代"。在此清末民初中西文化激荡的30年，亦即近代中国的启蒙时代。①. 如果我们再把视野向现代推，我们就会发现这段狂飙突进、峰回路转的历程，实为中西哲学史所仅见。"转型时代"以及"转型之后"的时期是中国哲学、文化精神前所未有的觉醒过程。不同的哲学思想在这一时期碰撞、交锋、嬗变、质疑和挑战，论战和对话成为孕育新思想、新哲学的温床。任何哲学都是其时代的产物，张岱年的哲学思想也概莫能外。

第一节　综合创新的条件及其路线图

　　在贞下起元的冲突和融合之际，中西古今的哲学观、价值观在

---

　　①　参见高力克：《五四的思想世界》（自序），学林出版社2003年版，第1页。

曲折的探索中兴起、更替和消亡。1919 年的五四新文化运动比较彻底地批判了传统文化，大力倡导新思想、新文化，标志着中国哲学处于"转型时代"产前的阵痛和新哲学体系诞生的前夜。一方面，西方哲学如马克思主义、理性主义、新实在论、分析哲学、生命主义、尼采哲学、黑格尔哲学等像潮水般涌入中国；另一方面，陶希圣、何炳松、王新命、黄文山、萨孟武等 10 位教授发表的《中国本位文化建设宣言》，掀起了关于本位文化的论战。此外，吴宓、梅光迪、汤用彤等提出的"昌明国粹，融化新知"，旨在提倡人文道德。而新儒家中的熊十力、梁漱溟、张君劢、冯友兰等人在对西方哲学作出比较清醒地批判、了解的同时，试图在传统文化上熔铸新的哲学体系。"30 年代至 40 年代，涌现出了几个融合中西、自成一家之言的哲学家，最著名的有熊十力、金岳霖、冯友兰。他们学贯中西或会通儒佛，建立了自己的哲学体系。他们的著作与当代西方的哲学著作相比，绝无逊色。"①这一时期中国传统哲学和西方哲学思潮的大交融，推波助澜，使 20 世纪初的中国哲学呈现出多元性的特征。无论是其理论来源还是构成成分都是复杂的，是跨时代、跨区域、跨时空的各种学说的大汇合。在多元融合中，中国哲学的主体性逐渐得到了凸显。在各种大潮的冲击下，中国哲学与西方哲学的观点并存，互竞雌雄，而唯物与唯心、科学与玄学、进化与退化、激进与保守的思潮百舸争流，千帆竞发。在这种碰撞中，世界哲学在走向中国，而中国哲学也正从传统中脱胎换骨，以崭新的面貌走向世界。张岱年的哲学正是在这一思潮中诞生的新的哲学形态。

对于张岱年哲学思想的定位和评价，仁者见仁，智者见智。20

---

① 《张岱年全集》第 7 卷，第 129 页。

世纪30年代,孙道升最早把张岱年的哲学思想划归在"解析的唯物论"学派之下。张耀南、陈鹏认为,张岱年早期的思想是在实在论的语境中展开的,新实在论的客观论很可能是其接受唯物论的一个重要过渡。新实在论的哲学命题在张岱年的《知实论》和《事理论》中都有较为系统的阐述。因此,他们认为张岱年与张申府一样属于"清华实在论学派"。① 刘鄂培把张岱年的哲学体系称之为"综合创新"学派,主要突出张岱年融合中西,既继承了中国传统哲学的人生论,又吸取了西方逻辑解析法和辩证唯物论,融三者于一体,进行了综合创造,发展了中国哲学。胡伟希更直接认为,"在20世纪30年代,张岱年也可以说是中国新实在论的代表性人物"。② 胡军认为,"张岱年是中国现代哲学界中介绍逻辑分析方法的主要代表人物之一,在自己的哲学思维活动中自觉努力地运用逻辑分析方法,开创了中国哲学史研究领域的问题、范畴研究范式。"③

不同的视角,不同的时期,不同的学者,带来了不同的划分,究竟何去何从? 那么,张岱年的哲学体系究竟属于哪种思潮、哪种学派? 如何给张岱年的哲学思想以正确的定位?

在笔者看来,"解析的唯物论"在体现张岱年的整个哲学思想上不够完整,因为在20世纪30年代孙道升只注意到张申府和张岱年兄弟把解析应用到唯物论的突出特点,但是忽视了唯物与人生理想的结合(传统道德文化),因此解析的唯物论不能反映张岱

---

① 张耀南、陈鹏:《新实在论在中国》,首都师范大学出版社2002年版,第67—74页。

② 胡伟希:《中国新实在论思潮的兴起》,《中国哲学》2003年第1期。

③ 胡军:《张岱年哲学慧观中的逻辑分析方法》,《北京大学学报》2004年第5期。

年的整体哲学思想的特点。

　　笔者认为，张岱年的哲学体系的建立一方面可以说是对世界哲学大潮的回应，另一方面，可以说是对中国传统哲学的延续。虽然科学的方法论是张岱年构筑其哲学体系的主要手段，但是作为传统文化的守望者，延续中国传统哲学的使命是其"综合创造"中国哲学的主要目的。因此，与其说张岱年的哲学思想属于"新实在论"思潮，还不如说是"传统主义"思潮，尽管笔者并不完全认同后一种提法。至于刘鄂培先生的"综合创新论"，如果从近代中西文化思潮的比较角度看，张岱年的文化思想的确超越了"中西体用"观，但是只提"文化综合创新"在宏大叙事上讲是可成立的，其弱点是忽略了张岱年哲学思想本体论的精髓，即对传统中国哲学的再建。因而，"综合创新论"在一定程度上给人以失之空疏之感。把张岱年先生说成是中国"新实在论的代表"听起来有一定的道理，我们可以看到张岱年哲学中实在论和知识论体系的影响，如他所建构的哲学理论《知实论》和《事理论》中的实有、事物与时空、可能与必然、能知与所知、知识之可疑与不可疑、感相与事物等哲学命题，无疑是新实在论最关注的一些命题，但是，首先我们必须注意到，知识论体系不管是在《中国哲学大纲》中，还是在《天人五论》中所占的比例都很少；其次，新实在论要求用"奥康剃刀"剔除形形色色的形而上学，强调哲学只研究认识论就够了，不必研究本体论，在认识论上不赞成反映论，这是张岱年所坚决反对的。此外，值得注意的是新实在论是一个十分庞杂的学派，它既标榜批判新黑格尔主义和实用主义等哲学流派的唯心主义，又反对唯物主义，在认识论上倾向于主观唯心主义和直觉主义，而"清华实在论学派"主要强调逻辑分析。因而，把张岱年说成是新实在论是以偏概全。从实在论与中世纪经院哲学"唯实论"的渊源来看，实在论认为"共相"先于个别事物而存在,一般是个别事物的本质。虽然清华学派的冯友兰等人服膺这一理路,但是与张岱年唯物论的路数大相径庭。把张岱年称之为"清华新实在论学派"是不太妥当的。

最后,张岱年确实是中国哲学界逻辑方法的自觉运用者,其对逻辑解析的领悟和具体运用,除金岳霖之外,无人能与之比肩。但是,他只是"逻辑方法运用的代表人物",在张岱年眼里,解析法只是一种手段而不是目的,其目的是解析中国固有的哲学思想,以续中国哲学之道统。这就是为什么张岱年要将唯物、解析和理想结合在一起的内在动机,即通过取其三者之长,对中国哲学进行创造性的转换和改造。

张岱年敏锐地注意到"中国旧文化的改造,同时就是新文化的创成,也可以说是中国文化的复兴。要使中国文化得到发展,必须对现在的社会进行批判。虽应认识旧文化中的优秀成分加以发扬,却决不可受传统思想的拘束而不勇于创新。"①创新是为了融摄西方哲学之长,补中国哲学之弊端。20 世纪 30 年代初,通过运用唯物辩证法来考察文化问题,张岱年既坚决反对全盘西化,也反对文化保守主义。张岱年认为对于中国文化中的病态部分应荡涤之、清除之,而对于健康的部分应发展之、提高之、扩充之。"在哲学,须根据本国先哲思想之精粹,及现代世界思潮之大流,从新建立起一个伟大的系统,作知识及行动的最高指导原则。"②张岱年理性地指出,创新的内因和基础是"本国先哲思想之精粹",创新的外因和条件是"现代世界思潮之大流"。只有在此基础之上,才

---

① 《张岱年全集》第 1 卷,第 156 页。
② 《张岱年全集》第 1 卷,第 234 页。

能建立一个伟大的哲学体系。

张岱年敏锐地意识到，五四运动反对旧道德、提倡新道德虽然居功甚伟，但是，随着旧道德遭到颠覆、破坏、解构，新道德并未健康地建立起来。显而易见，道德的理论基础在于价值观。新文化发展的关键在于对传统价值观的继承，革旧立新。"儒家的价值系统仍然有它的价值和意义，但需要重新定位。中国原有的价值体系早已处在不能不解体、转型、重组的境地，所谓保持'道统'作为'国本'，所谓'反本开新'，即由心性之学开出科学与民主，显然是一种空想。历史和现实昭示我们，儒家道德理想主义的某些合理因素保留在新的统一交融的文化体系之中，甚至超越国界保留在全人类的新文化之中，都是可能的，但其'内圣外王'的基本结构原封不动地保存下来，却是绝对不可能的。儒家道德主体意识不可能超越时空，超越不同的社会文化背景来给人以安身立命之根据。"①除旧布新，对中国传统哲学（包括儒家哲学）的基本价值观念做适当的调节、转化，以求得创造性发展是20世纪初每个中国哲人必须思考的问题。张岱年知道，在不同的文化思潮相互激荡、相互耦合的时期，把中国哲学纳入西方哲学的范围，或是把西方学术范畴强加给中国哲学，不是削足适履，就是方枘圆凿。中国哲学原典必须重新阐释，辩证法必须与新唯物论相结合，道德理想主义之花必须在新时代精神之树上重新绽放。早在20世纪30年代，张岱年就提出了建设中国新文化的三项工作：

1. 文化整理及批判工作；

2. 学术创建工作；

---

① 　郭齐勇：《郭齐勇自选集》，广西师范大学出版社1999年版，第16页。

3. 普及的文化革命工作。①

　　整理及批判是对传统文化、传统哲学加以系统地梳理、考察，去粗取精，批判流弊和病态的内容。在张岱年的视野中，中国哲学的出路，一是在各种文化大潮中，不被西化大潮所吞没，清醒地分析、洗汰和筛选中国哲学的菁华部分，构建中国自己的哲学，而不是其他哲学的模仿或附庸；二是"转型时代"的中国哲学兼综中西文化之长，剔除自身之短，同时发挥民族文化的原动力，焕发中国哲学内在的生命光辉，通过批判性价值重建，才能在反思中实现"综合创新论"。张岱年说："中国民族现值生死存亡之机。应付此种危难，必要有一种勇猛刚毅能应付危机的哲学。此哲学不是西洋哲学之追随模仿，而是中国固有的刚毅宏大的积极思想之复活，然又必不采新孔学或新墨学的形态，而是一种新的创造。"②经过五四"转型时代"的洗礼之后，中国的哲学家们以更加理性的态度，承担了继往开来的使命，从不自觉到自觉地展开哲学上的综合创造。张岱年所指的"学术创建"，也就是早在1933年在《世界文化与中国文化》提出的关于文化的主张，而在《关于中国本位的文化建设》，他又把这一观点概括为"文化的创造主义"，其宗旨是创造一种中国的民族哲学，也就是中国哲学的创新，为民族复兴指出一条正确的道路。这种创造不是因袭守旧，不是抄袭拼凑，而是既注意到旧哲学与新哲学的连续性，又采纳西方哲学的思想方法。"所谓中国本位文化建设的主张，更明显地说，其实可以说是'文化创造主义'。不因袭，亦不抄袭，而要从新创造。对于过去及现存的一切，概取批判的态度；对于将来，要发挥我们的创造精神！

---

① 　参见《张岱年全集》第1卷，第234页。
② 　《张岱年全集》第1卷，第199页。

宇宙中一切都是新陈代谢的,只有创造力永远不灭而是值得我们执著的。"①张岱年在这里所说的"文化创造"具体地说应该是指哲学创造,因为"哲学是各科学术思想的综合,因而在文化中占了领导的地位。因此哲学的前途,当为人们所最关心"。②"本位文化"实际上是指中国传统哲学。对传统哲学仅仅做整理和批判的工作是不够的,关键在创建、重构和创新。张岱年这种以中国哲学为"本位文化"的提法,与傅伟勋提出的"中国本位的中西互为体用论"的立场颇为相似。后者认为,只要我们发现任何西方(甚至日本)的理论学说有助于我们批判地继承并创造地发展传统以来的中国学术思想,我们应该大无畏地消化它、吸纳它,变成我们学术思想的一部分。我们不是曾经消化过印度佛教,创造性地转化为我们中国本位的思想文化遗产吗? 我们难道不能扬弃(扬取精华而弃去糟粕)康德、黑格尔、海德格尔、维特根斯坦、奎因(Quine)、波普尔(Popper)等西方第一流哲学家的思想,综合地创造未来中国的哲学思想吗?③ 作为20世纪的一名兼治中西的哲学家,傅伟勋对马克思主义、中国哲学和佛学都有所建树,他在80年代提出的"创造的诠释学"可能受到张岱年"综合创新"观念的影响。令人感到欣喜的是,傅伟勋也运用现代西方分析哲学、语言哲学的工具对中国传统哲学的重要命题和概念进行了富有创见的诠释。由此,我们可以看出,南学北学道术未裂,东海西海此心攸同。

---

① 《张岱年全集》第1卷,第235页。

② 刘仲林:《中国哲学的创新与重建——张岱年教授"综创论"访谈录》(一),《天津师大学报》(社会科学版)1996年第1期。

③ 参见傅伟勋:《从西方哲学到禅佛教》,生活·读书·新知三联出版社1989年版,第433页。

如果既不模仿外国哲学,又不因袭传统,新哲学体系创造的根据和源泉在哪儿呢? 如前所述,《易传》是张岱年哲学思想的源泉之一,其中的生生哲学,新陈代谢的创造力,肯定了世界是个生生日新的变化过程。正是从"生生日新"的原理出发,张岱年提出了"文化创造主义"。进行哲学上的创造,首先,要对中国传统哲学有着深切的了解,以批判的目光重新评价、诠释其中一切有价值的因素。从《易传》的生生和变易的道理中,张岱年悟到了"转型时代"后中华民族所急需的那种刚健的、能自我更新、赋予新时代新思想的哲学范型。这种新的哲学范型应该具备什么条件呢? 张岱年认为,中国现在所需要的哲学,最少须能满足如下的四条件:

1. 能融会中国先哲思想之精粹与西洋哲学之优长以为一大系统。

2. 能激励鼓舞国人的精神,给国人一种力量。

3. 能创发一个新的一贯大原则,并能建立新方法。

4. 能与现代科学知识相应合。①

第一,张岱年意欲创造的新哲学必先重视中国传统哲学中"活的",把传统的继承当做一种自觉的方法论。任何哲学的创建都离不开"先哲思想之精粹"的营养,在对传统的继承问题上,张岱年已经对中国哲学有整体性的把握。第二,西方哲学之长必须与本民族的思想相结合。能鼓舞人的哲学是一种刚健中正的哲学,一种有力量的哲学,能给中华民族以勇气的哲学。第三,"一个新的大一贯的原则"即指现在需要的哲学必须是以综合创新的大原则为基本点,这个大原则能贯通宇宙观、人生观,也就是其所

---

① 参见《张岱年全集》第 1 卷,第 238 页。

提倡的"一本多级"，"我们所要创造的哲学，固须综合东西所有哲学之长，然而应别于混合或调和，真正的综合必须是一个新的创造。"①第四，在方法论上，新哲学要做到精确可靠，注重新方法、新工具，反对武断，求真知，为了立论的严谨和命题含义的明确，注重采用分析方法。

能满足上述条件的创造性的哲学，在具体内容上到底有哪些特点呢？

创新哲学的新路就是将唯物、理想、解析综合于一。综合的要点在于以唯物论为基础而吸收理想与解析，以建立一种广大深微的唯物论。在《关于新唯物论的人生哲学》、《论外界的实在》、《谭理》、《论现在中国所需要的哲学》、《哲学上一个可能的综合》、《生活理想四原则》以及著作《中国哲学大纲》中，张岱年阐发了对辩证唯物论的基本见解，逐步形成了自己的哲学体系。随着马克思主义在中国的传播，人们对唯物辩证法也越来越熟悉。张岱年认为，"唯物"二字亦可翻译成"物本"，"唯心"可翻译成"心本"，因为"唯"字可改为"本"字，这样做可以避免歧义。"物本"的意义是，物为心、生、理之本，而无先于物者。物的世界即一切，无外于物的世界者，即无离物之存在。研究方法应以对物的考察为起点。对于解析应该注意的是，哲学离不开解析，或者说解析是哲学的基本功夫。使用解析法的意图在于，辨意谓，析事实，厘清不同的意谓，剖析复杂纷繁的事实。在张岱年看来，哲学的任务不仅仅是求真，追求善、美也是哲学家应该思考的范畴。因此，创立一个伟大的哲学体系，也应该充分考量人生理想，给人营造安身立命的精神家园。中国哲学中的人生论历史悠久，资源丰富。作为从中

---

① 《张岱年全集》第 1 卷，第 239 页。

国传统哲学衍生出的综合创新体系,不可能无视中国的传统资源。其实,根据生活实践创立切实的哲学理想是哲人的天命。中国哲学传统中的自然主义与理想主义的合一,即是"天人合一"。综合唯物与理想于一体,事实上正是发挥中国哲学之传统,以推陈出新。

即使注重分析,笔者认为,张岱年还是"接着"中国传统哲学讲的,对传统哲学的继承和创新贯穿其理论构建的主线。"惟其如此,张岱年对中国传统的继承,就其广度而言,远远超出了金岳霖,也超过了冯友兰,显示出他对传统哲学继承的'综合性'"。①作为新实在论者,张岱年与金岳霖及冯友兰的不同之处是,其哲学体系更有中国特色,特别是张岱年对中国传统的唯物论以及辩证法情有独钟。他把自己的哲学体系称之为"新唯物论",其一即综合唯物论与辩证法,以示与机械唯物论相区别;其二强调唯物、理想与解析的融合。新唯物论不但讲存在决定人的思想,而且注重改造环境、变革世界。

张岱年的唯物、理想、解析综合于一的哲学,大致有哪些内容呢?张岱年的构想如下:

第一,方法论,注重三事:(一)知行之合一,此是基本观点。(二)解析法厘清意谓,剖析事实。(三)辩证法。(1)辨察语言中之对立:即视事物为发展历程,而探索此历程之内的动力即其内在矛盾,并考察其矛盾发展之诸阶段。(2)辨察对立之统一:即研讨对立之交互蕴涵相倚不离的关系。

第二,知识论,注重五事:(一)知之物的基础,知不能离

---

① 胡伟希:《观念的选择:20世纪中国哲学与思想透析》,云南人民出版社2002年版,第199页。

物,而受物之决定。非存在即受知,而是知觉基于存在。
(二)知与行之两一,行是知之基,亦是知之成。知原于行而
成于行(两一即对立统一)。(三)知之群性,知不离群,知乃
是群知。个人知识中一部分由感官经验而来,一部分由社会
传授。个人之知识以社会的知识为基础。(四)感与思之两
一,由感而有思,思原于感而又能越出感之限制。感所以认识
外界现象,思所以认识外界条理,范畴概念起于思,虽常不尽
合于物,而皆有其物的基础。(五)真知与变与常,一般所谓
真知是有待的,常在迁易之中,然实趋向于无待真知;在真知
之变中,实有其不变之趋向,即其常。物虽非一时所能知,而
究系可知的。

　　第三,宇宙论,注重三事:(一)历程与事物,宇宙为一大
历程,为一生生日新之大流,此大历程,亦可用中国古名词,谓
之曰"易"。在此历程中,一切皆流转,皆迁变,然变有聚渐。
暂现而即逝,逝逝无己者为事。较事常住者为物,凡物皆一发
展生灭之历程(此所谓事,即怀梯黑 A. N. Whitehead 所谓事
之意义,此所谓物,则非怀梯海所谓物相)。(二)理或物则,
较物更常住者为理。一物之性即一物之理。理即在事物中,
非先于物,非离物而自存,离事物则无所谓理。理有二:一根
本的理,或普遍的理,即在一切事物的理,此理无始无终,与宇
宙同久,但非先于事物而有。二非根本的理,即特殊事物之
理,则有此特殊事物乃有此理,无此特殊事物则无此理。如未
有生物则无生物之理,未有人类则无人伦之理。此理有始终,
有起断。宇宙最根本之理即存在、变易、其次是两一,即对理。
(三)一本多级,宇宙中事物可以说是一本多级的。统而言之
皆物,析而言之有物有生有心。物为一本,生、心为二级。生、

心皆物发展之结果,以物为基本。物之要素为微物,即阴子、阳子、质子、中子等,乃能自动的不固定的自在体。

第四,人生论,新唯物主义不注重人生论,现在却当充分注重之。在人生论,注重五事:(一)天与人之两一。(1)天人关系,由天而有人,人是天之所生。人受天之制约,而人亦能改变天。(2)善生与克物,人生论之最有实际重要之问题应是改善生活之程序的问题,即改善人生须先改造人生之何方面。人生中,改造物质的能力之状态,实决定其他方面;即生产力生产技术之发展,决定生活之其他方面。改善人生,必先改善生产力、生产技术。物的改造,决定生之状态;改善生活,在于克服物质。(3)动的天人合一,天人有矛盾,克服此种矛盾,乃得天人之谐和,由戡天而乐天。动的天人合一是人类生活之最高境界。(二)群与己之两一,(1)群己一体,群己不离,人的生活乃是群的生活,改善人生,须改造社会。(2)与群为一,个人修养之最高境界,是与群为一。扩大其我,以群为我。由上,我们更可以说:克服自然(克物戡天),变革社会,改善人生,是一事。或:改进生产力,变革社会制度,人生之圆满,是一事。(三)生与理之两一,由物而有生,当以生克物;由生而有理,须以理律生。而理亦不可离生,理只是求生之谐和圆满不得不循之规准。生包含矛盾,克服生之矛盾,以得生之谐和,即达于理(此所谓理,指当然的准则)。(四)义与命之两一,自然与当然,现实与理想,规律与自由,有其对立统一。认识现实,顺其矛盾发展之趋势而改造之,乃能有理想之实现。辨察必然规律,遵循而驾御之,乃能获得自由。知命而革易之,乃能成义(命是自然的限制,义是当然的理想)。(五)战斗与谐和之两一,生活即是奋斗的历程,生活常遇逆阻，即反生，克服此逆阻或反生，乃得到生之提高。以次，反生正是使生提高之条件，不要惧避逆阻，而须迎逆阻而与之战斗，以克服之，藉以提高生活，以获得谐和。战斗是动，谐和是静，经过战斗乃可达到真实的谐和。①

以上是张岱年综合创新哲学体系的大纲，它是张岱年哲学体系创生的宣言书和路线图。

由此大纲的结构中我们可以看出，张岱年首先认为，"工欲善其事，必先利其器"，所以他借用西方哲学方法论这个"利器"（解析法），来解中国哲学这个"全牛"，至于张岱年手中的这把刀，能否达到庖丁解牛时炉火纯青、出神入化的地步，让我们在下文中再进一步分析论证。应该承认，逻辑解析法，是现代西方哲学之长，中国哲学之短。以他人之长补己之短，无论如何是个明智的选择。在知识论方面，张岱年既关心中国传统的"知与行"的对立统一，又注重感觉与外界现象的关系。既然中国哲学在知识论上常遭人病诟，张岱年有能力在中国哲学知识论的构筑上高屋建瓴吗？现象即实在，实在即现象，要扭转这个思维定势需要做哪些细致的理论言说？在宇宙论中，张岱年思考自己哲学体系既要吸纳西方的最新思潮——怀特海的过程哲学，又要把中国哲学最古老的精髓——《易传》中的变易结合在一起，以展开论述变与常、物与理之间的道理。中国哲学中不缺乏人生论的资源，但是，我们看到的张岱年在构筑自己的哲学体系所画出的蓝图中，"动的天人合一"、"群己一体"、"生与理"以及"义与命"的对立统一确实是既有继承性又有创造性。

毫无疑问，张岱年的"综合创新"的哲学思想，是中国现当代

---

① 《张岱年全集》第 1 卷，第 275—277 页。

哲学史上重要的代表之一。"分析的辩证唯物论"是张岱年思想的哲学基础,辩证法和"逻辑解析"法则是他哲学的重要方法论原则。分析中国传统哲学之长短优劣,弘扬中国哲学的传统是张岱年致力于中国哲学研究和创建的基本出发点,也是他所提出的哲学理论问题所围绕的核心。但是核心的核心应该落实在彰显中国传统哲学本身固有的体系上。从这种意义上看,张岱年应该是中国传统哲学的守卫者。他反对中西对立、体用二元的思维模式,主张以唯物论为指导,通过对价值观和思维方式的变革,发扬民族哲学的主体性,兼取中西哲学之长,综合创新中国哲学。这是张岱年哲学思想的根本观点,而这一切又依赖于在传统上的创新。

综上所述,张岱年为中国哲学的发展而设计的这条崭新的道路具有极高的理论价值。而这条新思路的提出是受其兄长张申府"孔子、列宁、罗素,三流合一"思想的影响。在张岱年的这个哲学大纲及路线图中,我们可以看出,新唯物论是其综合哲学体系的核心所在。在此基础上,用解析法分析新唯物论中的概念,以唯物辩证法解决新唯物论没有解决的问题。带着这种想法,张岱年考察了明清之际中国近三百年哲学思想、甚至更早的中国传统哲学之归趋,而提出了一个"唯气论"的传统。虽然,这个大纲的某些方面还不够精细、不够完全,但它毕竟为20世纪早期的中国哲学提供了一幅前行的路线图。而且,我们可以看出,最能代表其哲学思想的《天人五论》正是在大纲的蓝图下,逐步变为其精湛的哲学思想。

接下来需要进一步审视的是,张岱年如何把解析法应用到唯物论? 其效果如何? 张岱年所主张的是"离境有识"还是"离境无识"? 在事理关系上他有什么新的阐发? 事理关系与唯物论怎样融合成新唯物论? 新唯物论与"气论"有哪些契合与差异?

第二节 唯物与解析的综合

在解答上述问题之前，我们有必要简单回顾一下新唯物论的演变历史。19世纪中叶马克思和恩格斯在批判地继承了德国古典哲学的优秀成果，特别是黑格尔的辩证法和费尔巴哈的唯物主义学说的基础上，而创立了辩证唯物主义。在我国，李大钊是第一个接受并传播了马克思主义、从旧唯物论转向辩证唯物论的先驱。陈独秀比较系统地介绍和阐述了马克思主义的唯物史观和科学社会主义理论。瞿秋白比较全面地宣传了马克思主义哲学的一些基本内容，并且第一次把辩证法与唯物论作为一个整体哲学概念进行宣传，称之为"互辩律"或"互辩法"①。瞿秋白在唯物论方面所做的宣传无疑为李达撰写有关社会学的论著做了先行者的开拓性工作。在《社会学大纲》（1935）中，李达指出，辩证法的唯物是辩证的，因而克服了过去形而上学唯物论的错误。物质是脱离意识独立存在的，在时间空间上无始无终。作为自己体系的出发点，张岱年认同辩证唯物论主张世界先有物质后有意识，物质是本原，意识从物质产生的观点。因此，物质决定意识这个论纲，是辩证唯物论的基础。

一、新唯物论与逻辑解析法

张岱年不仅熟读了1936年李达写的《社会学大纲》，而且早在此之前就接触了大量的西方唯物论著作。在40年代后期，张岱

---

① 参见吕希晨、王育民：《中国现代哲学史1919—1949》，吉林人民出版社1984年版，第174页。

年又花了许多时间和精力研读恩格斯、列宁的原作。稍后,他又反复研读了《神圣家族》、《德意志意识形态》以及《哲学笔记》。由于马克思主义的辩证唯物论观点新颖,富有生命力,与旧唯物论有本质区别,因而受到中国哲坛的重视而被称为"新唯物论",成为20世纪30年代中国哲学界最有活力的哲学流派。1933年,在清华大学执教后,张岱年在"哲学概论"课上,以高昂的热情宣扬辩证唯物论,并称之为"当代最伟大的哲学"。事实上,他是把辩证唯物论引进清华课堂的第一人。① 他之所以服膺辩证唯物论的原因是:在宇宙观上,辩证唯物论解决了物质与精神的问题,承认物质是世界的本原,反对唯心论否定外界的实在。在认识论上,肯定认识来自经验,解决了经验与理性的问题,强调实践的意义。唯理论认为,真理来自于理性,康德试图综合两者而陷入先验论和不可知论,表面上是两者的综合,实际上并没有解决问题。新唯物论博大精深,对许多哲学问题都做了正确切实的回答,使张岱年深信不疑。从20世纪30年代起,他发表了一篇篇弘扬辩证唯物论的文章,并且一生始终不渝地坚持辩证唯物论的观点。

张岱年的哲学体系是建立在三个理论基石上,即先秦哲学思想、辩证唯物论和逻辑解析法。以上三者为张岱年的哲学思想奠定了坚实的基础。在第二章中,我们对先秦哲学与张岱年哲学思想的关联已经做了探讨。那么,再让我们看看其哲学思想的另两

---

① 参见刘鄂培:《张岱年的学术思想及其人格魅力》,《清华大学学报》2004年第4期。在熟读李达的《社会学大纲》之前,张岱年就研习过李达所翻译的德国的塔尔哈玛的《现代世界观》(1929年版)、日本河上肇的《马克思主义哲学基础》(1930年版)、苏联卢波尔的《理论与实践的社会科学理论》(1932年版)以及西洛可夫的《辩证法唯物论教程》(1932年版)等一系列著作。

块基石的质料与构成纹理吧。

西学东渐过程中,20 世纪 30 年代,在涌入的众声喧哗的西方哲学流派中,逻辑实证论曾一度在中国独领风骚。"以论文来说,据不完全统计,本时期发表的这类论文,其中有关马克思主义哲学的,有 73 篇,其他现代西方哲学的有 245 篇。这些数字不仅说明它在输入的西方哲学中占据的比例是最大的,而且,从中国学者全力以赴传播的思潮与哲学家来说,除了马克思、恩格斯和列宁等几位经典作家外,主要是叔本华、尼采的唯意志主义,24篇;柏格森的生命哲学,16 篇;杜威、詹姆士的实用主义,33 篇;以及罗素哲学,56 篇等。这种输入动机与思路,完全是'五四'精神的继承与发扬。"[①]从这一统计数据可以看出,这一时期发表的马克思主义哲学的文章最多,有 73 篇,排第二位的是罗素的分析哲学占 56 篇。因此,张岱年提出将唯物与解析合二为一是符合哲学发展潮流的大趋势,是明智的、客观的选择,也是历史的必然。

从分析哲学的历史看,分析哲学之所以能够在 19 世纪末 20世纪初迅速发展起来的一个原因是,西方的哲学家们对黑格尔主义的"反叛"和对旧形而上学所进行的语言批判。弗雷格、穆尔、罗素以及后来的石里克、卡尔纳普等杰出的语言哲学家都曾经对传统的旧形而上学进行过深入的分析和批判。他们反复阐明的一个观点是,旧形而上学哲学由于误用语言而没有任何意义,分析哲学的意义就是对语言做精确的分析,从而在哲学中彻底清除形而上学。金岳霖、张申府等人先后引进了英国穆尔、罗素的新实在论

---

① 黄见德:《20 世纪西方哲学东渐史导论》,首都师范大学出版社 2002 年版,第 138 页。

和维也纳学派的逻辑实证论。这两个学派都推崇逻辑解析法。把罗素哲学介绍到中国的首先是张申府。他早在 1914 年就开始阅读罗素的著作,《我们的外界知识》深深地吸引了他。他开始醉心于对罗素的研究,先后翻译了罗素的《我们所能做到的》、《哲学之价值》、《梦与事实》、《哲学里的科学方法》等文章,撰写了许多介绍罗素思想的述评文章,并发表在《新青年》和《每周评论》上。1920 年至 1921 年罗素到中国讲学,与中国知识分子进行了广泛的接触,以其独有的视角,对中国问题进行了细致考察与分析。在其访华期间,正值五四新文化运动时期,是中国现代思想史上最为激越澎湃的年代。具有讽刺意味的是,罗素来华之前,西方正经历20 世纪人类的一次大浩劫,罗素正反思西方文化的出路:“我的心中充满了疑惑的痛苦:西方文明的希望日益苍白。正是带着这样一种心境,我开始了我的中国之行,去寻找新的希望。”①到中国之后,在现实与理想之间,罗素陷入了沉痛的反思。罗素的希望究竟寻找到没有,只有他自己知道。但是,罗素的访华,不仅使中国思想界耳目一新,更重要的是,他的到来进一步加强了“逻辑分析热”在华的升温。罗素来华之前,他就是中国青年一代所崇拜的人物。北京师范大学的师生专门成立了“罗素学说研究会”,讲学社又出版了“罗素丛书”,其在华演讲多次结集出版。“罗素的思想给当时那些头脑敏锐、眼界开阔的青年以强大的影响与鼓舞,这甚至持续了许多人的一生,如梁漱溟、张崧年、冯友兰、赵元任等。”②张申府非常敬仰罗素在哲学上的伟大贡献——数理逻辑。

①　罗素:《中国问题》,秦悦译,东方出版社 1996 年版,第 60 页。
②　袁刚、孙家祥、任丙强编:《中国到自由之路——罗素在华讲演集》,北京大学出版社 2004 年版,第 12 页。

罗素的到来,使"罗素热"风靡全国,成为当时中国社会一道新风景线。其逻辑分析方法推崇以科学的态度考虑问题,不凭主观臆断,析事理入微,这一点使张申府赞佩不已。作为张岱年的学术引路人,张申府很早就成为研究罗素的专家。张申府的这一哲学倾向极大地影响了其胞弟。"张申府就是我的长兄,我青年时期初习哲学,曾受到申府的引导。我从事哲学思维,也是阅读罗素原著《我们的外界知识》开始,后来我钻研马克思、恩格斯、列宁的哲学著作,也受到申府的指引。"①关于现代世界的哲学主潮,张申府在当时认为,"一为解析,二为唯物",这就充分肯定了分析哲学和马克思主义的辩证唯物论是最重要的思潮。因为分析哲学是现代西方哲学的主流哲学,因此在中国哲坛上自然而然地占有一席之地。但是,最早思考和提出"解析唯物论"构想的人是张申府,而完成这项理论建构的却是张岱年。在张岱年的理论构想中,罗素思想的影响如影随形,到处可见。

在辨源析流上,张岱年认为新唯物论是社会主义的哲学思想,新实在论或维也纳学派属于自然科学家的哲学思想,将来的哲学前途既不属于唯心玄学,也不属于资产阶级哲学,而是属于新唯物论。新唯物论承认客观世界的实在性,而且认为哲学研究应该从客观世界出发,而不是从个人经验出发。现代科学实验、生物学、遗传学、进化论、物理学等学科的发展证明,世界不只是感觉的存在。"为什么将来的中心哲学是唯物的呢？因为惟有唯物论才与生活的实践相融洽,才与科学的实践相融洽。一切唯心玄学只是改头换面的创世论不是说一个人格的上帝创造世界,而说

---

① 张岱年、汤一介：《文化的冲突与融合》,北京大学出版社1997年版,第7页。

实在世界是一个大精神创造出来的。一切主观主义归根到底又只是唯我论。"①张岱年旗帜鲜明地反对上帝创造世界,以及绝对精神创造世界的唯心论。但是,他也看到,哲学史上最伟大的哲学家十之八九都是唯心论者。因此,新唯物论既要反对旧唯物论的粗疏幼稚,又要超越唯心论,在旧唯物的基础上推陈出新,将新唯物论与唯心之理想相结合。

新唯物论强调的是辩证的唯物论,即承认矛盾的发展是世界的根本规律。"惟有辩证法才能不致以偏概全,才能弥除现代哲学中的一切对立,才能把哲学从混乱中拉出来。"②张岱年在这里既使用了"新唯物论",又使用了"辩证唯物论",两者有何区别?笔者认为,首先,从本质上看,两者之间在基本思想方面没有什么区别,只不过是同名换用而已。但是,"新唯物论"与"辩证唯物论"又是有区别的,主要在于张岱年尤为强调逻辑分析在新唯物论的具体运用,在于用逻辑分析方法来解决新唯物论中出现的种种问题。其次,解析与唯物表面上看是南辕北辙,因为分析注重的是"分",而辩证唯物论讲的是相关联、变化,则重在"全"。虽然相反者而实际上相通之处也不少,因为辩证法也讲"对立",这也是一种分。就"分"来讲,两者有会通之处。对于逻辑解析,不少人有一种误解,认为解析是化整为零,把整体的东西拆散、割裂,实际上解析是厘清意义的活动,把混淆的语言弄清楚,把概念与命题之间的关系显示出来。解析法认为,所有的有意义的命题都是能够翻译成关于今有或直接可知觉者的简单命题。从传统上看,逻辑可分为两大类:一是形式逻辑;二是方法论。

①　《张岱年全集》第1卷,第72页。
②　《张岱年全集》第1卷,第73页。

形式逻辑又称演绎法,其中有亚里士多德逻辑(传统逻辑)和算理逻辑。张岱年主张的逻辑,既不是亚里士多德以来的传统形式逻辑,也不等同于黑格尔实质上本体论的逻辑。同罗素一样,在探求知识的确定性时,张岱年超越了传统逻辑的范畴。他追求的是知识的确实性。唯物与解析的相互补充使二者相得益彰。

张岱年在博采众家之长的基础上,把解析分为名言的解析和经验的解析两大类。其中他又把名言详细地解析为四项:

1. 名之意谓之解析,即名之意谓之厘清。在现代语言中与古代语言,同名而异实的情况很多,须一一厘别清楚。此外,一个名词中所包含的不同的意义也须清晰地界说。

2. 命题之解析,即命题意谓之厘清。因为命题中的名词所包含不同的歧义,于是同一命题可能指不同的事实。此外,还要注意同时包括简单命题和复杂命题的集合命题。

3. 问题之解析,即问题意谓之厘清。首先是有歧义问题的辨别;其次是问题的进一步解析。化复杂问题为简单问题,化大问题为小问题,是解决问题之正确途径。

4. 论证之解析。注意论证的层次和论据与结论之间的推理关系。经验的解析包含经验成分要素的辨识、考察要素之间的关系以及辨别现象之间的异同。①

在上述四项名言解析中,张岱年最重视的是"名之意谓之解析"和"命题之解析"。对于同中见异,剖一为十,步步为营的解析方法,张岱年使用得得心应手。20 世纪 40 年代张岱年就以逻辑分析方法为主要的方法,建构了自己的哲学体系,比如他的《知实

①　《张岱年全集》第 3 卷,第 66 页。

论》、《事理论》就是运用逻辑的方法来讨论感觉材料和外界实在的关系，以及事理之间的关系。可以说，张岱年的《天人五论》是运用逻辑分析法完成的中国哲学的杰出作品。具体地说，其形式手段采用的是分析方法，其内容则是"无逃于中国哲学之间"。这正是张岱年与清华学派其他成员的最大的区别，也是张岱年哲学思想的特质所在。

　　事实上，张岱年的逻辑演绎法是"用名立辞"的方法。也就是在其哲学著作中，张岱年强调的主要还是语言分析。这种语言的分析，既对名词概念作细致的分析，也对形而上学的命题作精神的分析。张岱年不同意维也纳学派拒斥形而上学的极端哲学立场。概念的澄清对张岱年来说有重要意义，因为传统的逻辑体系是概念、判断、推理。进行哲学研究时，哲学家首先会考虑概念，然后判断，最后考虑推理，因为推理是由判断组成，而判断是由概念组成。因此，若想理解一个推理，必须理解构成它的判断，而若想理解一个判断，必须理解构成它的概念。因此，概念被看成是思维活动最基本的细胞或出发点。做哲学的解析是从解析概念开始的。此外，张岱年在其解析中一直使用"意谓"而不是"意义"。应该说，从分析哲学的角度讲，二者是有区别的。德国哲学家弗雷格在论《意义和意谓》(1892)中，区别了意义(Sinn)和意谓(Bedeutung)。他的一个著名论断是：句子的意义是它的思想，句子的意谓是它的真值。所谓思想，就是我们借以把握句子的真的东西。所谓真值，就是指句子的真和假。弗雷格主要考察的是句子的意谓，即句子的真假。在含有专有名词的句子中，句子的意谓不允许是含糊的。如像"亚里士多德"这个专有名词，关于意义的看法当然会产生歧义，有人可能说是柏拉图的学生，有人可能会说是亚历山大的老师，有人可能说他出生于斯塔吉拉。弗雷格认为，只要意谓相同就可以容忍。① 这里,弗雷格主要强调的是句子的真假值。

我认为,张岱年是读过有关弗雷格有关意谓的论述的,或有关分析哲学类似的著作的。例如,张岱年说:"普通言语中所谓意义有二:一名言之意义,即名言之所指之事物或事实;二事物之意义。所谓事物之意义,实即一事物对于他事物之关系。为明审计,名言之意义,应称为意谓。"②就上述张岱年总结的有关逻辑解析的论述中,其所指的"意谓"与现代所说的"意义"还是不同的,所以不能轻易地用"意义"代替"意谓"。我们必须注意到,尽管张岱年与弗雷格所说的"意谓"在界定上是相同的,但是弗雷格用于解释句子的真假值,而张岱年重视的是用名言分析来阐明中国哲学思想。

方法论可分为两支,即归纳法和辩证法。归纳法是发现重复出现的一般现象的规律的方法,而辩证法则为勘察独特而不易重复的演化历程的内在的发展规律的方法。在张岱年看来,演绎、辩证和归纳诸法,具有互补性。其中,逻辑是一切学术的基本方法。虽然这样说,但是对于中国哲学重体悟的特点,对于哲学上的"慧观"(philosophical insight or philosophical vision)我们也不能一味地排斥。逻辑分析是过程,而"慧观"是分析的结果。因此,张岱年说:"没有哲学慧观,虽有精密慎细的解析,也难于有结论。慧观和解析乃是不可分离的。"③张岱年提倡的是直觉与解析并重,但是,中国哲学所缺的不是"慧观",而是解析之自觉。对于20世纪中国哲学的建构来说,解析在一定程度上应引起更多的重视。

新唯物论要摆脱粗疏、独断的缺陷,其中的某些概念和命题就

---

① 参见王路:《走进分析哲学》,生活·读书·新知三联书店1999年版,第41—50页。
② 《张岱年全集》第3卷,第16页。
③ 《张岱年全集》第1卷,第180页。

必须用逻辑分析其意谓。"将来的哲学,不必再作玄渺的臆想,不必再说意谓不确定的话。每一个名词只有一个确定的意谓。说一句话,必须有缜密的论证或明确的指验(demonstration)。以前的哲学是太多暧昧的字眼、漂浮的议论了,将来的哲学是必免此病的。在作批评的工作,就须应用逻辑解析的方法。"①尽管张岱年主张用科学的方法清理哲学命题的意谓,但对于维也纳学派拒斥形而上学的观点,张岱年是不同意的。由于分析哲学使用的逻辑分析方法是用详尽的、可证实的结果去取代无法用经验检验的、依靠想象的概括,因此它带给哲学的进步,类似伽利略带给物理学的进步。

因此,张岱年在方法论上兼综逻辑分析与唯物辩证法,在理论上倾向唯物,其最终目的是肯定客观世界的实在性。

二、外界实在的理论论证与理的解析

世界是自在自为的,还是被创造的? 是永恒如一的,还是昙花一现的幻影? 张岱年在坚持新唯物论时认为,外界是不依赖人的主观认识能力而独立存在的,事实是独立于经验而存在的。这一点与罗素的"外在关系说"颇为接近。罗素认为,事实是离经验而独立的,我们见不到有什么宇宙中完全不存在经验。相反,经验是宇宙中一个很小的、很有限的部分。不仅如此,我们有关客体的知识是通过认知过程给予的感觉性质的推演而形成的,由此而构建我们关于客体的图像。

张岱年提出,外界的实在是显而易见的,在理论上否定或怀疑它却很容易,然而要证明外界的实在却非易事。外界就是外在事

---

① 《张岱年全集》第1卷,第74页。

物的世界，实在指客观事物独立于心知而存在。佛教有"见山不
是山，见水不是水"和"以山河大地为见病"的主观唯心的说法，认
为外界依附于内心所化成，知识皆源于内心。唯物论主张客观的
实在性，因此，张岱年决定用逻辑解析法在理论上证明它的成立。
首先，张岱年从怀疑"感觉"和承认"想象"开始：桌子、书、天空、
日、月等东西，目之所至，能感觉到它们的存在，闭上眼睛则在想象
之中。"现在的问题便是：我所感觉到的东西，是不是因我之感而
存在呢？是不是在我未感之先或离开后就没有呢？"①那么，接下
来的问题是，可以承认，想象和做梦是心的缘故，那没有做梦没有
想象时候的感觉，是否也是心的作用？或者在实幻难以判别的梦
中有真实吗？其实，中国哲学中不乏论证客观实在与幻觉的食粮。
如庄子说："梦饮酒者，旦而哭泣；梦哭泣者，旦而田猎。方其梦
也，不知其梦也。梦之中又占其梦焉，觉后而知其梦也。且有大觉
而后知此其大梦也，而愚者自以为觉，窃窃然知之。"（《庄子·齐
物论》）梦与非梦，现实与幻觉，亦真亦幻。在庄周看来，一切差别
界限不在于客观事物本身，而取决于观察者认识的角度，由此提出
齐物我、齐彼此、齐是非，进而怀疑客观世界的可知性和人的认识
能力。"昔者庄周梦为蝴蝶，栩栩然蝴蝶也！自喻适志也！不知
周也，俄然觉，则蘧蘧然周也。不知周之梦与蝴蝶与，蝴蝶之梦为
周与？周与蝴蝶，则必有分矣。此之谓物化。"（《庄子·齐物论》）
庄子用梦来比喻人生和认识都是虚幻的、不可靠的，只有愚蠢的人
才自以为觉醒，自以为有知，其实在真正的觉醒者看来，那才是南
柯一梦呢！在庄子眼里，做梦也好，觉醒也好，庄周也好，蝴蝶也
好，究竟是什么，以道观之，什么都没有区别。从这一点看，庄子夸

---

① 熊十力：《新唯识论》，中华书局1985年版，"序言"第1页。

大事物的相对性和不确定性,从根本上否定了客观事物的实在性和人的认识能力,必然走向唯心主义。庄周与蝴蝶之间的"物化"关系是张岱年所不能赞同的。现实的蝴蝶就是现实的蝴蝶,梦中的蝴蝶是虚幻、非真实性的。庄周不可能物化为蝴蝶,蝴蝶也不可能蜕变成庄周。

不仅庄子,自古以来,从理论上证明或否定外界的实在的中外哲学家大有人在。古希腊怀疑论者马尔吉亚和皮浪认为,客体是不可认识的,主体的认识能力是值得怀疑的。他们不相信感觉,也不相信思维。西方近代哲学家休谟的不可知论被称为"感觉围墙说",即人的感觉是隔开主体和客体的一堵"墙"。他虽然承认感觉是一切知识的来源,但他又认为,不可能知道感觉是从哪里来的。康德的不可知论认为,理性在追求物自体时,会陷入"二律背反"。他承认物自体作用于感官引起了感觉,但感觉只能解决现象问题,而不能解决认识物自体本身问题,而认识物自体在于理性,在康德看来,理性是自相矛盾,所以物自体是永远不可知的。哲学家贝克莱曾说"存在就是被感知",以论证在人的感知之外不存在一个独立世界。陆九渊更说:"宇宙便是吾心,吾心便是宇宙。东海有圣人出焉,此心同也,此理同也;西海有圣人出,此心同也,此理同也;南海北海有圣人出,此心同也,此理同也;千百世之上,至千百世之下,有圣人出焉,此心此理,亦莫不同也。"(《象山年谱》)王阳明继承和发扬了陆九渊的思想,提出"心外无物"、"心外无理"的心本论。在论证"心外无物"时,王阳明使用了比喻的论证方法:

> 先生游南镇,一友指岩中花树问曰:"天下无心外之物,如此花树在深山中自开自落,于我心亦何相关?"先生曰:"你未看此花时,此花与汝心同归于寂;你来看此花时,则此花颜

色一时明白起来;便知此花不在你的心外。"(《传习录》)

为了论证"心外无物",王阳明利用了主观对客观的感应关系,片面地夸大了心的能动作用,认为山中的花开花落与"汝心同归于寂"或"不在你的心外",把花开花落的自然现象归结于人的纯意识的作用。日月星辰、草木山川由于"灵明"的点染,变得活泼鲜明。似乎是即心即物,微妙玄通。这是中国传统哲学重视感通、直觉的特点。

这里值得注意的是,一般人把熊十力的"离识无境"的哲学观理解为,在人的认识之外,也不存在一个独立的外界世界。虽然熊十力的"境"就在人的"识"之内,但他不否认在认识之外存在客观实在性。熊十力的"境"指什么呢?"如关于本体论及宇宙论、人生论等,有其所知、所见,或所计持者,通名为境。"①可以说,熊十力的"境"是他探寻宇宙、人生的大本大源所建立的体用不二的努力。所以,理解他的"离识无境"一定要结合他的本体论来谈。在熊十力的本体论中,本体是万德之端、万理俱备、绝对无待、幽隐无形、恒久无终、圆满自足、变易相间。哲学家谈体大都把本体当做离开人的心而外在的事物,向外界寻求。熊十力认为,宇宙本原与人的真性合为一体贯通天人,本体不在人心之外。熊十力的"体用不二"是指体和用一个是有自性的、一个无自性,前者是功用的、变易的,后者是不变易的,虽然在本质上不同,但二者相融无碍。熊十力提出的世间皆为本体显现的"摄用归体",以及认定本体即为人心的"摄体归心"的观点,克服了西方哲学体用的割裂,强调人生的价值不在虚幻的彼岸,而在于活泼灵动的此岸。体用对于熊十力来说是海水与众沤之间的关系。只知道现象而不知本

---

① 《张岱年全集》第1卷,第142页。

体者,犹如幼童临海观潮,只知道有浪花而不知有大海水。体用相依,现象与本体不判为两界,显示了熊十力本体论的深刻辩证性。因此,对于熊十力的"离识无境"说,我们应做全面的了解。他与西方哲学和佛教的不同在于,在西方哲学中,从亚里士多德、斯宾诺莎到黑格尔的本体都是静止的,佛家的本体是空寂的,而熊十力的本体充满了活泼的生机。

我们看到,中国古代哲学有许多托借寓言的形式说明问题的路数。其特长是具体形象可感,如"庄周梦蝶"栩栩如生,传诵千古;其短处是,朦胧、多义,富于想象,缺乏理性和逻辑性。张岱年为了反驳主观唯心者否定客观的实在,试图在理论上而不是在实践中,通过非寓言的形式,证明这个哲学命题。他拿桌子作例子:我们看到一张桌子,如果从不同的角度看它,会有不同的"观相"(perspectives),但我们今天看到的桌子和昨天看到的桌子,并不由于我们内心的变化而变化。因此张岱年说:"物有不随心俱变者,心变物可不变,物变而心未有变。由此,即可以说,物之有,非缘于心。"①作为坚决主张唯物论的哲学家,张岱年所做的就是从理论上证明外界的实在。

张岱年在整个证明过程中使用了逻辑解析的六个步骤,层层递进,步步剖析,将解析法与唯物论完美地结合,论证了物质的客观实在性,反驳了在外界之外还有一个超越它的精神世界的说法。张岱年的唯物之物就是指外界的实在。通过采用解析法,张岱年旨在说明,只要是真理,必然可以从理论上加以证明。

---

① 熊十力:《新唯识论》卷上,中华书局1985年版,"序言"第1页。张岱年对熊十力的"离识有境"的观点是有所保留的,关键在于"境"也可以看成是"内境",而不是"外境"。

我认为,张岱年具体运用的解析步骤有:第一,界定感觉、幻觉、梦境概念的区分。第二,以桌子和云的移动说明物体不以心的变化而变化。第三,通过我们打开眼睛看见桌子,闭上眼睛,桌子不见了,再次张开眼睛,桌子依然存在,说明眼睛的关闭和张开只是人的生物活动,即眼睛的张闭与桌子的存在与否没有关联。"在感之时,所感者之存,非缘于感。物既不以感而存,当亦不以未感而不存。"①事物的存在并不是以自我感觉作为依据。第四,通过人与人身体器官的感知能力相似,说明我们的认知与外界的知识的关系,进一步证明外界的实在。"我认他人为实在,因我见他人与我相似,我为实在,故人亦实在。我认他人有心,能感能思,因我能感能思。此皆由人我相似,以我推人。""由此而言,内外实并无绝对的判隔,我对于我的知与对于他人及外物的知实乃相似"。② 第五,进一步阐明现实生活与梦境的幻实关系。张岱年认为应当区分真实的人与人所做的梦的幻境关系。经过此段详细讨论分析"真实的人"、"梦中的人"等,张岱年说:"梦中无实。实在梦外;今梦中有实,则即非梦。"③最后,张岱年的结论是:"由以上所论,似即可证:我所感觉之对象,并非因我之感与不感、知与不知而生灭或无有,或至少有不因我之感与不感、知与不知而生灭或有无。外物对于我是独立的,存在非即被感知,外界乃实在的。"④张岱年力图通过对感觉经验的逻辑分析来证明外界的实在,并且进一步指出"活动经验",即实践是更为重要的意义标准,人们的生活实践充分证明了外界的实在性。单独使用的"实在",可能指

① 熊十力:《新唯识论》卷上,中华书局1985年版,"序言"第1页。
② 《张岱年全集》第1卷,第145页。
③ 《张岱年全集》第1卷,第147页。
④ 《张岱年全集》第1卷,第147页。

客观存在如月亮、花朵,可能指客观映像如水中月、镜中花,可能指标志实在如月亮、花朵这两个单词,还可能指主观幻觉如人脑中的胡思乱想。但是,在这众多的可能的"存在"含义中,只有客观存在和客观映在是属于物质的范围。因此,世界的真正统一性在于它的物质性,也就是张岱年所说的实在性。

通过透析张岱年的论证方法,我们发现张岱年抽丝剥茧地一步步的展开对"外界的实在"这个哲学命题展开论证,以反驳"存在就是被感知"、"物由心造"等哲学史上的唯心论命题。就其逻辑分析方法的使用达到了炉火纯青的地步而言,连张申府也不禁赞扬说:"季同此篇,析事论理,精辟绝伦。"①毫无疑问,这是将新唯物论与逻辑分析方法结合的最优秀的代表作之一。胡军认为:"张岱年在中国哲学史的研究领域中是最早提倡和最熟练地运用逻辑分析方法的一个学者。当然,冯友兰也是积极提倡用逻辑分析方法来从事哲学研究的哲学家,但你仔细翻检冯友兰的哲学著作就会发现,尽管他强调逻辑分析方法的重要,主张运用逻辑分析方法建构哲学思想体系,但他本人在其著作中并未对任何哲学概念和问题做过很深入精细的分析。就对概念、命题和哲学思想体系所做分析的细致深入精当而言,张岱年显然要更胜一筹。"②

笔者非常赞同胡军的评判,但同时要指出的是,张岱年在逻辑分析方法的掌握和运用上不仅在中国哲学的概念范畴领域更胜一筹,而且在其哲学体系的建构中也使用得出神入化,在 20 世纪的中国哲学史上,除了金岳霖,无人能出其右。尽管张岱年向金岳霖

---

① 《张岱年全集》第 1 卷,第 148 页。

② 胡军:《张岱年哲学慧观中的逻辑分析方法》,《北京大学学报》2004 年第 5 期。

学习过逻辑分析方法，就条分缕析的精确性来说，二人旗鼓相当，但是张岱年的哲学体系更具有中国特色，这一点上看，是青出于蓝而胜于蓝。逻辑分析对于张岱年来说，充其量是庖丁解牛中使用的目不见牛的，但又不可缺少的牛刀，而那头壮牛则是中国传统哲学。逻辑分析法对于他来说，是认识和改造中国哲学的策略手段和工具，分析本身绝不是目的。

如果说用逻辑解析法证明"外界的实在"是张岱年唯物与解析结合的第一步，那么，用逻辑解析法证明"理在事中"则是其哲学体系的根本内容，也是唯物与解析结合的第二步。辩证唯物论认为，世界是物质的，具有不依人的意志为转移的客观实在性。客观世界中的事与理是统一的。理就是事的理。同理，时间与空间就是事物存在的形式。时间是事物运动的延续性，空间是事物运动的广延性。世界上千差万别的事物和现象，都是运动着的物质的具体表现形态，世界的统一性在于其物质性。中国古代哲学很早就把"气"看做是世界的本原或本体，从气的形态、性质和结构上说明物质的多样性。在中国宋元明清哲学史上，从张载的"凡象皆气"和"虚空即气"、王船山的"天下惟器"、颜元的"见理于事"，到李恕谷的"理在事中"，都试图证明一切存在都是"气"、"器"或"事"。他们的哲学学说博大精深，在中国唯物论史上占有重要的地位。如果说冯友兰是"接着"宋明理学讲的，那么张岱年则是"接着"张载、王船山讲的。

张岱年最初论证"理在事中"的研究，就是他在 1933 年 12 月发表的《谭理》论文。抗日战争期间，冯友兰先后写了《新理学》、《新事论》、《新世训》、《新原人》、《新原道》、《新知言》等六本书，确定了其在中国哲学史上不可动摇的地位。书中都以"新"字开头，意在超越唯物主义与唯心主义的哲学。在他所构筑的"理世界"里,"理"先天地而存在。现实世界是"理世界"的体现,"理世界"是现实物质世界存在的依据。最典型的例子是"未有飞机之前,已有飞机之理"。在读了冯友兰的文章和著作后,张岱年对这一哲学上举足轻重的根本问题产生了浓厚兴趣。尽管古今中外的先贤希哲对这一命题著述很多,但是,用分析方法论证"理"的含义和"事理"关系的使命,却落到了冯友兰、张岱年的肩上。对于冯友兰的观点,张岱年进行了深入的思考。作为新唯物论的捍卫者,他自然对于冯友兰的观点提出了不同的意见。

两千多年来,中外哲人对"理"的看法众说纷纭,莫衷一是。"理"字首先见于《诗经》、《左传》、《国语》。《说文》解释为:"理,治玉也,从玉里声。"原意指玉石的纹理,后引申为条理、规律以及人的道德准则。事物都具有自身一定的条理,可以条分缕析,便称之为理。自然的没有剖析过的璞玉,经过玉匠按照其自然的纹理加以剖析、雕琢,就是理玉。无独有偶的是,理的原始意义与我们现在所谈的"分析"、"剖析"的意思类似。在宋明理学中,二程把理既看成是宇宙本体,又看成实实在在的存在。宋明理学在兼综佛教华严"理事说"的基础上,给理的范畴注入了仁义道德的范畴,并论述理的客观实在性,以实理与佛教脱离任意原则的空理相区别。"中国理范畴的演变,自周至清王朝覆灭,经历治理—义理—名理—玄理—空理—实理—心理—气理—公理等九阶段,体现了各个阶段的时代精华和发展演变的轨迹。但各个阶段的哲学思想错综复杂,多元并存,即使是罢黜百家,独尊儒术时,也并非存在一种学术思想,在各个不同层次上呈现多元现象。"①由此可见,中国理范畴是一个开放的系统,它广

---

① 张立文主编:《理》,中国人民大学出版社1991年版,第12页。

泛地吸收了各个时期的精华以及范畴的成果，而转化为理范畴自身的意蕴。作为中国哲学中的一个重要范畴的"理"，其蕴涵的意义丰富。其中涉及理与事、理与欲、理与心等诸多哲学范畴的关系。就理与事的关系来看，从根本上可以分为两大流派：理在事先和理在事中，服膺或反对其中的一种是唯心主义与唯物主义的分水岭。

张岱年对"理"花了一番工夫，认为如果用逻辑解析法解析其意义，至少有下列五种意谓：

第一个意谓是"形式"，《韩非子·解老》说："理者成物之文也。""短长、大小、方圆、坚脆之分也。"

第二个意谓是"规律"，张横渠《正蒙·太和》说："天地之气，虽聚散攻取百涂，然其为理也，顺而不妄。"

第三个意谓是"秩序"，而当做秩序讲的理，则常用"条理"二字。李恕谷说："夫事有条理曰理，即在事中。"（《论语传注问》）

第四个意谓是"所以"，这也是一个很重要的意谓。王弼《周易略例》说："物无妄然，必有其理。"

第五个意谓是"至当"，或应当的准则。道德标准，事物的所当然，也叫做"理"。合不合理也是这一层意谓。①

通过对"理"的历史发展作出逻辑的钩沉，张岱年简明扼要地总结出理的五种意谓。在使用逻辑解析法的基础上，清楚地界定出"理"的五种含义之后，张岱年指出这五种意谓既有联系，又有区别。在中国哲学上，张岱年与冯友兰一样重视逻辑解析，认为它是20世纪以来卓有成效的哲学方法，但冯友兰和金岳霖都公开承认

① 《张岱年全集》第1卷，第94—96页。

自己是新实在论的代表。虽然张岱年承认"理"、"性"、"事物"皆有"共相",即皆为实有存在的方式,但是他却用逻辑分析来建构唯物论思想并强调"理在事中"。在承认理是实在的方面,张岱年与冯友兰并无抵牾,但是他认为理不在事先而在事中,而且理并非永恒、绝对,它可能有生灭。"致广大、尽精微、综罗百代"的朱熹认为,"理也者,形而上之道也"(《答黄道夫》,《文集》卷五十八),是把人的认知中的观念、理念进行抽象和绝对化的结果。张岱年认为,理是内心世界的格式投射在外在事物上的反映。同朱熹一样,冯友兰把观念、理念与产生它的条件也即是外在世界和人的头脑分开,而说成是一种独立存在的,凌驾于化生它的事物之上的东西,即"形而上之理"。在唯心论看来,外在世界是混沌无序的,正是心的先验格式投射作用,才创造了外在世界。张岱年认为,承认内心有先验格式是无根据的独断。对于"在甲物之前已有甲物之理"的提法,张岱年拿"人"的演化作例子,经过漫长的演化地球上才有猴子这种动物,由猿猴发展到人又经历了很长一段时间,最后才进化成现在的人。"在这种动物还有尾巴的时候,宇宙中有人的共相吗?我想很难说有。""九大行星绕日,有其规律,在没有太阳系以前,是否已有此规律呢?"①因此,张岱年认为冯友兰提出的"未有飞机之前已有飞机之理"中的"理"的意谓,绝不是指"理"的形式、规律及秩序三种含义,很可能指"所以",即造飞机的根据。"飞机之理,如其有,则本来即有。所谓创造飞机者,不过发现其理而依照之以作一实际底飞机而已。"②这些说法与朱熹先有椅子、扇子之理,然后造出椅子、扇子的例证如出一辙,只不过把椅

---

① 《张岱年全集》第 1 卷,第 100 页。
② 冯友兰:《新理学》,商务印书馆 1939 年版,125 页。

子、扇子换成飞机、原子弹而已。难怪陈家康在20世纪40年代评价冯友兰说："冯子蔽于离而不知合，蔽于理而不知物。"①可谓一语中的。

张岱年否定有先天地而生的理，并且认为大多数的"理"是随着事物或个体的生灭而生灭。精神一定要附丽于物质，理不过是物质的特殊形态。而"理在事先"赋予"理"以形而上的特性，认为它超越生灭，不依具体事物的生灭而生灭。就是"万一山河、大地都陷了，毕竟理还在这里"（《朱子语类》卷一）。这就是把哲学逻辑结构的理超于自然之上，事物之先，在具体世界之外，还存在另外有一个"共相世界"。在证明了"未有甲物之前已有甲物之理"中的"理"是指一种依据之后，张岱年又探微入幽地分析了"理"有两类，一是根本的，一是非根本的，前者是永存的规律，如对立统一；后者指有生有灭的规律。在《谭理》中，通过采用逻辑解析法，张岱年细致入微地界定了"理"的不同意谓，指出"未有甲物之前已有甲物之理"的说法的弊病所在，区分了根本的和非根本的理，指出了"共相"不限于特定的时空中，从而证明不存在超时空的"理"。

张岱年的逻辑分析论证过程有理有据，剖析犀利入微，实事求是。尽管冯友兰是其亲戚和前辈，张岱年不以亲者讳，而是以追求真理的勇气表达自己不同的见解。这种严谨认真的哲学探究精神实在让人敬佩。更重要的是，通过对新理学"理在事先"哲学命题的批评，张岱年表明了其唯物主义的立场：没有两个客观世界，只

---

① 参见陈家康：《真际与实际》，《群众》1943年第8卷第3期。同时，陈家康也指出，由于冯友兰的新理学将真际与实际分开，且不从实际上肯定真际，仅仅从形式逻辑上肯定真际，结果便是，他讲的所谓最哲学的哲学脱离实际，所以不是实理，同时也不是真理。

有一个客观世界,理不能先于客观事物而独立存在。

在批评了"理在事先",赞同"理在事中"的观点之后,张岱年接着提出了"物统事理"和"物源心流"的哲学命题,这是"接着"中国传统的气论讲的。张岱年不仅创立了宋明哲学的三派说即唯理论、唯气论和唯心论,更解释了唯气论即是唯物论。"宋以后哲学中,唯物论表现为唯气论,唯气论成立于张横渠,认为一切皆一气之变,太虚也是气,而理亦在气之内,心也是由内外之气而成。唯气论其实即是唯物论,西文唯物论原字,乃是唯质唯料的意思,乃谓质料为基本,而气即是质料的意思,所以唯物论译为唯气论,亦无不可。"[①]他指出,在程朱、陆王之外,还有张载、王夫之一系的气论学派。"心物问题"、"事理问题"实际上相当于西方哲学中的"唯物与存在"、"精神与实质"的问题。在讨论唯气论的含义时,我们发现张岱年经常用西方的哲学术语来格义中国哲学术语。所谓的格义,就是用中国传统思想中的概念、名词,去比附和解释西方哲学中的名词、概念,使之容易理解。佛土东来,外来僧人用中国本土固有的术语来解释佛学教义,以便于中国人接受其观点。比如在撰写《中国哲学大纲》时,张岱年在概念名词的选用上,既不完全同于古代哲人,也不同于现代哲学名词,而是择取与传统中国哲学较为相似的固有名词。例如,在理解英文哲学概念"所与"时,张岱年把它翻译为"原给",但他觉得汉字"与"的含义一词多义,最好是翻译成"原给"。"原给"强调的是被赋予的东西所具有的本色,如人的气味、声音、饥饿感等,显示了没有进行分析、分类前的自然状态,而"所与"西化味太浓。张岱年的"格义",在我看来,是为了会通中西哲学中的思想,更主要的是,作为传统的守望

---

① 《张岱年全集》第1卷,第272页。

者,他那潜意识层面上的中国哲学的情结,使他对中国传统哲学有所偏爱。西方的马克思主义唯物论、逻辑分析方法,又一次成为了他建构中国哲学体系可利用的资源。

三、知实论与离识有境

张岱年唯物论的哲学思想在《知实论》和《事理论》中得到进一步体现。这也可以说是张岱年将逻辑分析与唯物论结合的重要步骤。在这一步骤中,虽然有些命题仍然是张岱年以前曾讨论过的主题,如感觉与外界的关系、理在事中等,但是,张岱年现在的阐述更加系统、有条理、更加完备,分析更加细致入微,且《哲学思维论》、《知实论》、《事理论》、《品德论》与《天人简论》一道构成了张岱年哲学思想的完整体系,标志着其哲学体系的正式确立。《知实论》的大概意思相当于"知觉与存在"。王充的《论衡》有《知实》篇,意在反驳关于知识的虚妄之论。张岱年所指的"知实"实际上认为所知为"实",外在世界是实在可知的。"知实论"也就是现在所说的"知识论"。

张岱年提出了"感相与感相的关系"、"感相之外在所待"以及"自我与外在事物"等命题,试图从感觉的层面上分析、论证客观世界的实在。认识事物可以是感相的直接感受,也可以是外在事物直接刺激感官。"外在所待"指的是"原给"形状、颜色的显现依赖心与感官之外的条件,也就是外在事物。"感相"一词来自于罗素,也就是外在事物的映象,具体指耳闻目见等的感觉,但是罗素只把它用在逻辑分析层面上,张岱年却创造性地应用到唯物论中,进一步深化唯物反映论的内容。《知实论》是对外在实在的进一步论证,对于感觉的内容,张岱年用逻辑解析法细分为七个层次:能知、能知之心、物境、对象、所观察之方面、感相以及感征(现在用感觉、知觉、表象来表示）。从而确定主体的能知（心）为境，而境中的事物叫做对象，主体所注意到的一个方面叫做感相。感相再细分为感征，感征是可感可辨而不可言状。仅仅在《知实论》第三章中的《感相与事物》中，张岱年条分缕析地从十个方面讨论了感相与事物的关系及其根本性质，其分析之精细前所未有。在论及感相与外在事物的关系时，张岱年说："外在事物与感相之外在所待，而感相则可谓外在事物之表征或符征。凡有感相呈现，即有外在事物存在。感相与外在事物之关系，可谓与树之影与树，或水之月与空中之月及镜中之物与其所照之物之关系，颇为相似。"①在张岱年看来，感相可以随着外在事物的变化而变化，而外在事物却不能随着感相的变化而变化。虽然感相是外在事物在心理的反映，但是外在事物的反映是对于其所在环境的反映。通过考察感相在自然中的位置、感相的时空与事物的时空的关系等，张岱年推断出感相有外在所待，也即外界的实在性。在外界的实在问题上，应解决的一个关键问题是"能知"的问题。"能知"在张岱年眼里就是自我，也就是心与感官的整体。为了证明自我的存在，张岱年运用了笛卡尔式的"我思故我在"的推理方式："自我之为实在，实乃吾所不能否认。吾深信吾不自知而未死之时，吾仍存在；即当吾无知而未死之时，吾有知之时之自我，实仍存在。吾自知吾之身心之存在不待于吾之知，乃离吾之知而独立。"②既然不能否认自我的存在，也就证明自我生命的存在，自我身心的存在是不待自我意识的。这就是张岱年论证自我存在的方式。

但论证自我身心的存在并不是张岱年的最终目的，接下来他

---

① 《张岱年全集》第3卷，第97—98页。
② 《张岱年全集》第3卷，第105页。

又论证了"他身与他心"的实在、"他事与他物"的实在。如果只到这一步，那么还给唯心论留下了余地。他通过生活与实践发生关系，产生影响，达到知行合一来证明外界的实在。从认识论看，张岱年提出了认识外界的"内外之互参"的方法，"如吾之身心为实在，则吾之感相之外在所待即外在事物亦为实在"，"然吾身实即感官之总和，而心与感官之界，浑然而难以厘析。故内外属一体而不易判分。"①由自我的实在、他人的实在、外界的无待、内外之互参、实践之证明，最后张岱年得出"一切人之感相之共同的外在所待之世界，乃众知者之共同世界"的结论，强调共同经验是一切知识的根据。②　这说明主体不是孤立的人，人们都在一定的社会关系中，从事认识和实践活动，也是在一定的社会关系中，形成自己的认识或思想。这种论证方法令人信服地批驳了怀疑外界实在存在的唯心论观点。通过逻辑分析论证，张岱年旨在说明：外界的实在是不依赖于认识者的客观实在，认知的对象并不依赖我们的意识而存在。唯心主义如贝克莱、康德或二元论式的思想如笛卡尔或洛克是张岱年所反对的。中国哲学史上唯心论者多认为"离识无境"，而张岱年用逻辑分析及推理的方法较完美地论证了"离识有境"。

　　虽说张岱年受新实在论影响很大，既承认经验事实的实在性，也承认共相的客观实在性，但是在世界观上，他坚持唯物主义的基本立场。对他影响更大的是中国哲学史上唯物主义的传统，从荀子的"心有征知"、张载的"有物则有感"到王船山的"能必副所"的认识论，张岱年都从中吸取养分。

---

① 《张岱年全集》第 3 卷，第 111 页。
② 参见《张岱年全集》第 3 卷，第 112 页。

　　如在讨论知觉时,他说:"知觉可析为两步:一、感官摄得外物之影响;二、心乃所推断现在身外有一如何之物,此即荀子所谓'心有征知'。"①张岱年直接用荀子的"心有征知"来说明由感性认识上升到理性认识的过程。荀子认为,知识是从感觉开始的。要认识事物,人的眼、耳、鼻、口等官能有不同的作用,故荀子提出:"心有征知。征知,则缘耳而知声也,缘目而知形可也,然而征知必将待天官之当薄其类然后可也。"(《正名》)这可以对照张岱年讨论"能所"关系时说的:"由上所论,形色、音声、气味、坚柔等感相之显现,所待有二:一为心与感官,二为外在所待。心与感官谓之能知。外在所待,谓之所知。而感可谓所感。凡有所感,即由所知。所感者为感相,所知者为感相之外在所待,即外在事物。"②

　　在中国古代哲学的认识论中,"能"与"所"可谓一对较为抽象的概念。"能"的单独使用在《论语》中就已经出现:"以能问于不能,以多问于寡,有若无,实若虚,犯而不校,昔者吾友,尝从事于斯矣。"(《泰伯》)"所"出现在《尚书》:"君子所其无逸。"(《无逸》)"能"指人的认识能力,"所"指人所作用的对象。

　　张岱年认为,主体对客体的反映是从感觉开始的。荀子认为,心有"征知"(从感觉上升到理性认识),它可以进一步对感觉的印象加以分析,"天官薄类"与"心有征知"是认识阶段不可少的两个阶段。张岱年的"凡有所感,即由所知",马上使人联想到了荀子的"凡以知,人之性;可以知,物之理"(《荀子·解蔽》)。"凡以知"是从主体方面说,指人的主观认识能力,也就是知性。指出这一点是荀子的一大贡献。"可以知"是从客体方面说,指事物之

---

① 《张岱年全集》第1卷,第422页。
② 《张岱年全集》第1卷,第90页。

理,是被认识的对象。"故治要在于知道。人何以知道? 曰:心。心何以知道? 曰:虚一而静。"(《荀子·解蔽》)这是荀子强调获得知识的方法。"虚壹而静"的思想发端于老子,后在《管子·心术》中得到发展。荀子在继承先前的唯物主义合理因素的基础上将其发展为能动的反映论,说明了主体和客体的关系是反映与被反映的关系。就知觉与外界的关系论述上,在认识的来源及其发展过程上,张岱年坚持了唯物主义的原则,比荀子更加细腻,展开得更充分,也更有逻辑层次性。

张载的"有物则有感"来自于《正蒙·太和》:"有识有知,物交之客感尔。"他还说:"人谓已有知,由耳目有受也。人之有受,由内外之合也。"(《正蒙·大心》)张载认为,外物是产生感性认识的来源,之所以叫做"客感",是由于其内容来自客观世界。同张载一样,张岱年也认为,人的认识是由感觉器官诸如耳目开始的,但认识的途径需要"内外之互参",也就是心与感官的浑然交融,或感性认识来源于外界的实在。但是,张载的"德性所知"强调知识来源于道德修养,以达到"与天为一"。

王船山"能必副所"的认识论对张岱年不无影响。"能所"问题即是认识的主体与客体的关系也就是心物问题。"人皆欲知,而莫索其所以知,其所知,彼也;其所以知,此也。不修之此,焉能知彼?"(《管子·心术上》)管子区别了"所以知"和"所知",即认识作用和认识对象。佛教传入东土之后,"境""识"说兴起,"识"指能知,"境"指所知。王夫之改造了佛学中的"能"、"所"概念,以说明认识活动中主体和客体的关系。他说:"乃以俟用者为所,则必实有其体;以用乎俟用,而可以有功者为能,则必有其用。体俟用,则因所以发能;用,用乎体,则能必副其所。"(《尚书引义》卷五)正确的认识必须与客观外界相符合,主观只是客观的反映。

王夫之批判了佛家把所指对象看成是能知主体表现的作用或产生的幻境。张岱年认为,"能"是"能知",也即是能感、能思、能行三种意义;"所"是"所知",也即是所感(感相)或所接(客观对象)。而王夫之认为,认识的起源是人与物交互作用的结果。他说:"形也,神也,物也,三相遇而知觉乃发。"(《张子正蒙注》)"形"指人的感觉器官,"神"指理性思维,"物"指客观存在的万事万物。王夫之肯定认识始于感官与客观事物的接触,没有这种接触,就没有认识的发生。由此可见,他极其重视感官的作用。王夫之的"三相遇"实际上是继承了张载的"有识有知,物交客感尔"(《正蒙·太和》)的反映论。他们强调的都是知识源于对客观事物的感觉。张岱年对感觉及其外在的实在的关系的认识能超越前贤吗?

张岱年认为,能知既是物质实体,又有精神作用,"知觉基于存在。一、如无身体之物质存在,则即无心之活动;二、如无外物之存在,则感官无从接受印象。知觉由客体与主体交互作用而发生,而非如巴克莱'存在即被知觉',应云知觉决定于存在。"①张岱年对王夫之的"能"、"所"范畴有所取舍、有所增益。在承认"能所"是实有的这一点上,张岱年继承了王夫之的思想,但两者都驳斥了唯心论的认识论,抓住了唯物论的核心问题,坚持认识的反映论。张岱年把"能"、"所"的含义区分得更细致,坚持知识中有主客之分,能所之别。但是,张岱年认为,知识研究有两个方向:一是由知论实;二是由实论知。二者区别何在? 如先承认能知、所知的实在,即先设定物、心、感官的实在,就叫做实知论;如先就知识的内容加以辨析,由此论证能所的实在及其关系,就叫做知实论。张岱年把《天人五论》之二称为《知实论》,明显地说明他青睐知实论的

---

① 《张岱年全集》第1卷,第424页。

论证方法。张载、王夫之、张岱年的共同之处是,后来者对前贤都有所继承和发展。他们认为世界之所以是可知的,一是在于它的实在性,二是承认它的规律性。因此,客观世界是可以成为被认识的对象的。

遗憾的是,张岱年论感觉经验与概念思维的部分没有充分展开。我们知道,感性认识是人们认识的起点,人通过感觉器官和外界接触,而产生关于客体的表面现象的直接反映从感觉到知觉再到表象的认识发展,显示了从个别到综合、从部分到全体、从直接到间接的趋势。感性认识还有待上升到理性认识,感觉、知觉和表象不能代替概念、判断、推理等抽象思维形式。当然理性认识也离不开感性认识,否则认识就成了无源之水。因此,外界事物的性质不能仅仅从感性材料中分析得出,把握事物本质特性还得依赖理性认识。因此,张岱年从感觉材料来推论外界的实在只是完成了认识外在事物一半的路程。对于认识过程的第二次飞跃,张岱年要么是认识不足,要么是在论证上心有余而力不足。无论如何二者都在彻底坚持唯物主义的认识论方面给人留下了攻讦的余地。

证明外界的实在是个相当具有挑战性的理论命题。承认外界实在性与否很容易,但是要论证它确实不容易。张岱年在充分继承中国传统哲学唯物论、认识论的资源之上,运用逻辑分析方法,层层递进,丝丝入扣地由名词意谓、命题意谓等进行剖析,其探幽显微之功夫令人击节,其逻辑解析法与唯物论的观点结合得天衣无缝,独具匠心。张岱年哲学思想内容既有对西方哲学的借鉴,又有对传统之弘扬。尽管他没能将感觉经验与概念思维进一步发挥,但是论证外界实在可知的知实过程具有极强的说服力,又不乏真知灼见。他不仅用逻辑分析法在理论上成功地解决了中国哲学唯物主义认识论的难题,而且为中国哲学知识论的建构树立了榜样。他所提出的外物、感觉、实践三者为本的认识论模式,既证明了外界的实在,又强调了思维在认识中的作用。

四、物统事理与物源心流

"事理"问题是中国传统哲学的一个根本问题,早在先秦"事理"就作为一个专有名词连用,但并不是一个基本的哲学概念。《荀子·大略篇》云:"凡百事异理而相守也。"汉唐佛教的传入,使佛教事法界、理法界的概念进一步与中国哲学的事理概念相融合。其中"事"、"理"二词出于印度佛教经典《华严经》的译文。宋明以降,事与理孰为根本?是理在事上,还是理在事中?这些成为中国哲学中一个无法回避的问题。成玄英《庄子序》说:"《内》则谈于理本,《外》则语其事迹。事虽彰著,非理不同;理既幽微,非事莫显。欲先明妙理,故前标《内篇》。《内篇》理深,故每于文外别立篇目。"事非理不通,理非事莫显,理为事本,事依理彰。事指事物的现象,理相当于规律、本质。成玄英以理为本、以事为末、以理摄事的思想反映了佛教理事圆融的观点。

宋明以后,在理气关系上,主张气一元论的唯物主义哲学家和主张"理在气先"、"理生气"的程朱理学唯心主义展开了一场激烈的哲学论战。这场论战的实质是:气化的规律"理"能否脱离气和具体的气化过程而独立存在。是"理在气先",还是"理在气中",其本质涉及规律的客观性问题。张载系统地论证了气的客观实在性。他认为,世界上的一切事物都来源于气,由于气无形,所以通常被人们误解为是"无"。但无就是太虚,也就是气,而气化的规律就是理。他说:"天地之气,虽聚散攻取百涂,然其为理也,顺而不妄。"(《正蒙·太和》)张载认为气的聚散、排斥和吸引等运动形式,这种有序的气化规律就是理。王廷相认为道家"道生天地"、佛家"虚空生气"都是无中生有，因而，提出了"理载于气"的气本论。朱熹认为，理在先，理生气。"未有天地之先，毕竟也只是理"，"有是理，后生是气"（《朱子语类》卷一）。朱熹把理看成是第一性的，气是理的派生物。王夫之与程朱理学"理本气末"、"理生气"的观点针锋相对，提出了"理依于气"的唯物论观点。"气者，理之依也。"（《思问录内篇》）认为理依于气而存在，离开了气这一物质实体，理便成为非物质的存在。理之所以依赖于气，是因为"理只是以象二仪（阴阳）之妙，气方是二仪之实"（《读四书大全说》卷十）。认为气是事物的实体，理是事物变化的微妙作用，即事物变化的规律。这是从体用范畴来论证事物规律对事物的依赖关系。针对朱熹"理在气先"的观点，王夫之反驳说"理便在气里面"（《读四书大全说》卷十），认识事物的规律在事物之中，理离开气不能存在。而朱熹把理气"分作二事"，无非是论证"气外有理"。王夫之的理气统一论，否定了在气外有虚托孤立的理。明清之际，颜元提倡实学的唯物主义而主张万物是由气生成的，理不过是万物所以然的规律。他说："生成万物者气也，……而所以然者理也。"（《言行录·齐家》）他认为，"理"和"气"是统一的，气决定理，理是气变化的规律。他主张"理气融为一片"，即理与气相即不离，两者都不可能脱离对方而存在，"气即理之气，理即气之理。"（《存性编》卷一）颜元认为理与气相附相依，理在气中，理在事中。他批判了程朱理学气外有理、理先气后的观点。作为颜元的弟子，李塨在理气论上既服膺其师的观点，又有发展。他说："朱子云：'洒扫应对之事，其然也，形而下者也，洒扫应对之理，所以然也，形而上者也。'夫事有条理曰理，即在事中。今曰理在事上，是理别无一物矣。理虚字也，可为物乎？天事曰天理，人事曰人理，物事曰物理。《诗》曰'有物有则'，离事物何所为理乎？"

（《论语传注问》下）李塨认为人们应该于事物中求理,并且指出了世界上万事万物各有其特定的条理和规律,否定了理学先验的理。所谓天理、人理应该从属于事物,离开事物的理是不存在的。李塨也非常认同《诗经》"有物有则"的说法。理学家所追求的"则"是将先验的理强加在"物"之上。张载、王船山、颜元、李塨等人的理不是主观精神的产物,而是客观事物的固有规定性,这一思想对张岱年影响非常大。在《事理论》的《自序》中他说:"学人之中,述颜戴之旨者,宗陆王之说者,绍程朱之统者,皆已有人。而此篇所谈,则与横渠、船山之旨为最近,于西方则兼取唯物论与解析哲学之说,非敢立异于时贤,不欲自违其所信耳。"①张岱年直接标明自己在《事理论》中所建构的哲学思想与张横渠、王船山的唯物论思想最为接近。而唯物论思想是他一贯的信仰,其"物统事理"的哲学命题更可直接追溯到有驱迈之气的北方老儒颜习斋那里。

的确,张岱年的《事理论》主要是讨论事理的问题,实际上是接着中国哲学中的理气关系、事理关系讲的。在《知实论》、《事理论》中对事理问题进行充分探讨后,张先生提出了"物统事理"和"物源心流"两大著名的唯物论哲学命题。

首先,张岱年清楚地界定了什么是事,什么是物,什么是理,他们是否是实有。在充分肯定它们都是实有的基础上,张岱年指出,凡所见所闻都可以称为事。事的最小单位称为"事素"。很明显,事素的说法来源于罗素的事素(event)。罗素放弃了感觉材料的说法,采取中立一元论的立场,强调如何用事来构造心物。具体地说,罗素认为,宇宙中最根本的东西既不是心也不是物,而是事素。所谓本质只不过是种种现象的暂时的堆积,根据理的规

---

① 《张岱年全集》第 3 卷,第 114 页。

则组合成一种东西，如"桌子就是那些所有关于桌子的事素合成的东西"。冯友兰的《一个新人生论》(1926)就是采用了这个中立一元论的，但后期就放弃了。张岱年同意罗素的中立一元论吗？他说：

> 凡所感皆有"现"有"逝"，其外在所待亦可谓有"起"有"过"。凡有起有过者谓之事。今有一感相现，即有一实有之事起。何谓"起"？所谓起者，可指示而不可界说。
>
> 就实有而解析之，至于无可再析，则见一切皆事。
>
> 事起而辄过，复有事起。起起不已，过过不已，事事相续。
>
> 使起则为实有。事过则由现存转为非现存，亦可谓由存在转为不存在，然而并非由实有转为非实有。已过之事，仍属事有。①

在方法上，张岱年采用了逻辑解析法，在事的概念上张岱年采用了罗素的"事物"即事素。罗素在《哲学大纲》中对"事"的解说比较简明，"事"即可以指很广的范围，如革命，也可指物理学上不可再分的"事端"。显而易见，张岱年借用了罗素的"事"的概念，但不同意他的中立一元论。在罗素看来，感觉张本是中立的，逻辑世界是一个永久的世界。它可对感觉世界进行分析，但却不依赖感觉世界。与罗素不同的是，张岱年认为"事"有现有逝，逝逝不已，现现不已，成为"事"之流。

由此可见，张岱年关于"事"的来源是多元的：第一，他接受并改造了张载、王船山关于"气化流行"的说法，但他并不是简单地继承；第二，融合了罗素关于"事"的概念含义；第三，怀特海的过程哲学强调从过程中分析事物给了张岱年非常大的启迪，如怀特

---

① 《张岱年全集》第3卷，第118页。

海在《历程与实有》中,把"事"分成"现素"(actual entities)与现在(actual occasions),把"事"界定得清清楚楚;第四,"事"的相续被张岱年称为"历程",这种"起起不已,过过不已"既有孔子"逝者如斯夫,不舍昼夜"(《论语·子罕》)的影响,也有《易传》"生生不已"的变化和发展。怀特海的"自然哲学"与罗素的"中立一元论",都以"事"作为其哲学基本概念。张岱年兼综了李恕谷、怀特海、罗素关于"事"的学说,同时创造地提出了关于事、理、物的新见解。他把罗素"中立一元论"的"事"改造成唯物论的概念,丰富了唯物论的内涵。

张岱年指出:"事与事有所同异,事物的发展历程也有殊同,事事相续中之异谓之变,异中有同谓之常。事事相续的历程中有变有常,变中之常谓之理。"①"变中有常"是张岱年在变常关系中提出的新观点。在第二章中,笔者曾提到熊十力对这一新颖的辩证观点的嘉许。那么,在张岱年的哲学思想中"理"的含义是什么呢? 在上述讨论中,张岱年给"理"下了五个界定:形式、规律、秩序、所以、至当。其中第三个意谓是"秩序",而当作秩序讲的理,则常用"条理"二字。李恕谷说:"夫事有条理曰理,即在事中。"(《论语传注问》)在这里还是指秩序吗? 答案是否定的。张岱年说:"事与事有异,相异之事,成为多事,吾所接遇之事,不仅一事而为多事。如仅一事,则无所谓同异,无所谓变常。有多事,然后有变常。理为事事相续之恒常,亦为多事同有之共同,是故理亦曰常相,亦曰共相。"②看来,张岱年在这里所指的"理"是指理的共相。在上述讨论中,我们对"理"的含义已经有所探讨。而且可以

---

① 《张岱年全集》第 1 卷,第 435 页。
② 《张岱年全集》第 1 卷,第 119 页。

得出这样的结论,相比较"事"而言,"理"是一个中国哲学中原生性的概念范畴。《说文》对"事"的解释是职也。"从史,之省事。"这里的事指官职或职务。相比较,"事"是西方哲学传入中国的新概念。张岱年认为,事物的性质就在事物之中。就"事"而言,它可以又细分为事素、事象、事实。在解析之后而不能再继续分的东西就叫事素,也可叫做现素,与中国哲学中的"小一"相似。两物之间发生联系(交涉),即一事与另一事相交涉后构成更大的事。"事象即含物之事。物由事成,而物亦可构成事。物所成之事,为事象。"①这说明事象是由两个或两个以上的物体构成的。什么是事实?"已起之事与正起之事,谓之事实。"②因此,事实是相对于未来没有发生的"事"而言的。张岱年对于"事"的贡献是吸纳中外哲学范畴的思想,用逻辑分析界定出"事"的含义和辨别其不同的意义。

张岱年不仅基本上继承了中国哲学唯物论中关于事理的传统阐释,而且对前人的观点有所发展,在方法论的论证上还援入了西方哲学,如怀特海的观点,论证也更加严谨。在怀特海看来,自然中最根本最重要的要素有二:一是"事象"(event);一是"物相"(object)。事象是倏生倏灭的,物相是永存的。人们所感觉到的一切都是事象,其中永存的东西是物相。事象最重要的特征是"逝"(passage),每一个事象都只是一个"此今"(here-now),瞬间便逝去。"物相"或理就是所谓的永恒物(eternal object)。物相时常再现,重现不已,持久恒常,而事象是必逝去。在怀特海的过程哲学里,提出了用有机体代替物质。因而,他把宇宙看成一个大绵

---

① 《张岱年全集》第 3 卷,第 130 页。
② 《张岱年全集》第 3 卷,第 130 页。

延体、一个不断的创造历程。同《易传》中"生生不已"的思想一样，怀特海认为变易是普遍的事实，世界充满了方现方逝的事象；一切都是有一定结构的整个的有机体，没有死的简单物质。宇宙中的任何部分都是息息相连，相摄而成。怀特海最反对的是"自然之两分"，即把世界分成实在界和现象界。实在实而不现，现象现而不实的两分法在他看来是荒谬的。自然只有一个，即由感官而知觉的自然。

怀特海将共相与"物"的概念合二为一，并抛弃了本体的概念。张岱年进一步将"物"与"理"分开。他给"物"下的定义是："凡有性之历程，谓之物，亦谓之物体，亦曰物质。质与体同指。"①"物"的运动才叫做"事"，"事"的完成叫做"物"。没有完成的事，不能称为物，应称为物的历程。如果事事相续且有贯穿其中的性，依然可以称为物、物质、或物体。此外，张岱年把物体分为两个层次，即单体和兼体层次。单体就是指普通的物质，它包括金、石、草、木等日常物质，或元素一类的层次如质子、分子、原子、电子等。张岱年对物体的分类是由简而赜，有层有次。再者，事物都占有自己的位置，不同的位置构成了事物的秩序。这一哲学观点明显受张载的"生有先后，所以为天序；小大高下，相并而相形焉，是谓天序。天之生物也有序，物之既形也有序"（《正蒙》）的影响，张岱年甚至直接用张载的"天秩"或"天序"作为论述事物与时空关系的哲学术语，但现在人们一般用"秩序"而取代之。在辨析"事"与"物"的区别时，张岱年进一步批评道家唯心论关于"无"的观点，并且创造性地提出了一个"现无"的哲学概念，即指不存在的事物："事有起过，物有始终。事之既过，物之既终，可谓有存在转为

---

① 《张岱年全集》第3卷，第120页。

不存在,亦可谓由有转为无。然而所谓存在或有者,乃谓现存或现有,而所谓不存在或无有者,乃谓'现不存'或'现无'。"①道家认为,有无相生,并且无是一切有的根源。张岱年认为,"现无"既不是"事",也不是"理",更不是"物",而是一种关系。没有绝对的纯粹的"无","无"只是相对而言。在物的发展历程中,一物之终,便由存在转为不存在,由有转为"无"。在中国哲学史上"有无"、"虚实"是区分儒家与佛家的标志。张载曾经批判过佛家的"体虚性为空"与道家的"有生于无",指出一以有为幻,一以无为本,都把有无相对,目的是否定有。他驳斥释、老二家以空为真,以无为本,即太虚即气即本,把有无和气的范畴结合起来。张岱年的"现无"的概念,是对张载"凡可状,皆有也;凡有,皆象也"(《正蒙·乾称篇》)的进一步发展,同时也指出了所谓"无"的一种非呈现或幽微状态,其在本质上还是赞成"有"的。张岱年对"现无"概念的创造,阐明了既不是"事",也不是"理"的一种关系状态,说明了"无"的相对性,坚持了物本论的基本立场,其提法新颖独特。

　　以上张岱年已经证明事、物、理皆为实有。在对三者的界定、分析过程中,实际上张岱年差不多已经基本上回答了事理孰为根本的问题。张岱年认为,实有中有"事"又有"物",而理寓于事物之中。在上述论证的基础上,张岱年提出了:"凡物为多事相续而具有一定之理之历程。凡物皆历程,指其历程中之变化而言谓之事;指其变化中之规律而言谓语之理。物统事理。事为实有,理亦实有。理即在事中,无其中无理之事,无不在事中之理。实有即有事有物有理之世界。"②张岱年在关于事理谁为根本的问题上态度

①　《张岱年全集》第 3 卷,第 125 页。
②　《张岱年全集》第 3 卷,第 217 页。

鲜明,论证翔实,并在逻辑与历史的有机结合的基础上,提出了"物统事理"的精湛深邃的哲学命题。

首先,张岱年继承了自张载、王船山、李恕谷以来的关于唯物论的事理思想。他坚持和发展了"理在气中"、"理在事中"的宋明以来的哲学传统:"理"既不先于"事",又不能独立于"事"而存在,"理"涵于"事"中。既不能说未有其"事",先有其"理",也不能说既有其"理",然后有其"事"。程朱的主张实质上是坚持理在事上,理在事先。对于传统中国哲学而言,"形而上者谓之道,形而下者谓之器"(《易传》)中的"道器",自宋明以来作为一对哲学范畴,受到中国哲学家的充分重视。张岱年意识到,各个哲学派别按照他们对理与气、心与物哲学范畴的理解,对道器作出各种不同的规定。程朱以理为形上,物之本之气为形下;张载认为,气无定型,故气亦为形上。王夫之对形上的理解与前人有所不同,他认为形上应该以形为本,因而解构了形而上的本体虚构:"形而上者,非无形之谓语;既有形矣,有形而有形而上。"(《周易外传》卷五)因此,他提出:"天下惟器而已矣。道者器之道,器者不可谓之道之器。无其道则无其器……洪荒无揖让之道,唐、虞无弔伐之道,汉、唐无今日之道,则今日无他年之道者多矣。未有弓矢而无射道,未有马车而无御道,道之可有而且无者多矣。"(《周易外传》卷五)王夫之指出,理与气不可分作截然两物:"理与气元不可分作两截……理与气互相为体,而气外无理,理外亦不能成气。善言理气者,必不判然离析之。"(《读四书大全说》,卷九)在王夫之看来,理统一于气,而不是相反:"气者,理之依也,气盛则理达。天积其健盛之气,故秩序条理,精密变化日新。"(《思问录·内篇》)王夫之接过罗钦顺、王廷相的气本论传统,从气的现象与本质、体与用的角度揭示了理气关系中气为本,坚持了"两间实有"的唯物论。

　　其次,张岱年在继承了王夫之的"理在气中"、"天下惟器"的思想基础上,进一步认为传统中国哲学中的形上大多专门指无形之物,按照这种意义理解事理都可以称之谓形上,但是就理气关系而言,区分形上形下已经没有重要的意义,因为宇宙为事理浑然一体的永恒历程中。只有事事相续,才有一定之理和物。宇宙中大化流行,事物方逝方现,方现方逝,处于"生生之谓易"的永恒变易的过程中。"理即在事中,无其中无理之事,无不在事中之理。理非在事上,而在事中。"①张岱年将"理在事中"的"中"不仅解释为相融相摄,而且把"中"阐释为一个"历程",是一个创新。"在张岱年看来,易的观念与过程的观念的核心思想是正确的,这就是,万物都处在永恒的变化过程中。在综合这个精湛的伟大思想的过程中,张岱年提出了'历程'的思想。一方面,他将古老的'易'的观念提炼为现代的'历程'的观念。同时,剔除了怀特海的过程思想的唯心主义糟粕,把过程的思想与唯物主义的基本原则熔为一炉。其次,他又汲取了易的观念中不别本质与现象为实幻不同的两个世界的思想精华,同时,又熟练地运用罗素等人倡导的逻辑分析方法,拨开笼罩在易的观念上的模糊不清的迷雾,将易的内容精确化、明晰化、条理化,把中国古老的辩证法思想同西方现代的逻辑分析方法汇成一体。"②事实上,我们可以说,张岱年通过"物统事理"的命题,固守和发扬了中国传统哲学的唯物论思想。不仅如此,张岱年深刻地、也比较全面地指出了一般和个别的关系。一般存在于个别之中,个别也不能离开一般而存在,真实存在的个别必

---

　　①　《张岱年全集》第1卷,第435页。
　　②　范学德:《综合与创新——论张岱年的哲学思想》,教育科学出版社1989年版,第148页。

然蕴涵也体现着一般。张岱年关于"理在事中"的论述充满了辩证的深刻性,是中国哲学史上关于理气论的最大、最新的贡献。

再次,张岱年的"物统事理",无疑使人联想到张载的"心统性情"的哲学命题。张载的心是知觉与性结合构成的心。他在《性理拾遗》中提到的这个命题主要是指修养工夫论,而非本体论。张载的心凸显了心的道德根据和方向,使心作为道德主体得以确定,"尊德性而道问学"是为了"立心"。朱熹接过张载的话题进一步发挥,用之来指已发、未发的工夫和心性体系。关于心与性的关系,朱熹主张性在心,陆九渊主张性即心;关于心性与理的关系,朱熹说性即理,陆九渊说心即理,颜元李塨反对求心于理。而提出"理在事中"的哲学命题。张载、王船山把心看成是感官的特质,感官无法感觉到的,心就无法想象。在这里笔者不是要讨论"物统事理"与"心统性情"的关系,而是指出张岱年从修辞上套用了相似的句法结构,而彰现不同的哲学含义。其中,"统"作为动词的使用,有力地表达了一切的"理"对于事物来说皆是内在的。如果说"物"是事理之合,则在语义和逻辑上还不通。应该说,"物"可分为两个方面,一方面为"事",另一方面为"理"。"理表现为事物始有。有有此理之物,始得云有此理。如无表现此理之物而谓此理为有,便属无谓。"[1]"物统事理"既强调了"物"为多事相续的历程,又强调了"物"的实有,以及对于"理"来说是第一性的、根本的关系。

此外,张岱年还区分了普遍的理与特殊的理。在张岱年看来,普遍的理有两类:一是无所不在之理,如变化、两一等;二是宇宙大化中物质生命演化的秩序,从低级到高级,从物质到生命,从生命

---

[1] 《张岱年全集》第1卷,第438页。

到心知。特殊的理有生有灭，有始有终，无人类则无人伦之理。先有实在、存在才可能有所谓的其理。在宇宙大化的历程中，其进化过程是从一般物质、生命物质到生命心知这样一个梯级发展阶段。

张岱年关于"物统事理"的哲学命题在继承中国传统哲学关于事理论的弘富遗产的基础上，借鉴了西方哲学对于"事"的观点，提出了自己独特的哲学思想。他既成功地论证了事、理、物皆为实有，又解释了其中的关系，从而坚持了唯物论的观点。

在诠释"物统事理"命题之后，张岱年提出的另一个著名哲学命题就是"物源心流"。他说："物为本原，心乃物质演化而有，为支流。物源而心流。物为一本，生物，有心物为较高级之物。一本而多极。"①可以说，"物本心源"和"一本多级"是张岱年坚持唯物论的核心命题。从哲学思想来源上看，明显受到他推崇的张载、王夫之、李塨的影响，虽然他们坚持气本论、物本论，但没有直接提出过这样的哲学命题。从现代西方哲学看，张岱年的哲学命题既明显地受到摩尔根进化论的影响，又吸纳了怀特海关于自然科学进化的"过程哲学"的观点，怀特海坚持自然的各个部分是有机的整体，反对自然的各个部分是死的看法。在认识论上，新实在论创始人亚历山大提出了一种层创论。层创论构筑了如下的进化论模式：最底一层是"时空"混合体，由此较高一层是物质的"初性"，接下来的一层是物质的"次性"，再上是有机体，再上是生命，再上是心灵，再上是第三性，即价值等。最高一级是通往"神性"。张岱年显然不能同意有关"时空"、"次性"及"神性"的说法，但接受了进化过程中物质、生命、心灵的递进式层次的提法。

但是，张岱年一心一意要建立的不是西方哲学的副本，而是严

---

① 《张岱年全集》第 3 卷，第 218 页。

格意义上的中国哲学,这就要求其内容是原汁原味的内容,而不是西方哲学在中国。虽然西方哲学给予他方法论上的有力支援,但是就唯物与分析的综合而言,张岱年又需要回到中国哲学传统那里吸取能量,就像巨人泰坦需要从大地母亲那里获得力量一样。

就一本多极而言,张岱年认为,宇宙大化有三极:一为元极;二为理极;三为至极。元极即最根本的物质存在,理极是指最根本的原理或规律,至极是指最高的价值观。那么什么是最基本的物质存在呢?"中国哲学中,注重物质,以物的范畴解说一切之本根论,乃是气论。中国哲学中所谓气,可以说是最细微最流动的物质,以气解说宇宙,即以最细微流动的物质为一切之根本。西洋哲学中之原子论,谓一切气皆有微小固体组成;中国哲学中之气论,则谓一切固体皆是气之凝结。亦可谓适成一种对照。"①张岱年讲中国哲学一直把西方哲学作为关照的对象。通过这种关照,我们有可能更好地理解中国哲学的细微末节。如把精气说与原子论进行对照:中国哲学中有客观存在的元素是元气、精气或阴阳之气。唯物论主张气为万物和现象的共同本质、本原。唯心论认为气为虚空、道、理等观念构成万物的环节。在上段的引文中,我们看到,西方的物质有原子、分子和电子,现在还有最基本的粒子,最基本的粒子还可以剖为更细微的粒子。"一尺之垂,日取其半,万世不绝"(《庄子·天下》)。但是张岱年注意到,气与西方中物质(matter)的区别:物质一是有广袤性,占有一定的空间;二是不可入性,进不到原子里面去;三是惰性。西方的固体模型需要外力的作用,是一种机械的运动,而气体运行不息,具有运动性,结构也是动态的。在张载的宇宙本根论中,最根本的概念有四,即气、太和、太虚

①　《张岱年全集》第2卷,第72页。

和性。这四者都与气有联系。太和即阴阳会冲未分之气。太虚即气散而未聚无形可见之原始状态。性即其体所固有之能动之本性。张载曾说："太和所谓道，中涵浮沉、升降、动静相感之性，是生氤氲、相荡、胜负、屈伸之始。"（《正蒙·太和》）说明运动变化是气的普遍性。因此，中国哲学中的气是作为世界万物本原或凝聚造物的气，是概念的升华。它可指人的性命、夭寿，甚至可以指人的道德境界和精神状态。这是中国哲学概念范畴的特殊性。例如，在深刻体会了解中国哲学中气的构成、特性、含义以及与西方物质的异同的基础上，张岱年提出"由物质而生而心，是从最粗简的形式到最精微的形式。物质是实体，生命心知是性能。生命非对立实体，心亦非独立实体。"[1]宇宙演化的历程也是物质演化的历程。"物源心流"，可以说物是源泉之源，亦可说是本原之原，心是源中之流而已。

"凡人之生也，天出其精，地出其形，合此以为人。"（《管子·内业》）说明精气也是生命智慧的根源。因此，在张岱年看来，在宇宙大化流行中，物质（气）的演化是一本多极的。物质是本原，物质在演变过程中都力求保持发展自己的特性（保性），通过新陈代谢而不断延续。生物演变成有心之物，再发展成主宰之物。由粗而精，由卑而高，由简而赜，层层迭进，一本而多极。在宇宙论的建构中，张岱年注重的有三事：（1）历程与事物，宇宙为一大历程，为一"生生日新"之大流。"事逝逝不已，而亦现现不已。前事甫逝，后事即现。宇宙即事事之逝逝现现不已之大流。事之联续现现而有定型且统一者为物，其联续之断裂为物之毁灭。事之现现

---

① 《张岱年全集》第1卷，第444页。

而非有定型联续者,为散漫之事。"①在张岱年认为,物为历程,事为历程要素。整个宇宙都处在变化的历程过程中。在第二章,在讨论《易传》对张岱年哲学思想的影响时,我们就变易对其思想的影响时已经有所涉猎。(2)理或物则,理在事中,离事则无理。在上述讨论中,结合张载、王船山和李恕谷等人的哲学思想中我们也已经辨其源流,考其意蕴。(3)一本多极,宇宙事物统而言之皆物,分而言之,有物有生有心。物为一本,生、心为二极。其来源既有中国传统气论的思想,也有怀特海、亚历山大等西方哲学的影响。此外,英国摩根进化论把宇宙进化分为物质、生命、心识对张岱年也有一定的影响。

但是,就张岱年的主要内容和哲学话语来说,他所运用的却是地地道道的中国传统哲学思想。"一本多极"中的一本就是旨在说明世界上先有物质现象,再有生命和精神现象。物的基本存在为气,气具有内在动力和生命力,具有流动性和连续性。荀子说:"水火有气而无生,草木有生而无知,禽兽有知而无义,人有气有生有知且有义,故最为天下贵也。力不若牛,走不若马,而牛马为用,何也?曰人能群,彼不能群。人何以能群?曰:分。分何以能行?曰:义。"(《荀子·王制》)荀子的唯物主义思想可以说是最早论述事物层次、等级的观点,他把物质按等级分为四个层次,但遗憾的是荀子没有做深入的论述。气是水火、草木、禽兽以及人的共同特点,是一切物类的本原。有气而后有生,有生而后有知,这里的知是知觉。有知而后有义,有义而有道德觉悟。张岱年的"一本多极"的命题无疑受到荀子的影响。此外,张载、王夫之对气化论、气本论都有深切的阐发,也给了他启迪。归根结底,张岱年的

---

① 《张岱年全集》第1卷,第369页。

物为一本，也可以说是气为一本的进一步阐发。物质为一本，至极
为心本。由本达至是一个"生生不已"的历程。在这个历程中，人
由物的生生演化而来，又投身到生生的创造过程中去。前者的生
生是不自觉的，后者的生生是自觉的。后者更加显示出"至"的本
质力量。物、生、心是物质演化中的三个基本层次。张岱年之所以
要强调这个层次的先后、主次之分，是为了反驳中国哲学史上的心
本论。心本论认为，心是世界上最精微、最细腻的，因而也应该是
最根本的。这是把宇宙演化之"至"当成了"本"。因此，在张岱年
看来，被颠倒的本至关系应该正本清源。无论如何，在建构自己的
哲学体系时，张岱年的思想内容来自中国传统哲学，他所回答的也
是有关中国传统哲学中的核心问题。

　　"本至"范畴也是"天人"范畴，中国哲学中实现"天人合一"
的目标，是中国哲学中的主旨思想，达到大小宇宙和谐的天人合一
状态，是中国哲学最求的最高境界。张岱年指出："哲学为天人之
学。天者广大自然，人者最优异之生物。哲学所研究者即自然之
根本原理与人生之最高准则。哲学即根本原理与最高原则之
学。"①但是，长久以来不少哲人认为宇宙本身就是人生理想的最
高标准。老子以"道"为天地的本原，朱熹认为世界最高的本原是
太极，而太极的内涵就是仁、义、礼、智。陆象山、王阳明认为道德
的根源在于本心，本心亦即天地万物之物。张岱年在一本多极的
命题中，坚持了物质为生、心诸项之基本。心本论有见于心之精
卓，心能反映于物，而无见于物是身、心所倚赖之基础。张岱年
的主要贡献是，将宇宙之本与人伦之至区别开来。坚持本原和
道德理想属于不同的层次的唯物论观点。人是万物之灵长，宇

---

① 《张岱年全集》第 3 卷，第 216 页。

宙之精华。有人类而后有人伦、有道德理想。"物之不齐,物之情也"(《孟子·滕文公上》),世界虽是统一的,但演化中有层次的区别。由低级到高级,由量变到质变,不断的创生历程孕育着物、生、心。

通过对上述三个宇宙论哲学命题的建构,张岱年充分发展了中国传统哲学中"太虚即气"、"天下惟器"、"理在事中"以及"性即理"的唯物论思想。同时,对于程朱、陆王,甚至冯友兰的"理在事先"、"理在事上"的唯心论思想进行了针尖对麦芒的批判。通过"物源心流"、"一本多极"的哲学命题,张岱年肯定了宇宙中最根本的是物质,存在是一本而有层级的。就历程与事物,宇宙为一大历程的论述而言,张岱年的贡献是,不仅仅把物质进化说成是一个自然的进化历程,人要参赞化育。人通过认识自然,改造自然,到达人生的理想境界。演化永远处于一种动态的过程,日新无息,新而又新,以到达更上一层楼的境界。在这个大化流行的宇宙创生中,我们又看到源自《易传》中"生生日新"的观点,它成为张岱年哲学思想的一个基本思想和综合创新的核心范畴。

在方法论上,张岱年借用了以罗素的逻辑分析为主,兼容其他西哲的观点将每一个名词概念、命题以及哲学问题极尽解剖之能事,按照不同的范畴,苦心孤诣地逐一界定、说明、辨析,其论证翔实,说理充分,令人信服。其唯物与解析的完美结合在中国哲学史上具有非常的典范意义。

第三节　唯物与理想的综合

在张岱年唯物、解析、理想的综合蓝图中,他认为除了注重认识论、宇宙论之外，还应注重人生论。之所以要注重人生论，是因为他觉察到新唯物主义或解析法在这方面是虚悬一格，并且在分析哲学中拒斥形而上学的做法也是张岱年所不能认同的，而中国传统哲学的核心偏偏倚重人生论。在中国人生论中，最早提出人生理想论的是孔子的"仁说"，墨子的"兼爱"是一种极端的仁爱说，而孟子的心性说影响深远。延及宋、元、明、清，程朱、陆王、颜戴都以孟子为宗师。儒家的人生理想论对中国传统文化的影响巨大而绵长，怎样把这一中国传统哲学中的特质和丰富资源，纳入自己的哲学体系中是张岱年一直思考的一个核心问题。

"所以人生论实是中国哲学所特重的。可以说中国哲学家所思所议，三分之二都是关于人生问题的。世界上关于人生哲学的思想，实以中国为最富，其所触及的问题既多，其所到达的境界亦深。"①根据张岱年的想法，人生论可分为天人关系、人性论、人生理想以及人生问题论四个组成部分。天道与人道、天命与人性的交胜相用，构成了"天人合一"的哲学命题。人生论立论的步骤是由宇宙论而天人，由天人而人性，由人性进而人生。首先应该界定的是在唯物、解析、理想的综合中，张岱年所指的"理想"并不是一般人所理解的纯粹的唯心论的内容，相反，他所指涉的"理想"倾向于唯物的道德理想和传统思想，加上现代中国所需要的新道德。张岱年认为，马克思主义哲学虽然没有正式提出一个完整的人生哲学系统，但其体系却蕴涵着人生哲学的内容。因而张岱年在建构自己的哲学体系时设定的目标是，从马克思主义的基本原理出发，沟通传统中国哲学人生理想之精髓与逻辑解析，建构一个包括认识论与人生价值的哲学大厦。

---

① 《张岱年全集》第2卷，第185页。

张岱年在 20 世纪 30—40 年代所撰写的《哲学上一个可能的综合》、《生活理想之四原则》、《宇宙观与人生观》、《天人简论》等论著中提出了四个原则:(1)理生合一;(2)与群为一;(3)义命合一;(4)动的天人合一。其中,理生合一是指义与利、理与欲的统一;与群为一强调个人与社会的统一;义命合一是指客观必然性与道德自觉性的统一;动的天人合一强调人与自然的有机协调。这四个原则还可以归纳为五个"两一":天与人之两一,群与己之两一,生与理之两一,义与命之两一,战斗与谐和之两一。这几组命题体现了张岱年新道德学说的核心,也是他所追求的人生理想。其中,就方法论来说,五个"两一"显示了辩证的互动关系。就其内容来说是,是中国传统哲学思想与新现实生活实践的结合,是唯物辩证法在人生哲学上的应用,其唯物与理想结合的体系又补充和发展了中国哲学中的人生论内涵。

一、动的天人合一

天人关系实质在中国哲学史上寓意丰富,既有自然之天,又有主宰之天、义理之天等含义。毋庸置疑,"天人合一"是中国哲学的重要命题。它主要面临的问题是,人在宇宙间的地位如何?人类道德有无宇宙意义?人类道德原则与自然界的普遍规律有何联系?

"天人"思想内容源自殷周时期的"天命论"和"天道观"。春秋时期,孔子开创了尽人事以听天命的人本主义传统,而老子则建立起自然主义的思想体系。孔、老二家成为中国哲学天人问题的开端,也可以说为后来的中国哲学的发展奠定了基础。《易传》"先天而天弗违,后天而奉天时"(《乾卦·文言》)兼综了两家的观点,既不将天人化,也不将人自然化,而认同天人具有同一性。庄子认为,天与人本来就是合一的,"天地与我并生,万物与我为一"(《庄子·齐物论》)。孟子则说："尽其心者,知其性也;知其性,则知天矣。"(《孟子·尽心上》)提出了"知天知性"说,阐明了天与人相通整合为一体的观点。但是,何以知其性就能知? 孟子未详加说明。

"天人合一"的观念起源源远流长,在中国古代哲学史上有一个发展演变过程。一般的看法是,"天人合一"的观念大体经过三个发展阶段,即先秦时期、汉唐时期和宋明道学时期。如果说先秦的"天人合一"是其思想发展阶段的第一期,汉代董仲舒和今文经学派提出了天人相类的思想是第二期,宋明道学创造性地发展了先秦两汉"天人合一"的思想方式,并且扬弃了汉唐时期意志的天和天象的天,或以理言天,或以气言天,或以心言天,是"天人合一"思想发展的最高阶段。

葛荣晋认为,"天人合一"有五种基本模式:一是天人绝对合一;二是天人相通;三是天人感应;四是天人合德;五是天人合道。殷商之际对"上帝"的绝对服从,到西周之际的"以德配天"是第一种基本模式。孟子在中国哲学史上第一次以心释天,既承认意志之天,也承认道德之天。天的根本德性寓于人的心性之中,人伦之道德乃是宇宙性德的流行发用。天人相通的观念发端于孟子,而大成于宋明理学。这就是天人相通,也即第二种模式。"天人感应"虽源于西周初年,而集大成者是汉代的董仲舒,是第三种模式。"天人合德"是"天人合一"的第四种模式,首先是孔子在春秋末年提出的。他认为,天人关系应该是"唯天唯大,则尧则之"(《论语·泰伯》)。孟子根据动植物依"时"变化而发育成长的生态规律,提出的"取物以顺时"的生态道德观点。这是"天人合一"的第四种模式。"天人合道"是第五种模式:这种模式认为天道和人道虽然有差别,但二者具有同一性。老子、管子以及《中庸》的某些思想是这一模式的体现。① 在讨论中,葛荣晋把天和人的整个发展范畴叙述得非常完整,但是,愚意以为,就五种模式的划分而言,许多内容有相重叠的地方,比如"天人合德"与"天人相通"中的部分内容重复。"天人合道"的核心到底是什么? 也使人雾里看花。葛荣晋的划分就模式与模式之间的差异性或特点厘清得不太充分。另外,笔者需要指出的是,"天"与"人"作为一对哲学范畴与"天人合一"作为一个哲学范畴,应该还是分而论之。不过,葛荣晋有关中国哲学概念范畴的论著是继张岱年之后研究中国哲学概念范畴的力作之一,其受张岱年的影响是不言而喻的。

在当代中国哲学史上,张岱年可以说是对"天人合一"这一哲学命题研究最早的哲学家之一。他从 20 世纪 30 年代撰写的《哲学上一个可能的综合》中提到"天与人之两一"的天人关系的哲学命题,以及在《生活理想四原则》中提出的"动的天人合一"的哲学命题,到 40 年代写的《中国哲学大纲》,就辟专章讨论"天人合一",再到《天人五论》中架构自己的哲学体系时提出"天人本至"、"一本多极"等哲学命题,一直到 20 世纪 80—90 年代在《传统文化与现代化》中对"天人合一"的进一步阐述。贯穿张岱年一生整个哲学生涯,他都在思考"天人合一"这个中国哲学核心观念和最高境界论。

张岱年力排众议、寻根溯源地提出,"天人合一"作为一个成语和哲学命题最早是由张载提出来的。虽然在张载以前,董仲舒也讲过"天人之际,合而为一"。但张载的"天人合一"观念并不是出自他,而是本于孟子。孟子虽然没有提出过"天人合一"的观

---

① 参见葛荣晋:《中国哲学范畴通论》,首都师范大学出版社 2001 年版,第636—657 页。

念,但是他的"性同天一"的观点却是宋明理学中"天人合一"的主要渊源。张岱年认为,中国哲学中的"天人合一"有两种意义:一是天人相通;二是天人相类。前者发端于孟子,成于宋明理学,后者是汉代董仲舒的思想。天人相通意味着天道与人道一以贯之,宇宙是人伦道德之源。人之所以异于禽兽,即在于人的心性与天相同,人的德性秉受天的德性。而董仲舒的"人副天数"、天人相类是一种附会,在形式上讲人与天相类似。因此,真正对"天人合一"有比较系统的阐述者是张载。① 的确,张载"天人合一"的命题源出自《正蒙·乾称》篇:"儒者则因明致诚,因诚致明,故天人合一,致学而可以成圣,得天而未始遗人……"张载第一次提出"天人合一"的命题,是针对佛家以"真如"为实际、以人生为幻妄而发,旨在强调儒家不仅肯定天为实有,而且肯定人所禀于天的性和人的后天认识、作为都是实有,人的先天所得和后天修养是统一的。孟子知性知天的观点虽然肯定了人性与天道的同一,但他未加详细的论述。

可以看出,张载的"因明致诚,因诚致明"的来源是《中庸》里的:"自诚明,谓之性;自明诚,谓之教。诚则明矣,明则诚矣。唯天下之至诚,为能尽其性;能尽其性,则能尽人之性;能尽人之性,则能尽物之性;能尽物之性,则可以赞天地之化育;可以赞天地之化育,则可以与天地参矣。"在张载看来,天人合一的顺序是"因明至诚",即先对诚有所理解,然后才能够到达诚的境界,而"因诚至明"是先到达诚的境界,然后才对诚有所理解。前者指的是主观的学思努力,后者是本性的使然。尽管张载的思想资源明显来自《中庸》,但是可以看出,张载强调天人合一的途径首先是要重视

---

① 参见《张岱年全集》第 2 卷,第 202 页。

"致学"。与《中庸》线性地讲尽人之性、尽物性、能与天地参相比，张载重视"致学"的"天人合一"观显然更加客观合理。事实上，张载的天是自然之天（太虚），道是指太和运行的自然规律，气是指人和万物共同具有的气的普遍本质，因此他对天、道、性做了唯物主义的解释。笔者认为，这也是为什么张岱年力举张载为"天人合一"命题的真正源头的缘由。

正因为"天人合一"具有复杂的多层次、多方面的意义，自古以来，有关其实质和意义到现在还是众说纷纭，莫衷一是。李存山认为，张载、二程、朱熹等人的"天人合一"思想主要是将"性与天道合一"，而陆王的"天人合一"主要讲"心"即天。这样，我们对天人合一的理解就过渡到第二个层次。在此层次下，阴阳五行家的"人与天调"，老庄的以"人"合"天"，《易传》的人"与天地合其德"，《中庸》和孟子的"性"、"天"合一，董仲舒的"天人同类"，都可谓"天人合一"；进而，魏晋玄学家讲的"名教"出于"自然"，佛教天台宗九祖湛然讲的"无情有性"，即草木、山河等与有情识的众生同样有佛性，以及禅宗所谓"青青翠竹，尽是法身，郁郁黄花，无非般若"，似也可谓"天人合一"。显然，各种不同时代、不同学派，其"天人合一"的理论侧重点也不尽相同。① 以上主要是从宏观上划分。从微观上划分，朱哲认为，"天人合一"这一命题应该有三层含义：即天人合天；天人合于人；天人合于非天、非人的某物，如道。天人合一，一者天也，即以人合天；天人合人，一者人也，即以天合于人；天人合道，一者道也，即天人相合。② 很显然，朱哲

---

① 参见李存山：《中国古代的天人观与主客关系论》，《哲学研究》1998 年第4 期。

② 参见朱哲：《先秦道家哲学研究》，上海人民出版社 2000 年版，第 111 页。

从老子的"道法自然"的角度看"天人合一"，实际上是对哲学史家把重点放在儒家天人合一的讨论上而轻忽道家有关思想的一种抗辩。但是，朱哲提出的"以天合人"或"以人合天"都不是一种严格意义上的合一，因为"以"什么"合"什么的语义本身就包含一主动一被动的结构。在他看来，只有道家的"天人合一"才是真正的天人合一。这种分类不能说不有失偏颇。相比较，笔者比较赞同韦政通的观点。他认为："不论是儒家或道家，他们的宇宙观都是透过生命的内流而形成的。生命内流的要求在自然，于是有道家的自然宇宙观；生命的内流要求在成德，于是有儒家的道德宇宙观。自然也好，道德也好，皆发于生命，而生命是生于和、成于和而又终于和的。"①生命是自然的发用，其归根结底也应回归自然，二者在本质上不能判为两橛。从宇宙观说，是"天地之大德曰生"，是"天道生生"；从人性论上说，则是"生之谓仁"，"人者仁也"，这就是人生的意义和价值。中国传统文化肯定人的生命意义和价值，主要表现在不把人和自然对立隔阂起来，而是把人与自然和谐统一起来，以确定人的德性主体泳涵。

如何更准确地把握"天人合一"的思想？在早期的哲学思想的建构中，张岱年认为，"天人合一"有两层意义：一是天人本来就合；二是天人应归合一。天人关系中的"天人合一"是指天人本来合一。从本来合一的角度看，第一种意义是天与人是息息相通的一个整体，其间无判隔；第二层意义是孟子的人伦道德源于天，或天是人伦道德的本原。对于后一层意义的观点，张岱年是存疑的。他认为，如果将天道与人性合二为一，实际上是将人性说成天道，

<hr />

① 韦政通：《中国传统思想的创造性转化》，云南人民出版社 2002 年版，第241 页。

也就是将人伦义理说成是宇宙的主宰。① 对于天人应归合一,也就是天人形体相类或天人性质相类,张岱年也有所保留。但是,我们必须注意到张岱年关于"天人合一"思想的转化过程。

那么,张岱年的"动的天人合一"的哲学命题到底是什么含义呢?

在张岱年早期的哲学构想中,他认为中国哲学的发展应该从主静的路数转向主动的路数,以应对欧美思想的冲击。显而易见,张岱年在"天人合一"这个古老的命题之前加上一个修饰语"动的",以与"静的""天人合一"相对比。在他看来,所谓"动的天人合一",对"静的天人合一"而言。所谓"静的天人合一",是指与天为一的神秘境界。他说:"静的天人合一是内心的修养上达到与天为一的境界;动的天人合一则是以行动实践来改造天然,使天成为适合于人的,而同时人亦适应天然,不失掉天然的乐趣。静的天人合一是个人的,是由精神的修养而达到一种神秘的宁静的谐和;动的天人合一则是社会的,是由物质的改造而达到一种实际的生活的协调。"②张岱年认为,与万物为一体是一种神秘的经验,不能将它作为人生最高的理想:"与万物为一体的神秘境界,实并未有了不得的价值。人生的理想应是人的实际生活之趋于圆满,应是生活与世界之客观的改变,不应是内在的经验上的改变。"③万物一体的境界最多可以使人心胸放宽,而不足以作为人生的理想。在张岱年看来,"动的天人合一"强调以行动或实践来改造自然,去掉笼罩在人的头上"天"的神秘面纱。"动的天人合一"就其内

---

① 参见《张岱年全集》第 2 卷,第 210 页。
② 《张岱年全集》第 1 卷,第 287 页。
③ 《张岱年全集》第 1 卷,第 82 页。

容来说完全是唯物辩证的：它承认天与人之间的辩证关系。从"一本多极"这个哲学命题我们已经了解到，由天（自然、物质）而有人，人是天之所生，是宇宙自然进化的精华。但是，人受天之制约且与天又有矛盾、冲突，而人亦能通过主观能动性来改变天，从而得到真正的天人合一。正是在这种意义上，张岱年讲"动的天人合一"强调社会性，而静的天人合一是个人的行为。"静的天人合一"能使人忘掉眼前的红尘滚滚的烦恼忧愁，与万物为一体。但是，这种体验毕竟是一种内心修养术，有沉溺于空寂无为的倾向。而"动的天人合一"强调主体自觉地参与到自然的创造过程中去。改造自然不仅仅是个体的行为，更重要的是要"与群为一"。

　　由此看来，张岱年"动的天人合一"首先强调"动"。我认为，这种"动"意味着张岱年的哲学观点无疑受《易传》"刚动"或"生生不已"思想的影响。张岱年早就注意到，王弼解释《周易·复卦》"复其见天地之心"为"然则天地虽大，富有万物，雷动风行，运化万变，寂然无至，是其本矣"，是主静的学说。后来程颐加以纠正说："一阳复于下，乃天地生物之心也。先儒皆以静为天地之心，盖不知动之端乃天地之心也。非知道者，孰能识之？"（《周易程氏传·复卦》）。在论及中国文化的基本倾向时，张岱年非常赞同程颐的观点，也就是复是一阳起，是运动，不是静止，动才是天地之心。著名学者陈来也注意到程颐的"动为天地之心"的本质是动："动静二者之中，不是静，而是动才是根本的，才体现了宇宙生生不已的根本规律。程颐这个思想，一反王弼、孔颖达易学以静为天地之心的思想。"①这与乃师认为《易传》中主动的观点不谋而

①　陈来：《宋明理学》，辽宁教育出版社1991年版，第98页。

合。就中国文化的特点而言,张岱年也反对中国文化是主"静"的说法。在一定程度上看,说张岱年的哲学是"刚动"的哲学倒也十分恰如其分。也可以说,主"动"是张岱年哲学思想一以贯之的主线。

张岱年指出,人生论的最实际、重要的问题应是改善生活问题,即改善人生必须先改造人生生活方面。在实际生活中,改造物质的能力依赖于生产力和生产技术的发展。因此,改善人生,必先提高生产力、改善生产技术。物质的改造决定生存状态的好坏;改善生活,在于克服物质上的困难和挑战。因此,张岱年提出了"戡天"的观点。他认为人类的文化、文明成果是建立在"戡天"的基础之上,没有"戡天",也就没有人类的物质文化成果。但是"戡天"并不是一味地征服自然、改造自然、宰制自然、甚至毁伤自然。"我们要改造自然,但不要毁伤自然,不要破坏自然原有之美,使人生仍然保持自然的乐趣。宰制自然的目的,本在于享受自然。正当的戡天,本不是毁坏自然,而是改善自然,使自然更合于美善的理想。"①张岱年关于"天人合一"的观点是精湛深邃的,"动的天人合一"是将戡天与乐天的合一,是一首天人和谐之曲。在论述各种文化的特点时,张岱年说:"就此类特异之点而加以区别,则人类文化可别为不同之三类型:一曰中华型,二曰印度希伯来型,三曰希腊型。希腊型者,以战胜天然而餍生直欲为基本倾向,印度希伯来型者,以人神合一而消弭生之欲为基本倾向。中华型者,以天人和谐而节适生之欲为基本倾向。希腊文化,可谓向外之文化;印度希伯来文化,可谓向内之文化;而中华文化,则可谓内外

---

① 《张岱年全集》第1卷,第288页。

合一之文化。"①20 世纪初期,梁漱溟曾提出中、西、印文化之"三路向"说,他用"向前、向后、持中"的意欲说代表三种文化的特点。张岱年与其不同的是,运用辩证唯物史的观点分析中、印、西三种文化,强调中国文化的内外、动静相结合。

"动的天人合一"旨在说明天人有矛盾,克服此种矛盾,才可以得到天人之谐和,由戡天而乐天,是人类生活之最高境界。

从哲学思想渊源来分析,我认为,张岱年的"动的天人合一"有这样几个来源:

1.《易传》思想的影响。《易传》:"夫大人者与天地合其德。与日月合其明。与四时合其序。与鬼神合其吉凶。先天而天弗违,后天而奉天时。"(《乾卦·文言传》)即指君子的德行要像天地一样覆载万物,像日月一样普照大地,像四时一样井然有序,与鬼神的吉凶契合,奉行天道运行的规律,先天不要违背天的引导,后天从天而动,与天地日月四时等相和谐。在这里,指出了戡天与顺天的辩证关系。"天地之大德曰生,圣人之大宝曰位。何以守位? 曰仁。何以聚人? 曰财。理财正辞、禁民为非义。"(《泰卦·象传》)天地最伟大的德行是使万物生生不息;圣人最大的宝物,在于享有崇高的地位。如何守住盛位? 用"仁爱"、用"财物"教导百姓遵从自然和社会规律,就是道义。"裁成天地之道,辅成天地之谊"(《易传·系辞上传》)。此处的"裁"与上句的"财"互训,意思是辅相、左右,助理、调整。肯定人与自然有相互肯定、相互调整的作用。"鼓万物而不与圣人同忧"(《易传·系辞上传》),即承认天道与人道有一定的区别。"范围天地之化而不过,曲成万物而不遗"(《易传·系辞上传》),是指圣人有广博的知识和深厚的情

---

① 《张岱年全集》第 1 卷,第 344 页。

感,能调节自然的变化而委曲成就万物。"范围"也就是节制的意思,这是一种顺应自然、改造自然的全面的观点。张岱年认为:"《易传》的'裁成'、'辅助'的意思,具有保持生态平衡的深刻意义。《易传》的变易哲学确实起着引导文化稳步发展的积极作用。"①《易传》的天人观的特点是,它既承认天与人的联系,又承认天与人的区别,而以天与人不相违为理想。天不违人,人不违天,即人与自然到达和谐。在我看来,这是张岱年"动的天人合一"思想的源泉。人通过参赞化育,改造自然,改进生活,仁爱他人,经济社会,化解天人矛盾,使之相互适应。

2. 来源于荀子的"制天命而用之"加以改造。战国时代的荀子,在继承子产等人的"天人相分"观点的基础上,批评庄子"蔽于天而不知人",因而提出了"明于天人之分"(《荀子·天论》)的哲学命题,在一定程度上消解了孔孟儒学超越层面关于"天命"的意义。在荀子眼里,天有天的职分,人有人的职分。自然与人之间的主宰与被主宰的关系是不存在的。但并不是说荀子的天与人是没有联系的。在张岱年视野里的天,也是一种自然之天,通过"动的天人合一",张岱年积极发扬人的主体意识和人生修养,以到达与天合一的境界,从而消解了人与自然的紧张对峙,使个人的物质追求和精神追求在这种"动的天人合一"中达到和谐统一。张岱年通过"动的天人合一"将人生不竭的追求和最高境界由人与超越的关系,转移到人与自然的关系上来,使其人生实践指向对自然的改造和认识自然规律。这种"动的天人合一"与"静的天人合一"之间存在着一定的张力和冲突。一味强调前者就会带来对自然的伤害,一味提倡后者就会使人过分沉溺于直觉冥想,而《易传》的

---

① 《张岱年全集》第5卷,第600页。

天人调谐观当然是最为理想的境界。毫无疑问，荀子的"天行有常，不为尧存，不为桀亡，应之以治则吉，应之以乱则凶。强本而节用，则天不能贫。养备而动时，则天不能病。修道而不贰，则天不能祸"（《荀子·天论》）的思想对张岱年影响不可谓不大。天虽然不能主宰人，但是适应它的规律却对人的吉凶祸福有着直接的意义。同荀子一样，张岱年认为，虽然客观规律对人有制约作用，但是在客观规律面前人不是被动无助的，而是应该发挥人的主观能动作用："人生之价值即在能加入自然创造历程中，而作自觉的创造。而人改造自然，亦即是自然之自己改造；人戡天，亦即天之自己改善，人原不在天之外。"①"动的天人合一"就是以实践行动，克服人与天之间的紧张和冲突。与荀子强调人的主观性相比，张岱年既强调要戡天，又强调要乐天，以到达平衡协调。在 20 世纪早期，张岱年提出的"戡天"，实际上是回应西方列强对积重难返的中华民族的挑战，并在思想上寻找应对这种挑战的思想资源。这就是为什么当 20 世纪初期，西方哲学的"戡天"传入中国因而与荀子的思想相契合而受到人们的青睐。"乐天"主要强调人与自然的和谐相处，顺应自然的方面。

　　3. 源自张载、王船山。张载提出天人合一的思想主要是针对当时佛教"以人生为幻妄"的唯心主义命题。他说："释氏语实际，乃知道者所谓诚也，天德也。其语到实际，则以人生为幻妄，以有为为疣赘，以世界为荫浊，遂厌而不有，遗而弗存。就使得之，乃诚而晋明者也。儒者则因明致诚，因诚致明，故天人合一，致学而可以成圣，得天而未始遗人，《易》所谓不遗、不流、不过者也。"（《正蒙·乾称》）佛教哲学追求最高的绝对的实体，称之为"实际"，亦

---

　　①　《张岱年全集》第 1 卷，第 288—289 页。

称之为"真知",而认为现实世界是不真实的。①《中庸》中则提出:"能尽物之性,则可以赞天地之化育。可以赞天地之化育,则可以与天地参"。认为赞参天地化育的过程即是达到天与人的和谐。所谓"诚"是指天道,又是指"不勉而中,不思而得,从容中道"的圣人境界。诚是指真实无妄境地,是天道;诚实是指向往并实践天道的诚心,是人道。以诚为天道,即是认为"天"是真实的,而具有一定规律的。以诚为圣人的境界,即是认为圣人的一切行为都是合乎原则的。陈淳说:"诚与信相对论,则诚是自然,信是用力;诚是理,信是心;诚是天道,信是人道。诚是以命言,信是以性言。诚是以道言,信是以德言。"(《北溪字义》卷上)陈淳点出了诚是一种真实无妄的自然状态,天道流行,一草一叶,花开花落,自然而然,在人道上爱兄敬长等实理流行赋予于人,万古常然。张载认为,肯定现实世界的实在性,才可谓"明",而佛教否认现实世界的实在性,专讲所谓"实际",这至多是"诚而恶明",是割裂了天人关系,违背了真理。此外,张载的《西铭》是有关天人合一思想的典型论述。张岱年指出,一方面《中庸》讲"诚"与"明"的关系,"诚则明矣,明则诚矣",诚即达到"从容中道"的境界,"明"是指对于这种境界的认识理解;另一方面,《中庸》讲诚,肯定"天"是真实的,具有一定规律性。张载用《中庸》加以发挥天人的本性。

张岱年"动的天人合一"观与张载的渊源表现为:一是肯定"天人合一"作为哲学命题,是首次由他所服膺的张载提出;二是同张载一样,张岱年认为"天"是具有客观实在性与规律性的统一;三是天和人都以"变易"为本性,"变易"是张岱年"动的天人合一"的理论依据之一;四是肯定《中庸》的"诚"与张载、王夫之等人

---

① 《张岱年全集》第5卷,第616页。

的"诚"的密切联系。"总之，《中庸》以诚为'天之道'，到王夫之肯定'诚'者天之实理，所谓诚的含义基本上是一致的。"①

　　明清之际"希张横渠之正学的"的王夫之，提出了"善动以化物"、"以人造天"的思想。他说："夫天有贞一之理焉，有相乘之几焉。之天理者，善动以化物。"（《读通鉴论》卷二）。在认识论上，王夫之强调认识的客观规律，发扬人的主观能动性。不仅如此，张岱年认为，主动是人的生存需要，也是道德的基础。后来到了清初，王夫之、颜元都是讲主动的，认为动才是重要的，人生就是需要活动；动也是道德的基础，要实行道德，必须活动，不活动就不能实行道德。不同的是，张岱年将认识客观规律应用到社会实践和改造自然之中。无独有偶，像他所服膺的前辈一样，张岱年也使用了"动"，所不同的是，王夫之用的是"善动"。"善动以化物"与"动的天人合一"之间，就其内容来说，明显有相似性。但是，张岱年对王夫之的思想既有继承也有发展，除了高扬主体的能动精神之外，他还强调实践精神，以配合天人合一的完成。

　　4. 源自颜元、李恕谷的思想。颜李注重实事实物、实用实功、实习实行。对汉唐之训诂、宋明之性理之学，他们是坚决反对的。自周廉溪提出"主静立人极"的主张，程子见人静坐，便叹为善学。朱子教人"半日静坐"，教人"看喜怒哀乐未发之中"，都强调一个"静"字。此乃宋明道学七百年的不二法门。颜元提倡经世致学，主"动"斥"静"。他说："三皇五帝、三王周孔，皆教天下以动之圣人也。皆以动造成世道之圣人也。五霸之假，正假其动也。汉唐

---

　　① 《张岱年全集》第4卷，第558页。在张岱年看来，张载的"天人合一"体现了神秘主义的本性，原因是他没有区别天道与人性的层次。这是用唯物、唯心来判别道德原则和自然规律是一致的提法。另一方面，我们又看到他肯定"天人合一"是更高一级的认识。在这里，张岱年人生理想观存在着一定的张力。

袭其动之一二,以造其世也。晋、宋之苟安,佛之空,老之无,周程朱邵之静坐、徒事口笔。总之,皆不动也。而人材尽矣,圣道亡矣,乾坤降矣。吾尚言,一身动,则一身强;一家动,则一家强;一国动,则一国强;天下动,则天下强。益自信其考前圣而不谬,俟后圣而不惑矣。"(《习斋言行录》卷下)颜元指出一朝一代之衰败皆有"习静"之惰疲而所致,国家之勃兴皆有"习动"为根本。对于这一思想张岱年甚为认同。实际上,这种动中求强的思想,也是符合现代哲学发展思潮的。梁启超总结颜元的思想是以实学代虚学,以动学代静学,以活学代死学。实、动、活三个字的确能够概括颜元的思想,也大致能概括清初经世致用学者的思想。这种思想被梁启超称为"主动主义"。① 实、动、活与理学的虚、静、死形成鲜明对照。可以说颜元哲学的最大一个特点是强调一个"动"字,反对"静"字。张岱年的"动的天人合一"也强调了动的必要性。张岱年指出:"纯就哲学而言,颜李的最大贡献,在于提出一个主动的人生哲学。"②对于颜李哲学的最大特点,张岱年应该是最有心得的,而"动的天人合一"就是将"动"应用到自己的哲学思想中的所得。与颜李一样,张岱年认为世界就其本质而言是主"动"的,而不是主"静"的,日月之照临,山川之流峙,耳目之视听,足以说明"动"是事物的存在方式。在宋明时期,关于动与静的问题,周濂溪是主静的,程朱与陆王都讲动静合一。张载、王夫之、颜元主动。张岱年晚年自号"渠山拙叟",可见他对张横渠、王船山二人的景仰,以及将他们的事业发扬光大的宏愿。可以说"动的天人合一"

---

① 参见梁启超:《中国近三百年学术史》,山西古籍出版社 2001 年版,第117页。

② 《张岱年全集》第 1 卷,第 80 页。

是 20 世纪中国哲学主"动"的杰出代表。

5. 受熊十力尊生主动学说的启迪。作为熊十力的同代人，张岱年既敬佩他的新唯识论学说，又推崇他"天人不二"的人生论。熊十力本体宇宙论所论述的"体用不二"、"翕辟成变"、"乾坤并建"与"心物同源"所提供的本体框架，对生生乾元性海的体证，这是他对于《大易》作出创造性诠释所得到的中心体验，也构成了他的哲学思想的基本论旨。在把"体用不二"与"翕辟成变"说与进化论联系起来的同时，熊十力又对王阳明的心学和柏格森的生命哲学作了沟通。"体用不二"是与"翕辟（心物）成变"连接在一起的。"翕"是摄聚、收凝、物化，"辟"则是刚健、自主、反物化的，二者相反相成，浑然不可分割，构成了现象界的运动变化。其中"辟"为主，"翕"为从。熊十力哲学的特点之一，是不离宇宙谈本体，不离本体谈宇宙。所谓"本体"，是生灭变动的宇宙之"体"；所谓"宇宙"，是依本体而现起的"用"，即本体的大化流行、变动不居。熊十力所论"本体"原是寂而生生、静而健动的。同张岱年一样，熊十力从《易传》中吸取了取之不绝的灵感。他认为，宇宙是一动荡不已的生化过程，生生不息，活泼跃动，森然万象，日新盛德。熊十力尊生主动的能动性和创造性，一方面吸取了《大易》创生的精髓；另一方面，又像张岱年一样，直接参证了西方哲学中的罗素思想、柏格森的过程哲学。然而，熊十力"体用不二"的宇宙论、"天人不二"的人生论、尊生主动的生化论模型并非游离于传统，而是《易传》"天人合德"、《中庸》"合内外之道"、宋明理学"天人合一"的人生境界的进一步发挥。熊十力循着这条思路，试图再现儒学提倡的通物我而观其大源，会天人而穷其真际，合内外而冥证一如，融动静而浑成一片，从而达至天地万物一体之仁的最高境界。熊十力刚健主动的哲学本体论无疑给了张岱年极大的启迪。

"天人合一"观点在 20 世纪中后期与 21 世纪初越来越成为热点,因为西方思想随着主客分离后,在工具理性的驱使下,人与大自然的关系日益交恶。在全球化时代,种族敌视、宗教纠纷、文明冲突、理念矛盾、文化摩擦等已成为非常严重的问题。空气污染、水土流失、人口膨胀、物欲横流,人我、物我关系日益紧张,让人迷茫无主。与此同时,"天人合一"与生态平衡的话题成为人们耳熟能详的话语。人类如何幸福地生存下去? 是改善向恶,改弦易辙,向中国传统哲学中的"天人合一"靠拢,还是沿着一味地征服自然的路固执地走下去? 只有"天人合一"才能拯救人类于自然灾难吗? 这些问题是哲人们不断思索的问题。至少,张岱年认为,中国哲学中"天人合一"的思想有助于保持生态的平衡、顺应自然。"中国的天人合一与西方近代所谓克服自然的思想是迥然有别的。'天人合一'的思想有助于保持生态平衡。"①并且在中国哲学中这类资源可谓取之不尽,用之不竭。持中的观点认为,现代人类所面临的生态环境危机,只有在现代科学技术和现代工业的高度发展中,通过改造自然的努力才能克服。因此,东方的"天人合一"与西方的征服自然,二者既是对立的,又是互补的。理性的态度是,适当地把二者结合起来,通过改造自然、征服自然以达到人与自然的和谐共处。张岱年提出的"动的天人合一"既说明克服自然的必要,又指出乐天以不违天,与自然有机相协调,正是这种天人有机的平衡的一种选择。"天人合一"就是天人双方彼此协调、适应、融合的过程,也是个人精神理想不断提升的过程,是传统哲学中人所追求的最高的精神境界。

_____

① 《张岱年全集》第 7 卷,第 463 页。

　　值得注意的是,张岱年晚年的"天人合一"思想与早期相比,有一定的变化。如果说早期的"天人合一"思想主要强调的是征服自然、改造自然,着重人对自然的能动反映,那么其晚年的思想更看重顺应自然。他对"天人合一"的思想作出了合理的评价和概括,认为"天人合一"的哲学命题主要包括这样几个命题:一是人是自然的一部分;二是自然界有普遍规律,人也服从自然规律;三是人性即是天道,道德原则和自然规律是一致的;四是人生的理想是天人的和谐。对于这些命题张岱年有着自己冷静的分析和看法,他也反思了"戡天"而不知"乐天"和"顺天"带来的负面效应。在自然界和人性有没有统一性的问题上,张岱年虽然早期不太认同。但是,他在后期反思人生理想与天人和谐的价值思想上,对天道和人道的一致性是持肯定态度的。他说:"西方有一种流行的见解,以为把人和自然分开,肯定主体与客体的区别是人的自觉。而宋明理学则不然,以为承认天人的合一才是人的自觉。应该承认,这是一个比较深刻的观点。我们可以这样说,原始的物我不分,没有把自己与外在的世界区别开来,这是原始的朦胧意识。其次区别了主体与客体,把人与自然界分开,这是原始朦胧意识的否定。再进一步,又肯定人与自然界的统一,肯定天人的统一,这可以说上否定之否定,这是更高一级的认识。"①的确如此,从天道观引发出人伦常理来是中国哲学最主要的特点之一。张岱年对"天人合一"这个哲学命题的分析,深切明著,发人深省。

　　张岱年的哲学思想实在是可为当今生态伦理观提供有益的借鉴,为解决我们目前所面临的许多全球问题,提供了永不枯竭的启迪,是一剂催人清醒的良药。就其命题意义来说,"动的天人合

---

　　①　《张岱年全集》第 5 卷,第 620 页。

一"是张岱年传哲学思想丰富传统"天人合一"思想的一大贡献，是继庄子的顺天说、荀子的制天说、《易传》的天人调谐说之后，结合西方的戡天说的进一步发展。

二、生与理之两一

唯物主义既肯定物质利益的重要性，也崇尚道德理想。人生理想的追求过程总不是平坦的大道，一定会遭遇到各种矛盾与困难。理想与现实的关系，在张岱年看来是一种"两一"的关系，即对立统一的辩证关系。在先秦之际，义利、损益、动静、兼与独都是哲学家们探讨的主要问题。在宋明之际，人生论中的命与理、理与欲等问题则成为当时所关心的主要内容。

张岱年在继往哲、开新风的思想指导下，提出了"生理合一"的哲学命题。何谓"生"？《说文》解释为："生，进也。象木生出土上。凡生之属皆从生。"[1]生是象形字，指像草木生长，挺出地面之上的形状。将"生"提升为一个重要理论范畴的是《易传》。《系辞上》说："生生之谓易。"就是意味着生而又生，生生不已。何谓"理"？"理"的含义有肌理、天理、事理、义理等。在前面讨论张岱年对于"理的分析"以及"物统事理"时，我们对理及事理已经作了初步的讨论。它与"道"有什么区别？"道者，万物之所以然也，万里之所以稽也。理者，成物之文也。道者，万物之所以成也。故曰："道，理之者也。"（《韩非子·解老》）韩非子经常提醒我们把握"理"（生死、兴衰）以达到某种具体目的。中国哲学大致东汉以前重讲道，东汉以后重讲理。王弼注释《易经》说："物无妄然，必

---

① （东汉）许慎：《说文解字》，李恩江、贾玉民主编，喀什维吾尔出版社2002年版，第544页。

有其理。"说的是宇宙万物的存在必然有其道理。"道与理大概只是一件物,然析为二字,亦须有分别。道是就人们所通行上立字。与理对说,则道字较宽,理字较实,理有确然不易底意。故万古通行者,道也;万古不易者,理也。"(《北溪字义》卷下)陈淳认为,事物不易改变的原则、法则即是理。理可以与性对说,也可以与义对说,理与物对说,是在物之理;与人对说;是在我之理;与义对说,则理是体,义是用。在宋儒那里,理发展到极至就是天理。宋儒穷理尽性以求达天人相同。

就张岱年的"生理合一"的哲学命题而言,理应该指的是道德律令、规范或当然的准则。易言之,生是指生命、生活,理即道德规范。他说:"生与理之两一,由物而有生,当以生克物;由生而有理,须以理律生。而理亦不可离生,理只是求生之谐和圆满不得不循之规准。生包含矛盾,克服生之矛盾,以得生之谐和,即达于理(此所谓理,指当然的准则)。"①生与理的关系是对立统一的,物质的发展是由高级到低级,由生物而有生命,人们征服自然、改造社会、追求理想,必然要遭遇挑战,克服生存或生活过程中的矛盾,使自己的言行符合道德规范,以达到理想的和谐境界,就是"生理合一"。在征服自然、改造社会的过程中,人与自然、人与人、人与社会都可能发生冲突和矛盾,化解或缓解这些冲突是"生理合一"命题的终极目的。

在中国传统哲学中,对待生、理的态度可分为两派。

中国传统哲学中不乏有关"贵生"的资源。从老子所强调的"摄生"、"贵生"和"长生久视",到庄子所说的"保生"、"全生"、"尽生"、"尊生"。《韩非子》上说杨朱"重生",孟子也说:"杨子取

---

①　《张岱年全集》第 1 卷,第 277 页。

为我，拔一毛而利天下，不为也。"(《孟子·尽心上》)说明了杨子重生轻利、全真葆性的倾向。《吕氏春秋》上说："全生为上，亏生次之，死次之，迫生为下。故所谓尊生者，全生之谓。"(《贵生》)"重生贵己"的道家思想始终贯穿着重人贵生的思想传统。道家贵生的态度是观察天地变化之机，分辨万物生长之利，以促进生命之延续，万物各得其年。这是重生的自然主义观。对于重生的人来说，生命的存在是最重要的，人的生命只有一次，失去了就永远一去不复返。生是一切道德原则之基本和前提。人生的理想就是生之扩大、充实。

另一派认为，人生的最高准则是理。《周易》上有"穷理尽性以至于命"，理学鼻祖周敦颐在《通书》中解释为："爱曰仁，宜曰义，理曰礼，通曰智，守曰信"(《通书·诚几德》)。从伦理道德的角度把"理"理解为礼。二程继承了周敦颐关于理的解释，在二程看来，理不是指客观事物的规律，而是创造万物的精神本体。程颐说："父子君臣，天下之定理，无所逃于天地之间。"(《河南程氏遗书》卷十九)。父子君臣之理，源于人性，可通于天。天道的体现就是诚。诚是指真实无妄境地，是天道；诚实是指向往并实践天道的诚心，是人道。在他们看来，元、亨、利、贞是天道之常，仁、义、礼、智是人性之纲。

人生而有欲望，怎样兼顾生与理、生与欲？

在生与理之间，张岱年更重视的是生。但是，我认为，张岱年的生并不是道家"贵柔"式的生，而是《易传》中的"天之大德曰生"的生。前者的特点是顺应、无为，后者的特点是刚毅、充生的。当生与欲二者发生矛盾时，儒家赞成"杀身成仁"、"舍生取义"。孔子说："志士仁人，无求生以害仁，有杀身以成仁。"(《论语·卫灵公》)孟子说："生亦我所欲也，义亦我所欲也，二者不可兼得，舍生而取义也。"(《孟子·告子上》)在生命和理想不能两全时,宁可牺牲性命来成全道德理想,对于这种为理想而献身的儒家伦理,张岱年是肯定的。

"生与义二者生是根本,无生则无所谓义。充实活力,刚健至要。"①张岱年的"生"是指在认识自然、改造自然环境、提高生产力的过程中,人焕发其生命活力。由必然王国到达自由王国的过程,矛盾与困难的出现,又要求人必须遵循事物的客观规律,这就是理。在张岱年看来,生活即是奋斗的历程,生活常遇逆阻。他把这种逆阻叫做"反生",即是生存之冲突。一旦人能克服"反生",就获得生存、生活品质的提高。从事物的反作用来看,"反生"正是使"生"提高的条件。因此,"生活即是奋斗的历程,生活常遇逆阻,即反生,克服此逆阻或反生,乃得到生之提高。以此,反生正是使生提高之条件。不要惧避逆阻,而须迎逆阻而与之战斗,以克服之,藉以提高生活,以获得谐和。战斗是动,谐和是静,经过战斗乃可达到真实的谐和。"②张岱年认为,生活可能会遭遇到逆境和磨难,只有经过人生的砥砺,才会最终抵达和谐。"梅花香自苦寒来"正是这种克服艰难困苦到达和谐目的的写照。《易传》中"一阴一阳之谓道"和"刚柔相推而生变化"是这种冲突变化之源。张岱年敏锐地看到了和谐过程中的不和谐因素,宇宙人生的终极目的是追求和谐,但是"生"正是在"相对和谐"的基础上产生的。

---

① 《张岱年全集》第1卷,第468页。

② 《张岱年全集》第1卷,第277页。张岱年的早年为了说明事物之间的冲突,曾把《中庸》上的"万物并育而不相害,道并行而不相悖"改为"万物并育而更相害,道并行而亦相悖",意在强调冲突、斗争,但是其晚年意识到过分斗争所带来的负面效应,而很少提所改写的这句话。这里我们窥见到其思想转变的心路历程。

他说:

> 凡物之毁灭,皆由于冲突;凡物之生成,皆由于相对的和谐。
>
> 如无冲突则旧物不毁,而物物归于静止。
>
> 如无和谐则新物不成,而一切止于破碎。①

生命之存在、维持在于和谐,冲突既带来毁灭,又带来新生,这是一种辩证的发展关系。宇宙人生的演化,一乖一和。事物的变化层出不穷。冲突是事物灭亡的根据,和谐是新事物生成的原因。宇宙人生大化流行,倏忽生灭,无有暂住,肇化万物。生理也蕴涵着张力和矛盾,不破不立正是说明新事物的产生是在旧事物的破的基础之上。

后来,张岱年把这种对立的冲突又称为"乖违",把对立之后而取得的平衡称之为"和谐"。"乖违"与"和谐"相互作用也就是变化的根据。在中国哲学中,也就是"和"与"同"的问题。"和"与"同"有三种情况:"一、相同者之结聚;二、相异者或对立者之结聚而相乖相悖;三、相异或对立者之结聚而相成相济。第一种谓之重复,第二种谓之乖违,第三种谓之和谐。"②实际上,第一、第三种用"和而不同"来表示最适合,第二种就是处于对立、矛盾的状态。事物的"生"在于相济相成,相资相成,才能相得益彰;一味的同反而使物之不生。

在 20 世纪 40 年代,张岱年进一步提出"充生以达理,胜乖以达和"的哲学命题。这一命题可以说是"生与理之合一"命题的深化。他说:"人生之要谊,一言以蔽之,曰充生以达理,即扩充生

---

① 《张岱年全集》第 3 卷,第 194 页。
② 《张岱年全集》第 3 卷,第 193 页。

力,克服生之矛盾,以到达理想境界。凡有生之物,皆能改变环境以遂其生,而不屈于环境。凡有生之物,皆有生力。生力即改变环境使适于生活之力。人之生活亦即人所固有之生力之显发。"①人类的征服自然,变革社会,都是人类之生力的表现。一切生物都有生命力,如动物、植物都有其生命力。维持生命力对于人来说,既需要物质需要,也需要欲望和情感。《礼记》说:"饮食男女,人之大欲存焉"说明的是人有吃饭、穿衣的需要,也需要有超越物质生活的精神生活。在原始儒家那里生与理是通达无碍的。《论语》、《中庸》、《道德经》、《庄子》等著作中的"性"字,指的主要是一种自然而然的状态。"食色,性也。"(《孟子·告子上》)在孟子眼里,人性是善的,对物质和精神有着自然的追求。

人是社会化的人,自身的追求与他人的利益发生冲突时,是玉石俱焚,同归于尽? 还是适当地加以调节,以到达一种共同的和谐? 当人与自然、人与人、人与社会,善与恶发生对立时,道德即是调节冲突与和谐的基本准则。在张岱年看来,人类社会的发展是善恶并进,以善克恶。在生存冲突中,通过道德的调节到达合理的妥协、平衡,才能抵达人生圆满的生活境界。"要而言之,人生之道,在于胜乖以达和。"②诚哉斯言,人与禽兽之间的区别是,人贵有德性、有理想。人生的历程,一方面是善恶、理欲之间的冲突,另一方面,征服自然,改善生活力图达到理想的境地。颜元和李塨曾经用《左氏春秋》中的"正德、利用、厚生"三事来说明人生之要务。正德可以说是尽心,端正品德;利用可以说是善于使用器物以改造自然;厚生者可以说是强健体力,以改善和丰富生活。促进生产力

---

① 《张岱年全集》第 3 卷,第 208 页。
② 《张岱年全集》第 3 卷,第 209 页。

的发展，才可以厚生、充生，然后才可以正德致知。反过来，育德、正德可以使人摆脱唯利是图、纷争奢欲的思想。"充生"就是要发挥利用和厚生的特点，"达和"就是要保持正德、利用、厚生三者的均衡。

在中国历代的杰出哲学家中，不少哲人在理论上着重肯定了生命的价值及其物质基础，在实践上践履了自己的主张。其中明清之际最能体现克服生活中矛盾所带来的痛苦，磨砺自己的人格，从而实现了充生达理、胜乖以达和的例子，要数张岱年一向推崇的王夫之。王夫之肯定了生命的可贵及其与物质世界的必然联系，同时更高度赞扬精神生活的卓越价值。他说："将贵其生，生非不可贵也。将舍其生，生非不要舍也。……生以载义，生可贵。义以立生，生可舍。"（《尚书引义》卷五）"生以载义"就是指使生命成为道德理想的载体，实现生命与道德的统一，这样的生是可贵的，与张岱年所提倡的"充生以达理"在本质意义上无二。生与理的关系实际上就是义与利的关系，由此看出，张岱年受中国传统儒家特别是王夫之等的影响颇深。"人能为理而舍生，而且人必须为理而牺牲。孔子说'志士仁人，无求生以害仁，有杀身以成仁'；孟子说'生我所欲也，义亦我所欲也，二者不可得兼，舍生而取义者也。'这是古代儒家之伟大的精神，也是现在中国所最需要的精神。"①为求群生之圆满，乃舍一己之生；在其舍生就死之时，乃获得个人生活之圆满完成，乃获得不朽。在张岱年看来，人生理想的实现在于，为了正义、为了众生的幸福，宁可牺牲自己的"生"以成就"义"。的确，如果"生"与"义"二者不可得兼，宁可舍生而取义，牺牲自己的生命，以实现崇高的道德理想。这也是张岱年所汲

---

① 《张岱年全集》第 1 卷，第 282 页。

汲追求的生理合一的境界。

王夫之特别强调发扬"人之所以异于禽兽者",他说:"二气五行,抟会灵妙,使我为人而异于彼,抑不绝吾有生之情而或同于彼。乃迷其所同而失其所以异,负天地之至仁,以自负其生,此君子所以忧勤惕厉,而不容已也!"(《俟解》)王夫之在这里表达了自己的志节,他极力主张做人要做一个不同于禽兽的人、真正顶天立地的人。这是对于道德理想的肯定,对人生价值的弘扬。他进一步肯定了生命的可贵:"圣人者人之徒,人者生之徒。既已有是人矣,则不得不珍其生。"(《周易外传》卷二)人是生物就必须珍惜自己的宝贵生命。又说:"圣人尽人道而合天德。合天德者,健以存生之理;尽人道者,动以顺生之几。"(《周易外传》卷二)"珍生"、"顺生"体现了王夫之善待生命,珍视生命。人是生物,就应当珍视自己的生命,应该保持生之本性而顺遂生机,王夫之充分肯定了生命的价值。但是,"珍生"还须"尚志",也就是张岱年说的"达理"。"人之所以异于禽者,唯志而已。不守其志,不充其量,则人何以异于禽兽哉!"(《思问录·外篇》)"志"或"尚志"代表着一种积极的价值追求、理想追求,激励人们从颓废低迷中摆脱出来,活出"生"之志气与尊严。在他41年的隐遁生涯中,王夫之经常饥寒交迫,体弱多病,但是,为了实现崇高的道德理想,在如此恶劣的生活条件下,竟能持久地为往圣继绝学,给后人留下了卷帙浩繁的哲学著作。20世纪30年代张岱年在强寇入侵的艰难的岁月,运筹哲思,激浊扬清,为民族的振兴而构筑哲学新论,究天人之学。张载、王夫之、张岱年在民族危亡的关头,以继往哲,他们的自任以天下为重的精神是中华民族精神的体现。

王夫之在为自己预撰的墓志铭中写下了壮志难酬的抱负和对张横渠之景仰:"抱刘越石之孤愤而命无从致,希张横渠之正学而力不能企"。王夫之以刘越石为榜样图存报国之心,以张横渠为楷模追求"为天地立心,为生民立命,为往圣继绝学,为万世开太平"(《宋元学案》)。王夫之以他的坚贞的节操,坚韧不拔的意志,在个人生活上也体现了他自己的崇高的道德信念——为往圣继绝学。这体现了一种死守善道的精神追求和不朽的人格价值,是"充生以达理,胜乖以达和"的典型代表。

同样,在外邦强寇入侵华土的 20 世纪 30—40 年代,山河破碎,长歌当哭,生活窘迫,张岱年奋笔疾书,焚膏继晷,兀兀以穷年,为民族之复兴而构建一个刚毅、宏动的哲学体系:"自芦桥变作,余未克南行,蛰伏故都,遂与世隔。念今日固国家艰难之秋,实亦民族中兴之机,乃专力撰述,期有补于来日,而时经数载,所成无几。"①山河被蹂躏,生灵涂炭,张岱年欲想用一种刚动、健毅的哲学挽狂澜于既倒,以树立民族的自信心。"志希越石学慕横渠,巍巍船山百世之师"②,张岱年以自己所敬仰的先哲晋代的刘琨(字越石)为榜样,希冀学习、继承、弘扬张横渠、王夫之自强不息的思想。在重生的基础上,努力到达生理合一的理想。不仅如此,"充生以达理"与张岱年所提倡的自强不息、积极进取的刚健有为的精神非常吻合。其中,汉语动词"充"与"胜"充分表现了克服种种困难与矛盾、最终到达一种完美的境界的决心和意志。在实现个体和谐的同时,人必须与群为一,保持与社会的和谐,最终追求天、地、人的整个和谐。张岱年指出:人的生活是社会生活。个人

---

①　《张岱年全集》第 3 卷,第 202 页。

②　张岱年为"2002 年王船山国际研讨会题词"。又,明清之际哲学家王夫之也说过:"横渠学问思辨之功,古今无两。"(王夫之:《读四书大全说》卷七)说明王夫之对张载哲学思想的推崇。可见,王夫之对张载的推崇,张岱年对张载、王夫之的推崇,使张、王、张之间形成了一段割不断的内在逻辑联系。

的充生不能获得圆满，要想获得圆满，有必要克服社会生活之矛盾，以达到人与自然、人与社会之和谐协调。

在中国传统哲学中，做人与做学问、知与行，是一枚硬币的两面。对于张岱年来说，其哲学体系须臾不可缺少其个人的理想。唯物与理想的结合，是现实与理想的反映。理想能给人以力量、给人以勇气。有了理想作为其生活的方向标，人就能克服种种艰难险阻，使"生"成为一个更有意义的历程。张岱年的"充生以达理，胜乖以达和"的哲学命题继承了儒家重精神境界、重道德、重人生的传统，同时赋予它以新意，弥补了辩证唯物论在此方面的缺陷。

三、群己一体

社会是由个人构成的，个人不可能脱离社会而存在，社会亦不可能离开所有的个人而存在。社会与个人是统一而不可分离的。"鸟兽不可同群，吾非斯人之徒与而谁与？天下有道，丘不与易也。"（《论语·微子》）山林是鸟兽所居，人隐居山林，则是与鸟兽同群，人应该与人同群。儒家强调物以类聚、人以群分，就是这个道理。

所谓"群"，孔安国注为"群居相切磋"（《毛诗集解》引），与"兴"相通，由兴及群，感化和合。孔子所谓的"群"，指的是人生活于为氏族血缘所决定的社会伦理关系之中，人只有在这种关系中才能存在和发展。在孔子看来，这是人区别于动物的主要特征。所以，孔子反对人脱离群体社会，与鸟兽同群。他重视个体内在价值的自觉，指向了对人我、群体的认同，突出了主体间相互沟通和理解的重要性、社会性，这是孔子的一个具有重要价值的思想。此外，由于与人相偶，孔子所说的"群"是与他所说的"仁"密切联系在一起的。在他看来，真正的"群"应当建立仁爱的基础之上。人与人之间的相互沟通和理解,相互尊重、信任与关爱是"群"的纽带。孔子认为"君子群而不党"(《卫灵公》),这就是说,君子的"群"是以普遍性的"仁"为基础的,不是少数人的"比而不周"(《论语·为政》)。"天下有道,丘不与易也。"(《论语·微子》)说明的是孔子选择了"与群为一"之大道,而不是隐避山林之小道。张载更提出"民吾同胞,物吾与也"(《西铭》),揭示了人与他人以及自我与自然一体的关系。

在充分借鉴先贤思想的基础上,张岱年指出:"群与己之两一,(1)群己一体,群己不离,人的生活乃是群的生活,改善人生,须改造社会。(2)与群为一,个人修养之最高境界,是与群为一。扩大其我,以群为我。"①在张岱年看来,群己关系实际上是个人与集体、社会的统一。个人是群体的一员,不同的群体组成了社会,而社会生活又影响到个人生活。"群己不离"与"民吾同胞"的含义十分一致,强调人与他人的和谐共存。的确,人生于天地间,人与人、人与自然、人与社会、人的心灵、文明之间都有可能遭遇冲突。人对社会、生态、道德、精神、价值等都有一定的依存和追求,而在追求过程中一定会面临矛盾。

从基本的物质需要来看,人通过劳动交换,自食其力,获得衣食住行等生活必需品。个人的存在依赖社会的存在。远古洪荒,人离群索居、茹毛饮血的野蛮生活通过人类的协力,逐渐进化到现代文明社会。随着分工合作的出现,现代工业社会中的人越来越依靠社会的存在和发展。比如吃饭穿衣乃至语言的使用都具有社会属性。

从文化类型上看,中国文化从整体上属于原生型文化,其基本

---

① 《张岱年全集》第1卷,第275—277页。

特征是分封制和宗法制。分封制就是列土分封，宗法制则是血缘关系的人按大宗、小宗"五服"的关系组合起来。分封制体现了地域关系，宗法制体现了血缘关系。在宗法制度下，"天子建国，诸侯立家，卿置侧室，大夫有贰宗，士有隶子弟"(《左传·桓公二年》)，形成了系统而完整的制度。宗法制的一个关键内容是严嫡庶之辨，实行嫡长子继承制，其目的在于稳固贵族阶级的内部秩序。这一制度依靠自然形成的血缘亲疏关系以划定贵族的等级地位，从而防止贵族间对于权位和财产的争夺。在宗法制度下，从始祖的嫡长子开始传宗继统，并且世代均由嫡长子承继。这个系统称为大宗，嫡长子称为宗子，又称宗主，为族人共尊。宗子有祭祀祖先的权利。若宗子有故而不能致祭，那么庶子才可代为祭祀。和大宗相对应的是小宗，在一般情况下，周天子以嫡长子继统，众庶子封为诸侯，历代的周天子为大宗，这些诸侯就是小宗。先秦时代的诸国，基本上是西周分封制的产物。因此，分封制就奠定了先秦诸国文化相互作用与运作的基本模式。"宗法制的政治意义就在于，以亲属系统形成一个稳定的统治体系，整个统治阶级内部具有血缘的亲和性，统治阶级的权力和利益分配、转移、继承都以血缘的亲疏为转移。周初采取这种制度是有理由的。"①一方面，我们看到，这种以"亲亲"为其轴心原则的礼制可以避免形成有可能对抗宫室的普遍力量；另一方面，则强调作为"礼"的要义的伦理原则，如君臣、父子、兄弟都有确定的相对准则，即君令臣恭、父慈子孝、兄弟友爱等。西周以后，礼文化发生了从礼仪到礼乐、礼义、礼政的变化，"礼"越来越被伦理化和价值化。毫无疑问，儒家血

---

① 陈来：《古代思想文化的世界：春秋时代的宗教伦理与社会思想》，生活·读书·新知三联书店2002年版，第206页。

亲关系体现了中国文化是以"礼"文化为本质的特征。因此,中国人的礼教既是礼仪、道德、风俗也是宗教、法律的综合体。"人群无序就会一盘散沙,必须用礼来规导民众,要求人人遵守礼法秩序。君子必须与群体结合,在礼的统摄下,遵守共同的礼的常规。君子不能遗世,不能离群,必须与小家(家庭)、大家(国家)融为一体,尽管礼的秩序也得随时变易——礼者时为大也。"①很显然,作为个体中国人一生下来便处于与他人相联系的网络之中("君君、臣臣、父父、子子"《论语·颜渊》)。每个人都需要相互依赖、相互尊重,并且对彼此负有义务和责任。儒家所强调的五种关系——父与子、君与臣、夫与妻、长与幼及朋友之间,是由人的本性决定的,这五种关系的稳定对于社会秩序的安定,具有重要的意义。如果父子兄弟的和谐能做到父慈、子孝、兄友、弟恭,则犯上作乱之事自可避免。相反,如果父子兄弟关系破裂,父不慈、子不孝、兄不友、弟不恭,那么小宗难以服从大宗,下级不会忠于上级,犯上作乱之事难以避免。因此,"礼"体现了中国人的伦理道德原则和亲疏长幼的关系:"人一生下来,便有与他人相关系之人(父母、兄弟等),人生且将始终在人相关系中而生活(不能离开社会),如此则知,人生实存与各种关系之上。此种种关系,即是种种伦理。伦者,伦偶;正指人们彼此之相与。相与之间,关系遂生。家人父子,是其天然基本关系;故伦理首重家庭。"②人与家庭、人与社会的关系在中国社会中,总是处于一种难以打破的网络关系之中。在强调人与群体关系重要性这一点上,张岱年从传统中吸取了养分,但是,对于儒家所强调的"五伦",他则比较疏忽。对"群"的界定上

---

① 刘小枫:《拯救与逍遥》,上海三联书店2001年版,第91页。
② 梁漱溟:《中国文化要义》,学林出版社1987年版,第79页。

显得过于笼统。事实上，"群"也是由特殊群体或家庭组成的。离开家庭后抽象的"群"是一群无依托的人，就像草之无根一样。

张岱年认为："个人与群体之间实无对立，群己之间实无界限，群己关系为全与分之关系。全由分会合而成，分之存在亦系于全体。群己乃不可分之一体。群之祸福即己之祸福，群之利害即己之利害，正如一身之利害即四肢之利害。"①在群己关系上，很明显，在人我关系、人群关系中张岱年较偏重于群。一方面，张岱年了解儒家重视个体的省察、涵养、自我完善，把个体价值指向群体的认同方面，是沿着"己"与"人"的关系的思维定势运作的；另一方面，张岱年认为，主体的德行修养应该归属于对他人、群体的信任之中，应外化为主体间的沟通、交往、关怀、同情、尊重和信任。这种既看重主体的差异性，又强调自律、自觉，同时提倡宽容、忠恕、与人为善，正是儒家与人交往的和谐状态。"君子和而不同，小人同而不和"（《论语·子路》），说明人必须有自己的原则性、主体性，又说明与群协同和谐。在一定意义上，儒家思想看重人对社会的义务，社会成员之间的相互制约、分担责任与报偿，通过德治保证社会的内聚力与和谐、平衡。这与儒家强调重视个人和社会的关系，强调人应该承担社会义务与责任的观点非常相吻合。

从儒家伦理观来看，个人是不能自我为人的。如"仁"字在《论语》里出现了百次之多。《说文解字》对仁的解释是："亲也，从人，从二。"仁指仁爱，对人亲善。两人以上都应当彼此亲爱。仁人能够兼爱，故字形从二，二为天地，表示天地间万物。这种词源上的分析印证了孔子的观点，从我们出生的那天起，我们就不可避免地社会化，如果世界上只有不到两个人的话，便没有人的存在。

---

① 《张岱年全集》第 3 卷，第 223 页。

"首先,'仁'是指一个完整的人而言,即:在礼仪角色和人际关系中体现出来,后天所获得的感性的、美学的、道德的和宗教的意识。正是人的'自我领域',即重要人际关系的总和,使人成为完全意义上的社会的人。"①如果由己及他人,能做到"己所不欲,勿施于人"(《论语·颜渊》),"己欲立而立,己欲达而达人"(《论语·雍也》),具有普遍的同情心,进而能"爱人",泛爱众,那么,这才能是仁的真实内容。仁是在无外在强制压力的情况下,身心不二,感同身受,成人成己,将个人定位的社会角色和人际关系人格化。

张岱年指出:"中国哲学的最大贡献,在于生活准则论即人生理想论,而人生理想论之最大贡献是人我和谐之道之宣示。孔子的仁,墨子的兼,都是讲人我和谐之道。"②孔子论仁,主要是从人己关系立论的。他根据个人在这些社会关系中的不同身份,而设定了不同的行为方式,因而使这些关系得到了强化。群体关系包括个人与家庭、个人与社会、个人与国家的关系。作为社会核心的家庭始终在传统文化中占有重要的地位。己是家之本,而国之本在家。对于"五伦"中的任何一伦,孔子都同样认为很重要。"弟子入则孝,出则弟,谨而信,泛爱众,而亲仁"(《论语·学而》)。在父子关系中,孔子尤其强调"孝",并认为"孝悌"是"仁"的根本:"君子本立而道生,孝弟也者,其为仁之本与!"(《论语·学而》)。在《论语·子路》中,叶公告诉孔子,说自己乡里有一位正直的人,其父亲偷了别人家的羊,他并不替父亲隐瞒,而主动告发。孔子的

---

① 安乐哲、罗斯文:《〈论语〉的哲学诠释》,中国社会科学出版社2003年版,第49页。

② 《张岱年全集》第2卷,第616页。

观点却认为，父为子隐，子为父隐，才是亲情未受社会熏染状态下的自然流露，才是正直的行为，父子关系是"五伦"中重要关系之一。从另外一个角度看，我们可以说"孔子并不是在否认父亲的错误行为应受到惩罚，他的意思是，让父亲受到惩罚不应当是儿子的责任。家庭之爱本身应受到习俗或义的规范。但如果一种习俗鼓励人们无视孝爱，这对孔子而言乃是最大的恶。"①人的家庭依赖还表现在个体在幼儿时从父母、家庭中获得的生存机会、生存技能。在成年期，人在自然的、生理的、文化的、心理的发展上非常依赖于家庭和群体。"报本返始"的感激之情是人的真实心理，这一点从文化人类学的角度也可以得到印证。儒家看到的"孝"是子女对待父母应尽的义务，子女之所以应该这样，是因为"为人子"或"为人女"这一身份决定的，这种身份伦理也可称之为社会名分制伦理。这种社会名分伦理制度非常看重人与家庭、群体、社会的融洽关系。孔子所谓"仁"的含义从"己欲立而立人，己欲达而达人"（《论语·雍也》）的说法中也可看出：首先肯定自己，肯定自己有立达的意愿；其次是肯定别人也有立达的意愿，由己推人，努力实现自己和别人立达的意愿就是仁的含义了。孔子的"仁"并不是泯灭主体性，"仁"本身包含对"己"的肯定，"为仁由己"（《论语·颜渊》）、"修己以敬"、"修己以安人"就是强调道德主体性。张岱年认为："孔子的主体观念，主要是从道德的自觉能动性方面来讲的，即强调了自觉、自立、自律，自己做自己的主宰"，而不是受别人的强迫做某事。他的这一思想对以后儒家影响很大。② 由孔子的仁、孟子的"大丈夫"、《中庸》的成己成物、到陆象山的"人

① 牟博编：《中西哲学比较研究》，商务印书馆2002年版，第154页。
② 参见《张岱年全集》第6卷，第362页。

自作主宰",中国哲学十分重视作为主体性的人,同时也不忽略人与他人及社会的和谐共存。

张岱年是深谙中国哲学的人我相处之道,并努力在新时期转化为建构自己哲学的可利用资源。他极力推崇孔子自立、自律的精神,强调个人与群体之间的和谐之道。张岱年提到的"正如一身之利害即四肢之利害"①。这无疑使人想到了心脏与人体其他部分的和谐关系,个人也只有在与社会其他成员处于和谐交融、互惠互利的关系中才能健康的发展。对于儒家来说,天、地、人三者互相界定,互相感应。任何一个人都生而为子女,因而与父母有界定关系。每个人与父母、君主、师长的关系与其同天地的关系构成了必须尊重的五大关系。张岱年除了对君主这一旧的社会关系不赞同外,认为由于个人处于这些关系之中,其立己达己的过程必然涉及对这些关系的调整。他指出:"众多个体集为一群,在群之中,众多个体有彼此相依之关系。然而此群体不成为一个个体。例如,社会与个人,或民族与个人之关系,谓之群员关系。每一个人皆为社会之一成员,或民族之一成员。而每一社会或民族,虽与其他社会或民族有异同关系,然实不得谓为与一般物体或生物相同之个体。"②人不同与动物,在于有道德的自觉,这是人生理想的核心。"与群为一"也就是个人的利益与群体的利益、民族的利益相一致。

但是,西方不少人用西方的"人"或"自我"的概念来套中国语境下的"人"、"自我",从而扭曲了中国传统文化下的人与群的关系。最普遍的说法是中国人"无我"或"自我舍弃"(self-abnega-

---

① 《张岱年全集》第 3 卷,第 223 页。
② 《张岱年全集》第 3 卷,第 153 页。

tion)。如孟旦(Donald J. Munro)认为:"无我……是中国最古老的价值之一,以各种形式存在于道家和佛学之中。无我的人总是愿意把他们自身的利益,或他所属的某个小群体(如一个村庄)的利益服从于更大的社会群体的利益。"[1]在西方某些哲学家眼里,中国人的"自我"只是一个个的小齿轮,被安放在社会这个大机器上,因而缺乏自主性。因而他们把中国人的"自我"说成了"'无我'的自我"、"无心的自我"、"无目的的自我"等。这一说法十分荒谬。其原因在于:首先,他们对中国人生论的特质不甚了解;其次,他们对儒、释、道三家的差异性不作区别,即使在儒家中对同一概念命题有不同的看法。例如,张岱年所提出的"与群为一"的命题,就有对道家"与天为一"和"万物一体"的提法表示反对,认为它过于玄远:"我在30年代提出'与群为一',意在以'与群为一'代替前括的'与天为一',以为'与天为一'未免过于玄远,不如'与群为一'较为切实。"[2]例如,这里张岱年对程颐的与"天地一体"的说法就不赞同,因为它过分重视内心的省悟,而忽略社会群体的存在。

　　非常巧合的是,西方社会重视群体价值、群体关系的理论也日益受到人们的关注。其主要观点与张岱年所提倡的"与群为一"有异曲同工之妙。近年来,以阿拉斯代尔·麦金太尔(Alasdair MacIntyre)、查尔斯·泰勒(Charles Taylor)等为首的社群主义(communitairiansim)对罗尔斯(John Rawls)等人以正义理论为核心的自由主义理论进行了抨击。社群主义者认为,自由主义预设

---

[1]　郝大维、安乐哲著,施连忠译:《汉哲学思维的文化探源》,江苏人民出版社1999年版,第27—28页。

[2]　《张岱年全集》第7卷,第470页。

了有缺陷的自我观念,没有认识到自我是被那些并不属于选择对象的社群责任所"嵌入"的,因而自由主义未能理解个人的义务在很大程度大上乃由他作为社群成员的认同和他在社群中的角色所决定。"社群主义者认为,一个人成为一个社群的成员,就会把自己的目标和价值观设想为同时也是社群的目标和价值观,它们不是偶然地,而是实质地属于社群的。每个成员都会把自己当作是社群成员,把社群的目标首先当作群体所拥有,而不是个人利益的表现。"①中国文化中的个体既不同于西方以自我为中心的价值观,也不同于讲求个人权利的"天马行空,独往独来"的"自由个体"。儒家的个体始终处于个人、家庭、社群的网络之中,在讨论群己关系时,我们必须正视这一点。其实,早在 20 世纪 30 年代张岱年就指出:"人是有生之物,所求在于生之圆满。必有人群生活之圆满,乃可有个人生活之圆满。然而如为求个人生活之圆满方求人群生活之圆满则不可。不可以人群生活之圆满为方法,以个人生活之圆满为目的。杀身成仁者亦即在求人群生活之圆满之行为中达到个人生活之圆满。"②个人的生活圆满必须要以群体的生活圆满为前提,二者不可本末倒置。为了实现群体的利益、理想,张岱年是赞成"杀身成仁"以到达个人人生理想的圆满的。这一思想与传统的儒家思想非常合辙。

然而社会与个人之间亦有矛盾。在公与私、群与己的矛盾冲突面前,怎样化解?无论如何,张岱年也不同意两种极端情况,那就是以群的名义压制个人的权利、自由,或者以个人自由的名义危害公共利益。"然而社会与个人之间亦有矛盾。专制主义者假借

---

① 顾肃:《自由主义的基本理念》,中央编译出版社 2003 年版,第 524 页。
② 《张岱年全集》第 1 卷,第 458 页。

'公'的名义压制个人,有的个人标榜'自由'而违背社会公益。这都是谬妄的。……'与群为一'的实际意义是个人与民族的统一。"①个人服从集体,言行以最大多数人的利益为标准,并不意味着将个人当做手段。群体与自我,自然与当然,现实与理想,规律与自由,有其对立统一。"视人如己,以群为一,即不以小我为我,而以大我为我。道德与不道德,大我与小我之间而已。大我包含小我,言大我非取消小我;专以小我为我,则不知有大我。大我之中亦有对立,故须有所改造。以大我为我,亦须为大我迁善改过。"②认识社会现实,顺其矛盾发展之趋势而适应,乃能实现个人理想。仔细辨察社会大我的必然规律,遵循而驾驭之,乃能获得小我的自由。个人的自由与理想只有建立在与群体利益和民族理想相一致的基础上,才能获得圆满。这是多么精湛精辟的辩证人生观。张岱年认为,舍己为公、为国捐躯的自我牺牲精神是崇高道德品质的体现,因为这是民族生存的要求,是社会发展的要求。历史发展的客观规律昭示我们:最大多数人的利益高于个人利益,民族的利益高于个人利益。

在张岱年看来,道德是调整人与人、大我与小我、人与社会之间的原则与准绳。道德之端是推己及人,道德之至是与群为一。推己及人、推己及物是忠恕之道、挈矩之道;与群为一是处理人与人、家与家、国与国之间乃至不同文明之间关系的相处之道,它有利于协调成员与社会之间的关系,潜移默化地影响到个人、家国天下的和谐发展。为此,张岱年专门论述了建设新道德和弘扬传统美德,以及调整群己关系的必要性。他认为,道德的根本准则是代

---

① 《张岱年全集》第 7 卷,第 410 页。
② 《张岱年全集》第 1 卷,第 474 页。

表最广大人们群众的最大利益。为此,他提出六达德、六基德。六达德是:公忠、任恤、信诚、谦让、廉立、勇毅。六基德是:孝亲、慈幼、勤劳、节俭、爱护公物、知耻。公忠是指群重于己,为群忘己,必要时为大众利益而献身。任恤来源于墨家思想"士损己以益所为也"(《墨子·经上》),是指扶人济困的任侠精神。信诚是指言行一致。谦让是指力戒骄傲自满。廉立是指人生活在人群之中,不能损人利己。勇毅是指在真理面前勇敢无畏,刚直不阿。"达德为关于个人对群体或对群体中大多数之行为之准则,基德为关于家庭生活或日常活动的准则"①。在 20 世纪后期的改革开放的时代潮流中,张岱年与时俱进,又提出以爱国主义、团结互助、为人民服务、助人为乐、忘己济人、舍己救人为内涵和原则的"新时代道德规范"的"九德":公忠、仁爱(任恤)、信诚、廉耻、礼让、孝慈、勤俭、勇敢、刚直。上述"九德",而"加以新的诠释",这个"新"就在于都包含新时代和"人民"内涵或从人民的新时代出发,也就是代表最广大群众的根本利益。如释"孝"说,"孝道加以适当的改造,仍应保持下来,要取消绝对服从的意义,发扬爱敬父母的意义。父慈子孝,仍属必须。"②"廉耻"是人民群众最重视的道德,最具人民性。勤俭是几千年人民群众所恪守的道德,不因时代变化而改易。"勇"更为新时代所必需。"刚直"即坚持原则决不动摇,坚持主体的自觉性而决不屈服外力的压迫。这种刚直的品德,是新时代所必须发扬的。值得注意的是,张岱年把爱国主义、为人民服务的集体主义和社会主义的人道主义设定为新的三个基本原则或"新三纲"。并且在批判继承的问题上,他提出儒家的"仁"不仅应

---

① 《张岱年全集》第 3 卷,第 226 页。
② 《张岱年全集》第 7 卷,第 327 页。

该加以肯定，而且认为"仁的积极意义已包括在'为人民服务'与社会主义的人道主义中了"①。这是张岱年在改造和提炼儒家与墨家思想的基础上，继承和弘扬了传统美德作为调整群己关系的准绳的内容。儒家的仁学和墨家的"兼爱"学说是"与群为一"的理论来源。但张岱年将墨家的爱所有的人，改为爱"人民"。这种辨析和取舍的结果是，创立了与时俱进的新的道德理想，无疑是对儒家仁学的一种新的发展。

张岱年注意对传统道德规范的一些名词概念，加以新的解释和改造，特别重视传统道德的连续性和继承性。"历史是上千年的集体的记忆的明证，这种记忆依赖于物质的文献以重新获得对自己的过去事情的新鲜感。"②的确，传统在不经意间无声无息地给历史留下痕迹。在其漫长的积淀过程中，要想删除这些集体记忆是不容易的。对传统道德的改造与传统道德的弘扬，张岱年认为都是同等重要的。直至今日，传统道德同样面临新的挑战，人与人之间、人与社会之间的关系变得日益紧张和严峻，道德理想已经呈现前所未有的困局。传统道德资源依旧是我们赖以应对道德生活问题的基本资源之一。张岱年在批判旧道德、建立新道德的积极态度和创新的举动是值得我们借鉴和学习的。肯定个人的主体性，同时要求个人具有强烈的社会责任心，群与我的和谐统一才是新时代道德的基本精神。

张岱年在充分继承传统唯物论（气论）资源，借鉴现代唯物思想的基础上，娴熟地运用了逻辑解析方法，秉持唯物辩证的基本精

---

① 《张岱年全集》第 7 卷，第 427 页。

② 米歇尔·福科著，谢强、马月译：《知识考古学》，生活·读书·新知三联书店 1998 年版，第 6 页。

神,将唯物、解析、理想有机地融为一炉,创造了一种刚动弘毅的哲学。这种综合创造的前提是充分吮吸了传统哲学思想的乳汁,吸收有益的养分,发展壮大自己;同时,其哲学体系的创立弥补和纠正了中国哲学的弊端。例如,张岱年将人生理想与唯物主义的综合不仅弥补了唯物论对于理想论述不足的弊病,而且在《天人五论》中的,进一步阐发了自己的哲学思想。"动的天人合一"纠正了中国哲学传统中的崇天忘人、重内遗外、崇尚幽远的倾向,而以主"动"代替主"静";在"生与理之两一"的哲学命题中,张岱年注意到"中国的人生思想,因过于重'理',遂至于忽'生'。无见于生之特质,不重视生命力或活力之充实与发挥"①。在"群己一体"的哲学命题中,张岱年论述了群己和谐相处是人生理想的最高境界,因为"中国的人生思想,不注意人群之为一体。自来的道德教训,都是注重人我关系,而不注意群己关系,亦很少将群看作一个整体。这是今日必须充分认识的一个原则。"②在方法论上重体悟、重随想,不重分析,也迫使张岱年感到有必要将逻辑分析严密细致的解剖法,应用到中国哲学概念范畴的厘定中去。

更重要的是在唯物、理想、解析综合的过程中,笔者注意到,张岱年弥补上述之大蔽的要诀是:1. 以动代静,以刚代柔,以流代滞,充分体现了《易传》健动刚毅、精进不息的特点;2. 以张、王、颜、戴的气学或事学为宗。张载为"往圣继绝学"的主要内容是《周易》的学说,他发展了《易传》中唯物论与辩证法的思想,批判了佛学唯心论的观点。王夫之充分继承和阐发张载的唯物论哲学思想,并巧妙有机地结合到自己的哲学中去。

---

① 《张岱年全集》第 2 卷,第 617 页。
② 《张岱年全集》第 2 卷,第 618 页。

　　张岱年认为,张载的《芭蕉》诗里正好表达了自己追随张王的宏愿:"芭蕉心尽展新枝,新卷新心暗已随。愿学新心养新德,旋随新叶起新知。"(《文集·杂诗》)张岱年"养新德",即确立新社会的新道德理想,其"起新知"即在继承张王等人的思想基础上,独立思考,开创新的哲思。对中国哲学中死的与活的内容,张岱年作出了独具匠心的智慧选择,并进行了综合创新。他坚持逻辑分析方法与辩证思维方法相结合的原则,解决了许多哲学理论上模糊的问题。张岱年对于问题的条分缕析,缜密论证,同时兼顾中外的理论观点,融会贯通,别囿解蔽,而成一家之言。他的唯物、理想、解析的完美综合,是传统与时代的需要和诉求,是中国哲学继承与创新的典型范例;他的哲学思想是现代哲学民族化与传统哲学现代化的典范;他锲而不舍追求真与善的精神,反映出追求真理的勇气和使命感,从而在 20 世纪中国哲学史上作出了独特的贡献。

第四章 伦理价值研究的新开拓

西方传统哲学(古希腊至 19 世纪)通常把世界划分为客观存在的世界和主观精神世界。物质世界是无机的,生物世界是有机的。人所设定的人生理想和文化价值是超有机的。与"求真"的西方哲学相比,中国哲学的最大特点可以归结为"求善",即其研究的重点是道德价值观。熊十力说:"真致哲学者,必知宇宙论与人生论,不可判而为二。非深解人生真相,决不能悟大自然之真性。尽己性以尽物性,此圣学血脉所承也。"[1]由此,我们可以说,中国传统哲学是一种人生道德哲学,也可以说是一种伦理中心主义的哲学。强调人的道德规范、道德修养、道德要求、道德评判,也就是中国哲学的"内圣之道";而中国哲学的经世致用、强调人运用自己的学问来"齐家、治国、平天下",则是中国哲学的"外王之道"。内圣与外王的双剑合璧,就是求善的两层意思。[2] 正因为这一点,在《中国哲学大纲》中,张岱年花了非常大的篇幅对历代的人生论进行了详细的论述,在《品德论》中他对道德理想也提出了自己的思想建构。

---

① 参见熊十力:《新唯识论》壬辰本癸巳赘语,载《熊十力全集》第六卷,湖北教育出版社 2001 年版,第 4 页。

② 赵品洁:《求善与求真——中西哲学基本特征比较》,《河北学刊》1994 年第 2 期。

通过自己的专著和文章，张岱年进一步阐发对价值观的理解，钩玄提要地挖掘了中国哲学中许多弥足珍贵的资源，不仅凸显了中国哲学的价值学说，而且形成了自己的价值思想，从而在中国哲学的价值研究领域作出了开拓性的贡献。除了在存在论、认识论和方法论之外，张岱年所建构的哲学体系的基本构架就是伦理价值论。

第一节 伦理价值概念的界定

在 19 世纪以前的西方，价值仅仅作为道德实践中善的度量衡，从未获得过自身的本体论意义。19 世纪的德国以洛采、文德尔班和李凯尔特为代表的价值哲学家，在吸取康德哲学思想源泉的基础上，创立了以价值问题为哲学中心问题的价值哲学。从此，价值作为一种人的存在和世界的存在的独特方式与独特本质的哲学范畴，获得了独立的地位。但是，张岱年敏锐地意识到道德本体论并不等同于价值论，并在 20 世纪后期着手将二者分而论之。可以说，张岱年在 20 世纪 80 年代的主要精力放在了中国传统哲学中伦理价值的重建上了。这既是张岱年研究中国哲学史开拓的新领域，也是他再现中国哲学思想自身价值观的尝试。这里所指的"伦理价值"用意有二：一是相对于"经济价值"而言；二是把伦理学说作为价值学说的参照物。因为二者的相涵相摄性和相互关联性。但是，笔者的重心是放在张岱年所论述的价值学说上。

在挖掘张岱年的价值论思想之前，笔者感到有必要对伦理学的概念及其研究范围作出界定，特别是要弄清楚张岱年在伦理学及价值学方面所作出的探索。什么是伦理学？它研究的范围有哪些？什么是价值学？它是如何界定的？而它研究的内容有哪些？

首先需要说明的是,我们所探讨的主要内容为张岱年对于中国传统哲学中价值学领域所作出的新开拓。在这里,界说张岱年的伦理学说只不过是为价值论作铺垫,而这种界说和铺垫显然是有必要的。

张岱年将丰富的伦理思想从中国哲学中剥离了出来,对两千多年来伦理学说的发展演变进行了系统的清理,并且就道德的起源问题、道德规范问题、礼仪问题、义利和利欲问题、义命问题以及道德修养问题等方面进行了全面的梳理。在《中国伦理思想研究》这部扛鼎之作中,在对中国伦理思想的总体把握中,张岱年对于统领中国伦理思想的主要问题,做了概括性的界定,使人对两千多年来的伦理学说的历史进程、基本问题有了整体的了解。张岱年指出,哲学的基本问题不能代替伦理学的基本问题。他认为,伦理学说的问题主要可分为道德现象与道德理想和价值问题:"首先应该指出,伦理学说,自古以来,所讨论的问题虽然很多,实则可析别为两大类问题:其一为关于道德现象的问题;其二为关于道德理想和道德价值的问题。"①他指出,道德现象问题主要涉及的是道德衍变的基本规律,道德价值问题是道德的最高原则,因而后者而不是前者是伦理学应该关心的问题。因此,张岱年认为不能简单地用精神与物质或思维与存在的哲学基本问题来代替伦理学的基本问题。伦理学的首要任务就是,对于人作为类与个体的本质关系提供历史的解答。任何社会的道德规范、人伦秩序、责任义务、人格类型的道德品性都是这种本质和关系的现实表现。首先,我们也可以从伦理行为事实如何来看,即伦理客体不依赖道德目的而独自具有的属性,伦理行为无论与道德目的发生关系与否,都

---

① 《张岱年全集》第3卷,第512页。

同样具有属性,是伦理行为的固有属性,叫做"道德实体"。其次,是"道德主体",即社会的道德属性、社会的道德起源、社会道德目的、社会道德结构、社会道德规律。因为道德目的是道德的价值标准,所以它是衡量伦理行为事实如何的道德价值的标准。再次,是"道德价值",也即是伦理行为应该如何,是伦理行为事实如何与道德目的发生关系时所产生的属性,是伦理行为的关系属性,又叫做道德价值、道德规范、道德准则。综合张岱年的界说,因此我们可以说,伦理学是一种行为科学,是关于伦理行为、利害人己行为的科学,是关于伦理行为、利害人己行为事实如何的规律及其应当如何的规范科学。

具体来说,首先,张岱年对"伦理学"的定义给予了明晰的界说和诠析。他说:"伦理学即研究'人伦'之理的学问,亦即研究人与人的关系的学说。"①"人伦"一词可追溯到孟子的"使契为司徒,教以人伦"(《孟子·滕文公上》),而"伦理"一词可上溯到《礼记》。张岱年指出,中国哲学中,"伦理"一词见于《礼记·乐记》:"凡音者,生于人心者。乐者,通伦理者也。是故知声而不知音者,禽兽是也。知音而不知乐者,众庶是也。唯君子为能知乐。是故审声而知音,审音以知乐,审乐以知政,而治道备矣。是故不知声者不可与言音,不知音者不可与言乐,知乐则几于礼矣。礼乐皆得,谓之有德。德者,得也。"清人孙彬在《礼记训纂》中说:"禽兽知此为声耳,不知其宫商之变也。八音并作克谐曰乐。《正义》:'此音为乐,有金、石、丝、竹、干、戚、羽、旄。乐得则阴阳和,乐失则群物乱,是乐能通伦理也。禽兽知其声而不知五音之和变。众庶知歌曲之音,而不知乐之大理。君子能知乐之理,故云为能知

---

① 《张岱年全集》第 3 卷,第 499 页。

乐。'方性夫曰:'伦言人伦,理言物理。若君臣上下同听之,则莫不和敬,长幼同听之,则莫不和顺,父子兄弟同听之,则莫不和亲,所谓通人伦也。'"①由此可以看出,《礼记》里的"伦"是指类别,"理"是指分。禽兽只能分辨不同的声音,但不知宫商之类的音乐变化。通过制礼作乐,人们可知政事之得失,可正君、臣、民、事、物之礼。所以说懂音乐的人近于知礼。礼乐皆备者可称得上有德之人。中国文化的根源实际是起源于礼乐。"乐"也是礼,因为古代举行礼仪活动,都必须配以乐,也就是所谓"礼乐不兴,则刑罚不中"(《论语·子路》)。先秦的礼乐刑政是合二为一的,有了礼乐刑政也就有了道德教化。因此,道德学说也可称为伦理学说。

其次,张岱年区分了中国传统哲学中伦理学和认识论的关系。因为传统哲学重在伦理,伦理渗透于自然、社会和人生等各个方面,其表现为不给人提供实际的自然和社会知识,而在于提高人的精神境界。"在中国古代哲学中,伦理学说是和本体论学说以及关于认识方法的学说密切联系、互相贯通的;但是彼此之间也确有一定的区分。中国伦理思想史的研究就是将历代思想家的伦理学说划分出来进行专门的研究。在研究过程中,也注意历代思想家的伦理学说与本体论思想和认识论思想的联系。"②中国传统哲学的认识论尤为注重把主体的道德修养以及致善途径作为其研究的基本内容,故有将认识对象伦理化的倾向。道德完善和道德修养是人性论和认识论的共同目标,认识论也是以人性论和伦理学为基本内容。因此,自然客体、社会客体以及作为客体之主体自身并不是中国哲学道德认识论的对象,而是其伦理内容才是道德认识

---

① 朱彬:《礼记训纂》,中华书局1996年版,第562页。
② 《张岱年全集》第3卷,第501页。

论的真正客体。不仅如此,自然客体、社会客体等伦理化是从特定的人性内涵中推衍于外的结果,也就是说,外在对象的伦理性是依据人的道德规定而作的特定敷衍。一切伦理化的外在客体实际上是主体人性的特殊表现。这样,真正的道德认识对象就成了主体的人性自身,理解和认识了人性,那么一切宇宙原理和社会要义则尽在其中。因此,张岱年认为心性问题即人性与认识的关系问题。人性与认识的关系问题的解证构成了中国传统哲学道德认识论的基本内容之一。由此可见,张岱年注意到了中国哲学中的伦理学、本体论和认识论三位一体的关系,而他的使命是考察中国哲学伦理思想的变迁、发展脉络、基本问题和基本特点,并对其进行客观的评价。

再次,张岱年认为,道德伦理问题不等于价值问题。他界定了伦理学研究的基本问题。中国哲学中的道德问题,也是伦理学中长期争论的主要问题。也可以说,所有道德现象和赋予道德含义的对象,都是伦理学所感兴趣并欲加理性反思或分析批判的课题。此前,国内学术界对于究竟何为伦理学研究的基本问题聚讼纷纭:有人说是道德与利益的关系,即一方面是道德利益与经济利益的关系,另一方面是个人利益与社会整体利益的关系;有人说是道德与社会历史条件的关系;有人说是善恶;有人说是应有与实有;有人说是意志自由与规范必然性;有人说是道德的性质、起源与标准等;如此等等,不一而足。

张岱年借助逻辑分析方法,界定了伦理学研究的基本问题有六:1. 人性论问题,即善恶起源问题和人性问题的演变过程。2. 精神生活和物质生活的关系问题。张岱年认为物质生活是精神生活的基础,精神生活也离不开物质生活。3. 道德判断问题。判断行为的道德与不道德,也是志功问题,即动机与效果的问题。4. 道德理想与道德规范问题。道德理想也叫道德最高原则,这是伦理学的中心部分,也就是个人利益与整体利益的关系问题。5. 价值与当然的学说。伦理学可以说是研究价值的学问,除了经济价值之外,还有真、善、美三个重要的伦理价值。价值问题也就是讲当然问题,即什么是应当,什么是不应当,这是个重要问题。6. 道德修养问题。一个人要按照道德原则行事,培养高尚的人格。中国传统哲学在个人修养方面、理想人格的培养方面富有丰富的资源。在这六大问题之中,张岱年把价值学说看成是当然的学说,真、善、美也是其研究的对象。

在 20 世纪 80 年代中期,张岱年认为,中国传统哲学以往所关注的重心是自然观、认识论、道德观(伦理观)。但是价值论作为一个新的领域有待于开拓。"现在,价值观的问题已引起人们广泛的注意。事实上,价值问题由来已久,关于真善美的讨论,关于人生价值的争辩,可谓自古有之。我们研究中国哲学史,古代哲学家的价值观是值得探索的。这两年来,中国古代的价值观,已引起人们的注意,应该肯定,这是一个继续研究的新课题。"①张岱年在这一时期着手所做的主要工作就是,首先把价值学说从传统的道德学说中剥离开来。在 1957 年发表的《中国伦理思想发展规律的初步研究》中,张岱年初步考察中国伦理思想发展变迁的规律,并大胆地提出许多伦理问题。这种问题意识的目的就是将伦理学说从中国哲学本体论中分离开来,对哲学史上许多道德观念进行了分析,并阐述了宗教道德与人本主义的异同。经过初步研究,张岱年认为,中国伦理思想大致有五类:第一,为封建地主阶级根本利益作辩护的伦理思想;第二,春秋战国时代部分反映小生产者要求

---

① 《张岱年全集》第 6 卷,第 180 页。

的伦理思想;第三,秦汉以后对于封建地主阶级道德提出批评性的解释的伦理思想;第四,秦汉以后反对封建地主阶级道德的伦理思想;第五,表现了泛道德主义的腐朽的伦理思想。显而易见,张岱年的这五种划分是粗放性的分法,其研究深度不够精密,同时对于小生产者和封建伦理思想的划分也是受了当时路线斗争的影响。应该肯定的是,张岱年敢于对一些重大伦理问题进行思考,如对宗教与非宗教道德学说之间的伦理思想的拷问,为他重建价值学说奠定了基础。

西方哲学将伦理大致分为三种:一是亚里士多德认为,拥有诸如正义、慷慨、慈善等美德的人,会采取对自身或社会有利的行为倾向行事。二是康德认为,只有目的无私利他的行为,才有利于社会和他人、有利于自我道德的完善,所以才是道德的。"每个有理性的东西都必须服从这样的规律,不论是谁在任何时候都不应该把自己和他人仅仅当作工具,而应该永远看作自身就是目的。"①康德所谓最高价值"至善"是最终以人作为目的的,以理性的人作为目的,对张岱年的影响很深。理性的人是道德价值及其一切价值的最高依据。三是效用主义的观点,即人们行为的指导原则应该是满足大多数人的最大幸福或利益。有人认为,古今中外的伦理学家们围绕伦理问题论战不休,如果细考比较去,可以归结为四大流派:第一派以孔子、墨子、康德为代表人物的"利他主义",他们这一派把无私利他作为评价人们行为是否合乎道德的唯一准则;第二派是"利己利他"学派,这一派以爱尔维修、霍尔巴赫、费尔巴哈为代表,认为每个人的行为目的只能利己,却又不可能靠自

---

① [德]康德著,苗力田译:《道德形而上学原理》,上海人民出版社1986年版,第86页。

己单独实现,而只能通过社会利他的手段实现;第三派是尼采、海德格尔、萨特以及我国的杨朱和庄子为代表,其基本特征是把"单纯利己"奉为评价人们行为是否道德的唯一准则;第四派主要以达尔文、弗洛伊德、弗罗姆等人为代表的流派,其基本特征是反对"无私利他"的利他主义、"为己利他"的合理利己主义以及"单纯利己"的个人主义,而把"无私利人"与"利己不损人"共同奉为评价人们行为是否道德的多元准则,这是一种"己他两利主义"①。虽然不同的派别之间的特征表现有所不同,即使是同一派别之间因为时代不同、国别不同、承续的源头不同,因而观点主张不能一概而论。

张岱年对伦理学说的研究也有一个深化的过程。我们可以注意到随着时间的推移,张岱年关于伦理学研究的广度和深度在加强,其思想内容也起了一定的变化。例如,20 世纪 50 年代张岱年对传统伦理思想的着重点在于阶级性和批判性,而在 80 年代他研究的重心在于继承性和具体性。纵览张岱年关于伦理学说研究的脉络,如果说 50 年代的《中国伦理思想发展规律的初步研究》只是一个初步尝试,一个研究道德伦理的开端的话,那么,80 年代的《中国伦理思想研究》探讨的问题就复杂得多,内容也丰富得多,如对伦理问题的探讨、道德次序的论述、道德的阶级性和继承性的宏论、人性学说的剖析、仁爱学说的评析、道德修养与理想人格的阐述等在中国哲学史的研究上都具有开拓性和创新性。其中,张岱年在下列三个方面的论述体现了其新见解:1. 道德的阶级性与继承性问题。张岱年认为,一方面道德具有普遍形式,另一方面不同的学说各自蕴涵有特殊的内容。2. 关于人性论,张岱年提出了

---

① 王海明、孙英:《几个伦理学难题之我见》,《北京大学学报》(哲学社会科学版)1994 年第 6 期。

"人性是具体的共相"说，即以往的哲学家大多数人只把人性看做是"抽象的共相"。由于民族的不同、时代的不同，包含人类共相的各种特殊性应该注意甄别。3. 合理地继承"三纲五常"。对于"三纲五常"，张岱年认为，应该肯定其合理的部分，剔除其不合时代性的部分。如"君为臣纲"应当毫不留情地废除，但是对于"仁、义、礼、智、信"有积极作用的伦理思想应该批判地继承下去。

此外，张岱年还总结了一套研究中国伦理学史的方法，如批判性与科学性的统一，资料与观点的统一，阶级分析与理论分析的统一，要正确理解古代伦理学说的深刻思想内涵，怎样发扬实事求是的学风，正确看待历史遗产的问题以及关于具体问题具体分析的方法问题等，在很大程度上拓展了中国哲学史的研究空间和研究方法，为中国哲学史的理论发展作出了贡献。他的主要功劳在于成功地将传统道德思想作为伦理学从中国哲学史中剥离出来，凸显中国哲学史中伦理学作为一门"显学"的存在。

同时，我们必须注意到这样一个事实，即由于中国哲学中的本体论、认识论和道德学说三位一体现象的长期存在，使伦理学说作为一门独立的学科不能脱颖而出，"即中国古代哲学的一个根本特点，就是天道论、伦理学、方法论的密切结合，可以说构成三位一体。在中国古代哲学中，宇宙的第一原理也就是道德的最高准则，认识真理的方法也就是道德修养的方法。"[①]张岱年既看到三合一中的"三"，也看到三合一中的"一"。他不仅独辟蹊径地对伦理学概念进行定义，而且对其基本问题、研究范围做了创建性的建构。此外，就中国传统哲学中的伦理学说本身而言，它涉及人的本性、

① 《张岱年全集》第4卷，第125页。

道德原则、人生理想以及人生价值的学说,其中有重叠相融的部分,但也有其不同之处。笔者认为,从张岱年的论述中,我们可以得出如下结论:质而言之,伦理学论及的是有关道德原则的学问以及如何制定和实施道德原则,而价值学说是伦理学研究的范围之一,其核心在于承认人具有卓越的价值。张岱年更直接地说:"人己关系是伦理思想所研究的中心问题。道德原则即是正确处理人己关系的原则。己是自我,人是别人。别人也有自我,可称为他我。人己关系即自我与他我的关系。"①人作为主体而存在,有道德觉悟,有改造自然、改变环境的能动作用。张岱年睿智地抓住了伦理问题的核心所在。如果说将伦理学从中国传统哲学中剥离出来是张岱年研究中国传统道德的第一次转向,那么,将价值学说从伦理学说中拈出,是张岱年继承和弘扬中国传统道德哲学的第二次转向。在第二次转向中,张岱年作出了哪些独特的贡献呢?

第二节　新时代价值学说的开垦

在论述张岱年有关价值论的建构思想之前,笔者感到有必要首先对西方价值论研究做一浮光掠影的鸟瞰。如同研究中国哲学一样,我们先得弄清楚"价值"这个概念的出处,这样我们就可以用一种比较的眼光看待中西哲学中价值的内涵和外延。

19世纪末德国哲学家康德通过对价值重新评价,为后人指出了一条以价值问题作为哲学核心问题的康庄大道。康德更为明确地指出:"在纯粹哲学的领域中,我对自己提出的长期工作计划,

---

① 《张岱年全集》第6卷,第377页。

就是要解决以下三个问题:1. 我能知道什么? 2. 我应做什么?
3. 我可以希望什么? 第四个,也是最后一个问题:人是什么?"①
康德提出的第一个问题是关于知识论的问题,第二个问题是关于
伦理学的问题,第三个问题是哲学价值论的问题。第三个问题是
要为道德、应当找到依据。在康德看来,这个依据就是"至善"。
康德的"至善"的圆满是以上帝的存在作为前提条件。康德的价
值哲学可以称之为"先验主义的价值哲学"。第四个问题关于人
的价值问题更是成为价值学研究的重镇。此后,洛采、文德尔班、
李凯尔特将价值学的研究又推进了一大步。特别是文德尔班把哲
学的对象、哲学唯一的全部问题归结为价值问题,把一般价值论的
意义归结为"立法",即把握价值评价的理性的普遍规律,克服价
值相对主义,克服个人与社会的分裂。李凯尔特作为文德尔班的
弟子继承了文德尔班的学说,在此基础上借助文化科学的材料,提
出了一个文化价值系统,建立了价值哲学的体系。此后不久,德国
哲学家布伦塔诺首次把意动心理学的理论应用于价值研究和评
价,对奥地利学派产生了深远的影响。奥地利的哲学家迈农于
1894 年出版的《价值论的心理学——论理学探讨》是西方系统阐
述一般价值论的第一部著作。德国和奥地利的价值学派被称为情
感主义的价值学派。张岱年所推崇的英国新实在主义的创始人之
一 G. E. 摩尔,于 1903 年出版了具有划时代意义的价值论、伦理论
代表作——《伦理学原理》,标志着 20 世纪价值学、伦理学革命的
开端。② 在 20 世纪的美国,拉尔夫·巴顿·培里创立了著名的

---

① [德]康德著,蓝公武译:《纯粹理性批判》,商务印书馆 1960 年版,第 554
页。

② 参见李江凌:《价值与兴趣:培里价值本质论研究》,中国社会科学出版社
2004 年版,第 18—37 页。

"价值兴趣说"，产生了以霍尔特的多元伦理主义、斯巴庭的"关系"伦理主义等为代表的美国新实在论。欧美大陆在整个20世纪掀起了有关价值研究的狂潮。19世纪末20世纪初的西方价值哲学有三种主要观点：第一是主观价值论，如新康德主义价值哲学奠基人文德尔班、奥地利价值学派的迈农、美国新实在论者培里等。他们分别从满足主体需要，是否符合主体情感、欲望、兴趣去理解价值的本质；第二种观点是客观价值论，如直觉主义价值论、现象主义价值论等，主张用直觉把握价值；第三种观点是怀特海的过程哲学价值论，主张万物都是相互作用、相互摄受，而后期过程哲学价值论演变为系统哲学价值论。张岱年受新实在论价值学说、直觉主义价值论的影响较深，从其对价值概念、价值层次的界定来看，就可见一斑。

尽管价值学在西方属于比较成熟的学科，不少西方学者在研究价值论时，通常还是与伦理学、道德哲学结合在一起研究，往往把价值研究作为伦理学或道德哲学研究的一部分。虽然中国的价值论(theory of value)直到20世纪80年代也没有从伦理学中剥离出来，但是，中国的传统文化就是以人伦价值为中心的，中国传统哲学的主流可以说就是一部伦理道德哲学。这一点与西方许多学者的看法相似。在西方，伦理学研究与价值哲学研究是紧密联系在一起的。张岱年认为，中国价值研究与伦理学研究也是不能截然分开的，因为中国哲学中伦理与价值思想有着水乳交融的传统。他指出，价值学与伦理学说的关系是一种相即相离的关系，就其内容来说，有重叠之处，但是，作为一门独立的学科，价值论首先必须从道德伦理学说中分离出去。

张东荪是我国现代最早研究价值论的学者。他于1934年出版了我国第一本价值哲学的著作——《价值哲学》，全书共分五章,两万多字,主要介绍西方价值哲学包括新直觉论的摩尔价值理论,也阐述了他对价值论的一些观点。这本小册子的出版标志着我国价值哲学的起步。在此后的相当长的一段时间内,我国的价值论研究几乎是空白,只是到了20世纪80年代初才在中国正式兴起。直到张岱年在20世纪80年代撰写《中国伦理学思想史》时,他首先考虑到的还是要不要将价值学从伦理学中分离开来。尽管张岱年在1937年所撰写的《中国哲学大纲》中,对人性问题、人生理想问题、人生问题等涉及伦理价值方面的内容从人生论的角度作出了详细的论述。但是,在中国把价值论作为一门独立存在的学说加以系统的研究,还是80年代以后的事情。这其中与张岱年敏锐的、勇于探索的哲学触须不无关联,也与国内整个思想大解放的大环境有关。80年代初,价值研究热有如春雨润物无声一般在国内兴起。刘奔、李连科1982年8月18日在光明日报发表的《略论真理观和价值观的统一》,则对整个研究的兴起起了重要的推动作用。自那以来,国内各种报刊发表的有关价值研究的文章就络绎不绝,不计其数。但在张岱年之前,中国的哲学研究者们讨论的范围仅仅限于马克思主义的价值论。与此不同的是,张岱年通过比照西方价值理论,建立了中国哲学中的价值学说。

应该说,张岱年在这方面作出的贡献最大、影响最深。他的主要贡献在于界定了价值的定义、价值观念、价值观、价值的层次以及将马克思主义价值观和西方价值观中国化——张岱年构筑的价值思想从内容上来说是彻头彻尾的中国味的。易言之,张岱年挖掘了从先秦以来到现在的中国哲学中的价值思想,并赋予它以新时代的生命力和活力。不仅如此,张岱年晚年认为,价值世界、价值问题也是本体论的一个方面。所以,本体论中包含价值问题,价值范畴是本体论、认识论的范畴。他试图在元哲学下面,将哲学价值作为其分支,独立地进行研究。在他看来,中国哲学的基本原理可以指导价值哲学的研究,中国哲学的价值论是中国哲学的原理在价值领域的体现和运用。"中国哲学本质上是价值哲学,是对宇宙价值、人生价值、人类价值与社会价值深沉的肯定与体验。这种深沉的肯定与体验是基于对生命的会通得来,也是基于对生活经验的整体反省得来。这种哲学注重依循宇宙的和谐来达到和谐的境界,但却忽略了纯粹知识与理论知识的发展。"①的确,中国哲学对生命价值、人生价值的体验在世界哲学中是绝无仅有的。

张岱年对伦理学说和价值学说做了两次剥离:第一次是将泛道德与伦理学划开一条界限;第二次是将价值论从伦理学说中独立出来。中国哲学最重视道德的学问,有关道德的内容通常通过充满智慧的格言、感悟的短文以再现其真知灼见。道德观念、道德价值被涵摄在经、史、子、集之中,一代又一代人通过不证自明的道德说教而得到教化、劝诫。这样传统的道德思想直接从生活经验中深入人心。张岱年所做的就是,强调道德价值的元理论建设,即从抽象的信念着手,探求道德现象和道德意识的特殊本质特征,特别是借用分析哲学的理论和方法,将伦理学与泛道德划开一条学科的分界线。当然,有些概念如善恶等不是简单地用概念、范畴、判断等逻辑分析的手段就能最后到达完全共识的,尽管伦理学是研究道德价值的学科,其主要范畴是善恶。但是,张岱年将中国传统哲学中的道德思想加以形式化、条理化,克服了传统道德学说在

① 李翔海编:《知识与价值——成中英新儒学论著辑要》,中国广播电视出版社1996年版,第12页。

方法上的局限性和片面性,用历史与逻辑结合的方法研究中国哲学中伦理学说的发生、发展和变化,开拓了中国伦理学研究的新天地。如果说,在西方,洛采被称为"价值哲学之父",是由于他把价值研究推到了中心的位置,那么,张岱年则是将中国哲学的价值论从其母体中分离出来,对中国哲学价值论的研究产生了深远的影响,可称为"中国传统哲学价值论之父"。

既然张岱年意识到伦理的核心问题是人的问题,也就是价值的问题。那么价值学除了和伦理学有相交叉、相融合的部分之外,还有哪些自身独特的东西呢?它的概念是什么?它研究的对象和范围是什么?价值的基本问题有哪些?价值有哪些层次?这些问题从 20 世纪 80 年代起就一直萦绕在张岱年那富有思辨的脑海里。

价值学(axiology)是人类生活中的价值及其意识的基本规律和实践方式的科学,是由哲学和各门具体科学关于价值的研究所构成的一门综合学科。由上面的简短叙述中,我们知道,价值论作为一门学问是 20 世纪初在西方开始建立的,但是关于价值的思想(theory of value),无论在古代东方或在古代西方,都早已存在了。"价值"(value)的本意是"可贵、可珍惜、令人喜爱、值得重视"。它源于古代梵文 wer、wal(围墙、护栏、排盖、保护、加固)和拉丁文 valus(堤)vallo(用堤护住、加固、保护),取其"对人有维护、保护作用"的含义演化而成。英文 axiology(价值学)一词,是对希腊文 aξca(价值)和 λoros(语言、学说)所构成的名词的音译。将"价值"作为一个专业术语而正式采用,首先是在经济学中。它表示商品交换的社会尺度,即交换价值,其货币形式就是价格。它和使用价值不同。以往的经济学家曾以为,商品的交换价值是由它的使用价值决定的。马克思提出,决定商品交换价值的真正尺度,是商品的内在价值,即商品中凝结的人类一般劳动。① 在张岱年以前,甚至到现在,许多人还认为"我国当代的价值哲学,就是马克思主义的价值哲学"②。张岱年先要思考的是,中国有没有传统的价值思想? 如果有,与西方的价值观念有什么不同? 价值在中国哲学中是怎样界定的?

首先,张岱年对于价值学说在中国哲学语境中的确切意义作出了清晰的界定。张岱年指出,价值(value)这个名词也是近代才流行的,在中国古代与价值意义相当的名词是"贵"。"贵本来指掌握特权的社会等级。在奴隶制社会和封建制社会中都有所谓贵族,指身份高贵的家族,那是社会等级之贵。在哲学上,'贵'具有另一意义,指高尚可以尊重的品质或事项。例如,孔子弟子有子说:'和为贵'(《论语·学而》)。孔子又一弟子曾子说:'君子所贵乎道者三'(《论语·泰伯》)。这所谓贵都是指有价值。称某事为贵,即肯定某事的价值。价值与价格是有区别的。在中国古代,表示价格的名词是'贾'(即价字),贾指物品的价格。《论语》说:'求善贾而沽诸?'(《论语·子罕》)《孟子》说:'布帛长短同,则贾相若。'(《孟子·滕文公上》)所谓贾都是指价格而言。在一般语言中,价格高的货物亦称为贵,如《史记》说:'论其有余不足,则知贵贱。贵上极则反贱,贱下极则反贵。'(《史记·货殖列传》)这所谓贵贱指货物价格的高低而言。"③张岱年从中国古代思想中表示价值意义的词汇中,发掘出"贵"、"贾"等词汇,揭示出事物价值的本原意义和中国传统哲学中价值论的原始脉络。

---

① 参见李德顺:《新价值论》,云南人民出版社2004年版,第19页;又见李德顺:《立言录》,黑龙江教育出版社1999年版。

② 王玉樑:《当代中国价值哲学》,人民出版社2004年版,第1页。

③ 《张岱年全集》第6卷,第467页。

国内学术界长期以来对什么是价值,人云亦云,莫衷一是,有的用它指至善,有的用它指幸福,有的用它指知识,有的将它与伦理相混淆,有的将它与道德相等同,意义相当混乱。张岱年所做的就是从经济商品价值的角度、客体对于主体需要满足程度的功利效用角度以及人的本质论概念的角度来界定和论述价值的含义。"'物之不齐,物之情也'物与物之间有高卑之别。宇宙间万物可依其高卑排成一序列,其高者谓之有价值,其卑者谓之无价值。"①在张岱年建立其哲学体系的最初阶段,张岱年主要从物论的角度,看物之等级差别,强调物与物之间的关系。在《中国古典哲学概念范畴要论》的著作中,张岱年首次将"贵"、"良贵"作为中国古典哲学的一个重要范畴来研究。他指出,《释名·释言语》中的"贵,归也,物所归仰也",就是"贵"字的哲学意义,《墨子·贵义》中的"万事莫贵于义"就是指最有价值的意思。张岱年通过考察先秦至宋明时期哲学家们对于"贵"、"良贵"的论说,指出中国古代哲学典籍中的"贵",就是中国古代哲学家的价值观念。我认为,这种对"贵"范畴的界定,科学地揭示了价值系统的本质特征。在此之前,国内学术界没有人在广度上和深度上对价值学说作出这样的论述。

张岱年注意到,一般常讲的价值是指经济价值或商品价值,但是在经济价值或商品价值之外,还有更根本的价值,也即是真、美、善。孔子说:"《韶》尽美矣,又尽善也";"《武》尽美矣,未尽善也"(《论语·八佾》)。老子说:"天下皆知美之为美,斯恶已;皆知善之为善,斯不善已。"(《道德经》第二章)足证孔子和老子都讲到美、善。"真"是比较后起的名词,现存先秦古籍中。"真"字作为

---

① 《张岱年全集》第1卷,第452页。

一个重要名词,最早见于《庄子》。庄子说:"道恶乎隐而有真伪"
(《齐物论》),以真与伪对待。在《道德经》书中,与"真"字相当的
是"信"。《道德经》云:"信言不美,美言不信。"(《道德经》第八十
一章)与"真"字意义相同的还有"诚",《易传》云:"修辞立其诚。"
(《文言》)诚即真实之义。① 如果说中国传统哲学的着力点是放
在了"求善"上,那么西方哲学的焦点则是"求真"。中国哲学中的
"格物致知"、"知行合一"的目的主要是求天理,明人伦,塑造理想
的道德人格,其中心点是成人成圣。虽然从苏格拉底起,西方哲学
也开始重视伦理价值,把哲学从天上拉回了人间,但是"认识你自
己"的命题是为了探索真理、追求真理。苏格拉底的"求善"目的
是为了"求真"。"美德即知识"的方法强调的是,人首先必须成为
有知识的人,然后才能有美德。苏格拉底试图从伦理道德中探寻
知识之真。"求真"的路数与"求善"的路数相对照,前者在一定程
度上忽略了人的本质需要,后者把人抬高到无以复加的地步。但
是西方近代"求真"的路数产生了科学技术的迅猛发展,也导致西
方人只关心与人类具体福利有关的科学真理。"但是,科学却忘
记了它的起源和基础,忘记了它与生活世界、与人的价值和理想的
关系。自然主义的科学把价值规范与自然规律等量齐观,不能面
对人生价值与意义的问题,这就是欧洲科学面临的危机。"②面向
"生活世界",在"生活世界"中发现人的真正价值,是 20 世纪世界
哲学包括中国哲学面临的任务。

张岱年观察到,伦理学是从价值特征上研究和解决人的本质
问题,即从人的本质出发,揭示其在现实中的完善程度。人是宇宙

① 参见《张岱年全集》第 6 卷,第 66 页。
② 赵敦华:《现代西方哲学新编》,北京大学出版社 2001 年版,第 103 页。

之精华、万物之灵长,是物质世界和文化世界的创造者。人的意识也是一种价值意识。人不仅能对当下的生存状态作出价值选择和价值评价,还可以对历史的道德价值进行反思,参与当下价值标准的制订,构建未来的价值理想。人生活在世界中,通过心理生物机制上的积累、凝聚、内化、整合为不同的价值心态,并对外部世界进行价值判断和选择。从这种意义来看,价值学说是一门人的学说,是关于人的价值及其实现价值的人本学和关于人生行为及其选择的生活哲学。因此,张岱年认为,同物质价值相比,人的价值贵于物。"人贵于物"也就是肯定人的价值。他进而指出,所谓人的价值有两层意义:一是作为个体的人的个人价值,即个人自由、个性解放等民主思想;其二是人作为人类的价值,即人是社会的人,人的本质就其现实上看,是社会关系的总和。个体与整体既有区别又有联系。中国哲学很早就承认了人的卓越价值:"立天之道曰阴阳,立地之道曰柔与刚,立人之道曰仁与义。兼三才而两之,故《易》六画而成卦。"(《易传·说卦传》)充分肯定了人在天地间的重要位置及其独特的价值。对于中国古代"天地之性人为贵"的思想,张岱年是认同的。孟子的"良贵"就是一种与生俱来的道德意识、价值意识。"良贵"就是一种"天赋人权"或"天赋价值",强调的是以人为本,把人当人看待,表现出中国哲学中重视人本的价值传统。诚哉斯言,人生天地间,人与一般动物相比有高贵的价值。不仅如此,由于中国传统文化中宗教意识的缺席,更加凸显了以人为中心的价值思想及把人看做是最宝贵的社会存在的传统。

对于价值层次的明晰地划分是张岱年为重建中国传统价值学说所作出的又一贡献。张岱年认为,价值的意义有三个层次:

1. 价值是客体满足主体的需要,凡能满足主体需要的,即有价值的。这是价值的第一层含义。

2. 对于需要也有一个评价的问题。有的需要有较高的价值,有的需要有较低的价值。对于需要的评价,即确定需要的价值的高低。衡量需要的价值的高低,这是价值的第二层含义。

3. 既然对于需要有评价问题,对于具有需要的主体,也可以进行评价。主体本身的价值,这是价值的第三层含义。如中国古代哲学提出"天地之性人为贵"的命题;近代以来,也流传着一句名言:"在世界上,人是最宝贵的。"这里所谓"贵",不是说人类能满足什么需要,而是说人类具有其他物类所未有的优越性与能力。①

对于马克思关于价值的学说,张岱年认为应该正确理解其精神实质。一部分人根据马克思在《评阿·瓦格纳〈政治经济学教科书〉》中的一段话,认为以"客体对于主体的需要的满足"来界定价值的含义,也即是认为价值是主体与客体之间需要与满足的关系。张岱年对这种简单臆断的定义持不同的看法。他认为,满足主体的需要只不过是价值的最基本的含义而已,也是第一层重要意义,但绝不是仅此而已。况且马克思并不一定是用瓦格纳的观点来说明自己的观点,很可能是马克思批判瓦格纳把价值简单化的错误观点。马克思关于人的需要即人的本质可以概括为以下几点:1. 人的需要是有生命的个人的自然存在,是人的生命的直接反映,因而是人的天然的、必然的和内在的规定性;2. 人的需要是一个任何人、任何社会都无法泯灭的、永恒存在和无限发展的客观范畴,只要人存在和发展,人的需要就存在和发展;3. 人的需要是人的权利、人的尊严所在,资本主义限制和扼杀它,共产主义则肯

---

① 《张岱年全集》第7卷,第31页。

定和发展它;4. 人的需要是人的一切行为、他的全部生命活动的动力和根据;5. 人的需要是人的社会关系,它是一切社会关系产生和变化的动力和根据;6. 只有人的内在的必然的需要的力量,才是本质的力量。正是人的需要及其满足方式与动物的需要及其满足方式的区别,构成人与动物的本质区别,使人具有了实践的、社会的等全部丰富的特性。所以说,人的需要即人的本质。① 张岱年认为,对于马克思主义的需要观应该全面了解,而不应仅仅局限于一个层次上。虽然美国实用主义对"需要的满足"甚为首肯,但是它与辩证唯物主义的基本观点不同,与庸俗的唯物主义把需要限定在饮食人欲的需要也不可同日而语。因此,张岱年认为,在"需要的满足"之上还要有第二层意义,也就是需要的评价问题。

在张岱年看来,需要人殊而殊,有阳春白雪的需要,有下里巴人的需要,有沉溺于声色犬马、贪财好色的需要,也有志存高远、有崇高道德理想的需要,有个人的需要、整体利益的需要,有精神的需要和物质的需要。所以,需要有高下雅俗、高尚低级之分。正因如此,除了"满足需要"的第一层需要之外,张岱年还提出了"衡量需要"的问题,即对"需要"也需要作一评价:"衡量需要的高下,只能从需要与需要之间的关系中寻找。有的需要能包容别的需要,有的需要为别的需要所包容。具有包容性的需要高于所包容的需要。因此,可以说整体需要高于个人的需要。"②对于孟子所说的"心之官则思,思则得之,不思则不得也。此天之所与我者,先立乎其大者,则其小者弗能夺也"(《孟子·告子上》),张岱年是赞同

---

① 参见薛德震:《人的哲学论说》,中国社会科学出版社 2004 年版,第 245 页。

② 《张岱年全集》第 7 卷,第 29 页。

的,认为人的精神道德需要的价值远远高于饮食男女的物质需要。

当然,对于价值的评判不宜采取僵化的价值趋向,也就是只看到评价对象的价值。如海德格尔就对价值评判本身进行了反思。他说:"反对'价值'的思并不主张凡被解释为'有价值'的东西——'文化'、'艺术'、'科学'、'人的尊严'、'世界'与'上帝'——都是无价值的。毋宁说,把某物表明为'价值'时所评价之物的价值恰恰被剥夺了,明见到了这一点,至为重要。就是说,通过把某物评为有价值这回事,被评价之物仅仅被允许作为评价人的对象确有价值的话。一切评价,即使是积极的评价,也是一种主观化的行为。一切评价都不让在者在;一切评价只是让在者仅仅作为评价对象才是可靠的。欲证明价值客观性的这种不懈的努力并不知道自己在干什么。当人把'上帝'整个宣布为'最高价值',那是贬低上帝的本质。思在评价行为中与别处一样,都是所能想象的对在的最大猥亵。所以,反对价值的思,并不是要为在者的无价值和虚空击鼓助威,而是说:反对把在者主观化为单纯的对象,把在的真理之所在带到思的面前。"①因此,在同一派别中,我们还要仔细地辨别其观点立场的不同。如海德格尔并不是完全否定价值判断,他所批判的是把评价对象主观化为单纯的价值对象。这一看法与张岱年反对把人的价值用"需要—满足"等价值的简单公式来说明,超越价值的需求层次,不无相似之处。这种观点与道家认为的,儒墨所讲的道德都是相对的、并非真正的价值。只有绝对的"道"才是最高的价值。"道"是超越一切相对的事物的,道的价值可称为超越的价值。道家的价值论可称为超越价值论

---

① 海德格尔著,郜元宝译,张汝伦校:《人,诗意地安居》,上海远东出版社2004年版,第31—32页。

（theory of transcendental value）。所不同的是，海德格尔强调的是，人的存在超越了一切其他的价值。张岱年则提出了对需要的超越问题。"这一见解无疑很重要，并且富有启发性。"①张岱年对于价值除了现实性外，还应该有超越性的洞见影响了后来中国价值论的研究方向。此外，在重估一切价值的时候，张岱年认为，必须要考虑到人与人群（社会、民族、国家）的关系问题以及人的物质需要与精神需要的关系问题。

对需要评价本身的思考，导致张岱年推出了价值的第三层意义，也就是对需要的主体人的价值的界定。很显然，简单地强调个体或者群体的价值都可能陷入一种极端。人是什么？ 人有价值吗？ 人与人之间有没有可能相互理解？ 自我与社会能够沟通吗？ 关于价值就只有三个层次吗？

李德顺认为，关于人的价值国内学术界主要涉及的有"属性说"和"关系说"两种方式。"属性说"认为，价值归根到底是有价值事物自身的存在和属性。人们根据一事物之所以有价值是因为它本身具有某种属性、特性，而相信价值是事物自身内在的东西。其特点就是把价值归结于有价值者本身；认为事物的价值不随事物同他物的关系而改变，只是在这些关系中不断地表现出来。因此"属性说"力图从事物自身找到其价值的最终不变的存在和尺度。价值的"关系说"认为，价值是任何客体的存在、属性、作用等对于主体（人类或具体的人）的意义（有时被简单地表述为"客体满足主体的需要"）。也就是说，价值并不是任何实体（主体和客体）本身单方面的存在或属性，而是人类生活特有的主客体关系现象，是主客体统一的一种特定的质态。属性可以"有用"，但"有

---

① 李德顺：《关于价值和"人的价值"》，《中国社会科学》1994 年第 5 期。

用"并不是属性。犹如"治病"是药品的一种价值,是药品的特有属性与病人之间一种关系(相互作用)的性质和结果,药品本身并不存在"治病"这样一个属性。价值是以主体尺度为尺度的,即使客体不变,它对主体的价值也会因主体不同而不同。因此"关系说"强调价值"因人(主体)而易",即它是在具体的主客体关系中发生并发展变化着的,重视对价值的主体性、具体性和历史性的分析。①

张岱年的功绩在于看清了这两种观点的相互抵牾之处,提出了一种辩证统一的价值观,从而消弭了旷日持久的论争,为国内价值学研究找到另一条出路。长期以来,彻底的、逻辑一贯的"属性说"与"关系说"的观点与方法,从未能够在同一理论体系中无矛盾地相容互洽,双方各执一词,而成为价值论研究中复杂的理论探讨和争论的重点。

张岱年在借鉴西方哲学的价值概念基础上,提出了"内在价值"(intrinsic value)和"功用价值"(instrumental value)说。"内在价值"和"功用价值"与"属性说"和"关系说"同归而殊途。例如,张岱年认为儒家道德本身不是到达目的的手段,而是至高无上的,因此儒家的价值观可以称为内在价值论。墨家的价值观认为,道德的价值在于它是否符合大多数人民群众的根本利益,可称为功用价值论。对于"属性说"和"关系说",张岱年认为二者应该是辩证的统一。首先,应该肯定个人的价值,但是人的存在只仅仅在于满足自己的需要,那还有什么意义?人之所以为人是因为他具有其他动物所没有的特异品质。自我需要本身并不能完全实现自我

---

① 参见李德顺:《关于价值和"人的价值"》,《中国社会科学》1994 年第 5 期。

价值。在此基础上,作为主体的人能满足作为客体的人的需要,自我价值的实现就是自我与他人、自我与社会、自我与人类的关系而言,这是一种辩证统一的价值观。

新实在论的创始人 G. E. 摩尔的直觉主义价值论对张岱年的价值的层次划分是有影响的。1903 年摩尔的《伦理学原理》一书的出版标志着 20 世纪伦理学革命的肇始。摩尔的《伦理学原理》是基于新实在论的哲学立场,运用分析哲学的方法探讨元伦理学问题的产物。摩尔以擅长分析而闻名,被许多人称为分析哲学的领袖之一。作为罗素的同时代人,摩尔的分析方法非常独特,他以日常语言对概念进行分析,试图给出一些分析的条件和要求,用经验澄清和说明一些概念的含义。例如,摩尔认为"对象"与"意识"处于一定的关系之中,"对象"不依赖于"意识",不依赖关于"对象"的知识。因此,摩尔把"善"解释为"内在善"或"目的善",它具有"内在价值";而作为原因同具有善性质的事物,摩尔称之为"外在善"或"手段善",它具有的是"外在价值"。[①] 张岱年创造性地借鉴了摩尔关于"内在价值"和"外在价值"的区分,而提出了"内在价值"和"功用价值"的观点,并将它们应用到中国哲学中价值学说的研究。笔者这样说,是有一定的根据的:"近代西方新实在论者培里(R. B. Perry)以兴趣界定价值,即认为价值即是功用价值。另一实在论者穆尔(G. E. Moore)则肯定内在价值,穆尔论内在价值的意义说:'这一类价值是内在的,仅仅意谓一物是否具有它,在何种程度上具有它,单独依靠该物的内在性质。'这即是说内在价值是由事物的内在性质决定的。这是内在价值的明确定

---

① 摩尔:《伦理学原理》,商务印书馆 1982 年版,第 36 页。

义。"①张岱年的内在价值说明显受到培里和摩尔价值学说的影响,因而倾向用逻辑分析解决中国传统哲学中的价值的界定和层次问题。同时,它既体现了张岱年与时俱进的精神,又体现了他在问学上孜孜以求、严肃认真的进取风格以及为熔铸中西哲学菁华所做的努力。

张岱年用逻辑分析的方法去克服有关价值概念的混乱状态。长久以来,价值学说对价值的概念、价值的层次、价值的分类争论不休,无法形成一种被普遍接受的理论。就分类而言,有学者将价值分为物质价值和精神价值;有人将价值分为工具价值和技术价值;有人按照学科领域如道德、艺术、宗教等来划分价值;有人将价值分为自然价值、文明价值、社会生活价值、智慧价值、享乐价值和理想价值等六类。② 他们的分类要么太过于笼统,要么太局限于学科类别。

张岱年意识到,价值研究的对象和方法必须有所改变和突破。只有把价值概念、价值学的范畴用认识论、知识论的分析方法来界定,才能使价值学说具有普遍性和客观性。同新实在论的哲学家一样,"张岱年不仅重视认识论,而且更强调人生价值论,他认为,哲学应当包括认识论与人生观。在《辩证唯物主义的人生哲学》一文中,针对克罗齐否定马克思主义的哲学中含有人生哲学的说法,他说,马克思、恩格斯虽未正式提出过一个完整的人生哲学系统,但他们的学说中却蕴含着人生哲学的内容。他给他自己设定的哲学目的,就是从马克思主义的基本原理出来,沟通新实在论与逻辑分析,建构一个包括认识论与人生价值论的哲学

---

① 《张岱年全集》第 7 卷,第 259 页。

② 参见商戈令:《道德价值论》,浙江人民出版社 1988 年版,第 56—62 页。

大厦。"①很显然,张岱年的哲学构建有两个独特的视角,即价值论的视角与知识论的视角,前者是以理想世界为对象,后者则以现实世界为研究对象。不同于新实在论者只仅仅将哲学局限于认识论,张岱年继承了中国传统哲学重视人生论的价值取向,而这一取向使价值学说的研究更趋于条理性和科学性。

必须注意到,张岱年借用的只是西方价值研究中的概念分析技巧,其合理内核仍然是中国的、传统的。事实上,张岱年注意到,中国传统哲学中道德价值的主要内容之一就是强调以自我完善和自我实现为目标。孔子认为,"为仁由己,而由人乎哉"!(《论语·颜渊》)就是说明在道德实践中,主体是否遵从仁道的价值规范,是否按照仁的价值原则来塑造自己,都取决于自我的努力,而不是靠外在的力量。也正是在这个意义上,孔子强调"求诸己",而反对"求诸人"。他说:"君子求诸己,小人求诸人。"(《论语·卫灵公》)如果说,"为己"主要是从道德价值的目标上肯定了自我价值,那么,"求诸己"则是从德性培养的方式上,确认了自我的能力和价值。《中庸》上说:"天命之谓性,率性之谓道,修道之谓教。道也者,不可须臾离也,可离非道也。是故,君子戒慎乎其所不睹,恐惧乎其所不闻。莫见乎隐,莫显乎微,故君子慎其独也。"上天赋予的就是人的本性,随顺本性要求的行动就是道,认真地履行道就是教。须臾之不可离开的就是道。所以君子谨慎地对待自己独处时的行为。事事处处"慎其独",时时刻刻"慎其独",这是多么崇高的价值标准。"慎其独"是自我道德涵养和自我价值实现的一种高标准的要求。

---

① 胡伟希:《观念的选择——20世纪中国哲学与思想透析》,云南人民出版社2002年版,第179页。

如果说"功用价值"的基本含义是能满足一定的需要,那么,"内在价值"的更深的一层含义是其本身具有优异的特性。人的存在不仅仅具有功用价值。人的生命本身具有更可贵的"内在价值"。荀子认为,"故人莫贵乎生"(《荀子·强国》),对个体生命的关注,强调人本身、人的生命本身所具有的道德"内在价值"。因此,对于道家的"全生"、"尽年"的重视个体生命,重视人的内在价值的人生观,张岱年也表示赞同。但是,个体生命之所以能够生存和能够实现其价值,也在于群体价值的实现。一方面,"己立"、"己达"是显现个人价值的前提,"立人"、"达人"是推己及人,在成就他人的基础上,自我价值得到进一步的完善。孟子的"生亦我所欲也,义亦我所欲也"进一步肯定了"仁义"的内在价值。因此,张岱年认为个体价值的自我完善,最终是为了实现广义的社会价值。张岱年的这种观点在"人己一体"的命题中已经有所讨论。这与中国传统哲学中比较重视群体原则、社会价值的道德趋向非常吻合。但是,张岱年又肯定墨家"兼爱"、"尚同"的价值观以及道家"重生"的价值观。在个体与群体价值观之间,张岱年强调的是一种双向调节,其目的在于反省传统价值观中,只重视人的"功用价值",过分强调群体的认同,忽略或弱化个体的自我认同的局限性。因此,张岱年主张将人的"内在价值"与"功用价值"辩证结合的观点是对传统价值观的批判和改造,在此基础上建构了新的价值体系。在《品德论》中,张岱年在"悬衡"一章中把价值分为三种:"品值有三级:一究竟品值,二内在品值,三外在品值。究竟品值有三:曰实,曰生,曰知。内在品值有三:曰美,曰善,曰真。外在品值有二:曰用,曰利。有实然后有美可言,如实非贵于无实,而谓美非贵于非美,无意谓矣。有生然后有善可言,如生非贵于无生,而谓善贵于不善,无意谓矣。有知然后有真可言,如知非贵于无知,而谓真贵于不真,无意谓矣。"①这里的品值即是价值的意思。张岱年指出,实在是基本的价值,有实在而后有所谓美,有生命而后有所谓善,有知觉而后有所谓真。美为实在之圆满,善为生命之圆满,真为知觉之圆满。美的实现与实在有关,如无实在则无美可言。这里我们显而易见地看到孟子的"充实之谓美"的影响。在张岱年看来,充实指的是富有而和谐的意思,"和"为价值的最高标准。他认为肯定真、善、美为基本价值,必先肯定实、生、觉为究竟价值。并且美是相对于实在而言加以区别的,善是相对于生命而言加以区别的,真是相对于知觉而言加以区别的。价值的基本衡量标准是圆满。事物的价值不同是因为其圆满程度不同的结果。

20 世纪 80 年代中期,国内的学者从更广阔的视野对价值问题展开讨论。特别是就价值与真理、价值与认识方面的内容展开了思想的交锋。但不足的是,其主要范围仍然限定在马克思主义的价值论的框框里。通过对中国哲学史的钩沉,张岱年率先发掘了中国传统哲学的一个重要方面,即中国哲学上的价值观问题,开创和拓荒了中国古典哲学价值论研究这一前无古人的理论工作。如果说张岱年的哲学建构充满中国特色,那么其哲学史的研究更是在智山慧海中将后薪随前薪。张岱年的《中国古典哲学的价值观》是一篇里程碑式的论文,在该文中张岱年对春秋时期到明末清初的重要的中国价值观做了梳理和分析,其主要内容涉及儒家、墨家、法家、道家等不同的价值观,哲学家有孔子、老子、墨子、孟子、荀子、王充等人,共分为 11 种类型。现简要述之:

1. 春秋时代的"三不朽"说。《左传》襄公二十四记载:"太上

---

① 《张岱年全集》第 3 卷,第 203—204 页。

有立德,其次有立功,其次有立言。虽久不废,此之谓不朽。"所谓太上就是最有价值的。以立德、立功、立言为三不朽,就是肯定德、功、言都有价值,而以立德为最上,即肯定德的最高价值。"三不朽"之说对于中国传统价值观有深远的影响。

2. 孔子思想学说的核心是重视道德价值观。他提出的"义以为上"、"仁者安仁"的道德至上论以及"君子义以为上"(《论语·阳货》)、"好仁者无以尚之"(《论语·里仁》)的命题,认为道德是至上的。"上"字和"尚"字相通,都是表示价值。孔子所谓"义",是指道德原则,义的内容就是仁,仁是最高的道德规范。"仁者安仁"即认为仁具有内在的价值。这种观点可以称为内在的价值论。仁者安仁、知者利仁,在安仁、利仁的情况,仁与生并无矛盾。仁者实行仁德不是以仁为有利,而是认为仁德本身具有最高的价值。但在一定的条件下,生与仁不能两全,便应牺牲生命以实现仁德。在杀身成仁之际,就达到了道德的最高境界。道义与富贵的关系问题也就是道德原则与物质利益的关系问题。孔子区别了义与利,并不完全否定利,但认为义具有比利更高的价值。

3. 墨子崇尚功利的功用价值论。墨子与孔子不同,以"国家百姓人民之利"为最高价值。墨子提出"言必有三表",何谓三表?"有本之者,有原之者,有用之者",而最重要的是"用之"。"于何用之? 发以为刑政,观其中国家百姓人民之利"(《墨子·非命上》)。墨子以利为言论行动的最高准则,此利是就功利而言。墨子认为,任何事物都有一定的用处,才有存在的价值,否则就没有价值。墨子的价值观可以称为功用价值论。

4. 孟子宣扬"天爵"、"良贵"的人生价值论。在中国传统哲学中,孟子明确提出关于人的价值的学说,他认为人人都有自己固有的价值,称为"良贵",亦称"天爵"。人人有贵于己,人人都有自己固有的价值,这固有的价值是天赋的,是不可能剥夺的。世间爵位之贵是当权者给予的,那是可以剥夺的。这固有的"天爵"、"良贵"就是道德品质。孟子肯定人的价值,所以要求人与人之间应相互爱敬。他说:"食而弗爱,豕交之也。爱而不敬,兽畜之也。"(《孟子·尽心上》)要把人当人看待,这是孟子的基本观点。生命固然重要,人格尤其重要。他认为道义的价值高于一切物质利益。孟子更区别了德与力,他认为德的价值高于力的价值。

5. 道家"物无贵贱"的相对价值论。老子提出价值的相对性的问题,他认为美丑、善不善都是相互依存的,没有绝对的差别。老子说:"天下皆知美之为美,斯恶矣;皆知善为之善,斯不善矣。"(《道德经》第二章)人们都知善之为美,这就是已有恶存在的了。人们都知善之为善,这就是已有不善存在了。老子认为,唯有摆脱了世间的贵贱,才是最贵的。庄子发挥老子的学说,进一步论证价值的相对性。庄子认为是非、善恶、美丑都是相对的。《庄子·大宗师》云:"与其誉尧而非桀也,不如两忘而化其道。"庄子以为根本不必要进行价值判断。《庄子·秋水》提出"物无贵贱"的命题。

6.《易传》与荀子关于价值标准的学说。《易传》认为贵贱差别是由天高地下的自然秩序决定的。《系辞上》说:"天尊地卑,乾坤定矣,卑高以陈,贵贱定矣。"天在上,地在下,天是最尊贵的,天地之间的万物各有一定的贵贱之位。《易传》认为,天地之间有道,以"日新"为盛德,以"富有"为大业,即认为富有日新才是最高的价值。这可以说是一种关于价值标准的观点。荀子肯定人类具有高于其他物类的价值,人所以最贵,在于有义。荀子讲"性恶"与孟子讲"性善"不同,但承认人的特点是"有义",则与孟子相同。荀子认为义是保持人类生活安定的必要条件。

7. 法家的道德无用论。与儒家以道德为至上相反,韩非则以道德为无用。他认为"仁义惠爱"是不足以治国的。韩非否认道德的价值,仅承认权力的价值。他论历史的演变说:"上古竞于道德,中世逐于智谋,当今争于气力。"(《韩非子·八说》)他所谓的"力",在上为权力,在下为勇力。秦统一六国,以韩非学说治理天下,仅仅二世就灭亡了。历史证明韩非的极端专制主义是不可取的。

8. 董仲舒"莫重于义"的价值观。董仲舒尊崇孔子,重新肯定了道德的价值。他认为人之所以为贵在于有道德。有道德是人贵于物的特点,所以道德的价值高于物质利益。物质利益是养护身体的,道德是培养心灵的,在身体之中,心灵最贵,所以道德具有更高的价值。董仲舒更提出一个著名命题"正其谊不谋其利,明其道不计其功"对后来发生了深远的影响,成为义利之辨的价值公式。

9. 王充提倡"德力具足"的价值观。王充着重讨论了德与力的问题,他认为治国之道应德力并重。这就是说,体力是力,脑力也是力。不同类型的力之中也有尊卑之分。王充高度评价了道德的力量。他严厉指斥了"饱食终日无所用心"的"饱食之人",王充提倡德力并重,也认为知识道德是价值最高的。

10. 宋明理学的价值观。宋明时代的理学家继承孔孟学说,极力宣扬人生的价值和道德的价值。他们阐释孔孟的观点,有时讲得比较浅显易懂。理学家中讲道德价值最透彻的是周敦颐。他说:"颜子一箪食,一瓢饮,在陋巷,人不堪其忧,而不改其乐。夫富贵,人所爱也;颜子不爱不求,而乐乎贫者,独何心哉?天地间有至贵至爱可求而异乎彼者,见其大而忘其小焉尔!"(《通书》)世间的富贵并不是至贵的,至贵者是道德。张载对《易传》所谓"富有"、"日新"提出了新的解释,他说:"富有者大无外也,日新者久无穷也。"(《正蒙·大易》)这可以说是关于价值标准的规定。程颐说:"人人有贵于己者,此其所以人皆可以为尧、舜。"(《河南程氏遗书》卷二十五)揭示了人与人价值本性的不同。后来的朱熹、陆九渊虽然在许多问题上相互争论,但都强调义利之辨。宋明理学家重视道德修养,注重身体力行,在生活上也达到了较高的修养境界。许多属于道学的思想家确实安于清苦的生活,表现了坚定的志操,虽然难免迂阔,却并非虚伪。

11. 王夫之"珍生务义"的价值论。宋明理学强调道德的价值,对于生命的价值重视不够。针对这些情况,王夫之提出"珍生"之说。人是生物,就应该珍视自己的生命。珍视生命,就应该珍视自己的身体,应该反对一切鄙视身体的观点。王夫之充分肯定了生命的价值。王夫之关于生义关系的学说是对孟子思想的发挥,但是讲得比孟子更透彻。①

通过对不同流派、不同哲学家价值观的厘清,张岱年凸显了中国哲学史上价值观研究的代表人物及其主要线索。

张岱年指出,"价值观"这个名词是近代才有的,但实际却是古已有之。从古到今,价值观有一个演变的过程,不同的时代有不同的价值观。甚至在哲学诞生之前,人们就有了一定的价值观。有关价值论的问题是非常复杂的,中国古代的价值学说,虽不如近代西方的繁富和详密,也有其独到的内容。有些具体问题,还有待于进一步的研究。就以上 11 种类型来说,有 4 种价值观比较有代表性,它们是儒家的道德至上论、墨家的功利至上论、道家的相对价值论和法家的道德无用论。这 4 种价值观对中国传统思想影响非常巨大。不同的人在不同的时代可能会选择一种上述价值观,

---

① 参见《张岱年全集》第 5 卷,第 68—84 页。

但是,儒家的道德至上论在中国文化历史上影响最大。价值观的根本问题是个人与群体、社会、国家、民族的关系及其物质利益与精神追求的关系问题。"张岱年这篇文章,对中国古代哲学价值观的类型以及有代表性的哲学家的价值观,作了系统的分析,对我国哲学界开展关于我国古代哲学价值观研究,具有重要影响。张岱年的研究,开我国古代哲学价值观研究之先河,对这一领域的研究提供了许多启示。"①上述 11 种价值观的划分几乎概括了中国哲学史上各家各派的不同的典型的价值取向,其总揽中国哲学史的全局观和看问题的透彻性令人折服。

的确,张岱年关于中国古代哲学价值观的研究,既是中国哲学史研究中的一个重要创建,也是价值学说领域的新开拓。张岱年一反 20 世纪 80 年代国内只研究马克思主义价值观的倾向,强调要重视中国古代思想家价值观的研究。他在开拓价值研究的新领域时,还运用了新的研究方法,批判地继承了传统价值观。事实上,张岱年绘出了有关中国传统哲学价值观的一个大纲,这个大纲揭示了中国古代哲学思想的核心价值观。

第三节　以人为本

屈原在《离骚》中对人生发出这样的感慨:"路漫漫其修远兮,吾将上下而求索。"对人生价值的终极追求是每个人的最高境界。在考察了价值的定义、价值的类型与层次、价值观之后,让我们来看看张岱年是怎样界定人的价值。在张岱年的价值论中,人居于其研究的中心位置。因此,界定清楚人是什么就显得尤为必要。

①　王玉樑:《当代中国价值哲学》,人民出版社 2004 年版,第 63 页。

宇宙苍茫,红尘滚滚,什么是人? 什么是人的本质? 人如何完成自我实现? 人生价值如何定位? 西方的人文主义、人道主义、人文主义的人文精神与中国传统哲学中的人文关怀在何种程度上有相似和相异之处? 在中国传统思想中到底有没有人的观念和人格观念? 对于这些价值问题的质疑,张岱年有自己清晰的思考和答案。

自宇宙洪荒以来,自从有了人,人类在文化的历史进程中创造出灿烂辉煌的文明,人可以上天入海,甚至飞越到遥远的星际,人类是控制陆地和海洋的主人,天赋的智慧胜过一切走兽飞禽。但是人对于自身的认识远远还没有达到穷尽的地步。虽然莎士比亚赞叹说:"人类是一件多么了不起的杰作! 多么高贵的理性! 多么伟大的力量! 多么优美的仪表! 多么文雅的举动! 在行为上多么像个天使! 在智慧上多么像个天神! 宇宙的精华! 万物的灵长!"①理学家周敦颐说:"二气交感,化生万物,万物生生而变化无穷焉,唯人也得其秀而最灵。"(《太极图说》)两人都赞颂人是宇宙万物中之精灵。无论一个人的天赋如何优异,外表或内心如何美好,也必须在他的德性的光辉照耀到他人身上发生热力,再由感受他的热力的人把那热力反射到自己身上的时候,才能体会到他本身的价值的存在。人之所以能够为人,是因为人类把世界上的万事万物当作是属人的。人类改造自然、改造社会都是有目的、有意识的,并以满足人的某种需要为动力。由于人类的需要是无止境的,以人为本,我们将获得无穷无尽的力量。

但对于人的本质是什么,不同的人有不同的看法。在西方,柏拉图认为"人是无羽毛的两足动物"。亚里士多德就给人的不同

① 莎士比亚:《哈姆雷特》,朱生豪译:《莎士比亚全集》第 8 卷,人民文学出版社 1954 年版,第 49 页。

特性下过不同的定义。在不同的场合,他说过人是"两栖两脚的动物"、"政治的动物"或社会的动物等,并在不同场合把"求知"、"理性"、"美德"看作是人的特性。亚里士多德从实体性的人概括出抽象的哲学上的人,即把人看作是政治社会的动物就反映出人类的共性了。在哲学上,把个体的人与一般抽象的人当作统一体。关于人的本质特征是什么? 不同领域的学者可能会从不同的侧面给人下定义。大体上讲有以下五个方面:第一,历史性的定义。从人的起源说明人的本质。中国有人与万物"混生"的"混生"说,西方有上帝造人说。第二,规范性的定义。它多从伦理、道德、宗教信仰等方面解释人的本质。孔子把人归于仁,甚至把孝敬父母之孝看作是区别犬马动物的标志。孟子把仁、义、礼、智、信之德行当作人的本性。西方的托马斯·阿奎那、奥古斯丁等都把宗教信仰看成是人与动物的根本区别。第三,心理的定义。它多从情绪、爱、恶、理性、意志力等解释人的本质或人的属性。第四,遗传性的定义。这种定义多注重人的生物属性和社会属性的遗传来源。第五,结构—功能的定义。主要从自然科学和社会科学两个方面解释人的结构及其功能适应环境的过程。①

张岱年睿智地意识到,中国现代化的关键是人的现代化。而人的现代化应当先是人的观念的现代化。应当说,这是一个非常大胆、非常富有人文精神的一种思想。他认为,实现人的观念现代化,就必须对于传统哲学思想中的"人"的观念进行反思,以反驳20 世纪 80 年代中期社会上出现的一种偏见,即说什么中国传统思想中根本没有真正人的观念和没有人格的观念。历史虚无主义

---

① 参见司马云杰:《文化价值论》(文化价值哲学)一,山东人民出版社 1990 年版,第 36—39 页。

的"全盘西化论"企图通过否定中国传统中的"人",从而否定传统文化。张岱年对这种提法感到义愤填膺,他觉得为了根除这种殖民奴才意识,就必须对中国古典哲学中的"人"的观念进行深入的剖析,进而体察出中国哲学中"人"的观念与西方"人"的观念的差异。张岱年认为,这种差异性是显著存在的,他要所做的就是揭示中国古典哲学中"人"的价值观念的基本含义,铁肩担道义的使命感和责任感使他不得不完成这一任务。

张岱年认为,以人为本就是强调人的价值,人是根本,应当把人放在本位,同时尊重人的价值、人的自由、人的权利。张岱年发现,中国古典哲学中的关于人的含义主要有六个命题:1. 人者天地之心;2. 人之所以为人者何以也;3. 三军可夺帅也,匹夫不可夺志也;4. 人莫不自为;5. 天地之性人为贵;6. 圣人人伦之至也。"人者天地之心"源自《礼记·礼运》,意思是人是天地间有智慧能思维的生物。人是天地所产生的,具有自我认识的能力和对世间万物万事的认识能力。老子认为,域中有四大,天大、地大、道大、人亦大,人可以与天、地、道相提并论。荀子明确地肯定了人的认知价值,他说:"水火有气而无生,草木有生而无知,禽兽有知而无义,人有气有生有知,亦且有义,故最为天下贵也。"(《荀子·王制》)人是世间最宝贵的,因为人有道德规范和认知能力;"人之所以为人者何以也?"源自于荀子的《非相》。荀子认为,虽然人有饥而欲食、寒而欲暖、劳而欲息的本性,但是,"然则人之所以为人者,非特以二足而无毛也,以其有辨也"(《非相》)。张岱年认为,"有辨"就是指能区分善恶,也就是礼仪之始。"人之所以为人者"就是人对于人的本质的自觉。他认为,中国传统哲学中就已经对人的本质问题进行了形而上学的思考,具有重要的理论意义。此外,张岱年指出,儒家肯定人与禽兽的不同,不仅在于强调人与人的同类关系，更认为对待人的态度与对待禽兽的态度应该有所不同。如孔子在马厩失火后首先关心的是人而不是马："厩焚。子退朝，曰：'伤人乎？不问马。'"（《论语·乡党》）体现了儒家对人的关怀。又如"三军可夺帅也，匹夫不可夺志也"（《论语·子罕》），充分表达了人的独立意志，也即是独立人格。传统哲学中的儒家、道家、墨家，特别是《易传》无一例外都赞颂了人的独立人格。张岱年充分肯定伯夷、叔齐等中国传统文化中独立不惧、不降其志、不辱其身、不事王侯的高尚人格。对于孟子肯定人人都具有其内在价值的"良贵"说，对于道家宠辱皆忘的境界和墨家勇于自我牺牲的特立独行的崇高精神，张岱年也赞扬有加，因为他们的独立人格和意志充分体现了中华民族匹夫之志不可夺的正气。张岱年认为，人的主体意识实际上包含着儒家的"不忍人之心"，即对别人利益的关怀和"自为心"，即对个体利益的意识两个方面的内容。这是既充分肯定个人利益，又提倡道德意识的辩证观点。"天地之性人为贵"（《孝经》），是以人为本思想的基本命题。儒家充分肯定人最为天下贵，说明了不仅重视人的生命的可贵，而且将人同其他物类分开，也肯定了个体的价值，这种价值判断把人从鬼神、天帝下解放出来，把人作为关心和审视的对象。"子不语怪力乱神。"（《论语·述而》）"圣人，人伦之至也。欲为君，尽君道；欲为臣，尽臣道。"（《孟子·离娄上》）就是说作为人应该遵循人伦之道，同时也尊重独立人格。在张岱年看来，孟子思想中人伦与人格独立是彼此相容无涉的。一方面，人作为其内在价值应有的品质应该做一个顶天立地的人，在这种意义上看，他是一个道德主体，享有人的尊严和人格尊严；另一方面，与人沟通交往必须有原则性。"吾日三省吾身，为人谋而不忠乎？与朋友交而不信乎？传不习乎？"（《论语·学而》）通过自省、自律，儒家的个体与他人、社会乃至整个宇宙相通。真正有了这种境界的人,感到自己与万物融为一体,人的精神在和谐的互动过程中得到解放和升华。

通过反思中国传统哲学中,特别是儒家哲学中人的观念,张岱年试图建立以人为问题中心的价值学说。在以上关于人的六个命题中差不多有五个来自于儒家。张岱年认为,儒家肯定人人具有道德觉悟意识,而这种道德觉悟是人的价值所在。儒家的核心思想就是主张要把人当做人来看待。张岱年在对传统哲学进行发掘的过程中,发现了人生论是中国哲学的核心,而价值观又是人生论的核心,其中人的价值更是价值观中的重中之重。他将人生意义的追求归结为自觉,没有冯友兰的"天地境界"那样神秘和玄远。人生如果有目的的话,那此目的就是自身。张岱年的人生论和价值论有鲜明的人本主义的立场。"如果说在金岳霖那里,对人生价值与意义的厘定是'天道':天道不仅是人道之源,而且人道必体现天道;在冯友兰那里,人生的最高境界是追求天人合一,虽然天道对于人道来说依然有统辖意义,但这里'人道'毕竟取得了相对的独立,那么,张岱年的哲学则以'人道'代替了'天道':人履行了他的道德责任,就体现了天道。"①虽然胡伟希洞察出张岱年、冯友兰、金岳霖三位哲人对人生价值观点的不同,但是,"人道"的提法有待进一步厘清。

那么,中国传统哲学中的"人道"与西方的人道主义有何本质意义上的差别? 人本与人文或人道又有什么区别? 一般说来,中国古代的"人道"主要与"天道"相对。子产就说:"天道远,人道

---

① 胡伟希:《知识、逻辑与价值——中国新实在论思潮的兴起》,清华大学出版社2002年版,第215页。

迩。所及也,何以知之?"(《左传·昭公十八年》)旨在强调国计民生。孔子也罕言性与天道,关切的是此世此岸而不是彼岸的人生。但是,中国传统哲学的"天道"主要有自然宇宙星辰运转的轨道、宗教的超越信仰等意义。而近代西方(15 至 20 世纪)倡导的"人道主义"主要与"神道主义",即与基督教神学、神权相抗衡。张岱年说:"在中国传统文化中,宗教意识比较淡薄,对于神的信仰在中国哲学中不占重要地位,无神论者更否认神的存在。多数思想家都以人的问题作为理论研究的中心问题,而不重视关于神的问题。多数思想家认为,人高出于一般动物之上,在自然界中有重要的作用。"①他一语中的,道出了中国传统价值学说中以人为本的特性。

那么,西方的人道主义或人本主义、人文主义是怎样体现对人的关怀的呢? 其对人文精神、人的价值又是怎样界定的呢? 近代西方哲学中的"人"与中国哲学中的"人"有哪些不同? 这是张岱年在建构中国哲学中以人为本的价值学说时一直思考的问题。

英文 humanism 源自拉丁语 humanitas,意为人性修养。根据英国史学家阿伦·布洛克在《西方人文主义传统》一书的记载,人文主义的英文 humanism,最早是在 1808 年由德国人 F. J. 尼特哈麦从德文 humanismus 一词翻译过来的。后来,伏伊格特在《古代经典的复活》、伯克哈特在《意大利文艺复兴时期的文明》中都使用了该词,用于指文艺复兴时期的思想和理念,强调的是与宗教神学相区别的人本学或人文精神,主张以人性对抗神性,反对宗教对人的理智的束缚,捍卫人类生存的价值和尊严,歌颂人的世俗生

① 《张岱年全集》第 5 卷,第 407—408 页。

活,提倡人的个性解放以及人的自由、平等和博爱精神。其主要含义体现了对人的关怀、对人心灵或精神境界的提升、对理想人格的教养及塑造、对普遍本质人性的重视、对人文学科及精神文明的强调以及对人自身为对象的信仰等六个方面的概括。因此,西方的人文精神以人的经验及历史的经验为反思的起点,以人的价值与尊严为基本价值。西方的人本主义与人文主义有两个交互重叠但又方向不同的思潮。阿伦·布洛克(Alan Bullock)的《西方人文主义传统》是人文主义倾向的代表作。他认为,西方的人文主义并不是由一个统一的结构维系在一起,而是一种宽泛的倾向,有时不同的观点甚至相对立;而人本主义则是一种以人为中心的世界观及价值观,以人自身为对象的信仰。古希腊的普罗泰戈拉(Protagoras)是人本主义的鼻祖,而西塞罗(Cicero)、塞内加(Seneca)是人文主义的鼻祖。近代人本主义的代表有培根(Francis Bacon),而近代人文主义的始祖有意大利文艺复兴的人文学者比特拉克(Petrach)、皮科等(Pico della Mirandola)。作为人本主义的创始人,培根的人的国度与上帝的国度是平行的,而不是对立的。19世纪的费尔巴哈(Lugwig Feuerbach)更直接指出,神学的秘密就是人学,上帝就是放大了人以外的、客观化了的人的本质。费尔巴哈主要从人是自然的产物的观点去考察人,认为人的本质主要就是它的自然属性。也就是说,费尔巴哈把宗教还原到人、人本学,以证明人或人本学是宗教之真正对象和内容。但是,费尔巴哈眼里的人主要是生物学、生理学意义上的自然存在物,而很少看到人的社会属性。"马克思认为一切社会关系的总和是形成人的本质的现实基础,并将新哲学的立足点建立于'社会化了的人类'这一坚实的土壤上;把费尔巴哈所讲的抽象的人,变成为现实的阶级社会中的人。这是马克思在完成哲学的革命道路上具有决定性意义的一步。"①马克思把现实的人,既当作价值主体,又当作科学客体,而且是主客体的统一体加以把握,所以唯物史观是科学性与价值观的统一。罗秉祥认为,人文主义对人性既信赖又有所警惕,从终极的维度认识到一己之不可靠,及承认必须回归造化之源以吸取更充分的养分。其中,人道主义只应作为 humanitarianism 的汉语翻译,而不应该与 humanism 混为一谈。罗秉祥认为,对于目前国内所提倡的"以人为本"的说法也应该作出界定。"以人为本"是一种社会经济思想或政治理想,它坚持人是社会经济发展的本位;GDP 的增长是为了人,而不是人的生活为了 GDP 的增长;人是目的,不是工具。不仅如此,人本主义与人本心理学或人本教育之间也没有必然关联。② 罗秉祥对人文主义、人本主义以及人道主义之间的差别的界定是值得肯定的,但是他对"以人为本"的解释却失之偏颇,其主要问题是仅仅从社会、经济角度理解"以人为本"这个寓意丰富的价值论命题,没有就人本身的内在价值进行思考,因而不能完全令人信服。

张岱年注意到,由于中国在历史上没有与神学相对照的人学,没有新启蒙运动中孔德(Auguste Comte)所说的神学阶段、形而上学阶段、实证阶段,即从崇拜上帝转化为崇拜人的过程,因此中国传统哲学中人的观念当然与西方不同。由于中国历史上没有进入西方近代相同的资本主义时代,所以中国哲学中的"人"的观念与西方近代哲学中的"人"的观念有所不同,然而还是有比较明确的人的观念。儒家、墨家、道家、法家各自提出了彼此不同的关于人

---

① 薛德震:《人的哲学论说》,中国社会科学出版社 2004 年版,第 45 页。

② 参见罗秉祥:《近代西方人文精神之宗教意涵》,"西方文学与文化的宗教诠释国际研讨班"讲义,2004 年 8 月 19 日—29 日,中国人民大学、湖北襄樊学院主办。

的见解。它们对关于人的本质、人的意志自由、人的价值以及人际关系，都进行过讨论和争辩。张岱年认为，中国传统的人学与西方的人学并非一回事。西方哲学中强调人具有理性、情感和意志的独立个体，从人性论出发，要求个性解放和意志自由。从中国文化传统上看，与殷商时期尊神重鬼的思想相对应的是，周人"重人"、"敬德"的观念应运而生。先秦"惟人万物之灵"（《尚书·泰誓上》），"人者，天地之德，阴阳之交，鬼神之会，五行之秀气也"（《礼记·礼运》），是中国式人文精神的先期表述。冯天瑜也注意到，西方兴起于14—16世纪的"人文主义"与中世纪的"神文主义"相对应，在人与上帝、人与自然的关系中，高扬人的意义，尤其强调个人价值和人的现世幸福；其思路上秉承希腊的古典民主和建立在原子论基础上的个性主义，下启18世纪的启蒙运动的自由、平等、博爱和近世的民主精神；其弊病是诱发了享乐主义、物欲主义以及现世精神的扩张和导致终极关怀的失落。继文艺复兴而起的宗教改革，其新教伦理以禁欲主义的节俭，号召人们在世俗创造财富以完成上帝交付的"天职"，也包含着人文主义走向现世极端享乐主义的一种补救。至于中国的人文传统，则颇具有"早熟性"。"舍诸天运，政乎人文"（《后汉书·公孙瓒传论》）成为中华文化的主要价值取向。从"远神近人"、以人为本这一点而言，中国的人文传统与文艺复兴的人文主义似有相通之处，故借古典的"人文"二字翻译西方中世纪末期兴起的新思潮——humanism，不无道理。① 可以说，周朝以"礼仪"、"礼乐"来教化百姓，是中国人本主义的滥觞。

---

① 参见冯天瑜：《中国人文传统略论》，《人文论丛》1998年卷，武汉大学出版社，第18页。

张岱年将"以人为本"的价值学命题追溯到《管子》:"夫霸王之所始也,以人为本,本理则国固,本乱则国危。"(《霸言》)他认为,"以人为本"的原作可能是"以民为本",唐代的帝王为了避讳而改"民"字为"人"字。但是,无论是"以人为本"也好,"以民为本"也好,《管子》提出了一个非常深湛的哲学命题,也体现了先秦的民本思想。然而《管子》兼重法教的思想与其"以人为本"的思想是相矛盾的,它体现了中国古典政治学说中以君权为本位的既看重"民本"又看重"尊君"的一体两翼形态。

张岱年指出,中国文化的核心是关于人生价值、人生意义、人生理想的观点可以称为人本观点。他说:"所谓'人本',不是说人是世界之本,而是说人是社会生活之本。'人本'是相对于'神本'而言的。宗教大多以神为本,认为世界是上帝创造的,社会也服从上帝的安排。中国古代的儒家和道家不宣扬上帝创世论,而肯定人在自然界的地位。道家的学说可以称为自然主义,儒家的学说可以称为人本主义。"①张岱年进一步认为,儒家的人本思想包括三个方面的内容:首先是肯定人的价值;其次是人的价值主要在于人具有道德自觉性,而人的道德自觉性表现为人格的尊严和社会责任心;再次,儒家认为人生理想的最高原则是"和",即多样性的统一。张岱年通过翻检中国传统资源而发现了中国哲学中关于价值论的一些重要原则,特别是儒家的人本思想的原则,其意义不言自明。

由于缺乏超越性,儒家从形态上看不是宗教。张岱年也多次指出,以人为本是相对于以神为本,儒家不是宗教,因此儒家重视的是此岸,而不是彼岸,不谈来生来世,要求在现实世界中实现崇

---

① 《张岱年全集》第7卷,第373页。

高的道德理想。孔子虽然承认天命,却怀疑鬼神:"务民之义,敬鬼神而远之,可谓知矣。"(《论语·雍也》)所以孔子不是一个深入探索宇宙论的哲人,他没有就鬼神的存有以及人神关系展开论说,而是从入世者的睿智出发,对鬼神采取存而不论的态度。他所看重的是生的问题,是道德觉悟的提高,重视实践仁性,将其扩充在人(仁)心上,在某种程度上可以把人看做是"实践仁性的动物"。回避生死问题也说明孔子重视的是现实的生活:"季路问事鬼神,子曰:'未能事人,焉能事鬼?'曰:'敢问死!'曰:'未知生,焉知死?'(《论语·先进》)敬鬼神远之且不必向鬼神祈祷,体现了以人事为本、鬼神为末的淡薄的宗教意识,它为人类的道德问题提供了一大智慧。但是,儒家的规范道德价值的思路,限制了其向抽象的超越层面上的发展。张岱年观察到,佛土东来宣传灵魂不灭、三世轮回的观念遭到了儒家的反驳,无论是宋明理学的理本论、心本论还是气本论都不承认鬼神的存在,而高度肯定人的精神生活的价值。虽然《易传》、《礼记》中都有"鬼神"的字眼,但其所指的不是人格神,而是指天道运行规律的神秘莫测。因此,张岱年反复提到人生的"三不朽"学说作为人生世俗的终极关怀。对于这种淡漠宗教,以人为本,以人事、人道代替神事、天道,以道德教育代替宗教的价值取向,张岱年认为是有积极意义的,其不足的是缺乏近代民主自由的精神,缺乏走向现代化的动力。

　　通过强调以人为本,张岱年极力所提倡的中国哲学的人本思想,其中一个重要的观点是肯定人的价值,强调人格尊严。"这种观点可以称为'以人为本位',所谓以人为本位即是以人为出发点、以人为终极关怀,而不诉诸宗教信仰。这种以人为本位的思想,可以简称为'人本'思想。这所谓人本,不是说人是世界的本原,而是肯定人是社会生活的基本,区别于以神为社会生活的依托的宗教信仰。"①张岱年认为,中国的人本主义崛起于先秦这个中国哲学的黄金时代,以孔子为代表的哲学家们强调了人在宇宙中的中心位置,并有理性地寻求社会秩序的和谐伦理价值。他们把殷商时期的神从天上请到了地上,使站立起来的人不再受鬼神的掌控。孔子肯定人人都有独立意志、独立人格,肯定道德的价值,不祈求鬼神,为人生意义和社会秩序提供了一个道德性的答案,它塑造了中国两千年来的哲学思想体系,成为中国哲学的一个显著特点。毫无疑问,中国哲学中关于人的价值、人格尊严的学说对中华民族的发展壮大具有深远的意义。因为这种肯定人格价值、人格尊严的思想充分显示着人的自觉。

张岱年不仅对中国古典哲学中的人格观念以及价值进行了较为全面的反思,而且对传统文化中人的自觉、自我认识、自我设计和自我实现都有细致的诠释。首先,张岱年发现,在中国古典哲学中,虽然没有"人格"这个词,但是有"人品"、"为人"和"品格"这些词,有一以贯之的人格思想。"人格"这个词是近代才有的,是日本学者从西方翻译过来的。日本学者今道有信认为,亚洲古典文化中没有"人格"这一概念,因而强调了东方文化中人的"应答"关系。在今道有信看来,东方人有接近"人格"的概念大约是16世纪以后,直到王阳明、李贽强调个人的内在权威,即"良知"的时候,中国人才有人格的观念。② 对于今道有信的这种观点,张岱年在《中国古典哲学中的人格观点》一文中持不同的意见,指出中国接近人格观念在先秦时期就已经出现了。如《论语》中的隐士伯

---

① 《张岱年全集》第 7 卷,第 324 页。
② 参见今道有信:《东西方哲学美学比较》,中国人民大学出版社 1991 年版,第 52—54 页。

夷、叔齐等人不食周粟，隐居首阳山而甘愿饿死的行为，就已经体现出作为人格的个性意识；孟子是提出"良知"概念的第一人，他把"良知"、"良能"视为人之为人的内在规定性，可以说是"个人性内在权威"的开始。《礼记·缁衣》说："言有物而行有格也，是以生则不可夺志，死则不可夺名。"这是类似人格观念的又一个例证。杨朱的轻物重生、全真葆性表现出以自我为中心的人格观，屈原的美人香草也是对高尚人格的寄托。在先秦各家的理想人格中，儒家的理想人格对中华民族精神的作用和影响最大。"从先秦儒家的理想人格到宋明新儒家再到现代新儒家的理想人格形成了中国人格观念史上的中心和主流。这种理想人格融会了道家、法家并兼收了佛教尤其是（南）禅宗等的理想人格的某些因素或成分，从而成为一种集大成的理想人格。儒家的理想人格在很大意义上代表了中华民族人格所能达到的最高境界，成了中国人精神的最核心的组成部分之一。"①中国传统哲学虽然没有"人权"观念，却有肯定人的人格尊严、人的道德价值的思想。孔子肯定每一个人的独立意志与独立人格："三军可夺帅也，匹夫不可夺志也"（《论语·子罕》），即是自由意志的体现。中国传统中许多隐士不事帝王，不与当局合作，不听命于君主，特立独行，也体现了天地间一个独立的人格和"不合作原则"。从孟子到朱熹的"格君心"，到明末清初的黄宗羲都强调独立意志。黄宗羲认为，是非不应该由皇帝来决定，而应该由学校来决定，皇帝认为是者不一定是，非者不一定非，已经表现出一种初步的民主观念。中国传统的"士"看重的是士为知己者死以及以天下为己任，来发挥自己的人格主体性，反对奴颜婢膝，苟合取容的人格。其次，张岱年强调了

① 王兴国：《中国古代人格观念初探》，《云南社会科学》1996 年第 3 期。

荀子提出的"人之所以为人"的观点。人与禽兽的不同在于人有道德意识，在于人有道德自律，己立立人强调的是人先要有一个独立的人格，才能帮助他人完成独立的人格，这种内在的要求是一种道德主动性。中国古代把人格类型分为狂、狷、中行三种，而东汉刘劭在《人物志》中则把人分为十二种类型，这些都值得注意。再次，张岱年认为，自我实现就是把人的潜能发挥出来。孟子的"人皆可以为尧舜"（《孟子·告子章句下》），就是指人人有可能实现其最高人格的可能性，而他提出的"万物皆备于我"则形成了与宇宙合为一体的大我。这既是一种自我实现又是一种超越，就是做人的最高境界。儒家认为，最高的理想人格就是圣人。儒家的"孔颜乐处"也是提倡安贫乐道的一种精神境界。这种思想对他人富于关怀，但亦重视个人自得其乐的情趣："暮春者，春服既成，冠者五六人，童子六七人，浴乎沂，风乎舞雩，咏而归。"夫子喟然叹曰："吾与点也！"（《论语·先进》），孔子对曾晳志向的赞许，表现了对个体独立人格的肯定。陆九渊在青年时代就胸怀"自作主宰"的远大志向，把整个大千世界看作一把琴，任他任意弹拨，强调了人的主体意识的决定作用。最后，张岱年认为一个健全的人格应该包含德、智、力三个方面的关系。只有道德境界高、智慧高、有充实的生命力三个方面的有机结合和平衡发展，才能构成健全的人格。圆满的人格应该是德、智、力三者的结合。因此，塑造理想人格特质具体来说应该做到：要有健全的道德情感、独立的人格意志、正确的人格价值取向和诗意性的人格境界。就儒家而言，塑造人格境界有两层动机：内心是安顿心灵，使自己在社会现实面前能找到一个精神家园；向外则是为人树立楷模，通过人格的完成来达到社会平衡。这是一种精神上的"内在超越"。

张岱年认为，儒学不是宗教，它强调以人为本，但并不是说它忽略了对人的安身立命的终极诉求。他观察到,"终极关怀"这个概念是从西方哲学中移植过来的,虽然中国哲学无终极关怀之名,但是有大量有关终极关怀的思考。对照中西有关终极关怀的思想,张岱年把它分为三种类型:"古今中外,关于终极关怀的思想可以说有三个类型,即是:其一,皈依上帝的终极关怀;其二,返归本原的终极关怀;其三,发扬人生之道的终极关怀。"①西方信仰上帝是世界的最高主宰,是皈依上帝的终极关怀;道家以抽象的"道"代替具有形象的上帝,是返归本原的终极关怀;而儒家敬鬼神而远之,不信仰上帝的存在,不承认灵魂不灭,强调人的生命尊严和崇高,是发扬人道的终极关怀。宋代周濂溪的"立人极"、张横渠的"为天地立心,为生民立道"(《西铭》)是中国古典哲学中以建立人道为终极关怀的典型。张岱年提出,儒家以不信仰上帝为依据,也不承认灵魂不灭,充分肯定了道德的崇高和尊严。儒家的终极关怀是以无神论为基础作出考量的。儒家通过保持崇高的人格与精神境界而实现自己的精神追求。孔子及其弟子有关"成人"的讨论,就是有关完备人格的培养。在孔子眼里,崇高人格的人称为仁人,"成人"的品格包括见利思义、见危授命、言行一致、杀身成仁、智勇兼备、恬静寡欲等,如能到达"博施济众"则是圣人的境界。张岱年也非常推崇孟子的"大丈夫"人格思想,他从孟子的这句话中把人格分为六个品级。孟子曰:"'善人也,信人也。''何谓善?何谓信?'曰:'可欲之谓善,有诸己之谓信,充实之谓美,充实而有光辉之谓大,大而化之谓之圣,圣而不可知之之谓神。'"(《孟子·尽心下》)好人是人们所期望的人,言行一致的人是有诸己的人,笃实不虚是有美德的人,德行高尚是有广泛影响的

---

① 《张岱年全集》第 7 卷,第 267 页。

人,圣人是无待于勉强的人,神人是更高一级的圣人,神人无功而犹有己,只能虚悬一格。

儒家主动发现人的价值,发现求得高尚道德甚至成圣的可能性。儒家人本主义的价值观在于,通过诉求人在最深层的意义上回归自我,实现人与人之间的伦理道德关系,同时坚持人与人之间的基本责任和义务,以建构以道德价值为纲领的和谐社会。一方面,儒家对现实世界展开阐述,另一方面坚持自我向超越境界敞开的形上学。这些其实都是构成个人价值、尊严、自由、平等不可缺少的基础。这样看来,儒学传统对中国甚至全世界,仍然是不可缺少的。① 虽然张岱年不承认儒家是宗教,但在他所提倡的"天人合一"命题中,赞同人要努力在"人道"中发掘和体现"天道"。他对儒家在成圣和超越自我的精神修养的教诲也尤为看重。张岱年注意到,儒家的成人思想指向的是每一个人,它不仅强调人的尊严,也提倡人人平等。这种努力遂形成了一种超越自我的动力,从而赋予儒家人本传统中一股勃勃向上的生气和活力。

张岱年作为一个传统的护道者,一方面力求发掘出中国传统哲学中人本思想之源,另一方面对于儒家的宗教性也予以关注。他多次提及儒家的人格塑造和发展的问题,对于人的自我潜沉、自我超越的一面有着理性的认识。至于儒学的"心性"之学或其宗教性的终极关怀,作为一位哲人,张岱年试图从儒家传统价值观中体现其对人的终极关怀,这也是他思考的重点之一。事实上,他的哲学思想始终关注着人的终极关怀,与传统思想有着水乳交融的关联。众所周知,"宗教"一词直到 19 世纪末期才经过日本人翻

---

① 参见秦家懿、孔汉思著,吴华译:《中国宗教与基督教》,生活・读书・新知・三联书店 1990 年版,第 77—78 页。

译西方著作而传入中国。在此以前,中国传统学术都以"教"字指其精神和学术传统,中国传统词汇中没有"宗教"一词,并不是说中国人根本没有宗教体验。缺乏"人格神"的儒教,看重的是现实世界的道德价值,但是在谈人的时候,我们怎么也无法回避对生死的态度。

在这一方面,后来的学者也注意到这一点,如杜维明从身体、心知、灵觉和神明四个不同的层次,对中国哲学中的人学做了反思。他认为,身体在儒家思想中有崇高的地位,儒家所掌握的人不能从理性的动物、上帝的使者、轮回的片刻或真我梵天的住宅来认识,它是感情最丰富的存有。因此,儒家的人学也可以说是体验之学。这种体验给人带来如人饮水冷暖自知的内在知识,也能发挥长期的转化功能。对于孟子心之四端是善源的提法,杜维明也充分肯定,认为它们是灌溉由集义所生的人性的幼苗。杜维明认为,人是万物之"灵"。"灵"是"神"的具体表现,"神"是"灵"修养到"圣而不可知"、"神妙无方"的阶段。身和灵具体,有方所定向,是凝定的观念;心和神无形无方,是创发的观念。他认为,身、心、灵、神四层次在儒家的人学里并不是决然分离的四阶段,而是一个连续过程中互相融贯的四度超升。儒家的仁学思想实际上就是哲学人类学(philosophical anthropology)。① 对于这种提法,张岱年是赞同的:"有的学者承认中国过去的一些思想可以称为'人学'。中国古典哲学的大部分思想学说是讨论关于人的问题的,称之为'人学'思想,确实具有充足理由。"②按照张岱年的划分,中国古

---

① 参见杜维明:《从身心灵明四层次看儒家的人学》,载《中国哲学范畴集》,人民出版社1985年版,第210—218页。

② 《张岱年全集》第7卷,第108页。

代人学思想主要涉及五个问题：（1）人的本质；（2）人的价值；（3）人与自然的关系；（4）人与社会的关系；（5）人格与精神境界。人的本质涉及人性论学说，就是人性的善恶问题。人的价值是人学的一个最重要的问题之一，中国古典哲学中有关这方面的论述非常精辟透彻。人与自然的关系也就是"天人之际"，有"天人合一"、"明于天人之分"以及将天与人的心性联系起来的见解。在人与社会的问题上，儒家强调个人与社会的关系，强调人的社会责任的担荷。道家是隐士之学，而墨家强调自我牺牲而备世之急，对于墨家的这种精神张岱年多次予以肯定。如何实现崇高的人格，而达到真正独立自由的精神境界，人格问题是从先秦以至宋明哲学所关切的一个中心问题。张岱年对如何成就高尚人格进行了论述。在"群己一体"的哲学命题以及在上述讨论中，笔者已经有所涉猎，此处不再赘述。

对于张岱年来说，孟子的"大丈夫"人格，孟子的性善说，他不遗余力地宣扬。对于孟子"舍生取义"的价值观，对于《中庸》充满人文终极关怀的一面，张岱年在探讨"天人合一"的命题中，也试图建立起这种"内在超越性"的关联。他也非常推崇宋明理学中有关"诚"的论述。从《中庸》的"诚"，张岱年直接追溯到《周易》以"元亨利贞"作为天道与人道统一的观念模式。程颢说："'生生之谓易'，是天之所以为道也。天只是以生为道，继此生理者，即是善也。善便有一个元底意思。'元者善之长'，万物皆有春意，便是'继之者善也'。'成之者性也'，成却待它万物自成其性须得。"（《河南程氏遗书》卷二上）"善"的实现形态便是万物皆得其"生意"、"春意"常驻。程颢将生与仁联系在一起，以道言仁，以生言道，这并非像西方宗教那样，把终极信靠建立在天国之上，而是对生命的真实通感体验。生命世界生生不已，流行不断，人所做的就是要从此生机盎然中领悟出仁心，以践履其生命价值。程颢特别强调了生命的重要意义，歌颂生命的价值。他认为，天地之间充满了生命，所谓仁的道德原则就是参赞生命的拓展。张岱年深知，孟子的四端是不假外求的，是人的内心所具有的源泉活水。虽然张岱年的理想主义是建立在人的现世生活基础之上，事实上，它是"富贵不能淫，贫贱不能移，威武不能屈"（《孟子·滕文公下》）的大丈夫精神品格存在的深层次的理由，同时他也竭力挖掘人的精神境界的一面。他所做的就是，努力发掘传统哲学的精神人格与终极信赖的依托点，也就是说他试图在身与心两个不可分割的观念之间建立一种超验的模式。郭齐勇先生指出，儒学的心性论、人伦关系论、身心修养论、人生价值论等，是当代人走向 21 世纪的重要的精神依据。它可以开阔我们的精神空间，避免价值的单元化和平面化，避免现代化所预设的价值目标的片面性和负面性，批判工具理性的恶性膨胀。儒学的安身立命之道可以丰富我们的人生，提升我们的人格，活化灵性，解脱烦恼，缓冲内心的紧张，超越生死的系缚和对功名利禄的执著，复活人文理想的追求，使人真正过着人的生活。儒家精神对 21 世纪社会与人生之负面的治疗和拯救，肯定会起着越来越大的作用。① 的确，儒家的心性之学是儒家人学中重大的价值资源，忽视它也就是忽视了儒家安身立命的搭挂之处。无可否认，将道德与信仰分开，以人为本而不是以神为本，是中国传统文化的一个特点。但是，对于草根文化信仰佛教或多神教的人来说，人一旦缺少了终极信靠，也不是一个充实完整的人。"张岱年抓住了中国哲学 20 世纪后期从重视以物为出发点

---

① 参见郭齐勇：《郭齐勇自选集》，广西师范大学出版社 1999 年版，第 277 页。

到重视以人为出发点,从重视人的认识到重视人的存在,从重视实证精神到重视人文精神的转变,并在整个思维转变和格局转变中发挥了积极的主导作用。"①的确如此,张岱年提出以人为本的价值命题,就是要把人看做是一切事物的前提和终极目的,从对人以外的世界的关注转到对人本身的关注,把人的主体性、人格意识、人的观念和人的维度作为价值的起点和终点。张岱年以人为本的思想在当下越来越彰显其重要的价值。

第四节 以和为贵

人通过实现其人格理想而实现其价值,个体通过实现其人格价值而实现人类的价值。个体人格自由、健康和全面的发展,实际上就意味着人类价值的实现。个体与人类的和谐统一是张岱年所追求的社会理想和道德理想境界。因此,他提出"和"是价值的最高标准。

"和"是中国哲学史上的一个重要范畴,也是张岱年的最高价值范畴。"和"作为单一的概念最早见于甲骨文、金文。《易经·兑·初九爻辞》说:"和兑吉"。意指和谐为说,无所偏私,故吉。《易经·中孚九二爻辞》说:"鸣鹤在阴,其子和之"。是指同声相应。《说文解字》:"和,相应也。从口,禾声。"和是指以声音相应,和谐地跟着唱。形声字,口为形符,禾为声符。这是"和"的最早的文本意义。在殷周之际,"和"已经进入到政治领域,成为一个重要的政治范畴,被认为是处理人际关系以及齐家治国的准则。

---

① 李维武:《走向 21 世纪:中国大陆哲学的历史性转变》,《社会科学战线》1996 年第 6 期。

例如，《尚书·尧典》说："百姓昭明，协和万邦。"《虞书·皋陶谟》说："同寅协恭和衷哉！"《周书·无逸》说："用咸和万民。"这里的"和"有协调和睦、和衷共济的意思。张岱年对于"和"这一哲学范畴的演变，做了周密的考证。西周末年周太史史伯说："夫和实生物，同则不继。以他平他谓之和，故能丰长而物归之。若以同裨之，尽乃弃矣。"（《国语·郑语》）《国语》中指出西周将灭亡，就是因为周王朝"去和而取同"，去直言进谏的正人，而信与自己苟同的小人。史伯第一次界说了"和"与"同"的概念的区别，他说："以他平他谓之和，故能丰长而物归之。若以同裨同，尽乃弃矣。""以他平他"，是以相异和相关为前提的，相异的事物相互协调，不同事物相互聚合而得其平衡，对立物之间的和谐统一，故能产生新事物，才能达到和实生物；"以同裨同"则是以相同的事物重复叠加，其结果是事物的重复相加，否认事物的差别与矛盾，其结果只能是窒息生机，故云"同则不继"。张岱年指出："史伯关于和的思想是非常深刻的，至今还闪耀着智慧的光辉。"①可以说，西周末年史伯从辩证法的高度论"和"，真正开创了"和"的哲学价值意义。根据"和实生物，同则不继"的观点，史伯在人生价值上主张"取和去同"。

《左传》昭公二十年，晏婴阐发了关于"和"的言论：公曰："和与同异乎？"对曰："异。和如羹焉，水火醯醢盐梅以烹鱼肉……今据不然，君所谓可，据亦曰可；君所谓否，据亦曰否。若以水济水，谁能食之？若琴瑟专壹，谁能听之？同之不可有如是。"晏婴以烹饪所需要的各种原料，说明构成美味佳肴的必要。美食同音乐一样，需要不同的和声才能演奏出来。这里的"同"指的是无差别的

---

① 《张岱年全集》第4卷，第585页。

绝对的同一,"和"则意味着有差别的多样性,或多样的统一性。张岱年注意到,以"和"为主的多样的统一性在后来的中国哲学传统中一再得到确认和继承:从老子的"万物负阴而抱阳,冲气以为和"(《道德经》第四十二章),"和其光,同其尘"(《道德经》第五十六章),管子的"和乃生,不和不生"(《管子·内业》),孟子的"地利不如人和"(《孟子·公孙丑下》),《易传》提出的"保合太和"(《象传·乾》),庄子的阴阳"交通成和而物生焉"(《庄子·田子方》),荀子的"万物各得其和以生"(《荀子·天论》),到董仲舒的"和者,天地之所生成也"(《春秋繁露·循天之道》),公孙弘的"今人和德于上,百姓和合于下,故心和则气和,气和则形和,形和则声和,声和则天地之和应矣",张载的"太和所谓道……不足谓之太和"(《正蒙·太和》)等等,都蕴涵着"和实生物"的观点。但是,这其中"和"的含义也不尽相同,如老子的和与相互对立的观点开始消失,而含有"无冲突"的意思,公孙弘的"和"是指事物之间的相互顺应。张岱年指出,儒家的"和"继承了《易传》提出的"太和"的观念:"乾道变化,各正性命,保合太和,乃利贞。"(《乾·象》)儒家认为,宇宙包括自然界和人类在内是和谐共存的。由"和"演变而来的哲学概念有"中庸"、"太和"、"中和"等。老子说:"道生一,一生二,二生三,三生万物。万物负阴而抱阳,冲气以为和。"(《道德经》第四十二章)在老子看来,阴阳之间的本质关系就是"和"。"和"与阴阳思想的结合,使"和"成为一种本体论的范畴。

可以说,"和实生物,同则不继"的命题是最早用哲学概念表达出来的对立统一的思想。该命题的特点是注重不同元素的多样性的辩证统一。张岱年说:"多元的统一,正是中国古代哲学家所谓'和'的体现。所谓'和',不是不承认矛盾对立,而是认为应该解决矛盾而到达更高的统一。"①张岱年从史伯的这一哲学命题中，既看出万事万物之间存在相反、相斗争的情况，也有相成相济的情况，但和谐是主要的。"合实生物，同则不继"的命题至少可以分解为以下几层意蕴："和"是多样性的统一，即诸多异质要素的集合；无差异性，则无统一性，这是"和"产生的前提条件；异质要素的有序、有机的结合才能形成真正的"和"；"和"能创生新事物，也就是"和实生物"的必然结果。张岱年的多样性的对立统一观，既强调矛盾的对立，更指出有机结合的"和"是创生新事物的起点。张岱年的所阐发的"兼和"思想正是建立在异质元素的对立统一的辩证关系基础之上的。

张岱年通过继承和提炼中国哲学史上关于"和"的思想，在20世纪40年代创建自己的哲学体系时而创造性地提出了"兼和"的哲学概念。刘鄂培认为："'兼和'是张岱年哲学的首创，它不见于中国哲学，却又是中国传统哲学思想的提炼和继承；它不见于西方辩证唯物论，而又是辩证唯物论与中国哲学优秀传统的结合。'兼和'思想是张岱年深邃智慧的结晶，是张岱年哲学中的精髓。"②《新华字典》对"兼"字的解释：（1）加倍，把两份并在一起，如兼旬、兼程；（2）所涉及的或所具有的不止一方面，如兼任、德才兼备。这里的"兼和"显然是指后一种意思，强调不同成分相和谐的状态。为什么要用"兼和"来代替"和"呢？"兼"字到底何意？

在《品德论》的"悬衡"（"价值与当然"）和《天人简论》的"大化三极"中，张岱年对"兼和"的意蕴做了阐释。"品值之大衡曰

---

① 《张岱年全集》第7卷，第385页。
② 刘鄂培主编：《综合创新——张岱年先生学记》，清华大学出版社2002年版，第110页。

兼,曰和,曰通,曰全。合多为一谓之兼,既多且一谓之和,以一摄多谓之通,以一备多谓之全。兼和通全四者,其指实一,直所从言之异尔。兼和通全,亦即富有日新而一以贯之。《易传》曰:'日新之谓盛德,富有之谓大业。'孔子云:'吾道一以贯之。'既富且多,复相顺而一贯,是谓兼,亦谓之和,亦谓之通,亦谓之全。富有言其大,日新言其久。"①张岱年用"合多为一"谓之兼,这里的"兼"明显有动词的意义;而"既多且一"谓之和,则明显指"兼"之后的一种状态。从宽泛意义上,张岱年所说的兼、和、通、全实质上是指一种意思。"兼"只不过强调的是将众多事物集于一体,更侧重于融会众多差异性、异质性的一种动态过程,因为"兼"字原字本意为一手执两禾,引申为多元合一。笔者认为,张岱年在建构自己的哲学体系时,国难当头,民运为艰,试图提出自己与众不同的哲学命题,以提倡刚毅弘动的哲学观,且从"兼"字本身就作为动词用这一点可以看出,这是从词源上分析;张岱年还把兼、和、通、全的本质意义上溯到《易传》的日新富有的精神,"日新"显然是指生生不已的创生力,不断进取的精神,而"富有"是指事物的充实性、复杂性。只有富有事物才能发展壮大,只有日新事物才能持久。"兼有者贵,所兼者贱。兼有者高,所兼者卑。是品值之自然准衡。"②就事物本身的价值属性而言,张岱年认为,越能兼有多样性的事物,其自然价值也就越高,越是缺乏多样性,其自然价值也就越低。就人生价值观而言,"兼和"意味着积极进取、海纳百川的人生观。张岱年拈出一个"兼"字,其良苦用心不可谓不深。

然而张岱年的"兼和"哲学命题并非来自于空中楼阁,包含着

---

① 《张岱年全集》第3卷,第203页。
② 《张岱年全集》第3卷,第203页。

对中国传统价值观、人生观的深刻批判、继承和发展。事实上,张岱年注意到:"中国哲学的最大贡献,在于生活准则论即人生理想论,而人生理想论之最大贡献是人我和谐之道之宣示。孔子的仁,墨子的兼,都是讲人我和谐之道。"①除了对上述提到的以"和"为中心的哲学命题的审视、批判和继承外,我认为,张岱年的"兼和"思想的来源主要有并体现在下列几个方面:

第一,如上所述,其来源于《易传》的日新精神。关于这一点,笔者在第二章中已经指出《易传》是张岱年哲学思想的来源,从"兼和"的命题中又一次得到证明。

第二,张岱年认为,兼和为上是兼容多端而相互和谐,它是价值的最高标准。孔子把理想人格看成是"和",也就是"君子"的体现,把"小人"的人格看作是"同"的结果。他说:"君子和而不同,小人同而不和。"(《论语·子路》)在人格上,"和而不同"的人展现一种博大的胸怀和有容乃大的气概,既不随波逐流,又体现了自己的人格主体性。孔子充分肯定了"和"的个人品格和社会价值。弟子有若说:"礼之用,和为贵。"(《论语·为政》)体现了先王治国的理想之道。追求和谐是儒家的最高理想价值,张岱年对其做了继承。孔子的"和"至少有三层含义:一是多种事物的有机统一,既不是同一事物的简单相加,也不是随声附和;二是对立物的相反相成,相涵相济;三是对立物处于适度均衡状态,即无过不及,这里的"中"是"和"的灵魂,也是"致和"的重要手段,这是孔子对"合同之辨"的重要理论贡献。② 张岱年对孔子"和"的思想是基

---

① 《张岱年全集》第 2 卷,第 616 页。

② 参见葛荣晋:《中国哲学范畴通论》,首都师范大学出版社 2001 年版,第 733 页。

本赞同的。

但是,对于孔子提倡的"中庸之为德也,其至矣乎"(《论语·雍也》),也即"过犹不及"的思想,张岱年提出了自己的观点。他指出,在日常生活中"过犹不及"的思想确实是有必要的,因为任何事情都有一个适度。但是,在社会变革的年代,变易应该成为主旋律,而"过犹不及"成为一种保守的、不易思想。这与《易传》的变通思想相抵触。他认为,中庸的"过犹不及"的观点,对于多样性的统一,对于变易和创造性都有一种阻碍。因此,张岱年专门提出"兼和"的哲学命题。实际上,张岱年看出了儒家在处事接物时的逻辑原则是要寻找一个稳妥的、合理的评判标准,对于兼容对立面的矛盾,与其他各家相比,却缺乏一定的消解能力。如道家能将善恶、是非、美丑、有无等对立面寓于同一事物之中。张岱年的"兼和"是为了破中庸思想之弊见。"古昔哲人常言中庸,中庸易致停滞不进之弊,失富有日新之德。今应以兼易中,以兼和易中庸。"①值得注意的是,"中庸"作为一个哲学概念,与相传孔子嫡孙子思所著的《中庸》,应该区别开来。前者主要的意旨是"适度、无过不及",而后者发挥了孔子的中庸思想,从人的心性结构来规定"中和"的内涵,而且还从世界观的高度把"中和"看成是参赞化育的根本法则,也是道德理想和天人和谐的最高理想境界。"中者,天下之大本,只是浑沦在此,万般道理都是从这里出,便为大本。和者,天下之达道,只是这里动出,万般接应,无少乖戾而无所不通,是为达道。"②这里所说的"和"指的是畅通无碍,圆融通达,

① 《张岱年全集》第3卷,第220页。
② 陈淳著,熊国祯、高流水点校:《北溪字义》,中华书局1983年版,第47页。

矛盾对立面也得到缓和、平衡。此外,儒家的"穷则独善其身,达则兼善天下"(《孟子·尽心上》)以及"民吾同胞,物吾与也"(《乾称》)的兼善思想也说明儒家是比较重视"兼"的。而孔子的主张乃是"能兼善则兼善,不能兼善则独善"①。"兼善"与"兼和"都是体现了与群为一、为群忘己的特点,这就是张岱年以"兼和"易"中庸"的原因所在。"和"作为最高的价值有天和、地和、人和。前两者是自然之和谐境界。"人和"的思想对后世影响非常大。孟子对于"人和"非常重视,他提出"天时不如地利,地利不如人和"(《孟子·公孙丑下》),强调在三者中人和是最重要的。实际上"人和"是群己关系问题,是与群为一,群而忘己还是独善其身,抑或损人利己?在"群己一体"的哲学命题中我们已经展开讨论,这里不再赘述。

第三,张岱年的"兼和"无疑使人联想到墨子的"兼爱"。孔子的哲学思想虽然是张岱年哲学思想的源泉之一,但是,对于墨家的以求天下人民之大利的基本思想,张岱年也甚为推崇。张岱年的"兼"与墨子的"兼"在词源意义上完全相同。"兼爱乃是根本的当然准则。兼爱之'兼'是总全的意思,也即是和而不别的意思。兼爱即是对一切人无所不爱,不分远近,不分等级,广泛的爱所有人民,也即是无差等之爱。兼爱亦简称为兼。"②张岱年认为儒家"以天下为一家"、"以中国为一人"的大同价值思想,是儒家吸取墨家思想后而创立的。墨子把"兼爱"当作义,当作行为遵循的最高准则;张岱年把"兼和"作为融会异质元素而取得平衡的和谐,当作最高的价值准则。由此,我们可以看出墨子"兼爱"思想对张岱年

---

① 《张岱年全集》第 2 卷,第 443 页。
② 《张岱年全集》第 2 卷,第 298 页。

哲学思想的启迪。我们还可以看出,张岱年在学术上"尊崇孔子,兼容百家"的学术主张,这是一种"和"百家的综合创新精神。但是,张岱年意识到,墨家讲爱一切人的兼爱学说,在现实生活中是无法办到的,因而将流于空疏的兼爱巧妙地转化为"与群为一"。这是张岱年和谐学说的一个灵魂。

从张岱年的"兼和"所包含的内容来看,我认为可以做如下的诠释:

首先,是自然审美之"和"。在中国传统哲学中,审美价值与道德价值之间是统一的。美以善为其内容,善以美为其形式,二者的高度统一方可成为和谐完美的事物。孔子的"里仁为美"(《论语·里仁》)以及孟子的"充实之谓美",就直接把美等同于善。

张岱年认为,事物的外在价值在于有实然后有美可言。"充实即富有而和谐。清风明月,秀山丽水,是形色之山而和。禽鸟之婉声,溪林之佳音,是声音之丰而和。至于人之美术,亦莫不以求兼备而和谐为要务。"①山水花鸟,清风徐来,自然的和谐在于一切声、色、音之有机和谐。诗人李白曾说:"问余何事栖碧山,笑而不答心自闲;桃花流水杳然去,别有天地非人间。"(《山中问答》)碧山、流水、桃花、天地,鸟鸣春间,花开花落,一切如此宁静和谐,宇宙在运转流变中和谐地诉说着永恒!"万物并育而不相害,道并行而不相悖。"(《中庸》)感性的自然界与理性的伦常的本体界,不是彼此孤立分割,而是彼此融合和谐相处。谢良佐用"桃仁"、"杏仁"来解释仁,周敦颐不剪窗前草以现天意,一时被传为佳话。这些都是希冀用自然的生意、春意、和谐来比拟人世间的伦理纲常的和谐。"凡音之起,由人心生也,人心之动,物使之然也,情动于

① 《张岱年全集》第3卷,第204页。

中,故形于声。"(《礼记·乐记》)音乐是人的情感的表现,音乐之起由人心之触动所引起,而物体引起人的心动,故诗、乐的情感因素,发乎情,源自民之性。这也是音和——心和——政和的审美功能。这种音乐的和谐是人的快乐的源泉。作为个人来说,把高尚的道德理想作为人生追求,就能战胜自我谋私利的欲望,因此就拥有快乐的精神状态。儒家的乐是一种精神境界,除了孔颜之乐的以苦为乐,还有乐群之乐。人与人的和谐在儒家看来是最大的快乐。儒家的乐还有一种审美性的乐,宗教性的超越之乐。"在以一种天人合一的胸怀关照万物之时,人就能体会到一草一木无不涵有无限生机,从而使自我有限的生命与宇宙万物无限生化的生命联结起来,从而使自我生命更加充盈丰满。这既是一种审美的快乐,也是一种宗教的快乐。"①它融情与理,人、我、物为一体,超越了个体的有限性。儒家的这种审美精神对于当今人们生活中一味驰骛外求、陷于精神失乐园的病痛中,无疑是一副清凉的解毒剂。

不过,"和"不是天然而成的,并不是所有的充实都是美的,并不是所有的生都是善的,知也有真假。张岱年发现了事物之间的冲突与张力,他说:"实有美有不美,易其不美以达于至美。生有善有不善,易其不善以达于至善。知有真有不真,易其不真以达于至真。是谓由自然归于当然。自然恒有两方面:一方面为兼而和,一方面为别而乖。扩充其兼而和,以克服其别而乖,即由自然归于当然。"②自然的真、善、美都有其两面,一是真、善、美,二是不真、

① 辛丽丽:《儒家理想人格对现代人格建构的启示》,《河北学刊》2004年第4期。
② 《张岱年全集》第3卷,第205页。

不善、不美。在人生的境遇中，个人必须努力克服不真、不善、不美的一面，发扬真、善、美的一面，以抵达至真、至善、至美的崇高境界。这是一个由自然归于当然的过程，即克服生之冲突，以达到生之和谐，克服恶的一面达到善的一面。生与理或生与善，是一对矛盾范畴，人生之道的理想境界就是充生以达理，胜乖以达和。张岱年的"兼和"体现了唯物辩证法与道德理想主义的统一。"兼和"包含着注重实际，正视矛盾，崇尚和谐，不断追求富有之大业，日新之盛德。张岱年注意到，人与人之间的和谐，事与事之间的和谐是中国哲学的主要特点，但这种和谐是建立在善的价值基础之上。善的价值是一种基本的力量，是和谐的结果与历程。

张岱年继承了中国哲学中借宇宙论发挥人生论的思想传统，将宇宙大化分为元极、理极和至极三极。他认为元极是宇宙的物质基础，理极是事物的原理，而至极也就是兼和是最高的价值标准。他指出："最高的价值准则曰兼赅众异而得其平衡。简云兼和，古代谓之曰和，亦曰富有日新而一以贯之。《易传》：'富有之谓大业，日新之谓盛德。'《孟子》：'充实之谓美。'充实亦即富有之谓。《正蒙》：'久者一之纯，大者兼之富。'久亦即日新之谓。兼富而一纯，实为价值之最高准则。惟日新而后能经常得其平衡，惟日新而后能经常保其富有。"[①]张岱年所说的"兼赅众异"指的是融会所有的差异，"赅"是全部的意思，"异"是矛盾、差异。富有也就是大、多、兼、全。到达"和"的平衡状态后并不是一成不变，与静态"和"相反的是日新富有，一种动态的"和"。如果说"和同之辨"强调的是多种元素的差异性，"喜怒哀乐之未发，谓之中；发而皆中节，谓之和"（《中庸》）强调的是虚静澹然的道德修养，那么

① 《张岱年全集》第3卷，第220页。

"兼和"强调的是动态的调节而取得的平衡状态。这里,张岱年提出了一种新的动态价值标准来代替"中庸"的静态价值标准。儒家以个人的成就和修养为实现社会安定和谐的起点,在个体和群体之间保持一个和谐的平衡。在张岱年看来,《易传》、《中庸》、《孟子》所展现的是一个灵活生动的"生生不已"的价值世界和生命宇宙,它们开拓了一个健动不已、下学上达、经验与理性、内省与外观、圆融无碍的接触地,在强调个人修养的基础上,促进个人与个人、个人与社会、个人与自然和谐相处,以寻求整体的平衡与互补,以及思想和行为上的圆融为最高目标和最高理想。

不仅如此,张岱年将价值分为实、生、知三级,在 20 世纪 40 年代国内的价值学研究中是一个大胆的独创,虽然在 80 年代后期,他修正为"内在价值"(intrinsic value)和"功用价值"(instrumental value)说。但是,"究竟价值"的提法也是独树一帜的。张岱年说:"品值有三级:一究竟品值,二内在品值,三外在品值。究竟品值有三:曰实,曰生,曰知。内在品值有三:曰美,曰善,曰真。外在品值有一:曰用,亦曰利。"①人之所以为人,首先必在于有生、有实、有知,否则谈不上真、善、美了。从张岱年的论述中,我们可以了解到作为实、生、知的究竟价值是真、善、美价值的基础。事实上,张岱年指出,价值是相对于人而言的,人的价值在于人的存在这个根本问题。人的存在是实、生、知,以及真、善、美和利的和谐统一。

接下来,让我们来分析张岱年的"兼和"的命题及其辩证思想

---

① 《张岱年全集》第 3 卷,第 203 页。注:张岱年在《品德论》中用的"品值"即是价值的意思。

在哲学理论上的价值。

张岱年的"兼和"命题包含着丰富的辩证思想,是对古代"和同"思想的继承和发展。在《天人五论》第七章中,他提出了"同异"和"乖违与和谐"的哲学命题。张岱年认为,事物变化之基本规律为对立统一,又可称为"两一"。在说明对立统一之前,必须先厘清"同异"。关于"异"在上述的讨论中,我们已经提及,主要指事物的多样性。在这里,张岱年把"异"分为四种:"两物非一谓之二;不相连属谓之不体;不在一处谓之不合;不相类似谓之不类。此为异之四种,异亦曰区别。"①那么,"同"是什么呢?《墨经·经说》说:"同:重、体、合、类。"重同是指今天的等同,两名而一实;体同,共为一整体的部分称为"体同",共分享一部分相同的部分,叫合同;有相似的地方叫类同或同类。根据重、体、合、类的四种不同,张岱年说:"如此同有四种:等同、一体、同域、同类。"②张岱年通过发掘墨子"察类明故"的逻辑范畴命题,对"合同"思想进行了逻辑剖析,从而在《事理论》中提出了"两一"与"反复"的辩证命题。在此命题中,张岱年对和同、异同、对立统一等辩证关系的思想发展做了创造性的贡献。他总结出七对宇宙中的基本对立的关系:同与异,变与常、一与多、离与合、断与续、动与静、两与一。我认为,其中异与同、一与多、两与一是张岱年的"兼和"思想在哲学理论上的应用价值,也是对传统和同关系以及辩证法的继承与创新。例如,涉及"两一"的概念时,张岱年说:"同异、变常、一多之属莫非对立,是谓两;对立有其统一,是谓一。无对立则统一不显其为统一;无统一则对立亦不成其为对立。对立与统一,既相对

---

① 《张岱年全集》第3卷,第185页。
② 《张岱年全集》第3卷,第184页。

立,又相统一。宇宙为两且一。"①张岱年的"两"就是指对立、斗争,"一"就是和谐、统一。在中国哲学中,谈到"和"的不少哲学家要么论及的是天地之和、宇宙万物之和、人与万物之和以及人际关系之和,其中较侧重同一性的和谐价值,而淡漠对立性、差异性的一面。张岱年的"兼和"凸显的是丰富多彩、五光十色的差异性,他纠正了中国辩证思维过分重和谐、统一的倾向。更重要的是,张岱年将辩证法思想引入到中国哲学中以"和"为主的哲学命题,对和同的关系进行了深入细致的分析。

很显然,张岱年的"兼和"思想继承和发扬了张载、王夫之的辩证思想。北宋的张载提出了"一两"的学说,指出了"一两"关系之间有着不可分割的关系。他说:"两不立,则一不可见;一不可见,则两之用息。"(《正蒙·太和》)这说明没有矛盾的对立,也就没有矛盾双方的统一。张岱年的"两一"说显然受到了张载的影响,更则重于"两"。从宇宙论上张载提出了"太和"的命题,指出"太和"是宇宙万物赖以生存发展的最佳境界。这是对"和"的哲学命题的进一步探讨。"太和"是在差异对立中产生的,是在变易和发展中实现的,它本身就是一种运动形式。从辩证法的角度,张载还提出了"仇必和而解"的命题。他说:"有象斯有对,对必反其为;有反斯有仇,仇必和而解。"(《正蒙·太和》)张载认为,矛盾着的双方,必然向对立面转化。一些矛盾通过斗争被消灭,另一些矛盾通过和解的方式取得平衡而涣然消释。张载的"和而解"不能说明新事物必然产生,旧事物必然灭亡的根本原因。王夫之继承了张载关于"仇和"的命题。他说:"以气化言之,阴阳各成其象,则相为对,刚柔、寒温、生杀必相反而相为仇。"(《张子正蒙注》卷

---

① 《张岱年全集》第3卷,第188—189页。

一)所谓相反相仇,是指矛盾的对立。王夫之认为,事物的矛盾是普遍存在的。王夫之突出的是事物的"相仇",也就是事物的矛盾性、差异性。在王夫之看来,矛盾和对立是事物存在的普遍规律。张岱年指出,事物变化的规律为对立统一。对立也就包含着矛盾,相互对立之物会相互冲突。对立物相聚合而取得的平衡状态就是和谐。冯友兰早年将"仇必仇到底"纠正为"仇必和而解"就是对自己哲学思想的一个突破,由强调对立而重视统一、和谐。在张岱年的早期"兼和"思想中,他是比较强调以矛盾为主的,因而认同"仇必仇到底"的。但是,他的后期思想发生了变化,他说:"斗争的结果,如果不是同归于尽,必然归于和解。这表现了儒家以和为贵的见解。"①

接着,张岱年仔细区分了"和"与"同":"中国古代哲学中有一与'同'相近而有区别之观念,曰'和'。所谓和者,指相异者或对立者之结聚而相成相济。相同之物结聚或累积,非和。和必相异者或对立者之结聚。然相异或对立之相乖相悖亦非和,相异者或对立者相成相济,方可谓和。凡结聚有三种状况:一、相同者之结聚;二、相异者或对立者之结聚而相乖相悖;三、相异或对立者之结聚而相成相济。第一种谓之重复,第二种谓之乖违,第三种谓之和谐。"②在张岱年看来,"和"不是杂乱无章的相聚,而是相异者或对立者的相成相济的相聚。与张载、王夫之一样,张岱年更多的是看到了事物的乖违(冲突)。在创作《天人五论》之际,张岱年把冲突看成是经常的,而和谐是暂时性的。他甚至把"万物并育而不相害,道并行而不相悖"(《中庸》)的和谐命题,改为"万物并育而

---

① 《张岱年全集》第 7 卷,第 528 页。
② 《张岱年全集》第 3 卷,第 193 页。

更相害,道并行而亦相悖"①以强调事物之间的矛盾与冲突。为什么张岱年如此看中和谐中冲突的一面呢? 在他看来,事物的灭亡是由冲突引起的,和谐是事物存在的依据。如果没有冲突和矛盾,旧事物就不会灭亡。不能破旧,就不能立新。事物的冲突是事物内部失去和谐所造成的。人的一生必须克服生与理的矛盾,"要而言之,人生之道,在于胜乖以达和"②,以达到理想的和谐境界。人与社会的张力也需保持一定的平衡。"社会中各个人,及各种人,行为俱中节,则社会即是一大和。合许多中节底异,以成一大和。这个大和,是社会的理想底境界;人类的社会,是向着这个理想改进底。"③冯友兰认为,人人持中的差异性,构成了整个社会的和谐。在论及境界时,他把人对宇宙的觉解不同而分为自然境界、功利境界、道德境界以及天地境界四个境界。在冯友兰看来,天地境界就是人已经到达了知人、知性、知天的"与天地参"的境界,这是一种完美、理想、和谐的天人合一。这种与天地为一体的永恒是人的精神的解放和自由。对于冯友兰的"天地境界",张岱年是认同的。他说:"四个境界的学说中,具有特殊意义的,是关于'天地境界'的说法。"④张岱年认为,冯友兰的天地境界的最高造诣是"同天",也即是人觉解了他自身是宇宙大全的一部分,而且自同于大全,到达与天一体的和谐境界。对于儒家来讲,和谐是实在界的基本状态和构成。事物和谐的发展是变化,万事万物有始有终:一切以和谐开始,亦以和谐结束。《易传》中就表达了人、社会、宇宙是基本上趋于和谐与统一的思想。

---

① 《张岱年全集》第 3 卷,第 193 页。
② 《张岱年全集》第 3 卷,第 209 页。
③ 冯友兰:《三松堂全集》第四卷,河南人民出版社 1986 年版,第 477 页。
④ 《张岱年全集》第 8 卷,第 468 页。

　　因此，人的生命的和谐带来延年益寿，人及万物各得其所，是"致中和"的一种境界。人与群体的和谐有待于其成员之间的相互努力，民族的和谐在于其团体的融洽相处，国家的兴旺在于民族之间的和睦相处，世界大同的和谐在于民族之林之间平等对待、和平共处。人生的理想境界在于克服矛盾和冲突，达到均衡的和平状态。张岱年的"兼和"指的是两种或两种以上的事物之间的融合而取得的平衡。与以往中国哲学史上重视"和"的理论相比，它更强调的是事物对立的一面，通过继承传统，糅入辩证法，张岱年将传统的精髓和辩证法的对立统一的精华有机地结合到一起，是对中国哲学史上和同、中和、太和等思想进一步的提炼、概括、发展和创新。

　　从"和"的层次上看，"和"是宇宙观、价值观和境界说的统一。万事万物有争有和，"和"是宇宙万物赖以生存和发展的最佳状态。《国语》的"和实生物"、《易传》的"保和太和"、《中庸》的"中和"，都是从宇宙观的角度阐述"和"的思想。从价值观看，史伯的"去同取和"、孔子的"和而不同"、"和为贵"、张载的"仇必和而解"也是从人格理想、社会理想来阐述"和"的社会价值。钱逊认为，"和"的内涵包括三个层次："和实生物"是对宇宙万物本质及其存在形式的根本认识；"和为贵"是以和追求的最高目标，是由此而来的根本价值追求；"和而不同"，一方面从对世界的认识说，是"和实生物"的另一种表述，另一方面从人们处事的方面来说，则是由前两者所引申出的待人处事的根本态度。"和"是这三者的统一，从根本上说，三者实际又是两个层次："和实生物"是对实然的反映，是天之道；"和为贵"的价值观与"和而不同"的处事原则是人应取的态度，是人之道。对"和实生物"的认识是"和为贵"与"和而不同"的基础和根据。而"和"的核心内容则是多种不同因素、不同成分和谐共处结成事物的统一体。① 钱逊的观点是，首先"和"是天之道，人认识了天之道的要求后，就会追求"和"为人之道。认识宇宙万事万物的客观法则后，人就能尽己之性与物之性，就能建立和谐的社会秩序。"礼只是个序，乐只是个和。总有序便顺而和，失序便乖而不和。"②不仅礼乐交融是"和"，而且无少乖戾而无所不同，以达到天下达道也是一种和。这种观点与张岱年的"兼和"思想有相似之处，因为张岱年以"和"为核心的价值观是与其宇宙观、世界观紧密联系在一起的。只不过在人和（人道）方面，张岱年认识到人与人的矛盾冲突，又强调了"与群为一"的重要性。在天和（天道）方面，张岱年早期的思想既看到万物各得其所的必要，又看到了"变易"的必要，即宇宙、社会、人的关系并不是一成不变的。张岱年认为，一味求"和"流于空谈，"和"是经过必要的斗争、抗争之后才达到的妥协和有序。他充分考虑到矛盾纷争的复杂性和各种关系变化的必然性。张岱年的"兼和"思想既是对宇宙万事万物存在的基础和形式的考量，也是对社会人间秩序以及各利益集团的一种平衡。张岱年的"和"的哲学思想贯穿其整个价值思想：以人为本是维护社会和谐和可持续发展的前提；义利之辨的核心是调节个体利益与社会利益之间的关系，以实现"和为贵"的理想；理欲之辨是消弭己之私利，以达到与群为一的和谐境界。在张岱年哲学思想中，"和"是一种目的而不是

---

① 参见钱逊：《"和"——万物各得其所》，《清华大学学报》（哲社版）2001年第3期。

② 陈淳著，熊国祯、高流水点校：《北溪字义》，中华书局1983年版，第50页。陈淳又说："中者，天下之大本，只是浑沦在此，万般道理都是从这里出，便为大本。和者，天下之达道，只是这里动出，万般应接，无少乖戾而无所不通，是为达道。"这里我们看到了"和"的多样性呈现。（《北溪字义》，第47页。）

手段。中国哲学中的有关"和"的内容博大精神、和谐精神无处不在,时时闪耀着智慧的光芒。难怪张岱年将"和"作为价值学、人生哲学的核心思想并一再提倡继承和弘扬。

笔者也注意到,自《天人五论》之后,张岱年再很少提及"兼和"这一自己创新的哲学命题。原因何在? 愚见以为,由于"兼和"过分注重斗争、对立,自 1949 年以来,身陷历次政治运动旋涡之中的张岱年,身受其苦,一想到斗争甚至就不寒而栗,虽然他一贯的人生哲学是"直道而行",如寒梅傲雪,不改初衷。但是,20 世纪国内以人为挑起矛盾、强调对立为主的运动、战争给家国天下带来太多的动荡,以至于祈求和平、安宁成为人们的一种奢望。再者,近百年来若干大的历史转折时期,给中国传统文化带来太多的创伤、摧毁、打击。张岱年痛哀在断裂中逐渐消亡的中国传统文化,对这种疯狂的、无理性的"破旧立新"不得不痛定思痛地进行反思、反省。他对张载的"仇必仇到底"也有了新的认识:矛盾的解决方式是多途径的,有一方消灭另一方,有双方同归于尽,有相互妥协和解,有相互渗透转化。人们强调矛盾,有看重对立,有看重和谐,只要符合客观事物的辩证运动规律,"仇必和而解"也是辩证法的一种形式。一味讲斗争,或者一味讲和谐,都是走极端。他说:"我认为,对斗争的重要性认识不足,这是中国传统哲学的一个缺陷。但在 1959 年以后,我们强调斗争哲学,'文化大革命'中更是只讲阶级斗争,认为七斗八斗就斗好了,又陷入了新的片面性。历史证明,只讲统一不行,只讲斗争也不行,应当是既强调多样性、统一性,又不忽视斗争性。"①对立和统一二者的有机结合以达到动态的平衡,是张岱年所追求的和的最高价值原则。虽然

---

① 《张岱年全集》第 6 卷,第 215 页。

"兼和"成为张岱年哲学思想最重要的部分之一,但是,去掉了"兼"字,在我看来,也就是不再一味强调斗争。由"兼和"走向"和",我们又能否认张岱年对于价值标准的创新吗?答案是不言自明的。"兼和"是对"和"、"和同"、"中和"、"太和"等中国哲学上的命题的继承和发展,其渊源是一脉相承的。从"和"走向"兼和",从"兼和"又走向"和"是张岱年哲学思想的二度升华。

在当今社会,中国正致力于发展"和谐社会",以和谐推进发展,是中国政府实行科学发展观的主要内容。"以人为本",健康、和谐地发展,是当今中国社会的最高诉求和治国方略。"和谐社会"的理念应该是民主法治、公平正义、诚信友爱、充满活力、安定有序、人与自然和谐相处的社会。建构和谐社会是进入新的历史时期的现实需要。通过挖掘中国传统哲学中有关和谐的内涵,可以满足当前打造和谐社会的理论诉求。在和谐社会中,不同社会阶层和利益主体之间的利益关系相互协调,效率与公平相互统一,各方面的积极性被充分调动起来,整个社会充满生机和活力。全体人民各尽所能,各得其所而又和谐相处。既有内部的和谐,又有与外部环境的和谐。最终目的是,通过运用中国哲学中和谐理论,以构造经济和谐、政治和谐、阶层和谐、政务和谐、区域和谐、民族和谐、文化和谐、代际和谐、人我和谐、生态和谐等子系统,建构和谐社会就是要实现系统自身的和谐与系统之间的和谐。在这一方面,张岱年的哲学思想以及有关和谐理论的哲学观,将无疑为和谐社会的发展提供有益的理论支撑。

不仅如此,在多元文化成为主流话语的今天,不同文化的对话、交流和沟通已经成为一种必须。与他者对话,吸收他者的价值观念、价值取向,成为超越自身的前提。张岱年所提倡的"兼和"或"和"的价值观已经逐渐渗透到国人的思维定势。它既是平等对话、交流、互动的价值取向,也是事物生生不已的创生源泉。张岱年把"和"作为最高的价值标准,在全球化、多元化的今天日益显示出其重要意义。在当今,人类由于利益冲突而四分五裂,以兵戎相见,挟核弹相慑,恐怖主义的浪潮使人类的和平生存受到威胁;人对自然的穷奢极欲的征讨,也招致自然界的报复,环境污染,海啸天灾。人们赖以生存的地球在人与人、人与自然的争斗中在呻吟、在颤抖。地球人若不想在争斗中同归于尽,只能通过妥协、谅解的方式,建立一种比较和谐的人与人、人与自然的关系,而不是君临万物。中国哲学中"和为贵"的思想有助于人与人保持和谐、人与自然保持平衡,使人类对自身面临的危机和挑战有所反省和觉悟。无论是从深层生态学或机体主义的角度看,强调人与生态的和谐,反思当代文明的前提和价值,援引并发扬中国传统的以"和"为中心的智慧宝库和价值思想,将为全球化的生态思潮提供良多和更有启示性的精神资源。面对先哲们的超前慧识,我们在反省和忏悔之后会变得聪明些吗?

从文化交流史上看,印度佛教的传入曾给中国传统文化带来冲突和融合,宋明理学出入儒、释、道三家,融合三家之异,化解三家之冲突,把中国哲学的理性思维提高到前所未有的程度,中国文化不乏海纳百川的融合精神。在承先启后的 21 世纪,中国哲学又面临着亘古未有的大变局,融合中、西、马,对中国哲学进行创造性的转换,是为了实现中国哲学理论体系创新之"和"。张岱年立足于中国传统哲学,以有容乃大的气概继承和发展了中国哲学中以"和"为主的哲学命题,并将它看作是最高的价值标准。并且,贯穿张岱年"综合创新"哲学体系的主体思想是"兼和"。张岱年的哲学体系是一种开放性的体系,其文化脉络传承于中国传统哲学,但是其长处在于,吸收和兼综了其他各派各具千秋的理论特色。

毫无疑问,"兼和"是张岱年哲学体系的核心范畴。这种理论创新精神是值得我们珍视和弘扬的。

第五节　义与利统一

"义"与"利"是中国传统哲学中最基本的价值范畴。义利之辨是儒学基本问题之一,宋儒朱熹曾说:"义利之说乃儒者第一义。"(《朱子大全集·与延平李先生书》)程颢也说:"天下之事,惟义利而已。"(《河南程氏遗书》卷十一)义利价值观成为贯穿中国哲学最突出、最富有特色的伦理价值研究领域。义利之辨的历史样态随着不同的时代而演变,呈现了不同的解读方式,因而构成了中国义利观独特的发展规律。

一、对义利之辨的基本看法

张岱年意识到,文化的核心在于价值观,而中国文化的发展在于对价值观的批判、继承和革旧立新。中西文化的异同在于价值观的异同。综观古今中外的哲学史,曾发生过无数有关价值观的论辩问题。这些问题主要涉及义利问题、利欲问题、德力和法教问题等。在这几对问题之中,义利问题统摄着其他问题,是传统价值观的核心问题。值得注意的是,以往的研究者把义利之辨与理欲之辨分而论之,张岱年却把它们置于一处。在张岱年看来,由于理欲之辨是义利之辨的自然延伸,它所要说明和表达的是义利之辨的深层意义,故理欲之辨从属于义利之辨。五四时期,新文化运动的先驱们在比较中西文化的异同时,把中国文化归之为精神文明,把西方文化归之为物质文明,或者把中国文化说成是"义文化",把西方文化说成是"利文化"。这种提法虽然不十分科学,但是却在一定程度上反映了中西文化的典型特征。中国哲学史上的义利之辨始于先秦百家争鸣时期，是当时儒墨两家争论的主要问题。延及宋明时期，道学家的"存天理、灭人欲"的利欲之辨在实质上是先秦义利之辨的进一步延续和发展。自鸦片战争到五四运动关于义利之辨所围绕的主要问题是中学与西学之争、救亡与维新、革命与改良的问题交织在一起。

由于义利问题涉及个人与个人、个人与群体、群体与群体、群体与国家的关系以及物质利益与精神利益之间的关系，挖掘传统义利关系理论中有价值的部分进行现代转换，是正确、完整理解义利关系的前提。

那么，义利之辨的原始含义到底是什么呢？

《说文解字》卷十二说："义，己之威仪也。从我从羊。"段玉裁注："言己者，以字之从我也。己，中宫，像人腹，故谓身曰己。义各本做仪。今正。古者威仪字做义，今仁义字用之。仪者，度也，今威仪字用之。谊者，人所宜也，今情谊字用之。"段玉裁注引述古书古训，谓义字本训谓礼容各得其宜，其说非常有参考价值。义字初文构成形的主要部分"我"，由兵器"我"或戈假借为代词"我"，义字的本义也有插羽于我（兵器）上以为美饰，引申为自我仪容之美。繁体汉字的"义"根据段注《说文》是"从我羊"，将"羊"和"我"合在一起，意味杀羊祭祀，象征某种仪式。由此看出，义的最主要的含义是宜，即合适、应该。《中庸》说："义者，宜也。"（朱熹：《中庸集注》第二十章）韩愈的解释是："行而宜之之谓义。"（《原道》）也就是说思想和行为合宜就是义。在甲骨文和金文中，利是由两个象形字"禾"与"刀"组成的会意字，通常解释为"以刀断禾"，即用刀割禾苗，《说文》的解释是："利，铦。从刀，和然后利。"在甲骨文卜辞中，利被引申为祭祀占卜之吉利，以达到预期的目的,有被进一步引申为利益、功利和有利等。

不同的时代,不同的人从不同的侧面来为义利之辨定性。有从哲学、经济、政治、伦理、教育方面对此主题作探讨的,有从价值观、世界观上作探讨的,当然最流行的观点是把义利之辨当作伦理价值观的问题来探讨。张岱年赞同的是后一种观点,即把义利之辨当作伦理价值观的首要和基本问题。

张岱年对于"义利之辨"的贡献是详细探讨了义利问题的历史演变。他认为,儒家的传统是重利轻义。义利之辨作为一个哲学命题,是孔子在继承先秦义利之辨的光辉思想之后,加以系统化和提炼出来的。早在孔子之前,管仲曾提出:"仓廪实则知礼节,衣食足则知荣辱。"(《管子·牧民》)说明了物质利益决定精神利益。张岱年发现,管子的思想属于义、礼、法并列,即既肯定仁义的价值,又肯定法的重要性。《管子》的《戒》篇云:"仁从中出,义从外作。仁故不以天下为利,义故不以天下为名。"管子以"从中"与"从外"分别仁义。这种思想接近告子的"仁内义外"之说,表明战国时期以内外区别仁义者不仅有告子一家。

张岱年指出,儒家义利之辨的核心思想就是把义作为最有价值、最值得追求的东西,认为义是至善,从而崇尚义而贬抑利。例如,孔子区别了义利的关系。他说:"君子喻于义,小人喻于利。"(《论语·里仁》)"君子谋道不谋食,忧道不忧贫。"(《论语·卫灵公》)把人分成君子和小人,认为道德品质高尚的人是深晓大义的人,而小人则追逐名利、利益。前者是效仿的对象,后者不齿于一提。因而儒家提出"君子义以为上"(《论语·阳货》)是最高的价值。张岱年认为,这里的"上"字和"尚"字是相通的,都是表示价值的意思。他还指出,"义以为上"实际上是一种道德至上论。"孔子所谓义指道德原则,义的内容就是仁,仁是最高的道德规范。在孔子的理论体系中,义还是一个'虚位'范畴,而不是一个具体的道德范畴(韩愈《原道》区别了定名和虚位,有重要的理论意义)。孔子没有以仁义并举(仁义并举,始于墨子)。"①张岱年在这里指出了"义"的本质意义,即最高的道德价值。

将"义"看作一个虚位范畴是张岱年的一个洞见,也就是说"义"可以看作是"仁"的近义词或同义词。义(或仁)的道德价值的最高境界是"杀身成仁":"志士仁人,无求生以害仁,有杀身以成仁。"(《论语·卫灵公》)当生与死、仁与义不能两全,仁者就应该牺牲自己的生命,实现崇高的道德目标。自古以来,在这种精神的激励下,多少像岳飞、文天祥之类的仁人志士为实现这一神圣理想甚至牺牲生命而在所不惜。这种道德境界的实质意义就是,以牺牲个体的利益为代价,服从群体的利益,使他们的生命散发出自觉践履"义"的光彩。张岱年认为,这是价值观的最核心的问题。他说:"道德行为之所求,非徒生而已,乃合理之生。生而不合理,不如无生。是故义之实践,重于生之保持。人之所以贵于禽兽者,于是乎显彰;德行之发挥,至是而极矣。舍生取义,亦即以人群为一体。虽丧小我,而得大我。其身虽亡,其德充实光辉照耀于无穷矣。"②这就是提倡牺牲小我之利以换取大我之义。

就义利相比较,就精神利益与物质利益相权衡,孔子认为义比利有更高的价值。总的来说,孔子是"罕言利"的。根据笔者粗略统计,《论语》中讲到"利"仅10次,加上近义词的"益"也不过21次。相比较,讲"义"24次,包括"义"的虚位范畴"仁",总计则达到133次。而且论及"义"是肯定的、褒义的、正面的,而论及"利"

---

① 《张岱年全集》第6卷,第68页。
② 《张岱年全集》第3卷,第214页。

多是否定的、贬义的、反面的,而且一正一反形成鲜明对照。后世儒家发展到极至更片面到"不言利"和"耻言利"的地步。汉代的董仲舒就提出了"正其谊不谋其利,明其道不计其功"(《汉书·董仲舒传》)的命题。张岱年指出,孔子的义是一种至善,而这种道德至上的观点在西哲康德和近哲冯友兰的思想中也找到印证。在康德的道德哲学中,康德用理性为自由立法,道德法则的普遍性和必然性也只能来源于实践理性。道德法则的存在、道德义务的性质就揭示出人的意志自由。"首先,意志自由指意志绝对自发性的能力,即自己决定自己所遵循的准则能力;其次,意志自由指意志的决定独立于一切经验的条件;最后,意志自由指意志自己为自己立法,它所遵循的准则同时也是普遍的理性法则。正因为人的意志是自由的,具有感性欲望的人才能够同时尊重并服从道德法则。而意志自由的精髓就在于意志自己为自己立法,这就是意志自律。这就是说,自由不仅是指无条件的选择和自发性,同时也是自我立法的能力。"[1]康德道德哲学的核心也就是实践理性的自律。人是理性的存在者,是自由的个体,只有理性才能决定人的价值。同时人又是感性的存在者,受自然因果律的制约。意志自律承认理性为目的本身,才能找到行为的普遍法则。人以自身理性为唯一目的,自己立法,自己服从。人类只有服从于自己的理性,才使人超然于自然之上,获得尊严,这就是"道德自律"。儒家的"义"是一种合宜的道德自律的行为或道理。它意味着人只有通过自律履行自己的义务,才能超越人的动物性而变成一个具有高尚情操的、获得尊严的、真正意义上的人。因此,冯友兰把"义"定

---

　　① 李梅:《权利与正义——康德政治哲学研究》,社会科学文献出版社2002年版,第7页。

义为"绝对的命令,社会中的每个人都有一定的应该做的事,必须为做而做,因为做这些事在道德上是对的。如果做这些事只是出于非道德的考虑,即使做了应该做的事,这种行为也不是义的行为。"①这等于说人出于对道德律的敬重,或出于义务而做应该做的事,是由于他拥有独立而自由的人格,作为道德法则主体本身就是自在的目的,就是人的尊严所在。

张岱年赞同道德自律的说法。同先哲一样他把"义"看成是一种"善"。而不善则是一种不义,一种损人利己的行为。他说:"《礼记》曰:'圣人耐以天下为一家,以中国为一人。'是善之极致,盖合人我群己而一之。至若损人以获其利,胁人以成其势,以私亏公,以寡害众,惟自谋而不能旁通以兼及他人,是之谓不善。"②

张岱年认为,对待儒家论"利"的问题,必须用一种辩证的观点考察。他既注意到孔子把义利对立起来,但又注意到孔子并不完全排斥利的态度。例如孔子主张"见得思义"(《论语·季氏》)、"见利思义"、"义然后取"(《论语·宪问》),"富而可求也,虽执鞭之士,吾亦为之,如不可求,从吾所好"(《论语·述而》),"不义而富且贵,于我如浮云"(《论语·述而》)等等,这种以利统义的观点是儒家价值观中关于"利"的合理内核。但是,孔子的义利之分实际上是以义取利,在认识上陷入了"义"等于"公"、"利"等于"私"的片面性。对于公利、民之利,孔子是极力提倡的,认为公利即是利的表现。他说:"因民之所利而利之,斯不亦惠而不费乎?"(《论语·尧曰》)并且主张"富民"之后而"教民",也就是说在承认物质需要的前提下,肯定精神需要的作用。这一认识虽然

---

① 冯友兰:《中国哲学简史》,北京大学出版社 1985 年版,第 52 页。
② 《张岱年全集》第 3 卷,第 204 页。

仍然受重义轻利的影响,但毕竟有义利兼行的意图。他所反对的是见利忘义,认为在道德原则与个人私利发生冲突时,后者应该服从前者。虽然孔子没有明白地使用"公利"二字,但孔子义利思想中的"利"实是指私人的货殖之利。相对于利而言,义超越了个人的特殊利益,具有普遍性的特点,其所强调的是通过普遍性的公利对特殊性的私利起调节作用。

张岱年说:"孟子继承了孔子,更强调义与利的对立。"①孟子论公私基本上与孔子观点一致。在著名的孟子见梁惠王的对话中,孟子提出了"王何必曰利,亦有仁义而已矣"(《孟子·梁惠王上》)的命题。孟子认为只要实行仁义,则利在其中。张岱年指出,孟子所指的"利"是私利,也就是国君之利与大夫之利,士庶人之间的利益矛盾与冲突,如果上下都"交征利",国家就岌岌可危。如果不符合义的原则,"禄之以天下,弗顾也;系马千驷,弗视也"(《孟子·万章上》)。如果不符合义的原则,就是给富可敌国的财富也不能接受。这是一种比较传统的诠释义利之辨的方法。根据杨泽波的统计,《孟子》中"义"字凡 108 处,使用频率相当高,含义也比较复杂,与"义"相关的复合词一共有三个:它们是"理义"、"礼义"和"仁义"。其中,"理义"只出现一次,特指正确的道理;"礼义"出现 5 次,特指人伦之理、礼仪之理;"仁义"共出现 27 次,特指道德的内在根据;而"利"字出现 39 次,主要指经济上的利益。与张岱年的观点不同的是,杨泽波认为孟子的义利之辨有三种不同的意义,即治国方略、人禽之分和道德目的意义。也就是说,严格的说来,共有三种不同的义利之辨。无论是谈的哪一种义利,孟子都没有将公私的概念加入其中。以公私解说义利,绝不是

---

① 《张岱年全集》第 3 卷,第 589 页。

孟子的主张。如以公私判别"置民以产"的提法，就难免进退失据了。杨泽波认为，孟子的义利之辨讲的是对国家有什么好处、有什么利处的意思。具体地说，是讲治国方略的问题。因此，杨泽波认为，以公私论义利，"是义利诠释中的沉疴痼疾，长期以来干扰着对义利之辨精神本质的理解"[①]。应该说，杨泽波的提法，在当代市场经济中有其特殊的意义。其中人禽之分的义利说，归根结底想说的是这样一个旨意：每个人都有自己的利，也都有自己的义，只要不违背义，可以光明正大地最大限度追求自己的利。"世有耕种而不谋收获者乎？有荷网持钩而不计得鱼者乎？"（《习斋言行录》）这种谋利的行为既不能看作是道德的行为，也不能看作是不道德的行为，最多可以看作是非道德的行为。当然，如果义和利发生了矛盾，就应该毫不犹豫地选择义。义利同公私没有直接联系。这种提法显然受西方人的追求与人的需要的发展相一致的功利主义思想的影响。相对于杨泽波的诠释，张岱年的对义利之辨的解释更加传统，更加中国化。从另一个角度看，张岱年的义利之辨观缺乏对市场经济下对正当利益追求的了解，也是其局限之处。

二、对墨家义利观的发展

在中国传统哲学中，义利之辨主要有两种观点或两个派别：一派是儒家的"义以为质"、重义轻利的义利观，如孔子、孟子、荀子、董仲舒、韩愈、程颢、程颐、朱熹、陆象山、王阳明等是其主要代表；另一派是在重视义的前提下，又特别强调利，是义利并重派，如墨子、王安石、陈亮、叶适、颜元、李塨等是其主要代表。此外，还有老

---

① 杨泽波：《公与私：义利诠释中的沉疴痼疾》，《中国文化研究》2002年春之卷。

庄道家的虚无主义的义利观以及法家、杨朱的重利轻义观等。其中,张岱年在其论著中多处对墨家的义利观表示赞同和认同。

张岱年认为,墨子提出兼爱学说的宗旨是在于兴天下之利,除天下之害。墨子说:"仁者之所以为事者,必兴天下之利,除去天下之害,以此为事者也。"(《墨子·兼爱中》)墨子所提倡的"利"是国家百姓的利益,而不是个人的私利。对于这种重视最广大人民群众的根本利益,积极进取、提倡自我牺牲的精神,无疑使人联想到中国在 20 世纪 60—70 年代所提倡的"为人民服务"的口号,以及"毫不利己,专门利人"的口号。这种高扬道德理想主义的口号在特定的时期有鼓舞人的精神作用,但是在市场经济条件下未免失之迂阔。对于这种积极的救世精神,张岱年是认可的:"墨子及其门徒表现了崇高的舍己为人的自我牺牲精神,也是值得赞扬的。"①实际上,墨子提倡的"利"是一种以"公利"为其基本内容的。在他看来,凡是符合公利的就是义,反之则不是。"利"是辨别道德行为是义还是不义的唯一标准。他反对孔子、孟子"重义轻利"的观点,而主张既要重视"义",也要重视"利"的"义利合一"观。墨家认为,衣食之利是人赖以生存的物质条件,财富之利是国家得以富强的基础。墨子说:"衣食者,人之生利也。"(《墨子·节葬下》)只有物质财富满足人们的生存需要时,人们才可以安居乐业,社会才得以正常运转。墨家主张利民厚生,富国安邦,反对那种"饥者不得食,寒者不得衣,劳者不得息"(《墨子·非乐》)的社会现实。"由于墨家既贵义又重利,故而主张义与利是内在统一的,因为在他们看来,真正的'义'也就是最大的'利'。《墨经》说:'义,利也。'(《经上》)即是说,'义'的本质就是'利',

---

① 《张岱年全集》第 7 卷,第 151 页。

是使天下人'交相利'。"①墨家认为,义的内容是利,义的价值是由利的价值来决定的,这只是义利统一的一个方面。另一方面,义对利有导向和规范作用。只有这样,才能使利沿着正确的轨道伸展,不至于陷入不义的泥沼。墨家的义利统一观对形成张岱年的义利之辨的思想影响很大,尤其是在接下来我们讨论张岱年提出的物质需要与精神需要的统一观中,将印证到这一点。

对于墨子的"公利"观,张岱年进行了深层次的思考与提炼。他在区别个人利益与整体利益时,指出了其中的复杂性。为了自身的生存发展,人都要追求利益,满足自身的各种需要。但是人是社会的动物,须臾不可脱离一定的人际关系和利益集团。义利所涉及的复杂内容有个体自身的利益、自身与他人的利益、个体与社会整体、阶级与民族利益等不同层次的群体利益的关系。怎样调和各种利益之间的矛盾和冲突是道德的一个重要功能。各种利益集团之所以结成同盟,是因为它们之间存在共同的利益。儒家重视的是社会整体利益,以维持整个社会等级秩序的稳定和整体阶级利益不被受损害。"儒家重义轻利,主要是告诫人们不要为了个人的私利而破坏社会的秩序,这是稳定社会秩序的思想。"②张岱年同情为大多数普通人谋利益的思想,赞赏"有力者疾以助人,有财者勉以分人,有道者劝以教人"(《墨子·尚贤》)的利他思想。这种强调集体利益的思想在张岱年的早期著作中尤为明显。他认为,人与人之间如发生利益冲突,大多数人的利益便是应当追求的利益。这种"通天下之志",以整体利益为主的公利思想,是张岱年推崇的道德最高原则。

---

① 周立升:《论墨家的价值衡定与选择》,《文史哲》2000 年第 4 期。
② 《张岱年全集》第 3 卷,第 593 页。

不仅如此,自从"公私"作为价值观的主要范畴以来,墨家从小生产者的利益和要求出发,把"公利"即广大人民群众的利益放在最高位置上。墨子认为,公利与私欲是两种决然对立的价值取向。公利就是义,它具有普遍和至上的价值意义。私利是欲,是害,是专门利己的行为,必须予以摒弃。不能不指出,中国的道德体系向来所重视的却是"公"的理想、公的价值观。三代为中国理想化的政治,其最高境界便是天下为公,"天无私覆,地无私载,日月无私照"(《礼记·孔子闲居》),即以天地日月之无私表达"公"的宽广境界,宋儒讲"存天理,灭私欲",即是以天理为公,人欲为私。明代王阳明讲"致良知",并提出"廓然大公"的目的,在于说明立公弃私是建立起以最高群体利益为第一要义的道德结构。按照冯友兰的说法,人的境界可以分为四种:自然境界、功利境界、道德境界和天地境界。自然境界的人是率性而为、不著不察的顺才,日出而作、日落而息是这种境界的人的典型写照。功利境界也就是求名于朝、求利于市的人,处处为自己的私利而着想。与其相反,道德境界的人是"行义",超越了功利境界。前者的行为目的在于"取",后者的行为目的在于"予"。天地境界的特征是知性知天,对人生有较高的"觉解":在天地间做一个堂堂正正的人,人格气象胸襟宽广,以达到与"天地参"的境界。① 道德境界的人通过"无我"达到了真正的"有我",功利境界的人是"有我"而实际上未必是有"真我"。所以,只有在道德境界和天地境界的人,才可能是真正地达到"极高明而道中庸"。

一方面,张岱年是推崇冯友兰的道德境界与天地境界的,反对

---

① 参见冯友兰:《三松堂全集》第四卷,河南人民出版社1986年版,第550—556页。

趋利避害,求利于市。在冯友兰的天地境界中,人我、物我不隔,"浑然与物同体"(《河南程氏遗书》卷二上),把自己与天地中万物看作是一个息息相关的整体,达到崇高的宇宙精神境界。另一方面,在义利之辨中,张岱年以一种现实的态度看待所遵从的公(或集体)的内涵,这即是在个体利益服从整体利益的大前提下,集体尊重和保护个体利益,重视个体利益的尊严、价值、权利和自由。个体在必要时应该为整体利益牺牲个体利益。这种解释仍然不失为一条利益相妥协、相平衡的原则。在面临国家生死存亡的大利大义面前,个体应该将个人之利甚至生死置之度外,而追求民族大义、国家大利。在论及"以人为本"的命题时,张岱年也注意到每个人的全面而自由的发展,应该成为集体主义的本质特征,将其擢升为价值原则,从另一个侧面强调了集体与个人互为目的、互为手段、互为权利和义务的双向统一,从而在满足个体的正当需要与"私利"之间划出了一条界限。公德与私德的划分实际上对于民主法制、公共规范、社会体制等公德体系的建立和完善有着积极的、正面的作用。最后,由于人的生存和发展是全方位、多层次的协调和全面发展,义利之辨是以人的多重性为其理论根据的,只有消弭冲突,化解矛盾,以天下多数人之志为志,惟其如此,才能达到和谐的目的。

此外,我们应该注意到,由于集体主义缺乏价值层面上的具体界定,加之历史上有人假借集体利益压抑、泯灭个体的正当利益,因而常常受到人们的误解和非难。"在历史上,往往有一部分人以'公'的名义来压制人民群众"①,特别是在市场经济中,集体主义下降为工具性的存在,而沦落为道德理想的价值存在的虚位。

---

① 《张岱年全集》第7卷,第436页。

在这种背景下,如果一味强调的集体主义以突出"义"的一面,则很难回应现实所提出的新问题。强调"利"低于"义"的价值,忽视了现实生活中物质价值是精神价值的必要基础,从而导向人们鄙视其至排斥物质利益的倾向,最终导致道德教条下人格与现实生活产生对立。此外,价值选择本来就是一贯趋利避害的过程。在一般利害情况下,人们可能都利中取重,害中取轻。个体在追求正当的私立与社会整体利益二者之间,有权利给自己留有充分的空间。

张岱年提出的在义利之辨中有物质需要与精神需要的阐述,与马斯洛的人类动机理论的一些观点有英雄所见略同之处。后者通过对人类动机是本能的基本需要的研究,揭示出人性的内涵及其实现的必由之路,阐明了人应有的价值选择。马斯洛认为,人的各种需要设定在一个层次发展的系统中。马斯洛将人的需求分为三大互相重叠的类别:意动需要(Conative needs)、认知需要(Cognitive needs)和审美需要(Aesthetic needs)。这其中他特别重视意动需要的探索,在他看来,意动需要可以分为低中到高排列的五个不同的层次:生理需要、安全需要、爱与归属的需要、尊重的需要和自我实现的需要。马斯洛的人本主义心理学把人看作是一个有不同层次需要和不断自我实现的生命个体,认为人的遗传基因里不仅存在着善,而且存在着恶,存在着普遍的价值体系。张岱年认为,物质需要是身体所必需的,精神需要也即是孟子所说的"义亦我所欲"(《孟子·告子上》)。他说:"义利问题不仅是公利与私利的问题,而且包含道德理想与物质利益之关系的问题。人不仅具有维护身体健康的物质需要,而且还有提高人格价值的精神需要。"[1]马斯洛

---

① 《张岱年全集》第 3 卷,第 594 页。

的生理需要、安全需要可以与张岱年提出的物质需要相联系,而爱与归属的需要、尊重的需要和自我实现的需要,则在是一定意义上与张岱年提倡的精神需要相吻合。

张岱年认为,儒家虽然反对图谋私利,但没有否定物质生活需要的重要。义利之辨的问题除了公利与私利问题外,还有物质生活与精神生活相统一的问题。人不仅有物质需要,而且有精神需要。忽视个人利益的需要未免陷于空疏,缺乏精神生活只求满足物质利益的需要,也就失去了人的价值。张岱年睿智地指出,舍生取义不仅是坚持自己的人格尊严,而且是尊重别人的人格尊严。《礼记·檀弓》中所说的"不食嗟来之食"的故事也强调人活着除了物质需要外,还应当有精神需要,即人的尊严。与马斯洛层次论不同的是,张岱年指出物质需要是精神生活的基础,而精神生活的价值高于物质生活。"没有物质基础的精神生活是空虚的,没有精神指导的物质是鄙俗的。伦理学说要承认物质生活与精神生活的统一。"①虽然重义轻利的思想给中国传统以丰富的遗产和精神食粮,但是一些人在论述义利之辨时,过分强调义利原则的对立与区别,或者说儒家的义利之辨被某些人所曲解而故意断章取义,为他所用,以致一提到义利问题,仿佛所有的儒家都奢谈道义,鄙视功利,高谈道德,菲薄财货,空谈气节,不食人间烟火,这实际上也是对义利的曲解。

从这种意义上看,张岱年所提出的"精神需要与物质需要"相统一的命题,是对义利之辨的一种发展,打破了长期以来沉积在部分人心里对儒家重义轻利、重名鄙财的印象。不仅如此,张岱年清晰地厘清了社会正义与社会功利之间的关系,圆满地回答了无法

---

① 《张岱年全集》第3卷,第601页。

回避的义与利谁先谁后的问题。仅此一点足以证明,张岱年对于儒家义利之辨理论价值的阐发有现实意义和历史价值。

三、理与欲的对立统一

从历时的角度看,宋明理学中的"理欲之辨"是先秦时期"义利之辨"的历史延伸;从共时的逻辑角度看,"理欲之辨"与"义利之辨"又属于并列的哲学命题。因此,张岱年把二者置于一处而论之。在探讨了"义利"问题的历史演变、个人利益与社会整体利益、精神需要与物质需要之后,张岱年接着论及的是"理"与"欲"的对立统一。对于义利之辨,张岱年认为其所主要蕴涵的问题有二:一是公利与私利的问题;二是物质生活与精神生活的问题。这一问题在上述讨论中已经涉及。理欲问题所蕴涵的问题亦有二:一是生命与欲望的关系问题;二是生命与品德的问题。[①] 笔者认为,张岱年对理欲之辨的主要贡献在以下两方面:其一,将理欲问题延伸到理生问题,即是生与欲以及生与义之间存在的关系问题;其二,不能简单地看待理欲之辨的问题,对待天理人欲问题有一个逐渐深化的认识过程,在新的历史条件下要辩证地看待二者的关系。

天理人欲之说,始见于《礼记·乐记》上说:"人生而静,天之性也。感于物而动,性之欲也。物至知知,然后好恶形焉。好恶无节于内,知诱于外,不能反躬,天理灭矣。"清人孙希旦引用朱熹的解释是:"朱子曰:人生而静,天之性也,感于物而动,性之欲也。何也?曰:此言性情之妙,人之所生而有者也。盖人受天地之中以生,其未感也,纯粹至善,万理具焉,所谓性也。然人有是性即有是

---

① 《张岱年全集》第 7 卷,第 505 页。

形,有是形即有是心,而不能无感于物,感于物而动,则性之欲出焉,而善恶于是乎分焉。性之欲,即所谓情也。物至知知,然后好恶形焉,何也? 曰:上言性,情之别,此指情之动处为言,而性在其中也。物至而知知之者,心之感。好之恶之者,情也。形焉者,其动也。所以好恶有自然之节者,性也。好恶无节于内,知诱于外,不能反躬,天理灭矣,何也? 曰:此言情之所以流,而性之所以失也。"①虽然《礼记》对于天理人欲没有明确的界定,但是宋明理学家对其作了淋漓尽致的发挥。二程用《乐记》"天理"、"人欲"的观念来解释"人心惟危,道心惟微,惟精惟一,允执厥中"(《古文尚书·大禹谟》)之说,指出:"人心,私欲,故危殆;道心,天理,故精微。灭私欲则天理明矣。"(《河南程氏遗书》卷二十四)"心,道之所在;微,道之体也。心与道,浑然一也。对放其良心者言之,则谓之道心,放其良心则危矣。"(《河南程氏遗书》卷二十一)这是理学家治学传道的心诀。通过求其放心,人们在内心才可能树立"廓然大公"之心,自觉克制"私心"、"私欲"及"私念"。接着,朱熹从心、性、情等形成的角度解释了人性善恶的起源。很显然,"天之性"就是天理,也就是人所禀的性,以性为天理的基础;"人之好恶"就是人欲,就是邪恶、欲望。如果对于欲望、诱惑不能反躬自省,则天理则不能存。朱熹从性、心出发,展开了天理与人欲的论证。他认为,天理就是三纲五常或社会普遍道德法则,天理是心之本然,天理是善。应该说,朱熹的思想脉络是与孔子"克己复礼"、孟子的"舍生取义"上下相承、一以贯之的。但是《礼记》本身并没有把人欲与天理对立起来。

张岱年首先肯定理欲之辨中"欲"的积极意义。在他看来,

---

① 孙希旦撰:《礼记集解》,中华书局1989年版,第984页。

"欲"是一种基本的物质生存需求,是饮食男女的正常生理需求,因为通过饮食人才有新陈代谢的资本,而男欢女爱是人类繁衍延续后代的关键所在。但是人之所以成其为人,是有超越动物的基本需要,也就是人贵于禽兽之扩充。如果说宋儒的"革尽人欲,复尽天理"(《朱子语类》卷十三)的工夫是克己之私欲、恢复天理的过程,那么张岱年对天理人欲的理解则是,"乃更在于求人人之所以贵于禽兽者之扩充。所谓立人达人之旨在此。"①也就是说,张岱年同意朱熹关于人欲的看法:人欲并非泛指一切感性欲望及获利之心,而是特指与普遍道德法则相冲突的感性欲望,以及有悖于社会公共利益的一己私利。张岱年指出,由于程朱学派特别强调存天理、去人欲,这一思想经过明清时期的罗钦顺、王夫之批判后,不少人把理欲关系完全对立起来。特别是对于朱熹所说的"饮食者,天理也;要求美味,人欲也"(《朱子语类》卷十三)这句话,不少人认为宋明理学否认人们的一切生存欲望,其实是杯弓蛇影地想当然罢了。实际上,这并不符合程朱理欲之辨的本意。

张岱年认为,对于传统学说的哲学命题应该心知其意,不能简单浅薄地对待,而应该具体问题具体分析。例如,程朱的理欲之辨不是一概抹杀人的物质要求,个人吃饭穿衣还是有必要的。张岱年首先肯定人的吃饭穿衣的基本物质需求。但在满足自我物质需要的基础上,人应该有一定的尊严,为了集体利益可以牺牲自己的欲望。反观当今社会,诸多对儒学或宋明理学有误解的人,往往一提到"存天理,灭人欲"就将它等同为禁欲主义,把克除私欲的具体情况泛指为禁止遏止一切欲望。虽然宋明理学中的理欲之辨,

---

① 《张岱年全集》第3卷,第213页。

在当时起了一定的保守作用,但是把礼教吃人统统归结为此,则显得粗暴和简单化。这种不求甚解、随意否定的态度是不足取的。这不是宋儒提倡"存天理,去人欲"的全部内容。如清代颜元提出过"正其谊以谋其利,明其道而计其功"(《四存编》),就是主张义利的统一。张岱年批评有些人对宋明理学的片面理解,的确令人感到振聋发聩。在当下,对于我们正确理解儒学有着积极的现实意义。

对于"欲"的理解,张岱年将它和"生"结合起来考虑。在中国哲学中,"生"与"理"或"生"与"善"是一对范畴。生是一种生命现象,也是一种创生,即从无引发有的活动过程。《论语》中对"生"的论述有16处之多。孔子的"四时行,万物生"(《论语·阳货》)的观点在《易传》中得到充分的发展。告子提出"生之谓性",孟子针锋相对地提出"人之性善"。宋明时期的理学在提出"存理去欲"的同时,也提出"天只是以生为道,继此生理者即是善也。……万般皆有春意。""心譬如谷种,生之性便是仁。"(《河南程氏遗书》卷二上)戴震认为"生生不息"是气化流行的内容,也即是仁的内容。由此看出,生的含义有生死、天与生、生与仁、生与欲等的关系。这些关系有相应的一面,有相对的一面,或相冲突的一面。人生的存在除了生物意义的需求外,还应该实现其所赋予的性以显示生命的价值和创造的价值,以生命之力,尽生命之事。这里我们可以观察到,在特定环境下"生"与"死"是一种价值选择,例如为整体利益慷慨就义赴死,就是以牺牲自我之"欲"为代价。"生"与"理"又是另一种层面上的价值选择。在张岱年看来,人有欲望是自然而然的事。他说:"人有理性是自然的。人有欲,是自然的;人有理性亦是自然而然的。理性亦非离欲而存在,理性在于解决群己人我欲望之矛盾而到达群己人我欲望之和谐。"①生是一自然现象,而理是一种道德理想。为了超越"天理"与"人欲"的矛盾,张岱年提出了"生理合一"、"群己一体"的哲学命题。他的目的在于,强调理是生之理,是生之圆满不得不遵循的规律。生是生命、生活的客观存在。生有生之冲突,生物与生物、个人与个人之间会有冲突。实践理必忘一己之私利,也不必虑一己之生。生之和谐便是与理为一。他把理的内容解释为遂我之生更遂群之生,在遂群之生中遂己之生,给生与理赋予了新时代的辩证关系。张岱年指出,解决理欲之间的矛盾在于解决群己、人我欲望的矛盾,以到达和谐的境界。关于这一点,笔者在前面的章节已经论述过。这里不再展开。

张岱年说,宋儒宣扬"理欲之辨",理是道德原则,欲是物质生活欲望。这也是整体需要与个体需要、物质需要与精神需要的相互关系问题。随着时代的变化,张岱年认为义利之辨的价值观也应该随之变化。"新时代的价值观必然以对于个人与社会、物质生活与精神生活的关系的正确理解为基础。中国古代重义轻利、重理轻欲、重德轻力的传统应该改变了,应肯定义与利的统一,理与欲的统一,德与力的结合。但是,如果见利忘义、唯利是图,必走向失败;如果无礼无义、人欲横流,必至于引起混乱;如果唯力是崇,不顾德教,难免'得道寡助'。以义兴利、以理道欲、兼重德力,才是正确的道路。"②

近年来,有人对儒家"重义轻利"、"存理去欲"的思想大加挞伐、谴责,认为这些思想为中国现代化的进程设置了障碍。更有甚者把中国近代的落后、停滞不前归咎为义利、理欲学说的影响。首

---

① 《张岱年全集》第 1 卷,第 460 页。
② 《张岱年全集》第 7 卷,第 265 页。

先,这些人缺乏对儒家义利、理欲之辨全面而深层次的洞悉,对其争论的背景和纠葛没有清晰地梳理,甚至对其命题的词源意义和引申意义都不愿意去搞清楚,而从井底之蛙的角度进行一孔私得的批判。他们对儒家宣扬的"安贫乐道"和道家唾弃的富贵利禄等传统思想视而不见。事实上,由于在当今社会风气不正,利欲熏心、见利忘义、争名夺利、追求财利的现象到处可见,重新温习儒家"重义轻利"和"正其义不谋其利"的命题,可以说是给贪图名利、沉溺享受、沉醉物欲横流的人敲响警钟。

张岱年认为,当今中国的义利之辨表现为上述二者的有机结合。他强调道义的目的价值或至上价值是把人当作价值工具,但是否认道德的工具价值也可能使人脱离现实社会,失去改造世界、服务人生的作用。他指出:"重义轻利是错误的,见利忘义更是荒谬的,存理去欲是错误的,纵欲违理更是荒谬的。正确的原则是,遵义兴利,循理节欲。"①张岱年对于义利之辨和理欲之辨的论述在深度和广度上都超迈了前贤。在市场经济条件下,协调社会成员与整个社会利益的关系,甄别社会成员的正当利益,考察和关注每一个利益集体的利益,是新时期道德价值指向的主要目标。义利并重、理欲统一的价值目标浓缩着社会主义物质文明与精神文明的内在要求——"人的全面发展必然要求人的身心灵肉等各个方面都能得到和谐的发展,而义与利则是造就并实现人的全面发展的两个最为根本的要素或载体。"②张岱年早就指出,义利之辨和理欲之辨的核心问题就是处理好国家人民利益与个体利益的关系,能否把国家整体利益放在首位,而同时又充分尊重个体正当利

---

① 《张岱年全集》第 7 卷,第 409—410 页。

② 王泽应:《义利之辨与社会主义义利观》,《道德与文明》2003 年第 5 期。

益,这是义利统一观的实质所在。

义利之辨和理欲之辨在不同时期、不同国家有其不同的形态,其中"义"还涉及社会正义的问题,即如何合理分配利益的问题。不同的人站在不同的利益集团的角度,都可能有形形色色的看法。只有站在历史发展的大趋势上,从最广大人民群众的利益出发,同时尊重个体的正当利益追求,惟其如此,才能对义利有一个客观、全面的认识。

通过将伦理价值从中国哲学中剥离出来,张岱年开拓了中国哲学研究的处女地——中国传统哲学中价值学的研究。这一研究领域是建立在对中国伦理思想研究的基础之上。这种筚路蓝缕的开垦改变了中国哲学史的学术风貌,极大地拓宽了其研究的空间。尽管张岱年价值学说的一些内容脱胎于伦理学,我们还是清晰地看到它的独创之处,也看到二者的交合重叠之处。

自19世纪末到20世纪初以来,西方兴起了价值学研究的热潮。而此时国内只有少量的翻译介绍西方价值学的译著,独创性的著作和文章付之阙如。20世纪80年代,张岱年独辟蹊径,开辟了一片新天地,其居功甚伟。尽管张岱年的价值学说关照了西方伦理学研究的一些范畴概念,但就其实质内容来说是原汁原味的中国传统价值学说。张岱年对传统价值观十一种类型的划分、对中国哲学中人的价值、人格价值的精辟论述实在是发前人所未发,道前人所未道。与张岱年价值观研究交相辉映的是,20世纪80年代中国国内价值观的研究如火如荼,但就其价值的基础、价值的本质、价值的特性、价值的类型来说,内容所涉及的是马克思主义价值观的范围。怎样将马克思主义的价值观与中国实际相结合,为中国的价值本体学研究找到一条出路,真正做到吸取菁华,为我所用,而不是东施效颦,是众多学人,包括张岱年等人所思考的问题。

作为传统的守望者,张岱年以继往圣绝学为使命。他的价值观中的人、或人的价值是来自于传统的命脉。在张岱年看来,最高的价值标准是"和"或者"兼和"。张岱年在继承传统哲学中"和同之辨"的基础上,提出了其价值学说的核心命题"兼和",这也是其对中国哲学思想的一大贡献。但是,笔者又注意到,张岱年由创立"兼和"到提倡"和",其哲学思想的心路历程也发生了峰回路转。在提倡多元文化的今天,其"兼和"或"和"的思想对于当今纷争相斗、兵戎相见的缤纷世界无疑是一副治病救人的良药,是挽狂澜于既倒的思想磐石。张岱年觉悟到,义利是中国传统哲学中最基本的价值范畴,义利之辨是儒学基本问题之一。中国传统价值学说从总体来看,可以分为肯定道德价值高于实际利益的道义论与强调道德价值不能脱离实际利益的功利论。这种不拘泥于前人定说的划分显示了张岱年敢于探索的理论勇气。在承认物质利益与精神利益相统一的前提下,他提出,通过建立群己一体和谐关系来化解各种义利冲突。他最终又回归到他所提出的价值的最高标准"和"上去了。从"兼和"到"和",我们看到了张岱年哲学思想的变化过程。从强调斗争到强调和谐,张岱年始终试图站在时代的高度,用哲学回答当时的时代所提出的问题。在这一点上,我们感受到了哲学是时代思想的精华和反映。张岱年的"和"的哲学思想贯穿其整个价值思想之中:以人为本是维护社会和谐和可持续发展的前提;义利之辨的核心是调节个体与社会个部分利益之间的关系,以实现"和为贵"的理想;理欲之辨是消弭己之私利,以达到与群为一的和谐境界。义与利相对而相成,"总出乎义,便入乎利,其间相去甚微,学者当精察之。自文义而言,义者,天理之所宜;利者,人情之所欲,欲是所欲得者。……天理所宜是公,人情所欲是私。"①尽管义利之辨是个永恒的话题,但是从学理上区分二者不是一件容易的事情。因为义中有利,利中有义。张岱年认为,解决二者之间的乖和在于把群体利益放在首位。在张岱年哲学思想中,"和"是一种目的而不是手段。

笔者以为,张岱年的义利之辨在很大程度上继承了墨家的义利思想而又有所推进和发展。他也注意到,宋、明、清三代在义利之辨问题上从冲突走向了化解。而儒家敢于从内部自我批评,克服冲突以达到和谐后,便是义利对偶逐渐实现为一和谐对偶的前兆。在论述正确地、辩证地看待理欲之辨的关系上,面对偏见和误解,我们又瞥见了一个打抱不平的护道者。他既反对漠视和压抑人的情欲生命的、孤悬"理"于"欲"之外的做法,但是,又认为无视人的情欲生命的偏失行为,不能完全归结为宋明理学。价值与理性对于张岱年来说是生命存在的一张一弛的两个方面。张岱年唯物主义的基本趋旨,并不影响我们对他做上述的事实判断和价值判断。从一定程度上讲,中国传统文化价值在 20 世纪断裂了,我们感到悲哀和痛心;同时,我们又感到庆幸,因为有张岱年这样的添火传薪人。

---

① 陈淳著,熊国祯、高流水点校:《北溪字义》,中华书局 1983 年版,第 53 页。

第五章 "中国哲学"学科自主性及方法论的反思

20世纪以来，中国哲学地平线上的地貌发生了前所未有的根本改变。随着西方哲学在中国的译介，西方哲学的理念、方法和概念范畴等纷纷融会到中国哲学的长河之中。中国哲学再次面临着"西方冲击——中国回应"的模式之挑战。中国哲学有没有足够的资源或力量来回应西方哲学的"挑战"？这就是当下不少学人提出的所谓中国哲学的合法性的问题。

中国历史上到底有没有"哲学"？或者说运用西方的形式结构、概念范畴以及话语系统来整理、切割、取舍、建构中国哲学，有没有其合法性？如果有的话，中国哲学与传统的经史子集以及诸子之学、玄学、义理之学、性理之学又处于何种关系？从20世纪30年代起，张岱年在《中国哲学大纲》、《天人五论》、《哲学思维论》、《中国古典哲学概念范畴要论》、《中国哲学史方法论发凡》、《中国哲学史史料学》等论著中，以及后来发表的《中国古代哲学中若干基本概念的起源与演变》、《中国古典哲学的几个特点》、《关于中国哲学史的范围、对象和任务》等一系列论文中，慧思独运，以犀利的眼光对中国传统哲学中的资源进行了考察，回答了上述诸问题，在揭示中国哲学的特质方面着力甚深。在20世纪上半叶，尽管中国哲人们对待中国哲学的态度各异，理解不同，尽管当

时的中国哲学作为一门学科还似处于襁褓中的婴儿,但没有人完
全质疑其身份的真实存在。但是,20 世纪后半叶迄至 21 世纪初
期,人们却对长大成人、茁壮成长的中国哲学产生了质疑。近年来
更有人批评说,"中国哲学"和这个相对应的一门学科,只是西方
哲学亦步亦趋的产物,因此甚至主张不使用"中国哲学"这样的名
词。① 更有甚者,有人把中国哲学看成哲学大家庭中的"一个被收
养的孩子",把中国古代有没有哲学看成是个"伪问题"。② 特别
是近年来德里达认为的,中国无严格意识上的哲学,而只有思想,
有如一石激起千层浪,震动了中国哲学界。2003 年,中国哲学合
法性的问题甚至被学术界评为十大热门话题。③ 自 2001 年以来,
关于"中国哲学的合法性"问题的讨论一直为国内哲学界所关注。
由《学术月刊》和《文汇读书周报》联办的 2004 年度中国十大学术
热点评选,将哲学本体论的研究评选为十大热点之一。2004 年,
中国学术界开始转向哲学概念的重新梳理与对中国哲学学科的积
极建构。这是中国哲学开始树立自信并寻求自主性的表现。新的
研究从厘定一些基本的概念范畴开始,对中国哲学与西方哲学中
的本体论问题进行审视。事实上,它是有关探讨中国哲学合法性
问题的进一步深化。

　　重新审视张岱年对中国哲学合法性问题包括概念范畴及方法

---

　　① 参见张祥龙:《从现象学到孔夫子》,商务印书馆 2001 年版,第 190 页。

　　② 参见葛兆光:《为什么是思想史? ——"中国哲学"问题再思》,《江汉论坛》2003 年第 7 期。

　　③ 关于中国哲学合法性问题的讨论,《中国人民大学学报》2003 年第 2 期、《江汉论坛》2003 年第 7 期、《中国社会科学文摘》2003 年第 5 期、《新华文摘》2003 年第 6 期、《北方论丛》2004 年第 5 期、《天津社会科学》2004 年第 1 期以及《河北学刊》2004 年第 1 期等学术刊物先后登载了有关此论题的专题讨论,在全国哲学界引起了较大的反响。

论上所作出的努力,有利于凸显中国哲学的内在精神,回应部分人提出的质疑和反思当下所取得的成果,厘清中西哲学特质中的通约性和不可通约性,强化中国哲学的自主和自觉意识。

第一节 哲学与中国哲学的界定

"哲学"即爱智之意、追求智慧之学。16 世纪以降西学东渐,入华耶稣会士艾儒略把西文 philosophy 音译为"斐禄所费亚",意译"理学"。耶稣会士傅汎际与中国士人李之藻将它译为"性学"和"爱知学"。用"爱知学"翻译 philosophy 既忠实又贴切,可惜没有流传下来。的确,"哲学"这个词原来是中国古典典籍中所没有的。它来自 19 世纪日本近代哲学之父西周(Nishi Amane,1829—1897)对源于古希腊哲学以及西方哲学思想的翻译。"哲学"成为最具范式意义和影响力的翻译词。1862 年,西周作为日本幕府派遣的首批留学生去荷兰的莱顿大学留学。在此期间他系统地学习了西方哲学及社会学的思想,阅读了孔德、穆尔、孟德斯鸠、黑格尔的著作。回国后,他一方面致力于改造日本思想,重建日本近代哲学,另一方面致力于译介西方哲学的著作。1874 年,为了找到与西方 philosophy 相对应的一个概念,西周先后尝试使用过"性理学"、"希哲学"、"希贤"等术语,以期达到宋代理学家周敦颐在《太极图说》中所说的"圣希天,贤希圣,士希贤"的寓意,沟通中西哲理。最后,西周在《百一新论》中用日语汉字杜撰了"哲学"(日本发音 tetsugaku)这个名词,指"追求智慧的科学"。1881 年井上哲次郎等编《哲学字汇》以"哲学"作为书名,该词很快在日本及东亚风行起来,成为规范术语,用于泛指中国、日本哲学思想中的儒、释、道中的哲学思想以及西方哲学思想。

我们有理由相信西周的翻译,因为西周自幼由祖父亲自授书教字,6 岁读《论语》、《孟子》、《大学》、《中庸》,12 岁进藩学"养老馆",开始接受严格的汉学训练,遍读《周易》、《尚书》、《诗经》、《道德经》、《庄子》、《春秋》、《礼记》、《近思录》等蕴藏着丰富的中国传统哲学思想的重要典籍。① 中国晚清学者黄遵宪(1848—1905)在《日本国志》(1895 初刻)中首先把这个词介绍到中国。直到 1902 年国人才在《新民丛报》的文章中第一次读到"哲学"这个概念。20 世纪初,是中国哲学的酝酿阶段,梁启超的《论中国学术思想大变迁》(1904)、《近三百年学术变迁大势论》(1907),章太炎的《诸子学略说》(1906)和《国故论衡》(1910)等是中国人研究哲学的嚆矢之作,但其形式没有突破"国学"的研究范围。如果将视野向前推,某种形式的中国哲学史著作、或者说学术史著作早已存在。萧萐父先生曾提出,明清时期的 17—18 世纪是中国哲学的启蒙阶段。中国哲学在这一阶段经历了坎坷曲折的道路,哲学思潮在运动中的分化和合流,都表现了自己的特点及其历史衍变中的客观逻辑。17 世纪的启蒙哲学,穿过了 18 世纪的洄流而在 19 世纪后期的维新运动中乃至 20 世纪初叶的新文化运动中闪耀出火光;18 世纪乾嘉朴学中被扭曲了科学方法,穿过 19 世纪的政治风浪而在 20 世纪初酝酿史学革命时发生了重要作用。② 如王夫之的《老子衍》、《庄子通》、《周易内传》、《周易外传》,不仅是历史学的著作,而且更是哲学内涵丰富的著作。这类著作虽然可以看做是现代中国哲学的逻辑起点,但是,它们毕竟不是真正现代意

① 参见徐水生:《中国古代哲学对日本近代文化的影响》,《中国社会科学》,1994 年第 4 期;又见徐水生:《中国古代哲学与日本近代化》,文津出版社1993 年版。
② 参见萧萐父:《吹沙集》,巴蜀书社 1991 年版,第 30—31 页。

义上的哲学史著作。也有人认为,现代西方哲学第一次进入中国,是由于王韬(1822—1897)在1873年写了一篇介绍培根的文章中首次介绍了西方哲学。① 1914年,北京大学设立中国哲学门表明哲学作为现代学科体系的一部分正式进入中国。

张岱年认为,中国古代哲学中也有与西方哲学相类似的名词,即道术。《庄子·天下篇》曾提到"道术"这一名词。梁启超甚至建议将"哲学"改为"道术学",但道术有神仙术士所有的奇技淫巧的含义,故不可能再用此术语。从日本假道而来的"哲学"是最好的表达法。有意思的是,中国文化和汉字曾一度惠泽日本,使日本深受中国哲学思想的影响,在近代,由于日本社会的近代化比中国先走一步,"哲学"这两个汉字又通过欧风美雨的洗礼、与西方思想交汇之后,通过日本重新回到了中国。

"哲学"一词虽然是经过翻译后传到中国的,但并不等于说中国没有哲学。张岱年说:"爱智,是古希腊文中哲学的本义,然实亦是一切哲学之根本性质。"②不仅西方哲学中有爱智的传统,中国哲学传统中亦然。虽然古汉语没有"哲学"一词,但表示"睿智"、"聪明"义的"哲"字却多次出现,《尚书》有"哲"字18例(如《尚书·皋陶谟》中的"知人则哲"等),《左传》有"哲"字5例(如《左传·文公五年》中的"并建圣哲"等),《诗经》中的"哲"字12例(如《诗经·小雅·鸿雁》中的"或哲或谋"等),《礼记》中的"哲"3例(《礼记·檀弓》中的"哲人其萎乎"等)。中国哲学中习惯将思想上的巨擘称之为"哲人"、"圣哲"。爱智具体体现在为了

---

① Ben—Ami Scharfstein, *A Comparative History of World Philosophy*, State University of New York Press, 1998, pp. 17–19.

② 《张岱年全集》第1卷,第172页。

对真理的追求而赴汤蹈火,甚至牺牲自己的生命而在所不惜。孔子的"朝闻道,夕死可矣"(《论语·里仁》),苏格拉底的为真知而献身,亚里士多德的"吾爱吾师,吾更爱真理",都是各种爱智的表现。"道"就是中国哲学智慧的结晶,从古至今,中国哲人的使命就是"闻道"、"知道"、"弘道"、"传道"。中国历代智者所追求的"求道"传统与西方哲学的爱智传统,不但在时间经线上是平行的,在内容纬度上是旗鼓相当的。因此,中西哲学的内容有着相通之处。

从哲学的形态上看,张岱年指出,古今中外的哲学范型并不仅仅只有一种,从形式上看形形色色,从内容看也各具特色。如人们通常从比较哲学的角度把世界分为西方、印度和中国三大哲学传统。张岱年对这一界定十分首肯:"中国古代哲学是世界三大哲学传统(中国哲学、印度哲学、西方哲学)中的一个。历史发展到今天,我们应该对它加以科学的检验和总结。全盘否定传统哲学是不科学的态度。科学的态度是实事求是地区别出传统哲学的精华与糟粕。"①就"哲学"严格意义的翻译对应词而言,无论梵语还是汉语传统中都不存在。三大传统中哲学术语也不尽相同,但也有许多契合的地方。即使是"爱智",柏拉图指的是区分虚假和真实的智慧,亚里士多德指的是最高的美德,而在苏格拉底眼中从事哲学活动则意味着为死亡而训练。无论是西方的 philosophy 也好,印度的 Darshana 也好,中国的"哲学"也好,尽管其内涵和外延各自不同,人们对其理解也各自不同,但都是通过研习不同的文化传统中的特殊文本后达成不言自明的洞察:哲学是关于宇宙观、世界观、人生观、认识论的高度总结。在对比研究庄子思想和斯宾诺

---

① 《张岱年全集》第 6 卷,第 210 页。

莎思想的过程中,张岱年得出如下结论:"哲学不是凭空臆撰的私见,乃是对与自然及人事的观察,东西方的自然人事有所异同,故其哲学亦有所同异。"①钱穆也指出:"哲学一名词,自西方传译而来,中国无之。故余尝谓中国无哲学,但不得谓中国人无思想。西方哲学思想重在探讨真理,亦不得谓中国人不重真理。尤其如先秦诸子及宋明理学,近代国人率以哲学称之,亦不得当厚非。唯中国哲学与西方哲学究有其大相异处,是亦不可不辨。"②由于"哲学"一词从国外舶来,明晰中国哲学的概念不得不从比较西方哲学的概念做起。

现在许多人攻击中国无哲学的主要原因之一是,中国哲学无西方现代哲学应该有的形式体系。张岱年指出,用现代西方形式来规范中国哲学思想的内容,是勉强为之的事。张岱年赞同冯友兰关于中国哲学虽然无形式系统,而有实质系统的观点。"中国哲学家多无精心结撰,首尾贯串之哲学书,故论者多谓中国哲学家多无系统。然所谓系统有二:即形式上的系统,与实质上的系统,中国哲学家的哲学虽无形式上的系统,但如谓其无实质上的系统,则即等于谓中国哲学不成东西,中国无哲学。"③中国哲学重默会的性质,重得意忘筌的特点,使人觉得中国哲学缺乏应该有的逻辑形式。张岱年赞同冯友兰的说法,即中国哲学家虽然没有古希腊亚里士多德条理清楚的哲学系统,但是它有自己特殊的实质形态或体系。这种"实质上的系统"是合乎中国特殊哲学思维特性、言说方式的。

---

①　《张岱年全集》第 1 卷,第 68 页。

②　钱穆:《现代中国学术论衡》,生活·读书·新知三联书店 2001 年版,第 23 页。

③　冯友兰:《三松堂学术文集》,北京大学出版社 1984 年版,第 104 页。

张岱年认为,我们不能拿西方的逻辑形式为哲学唯一的逻辑形式。既然中国哲学有丰富的内容,我们能说中国哲学没有形式吗? 形式和内容从来就是不能决然分离的。如果我们说中国哲学有形式,那么它是什么样的形式呢? 有人把这种形式称之为"语用逻辑"形式。"以此观之,中国古代是有逻辑的,只不过它不是纯粹形式的而是实质性的,不是事实世界的逻辑而是人文世界的'语用逻辑'。它是语境不局限于上下文或文字、符号所对应的事实世界,而是统合天人物自然宇宙——的'大全'的'语境'。从这样的'语境'出发所建立的'逻辑'就是'宇宙的代数',它就是周易六十四卦所表达和象征的系统,它也可以是形式的,甚至可以说是中国建立了人类第一个、也是最早的人工符号——'数理逻辑'系统。"[1]这种"语用逻辑"形式的特点是,以构成语境成分的基本要素为前提,以语境为中心,以符号的使用者——人的生存处境为出发点。张岱年虽然注重使用西方的逻辑分析法,但是他没有简单地将西方逻辑分析法看成是中国哲学点石成金的"金指头"。相反,他借助西方的逻辑分析法开创了中国哲学概念范畴形式化以及中国哲学史形式化研究的先河,同时保持住中国哲学史和中国哲学概念范畴特有的思维方式和固有的理则系统。

黄玉顺认为,关于中国哲学有无其自身形式的话题从20世纪30年代至今一直是人们谈论的热点话题。中国哲学主要表现在对天人关系、群己关系和身心三大关系的探讨,它们实际上非常类似于西方哲学中对于人与自然界、个人与社会、肉体与心灵的探索。可见中国哲学跟西方哲学其实有很大程度上的对应关系,我

---

① 张斌峰:《辨名与析理——张岱年先生的"逻辑"思想论》,《信阳师范学院学报》(哲学社会科学版)2004年第4期。

们可以大致对照如下：

中国	西方
天人观	存在论/人性论
知行观	认识论/知识论
义利观	价值论/伦理学
名实观	逻辑学/政治学
群己观	伦理学/社会学

当年严复翻译西方社会科学时，所使用的大部分书名中名词的翻译如天演、群学、群己、名学等等，都是这种对应关系的体现。中西哲学就其形式内容来说是，有异有同，同中有异，异中有同。最大的异是它们之间的概念范畴、命题形式、提问方式、思维模式，而最大的同则是研究人生根本切要的问题。①

从中西哲学关于哲学的界定与含义本身来看，张岱年也发现了中西哲学的异同。陈来总结了张岱年给哲学与中国哲学下的定义，有四点值得注意：第一，西方哲学中没有统一的哲学定义，虽然哲学家们的"哲学"往往各立一说，但哲学教育家需要一种综合的"哲学"定义。在内容上，张岱年不要求哲学家们面面俱到地研究宇宙论、人生论、认识论的各个方面。第二，中国古代没有与哲学意义相同的总括性名称。在中国古代学术史上，不同的时期有不同的名称指类似于哲学的学科。第三，在东西文化的视野中，"哲学"这个术语应该是一个类称，西方哲学不是哲学的唯一范型。第四，哲学还有一般哲学和特殊哲学之分。②

---

① 参见黄玉顺：《"中国哲学"能成立吗?》，《天水行政学院学报》2002 年第 1 期。

② 参见陈来：《关于"中国哲学"的若干问题浅议》，《江汉论坛》2003 年第 7 期。

关于上述第一点,实际上涉及哲学或中西哲学研究的不同内容。不同的哲学家、哲学流派所研究的很可能是哲学中认识论、人生论、宇宙论的一个方面,或者三个方面兼备。但是明确厘清三者之间的关系,有助于确立中国哲学合法性的问题。张岱年指出:"总各家哲学观之,可以说哲学是研讨宇宙人生之究竟原理及认识此种原理的方法之学问。"①张岱年认为,首先哲学是有关宇宙论、人生论以及知识论的学问。尽管不同的哲学家有不同的解说,但都是各自的特殊界说,而不是一般界说。无论是一般界说还是特殊界说,都是哲学。例如从特殊界说来看,中国哲学长于人生论,相比较,西方哲学长于认识论,无论是人生论或认识论,都应该是哲学研究的内容。从一般界说来看,哲学应该包括宇宙论、人生论、认识论三个部分的内容。但是如果用一般定义来衡量中国传统的学术,就不可避免地陷入了为中国哲学立法的理论窘境。例如,冯友兰在《中国哲学史新编》中是这样给哲学下定义的:"哲学是人类精神的反思。所谓反思就是人类精神反过来以自己为对象而思之。人类的精神生活的主要部分是认识,所以也可以说,哲学是对于认识的认识。对于认识的认识,就是认识反过来以自己为对象而认识之,这就是认识的反思。"②虽然冯友兰也提到哲学不等于认识论,不就是认识论,但他心目中的哲学实际上就是以认识论为其核心而建立的,所以他强调人类精神生活的反思必须包括这些认识内容。事实上,冯友兰是在以西方哲学的概念在给中国哲学下定义。例如他说:"柏拉图的《对话》是一部《精神现象学》,董仲舒的《春秋繁露》是一部《精神现象学》,朱熹对于四书、五经

---

① 《张岱年全集》第1卷,第1页。

② 冯友兰:《中国哲学史新编》第1册,人民出版社1982年版,第9页。

的注解,也是一部《精神现象学》。"①冯友兰对于哲学的定义过分强调人类精神的反思性和批判性,这与传统中国哲学中国人生论的路向是不相吻合的。虽然他也提到人类精神的反思包括自然、社会、个人的人事三个方面的内容,但他强调的是从认识的角度去反思这三个方面的关系。很明显,这种方法是以西方哲学的标准来撰写中国哲学史。

相对照,张岱年既说明在同一哲学体系中宇宙论、人生论和认识论三者的统一,又指出对三者中的任何一种的研究都可以称为哲学研究。他说:"根本问题分三方面:一、宇宙事物之根本原则,二、人生之根本准则,三、人类认识之根本规律。在历史中,有若干哲学家专从事于宇宙之研究,有若干哲学家专从事于认识之探讨,亦有若干哲学家专从事于人生理想之推阐。哲学实包括三个方面。"②对于西方新实在论者将人生论排除在哲学研究范围之外的做法,张岱年是坚决反对的,因为在他看来,中国哲学的中心问题是人生理想问题。张岱年意识到中国哲学重内圣外王之道,讲心性修养及为学之方,在宇宙论和知识论方面论述不详尽。金岳霖则说:"中国哲学的一个特征,可以称为逻辑和认识论观念的不发达……希腊哲学从类似中国诡辩学家的学说中产生了它的理智,它的理智手腕在西方哲学里是被公认的。它正因此而在某种意义上转变为思想的训练课程。但是,在中国这个趋向是短暂的,尽管它的开端值得钦佩,但它仍然夭折了。"③认为中国古代哲学不重视认识论和逻辑,并将它归结为伦理和道德说教,是不少人的见

---

① 冯友兰:《中国哲学史新编》第 1 册,人民出版社 1982 年版,第 9 页。
② 《张岱年全集》第 3 卷,第 6 页。
③ 金岳霖:《中国哲学》,《哲学研究》1985 年第 6 期。

解。以黑格尔为代表的西方中心主义者甚至认为,真正意义上的哲学从希腊开始,东方人的精神还处于实体之中,尚未获得个体性,因此东方人没有达到精神的自觉或自我意识,所谓中国哲学还不是哲学,甚至连孔子的《论语》只不过是一些道德说教而已。①张岱年认为,这种见解缺乏历史根据。因此,在撰写《中国哲学大纲》过程中,张岱年特别强调哲学的定义。在《序论》中他首先列出了有关哲学界定的四条标题:1. 哲学与中国哲学;2. 中国哲学之区分;3. 中国哲学之特色;4. 中国哲学之发展。从一开始就试图为中国哲学立言、立法,并在整体上论述了中国哲学的区分、特色和发展。该著作的核心部分是宇宙论、人生论和致知论三个部分,从宏观上把握中国哲学的源流和发展脉络,而不是具体论及哪一家、哪一派的宇宙论、人生论和致知论。张岱年一方面承认,哲学包括宇宙论、人生论和致知论三个部分,每个哲学家不一定要面面俱到每一方面;另一方面,从宏观上看,就整个中国哲学史而言,有必要仔细考察和重建这三个部分,尽管他撰写的致知论部分比较简略,但毕竟体现了其良苦用心。

因为中国哲学的合法性问题依赖于对哲学含义的理解,肯定中国传统思想中有哲学思想,而不是仅仅有思想史(history of thought),是张岱年建构中国哲学史的关键所在。如果指的是思想史的话,那么中国学术史上伦理、宗教、文学、史学、哲学、经济等所有领域的认知活动与观念体系都属于思想史的研究范围。我认为,只承认中国只有思想史实际上就是承认中国无哲学,自认在文化上低人一等。当时胡适在北京大学负责文学院的工作期间,就主张只设中国思想史课,而不设中国哲学课,实是一种无奈的选

---

① 参见黑格尔:《哲学史讲演录》(第4卷),三联书店1956年版,第120页。

择。葛兆光认为,用思想史来称呼传统的学术更加符合中国的口味,因为用思想史来描述中国历史上的各种学问更显得从容,因为在他看来"思想"这个词比"哲学"更有包孕性。他说:"在近代中国,思想史这一名称似乎没有哲学史这一名称受青睐,也许,三分之一是因为西洋的'哲学史'的现成范式给予转型期中国学术的方便,三分之一是因为'哲学'一词的西洋意味在 20 世纪前半期对中国学术的诱惑和挑战,还有三分之一是由于大学学科的划分中有哲学一系,因而需要有相应的教材。于是,有的学者试图挪用西洋成型的概念、术语和逻辑总结中国的学术历程,而有的学者试图在中国的学术历程中找到与西洋一样的哲学以证明中国也有相同的知识,还有的学者则为了大学的教学而写作哲学史教材。"①葛兆光用了三个三分之一来说明为什么 20 世纪中国的学术著作中以"哲学史"命名的比"思想史"命名的多。字里行间透露着对"哲学史"的不屑一顾,因为在中国写哲学史大行其道的原因是:"方便"、"诱惑"、"挪用"。葛兆光只看到撰写中国哲学史的表层原因或一部分原因,支撑现代学术体系的教育体制的存在,但是他严重地忽略了现代中国哲学作为一门学科诞生的自觉意识,包括学习现代西方学术精神、科学方法的自觉与反省。这不是一种超越中西,注重哲学本身的态度,而是拾人牙慧地跟在西方人后面鹦鹉学舌地讲"思想史"。很显然,葛兆光夸大了中国哲学史草创时期的各种困难,把谢无量、胡适等治中国哲学史的开山的人遇到的困难作为一种不可逾越的天堑,把西方哲学标准绝对化。归根结底,这是一种屈服于西方霸权话语的表现。中国哲学曾成功地涵

----

① 葛兆光:《思想史的写法——中国思想史导论》,复旦大学出版社 2004 年版,第 2 页。

化了印度哲学的许多概念术语,在全球化的今天,中国哲学不能借助西方的哲学概念工具来整理思想吗? 草创之初撰写哲学史遇到的困难是一回事,但是,在困难面前让步甚至俯首称臣又是另外一回事。西洋人把中国传统学术叫"history of thought",中国人也就非得跟着把中国哲学叫"思想史"吗? 学术本身的价值在于求真明理,从这个意义上看,中国哲学学科的自觉与反省,现代教育体制的建立和一批批中国哲学史著作恰逢其时的出现,恰恰证明了对中国哲学的体认。张岱年所做的就是要克服这种褊狭理解中国哲学的做法,或者大而统之地把哲学、历史都放在一个篮子里的做法。

在涉及哲学史的撰写上,张岱年也与众不同。他认为中国无哲学的关键依据在于,对中国哲学的界定无包容性,中国哲学中没有论证严密的哲学专著。与胡适的《中国哲学史大纲》(上,1916)和冯友兰的《中国哲学史》(1931)不同的是,张岱年的《中国哲学大纲》不是以哲学家为纲来写的,而是以哲学问题为纲。如果说胡适是运用"证明的"、"平等的眼光"与"系统的研究"直线型的小系统方法的话①,那么张岱年心目中的"中国哲学"则是综合性的大系统方法。《中国哲学大纲》不仅是中国哲学史著作,更重要的是,它是"问题解析体"的哲学论著。这种理论上的创新体现了"历史与逻辑统一之原则",即"历史"地体现了中国哲学问题的提出、论争、演变过程,"逻辑"地体现了张岱年对西方哲学的借鉴,即逻辑分析方法的运用。张岱年心目中的"中国哲学"是在宇宙论、人生论、认识论三大部分下,又细分若干子题目,概念命题,逐一铺陈,命题类别,条分缕析,清晰得当。他以独特的审视视角与

---

① 参见胡适:《中国哲学史大纲》,商务印书馆 1987 年版,第 2—4 页。

精细的理论爬梳,凸显了中国哲学的逻辑发展史,给人呈现了一部体系完备的哲学论著。张岱年既做到了对中国哲学纯理性把握的分寸,又注重中国哲学重人生论的特点。特别是张岱年对哲学的界说回应了谈哲学"言必称希腊"殖民心态。在哲学的界定上,张岱年比冯友兰更有创新性。冯友兰以柏拉图的共相论来分析公孙龙子的白马论和朱熹的"理"论,便是发人所未发,给人耳目一新的感受。尽管有人批评冯友兰的这些比附性的解释,但是,它们毕竟启发了中国哲学创新和诠释的思路。这类新诠释,不仅给中国人带来了对过去的中国哲学的新看法,而且还会影响着当下中国哲学的发展方向。但是,以西方哲学的概念范畴来规范、研究中国哲学,其问题不言自明。其中,最大的问题是,中国哲学的独特性会被遮蔽,中国哲学只不过成了证明西方哲学原理的事例。在这种情况下,中国哲学独立存在的合法性意义何在? 研究中国哲学的价值何在?

如果说冯友兰的哲学由于深受新实在论的影响,是"哲学在中国",体现了他对哲学概念的界定和对传统旧学术缺乏批判意识,以西学解中学的痕迹十分明显,例如共相、殊相、大全、群有等在"贞元六书"中说使用的概念范畴,是其试图理解民族精神的哲学抽象,如同胡适一样,他们的根基在西方哲学,那么,张岱年接受了冯友兰中西哲学在对接时的教训,认识到全盘西化之不可行,全然继承旧血脉之不可能,在中国哲学的本根上,融会了西方哲学的方法论和分析方法,打通中西以熔铸"中国的哲学",充分彰显了中国哲学的生命力、自信心和合法性。20 世纪中国哲学的三种基本理论范式中,有以胡适、冯友兰为代表的以西释中,即按照西方的价值系统、观念框架、问题意识甚至话语体系对传统中国学术进行裁减、梳理、编排、改造,开始了按西方哲学来整形中国哲学的先例。第二种路数是以现代新儒家为代表的牟宗三提出的,立足于中国哲学的基本精神来理解和评判西方哲学,以凸显中国哲学的主体性与道德性的特质,这就是"以中判西"的理论范式。第三种路数是张岱年的哲学理路,可称为"平章中西":首先是这种理路以平实而开放的心态对待中西哲学的传统;其次是有鲜明的民族主体意识;再加上综合创造的路向。张岱年所主张的哲学范式,"就其理念来说,而在一定程度上比'以西释中'和'以中判西'体现了更强的合理性"。① 在这三种基本理路中,张岱年的理论范式在 21 世纪的中国哲学的研究中,其理论涵括力将是不言而喻。

如果说冯友兰研究中国哲学史的着眼点是找出不同哲学家的形式系统,那么张岱年关注的则是建构中国哲学的三个有机的部分,同时强调每一个部分的特殊性。"从整体上反思中国思想,是近代文化界的一个主题,张岱年的贡献在于他梳理了整个中国哲学的形式系统。在这个系统中,他分别叙述了中国哲学的三个部分(宇宙论、人生论、致知论)的内容,具体地考察了各个部分的概念、命题的渊源流变,从而更加突出了中国哲学与西方哲学在内容上的共性,进而为中国哲学的合法性增添了证据。"② 在建构中国哲学的过程中,把握特殊与一般的对立统一是非常复杂的任务。强调一般,忽视特殊就成了哲学在中国。如果强调特殊,忽视一般则不成其为哲学。张岱年之所以成功地建构了中国哲学和哲学史,在于他有机地平衡了二者之间的关系。冯友兰的缺陷是:

---

① 李翔海:《20 世纪中国哲学的三种基本理论范式述评》,《河北学刊》2004年第 1 期。

② 刘静芳:《中国哲学的合法性——从冯友兰到张岱年》,《安徽大学学报》(哲学社会科学版)2004 年第 4 期。

1. 不能把握中国哲学作为一个活的哲学思想、思潮,并揭示其发展的规律性;2. 不能把握中国哲学作为中国民族在各个时代之特殊时代精神之表现所具有的民族特点。① 由于冯友兰服膺于柏拉图式的新实在论,但缺乏的是哲学本体论的深度与哲学素养的哲学,因而新实在论对冯友兰的哲学史研究造成了内伤。但是,张岱年和冯友兰都赞同这样一个观点:虽然中国哲学没有形式上的系统,确有内容(或实质)上的系统:"中国古代哲学家们比较少作正式的哲学论著。从古代流传下来的哲学史资料,大多是为别的目的而写的东西,或者是别人所记录的他们的语言,可以说是东鳞西爪。因此,就使人有一种印象,认为中国古代哲学家的思想没有系统。如果是就形式上的系统而言,这种情况是有的,也是相当普遍的。但是形式上的系统不等于实质上的系统。"②在张岱年和冯友兰看来,中国哲学史研究的主要任务,就是从隐性的内容中恢复醒目的"一条龙"来,凸显其外在的形式和内在的内容。经过深思熟虑,张岱年认为,研究中国哲学并将其分出条理来,确实具有很大的困难和挑战性,但是他确信分出中国哲学的条理性是可行,也是必要的。他认为,首先,从现实的需要来看,为了抵制"全盘西化"的观点,我们有必要健全中国哲学的体系,而揭示其固有的系统是要建立在传统的根基之上。对于中国哲学来讲,这是目前最紧要的工作。其次,从中国哲学的内容来看,它完全有资格自成体系。以宇宙论、人生论和致知论三个部分为主干,加上方法论和修养论共五个部分组成中国哲学的研究内容。再次,虽然中国哲学固然

---

① 参见金春峰:《冯友兰之中国哲学史研究的启示——兼论哲学与哲学史》,载陈岱孙、季羡林、张岱年等著:《冯友兰先生纪念文集》,北京大学出版社1993年版,第107页。

② 冯友兰:《中国哲学史新编》,人民出版社1982年版,第37页。

浑融一体,但是为求叙述上的明晰,给中国哲学穿上系统的外衣,并无伤其内容。① 张岱年坚信,中国哲学实际上有其本来的内在条理,关键是要细心发现之。

关于中国古代有没有与哲学意义相同的总括性名称问题。众所周知,在中国古代学术史上,不同的时期有不同的名称指类哲学的学科。中国古代有"哲人"一词,而无"哲学"一词。张岱年认为,先秦时代的"诸子之学"、魏晋时代的"玄学"、宋明时代的"道学"、"义理之学"等各种不同时代的各种"学",其意义相当于现代的"哲学"。这样,在张岱年看来,中国哲学是本然意义上的一门学科,毫无疑问地具有合法性的地位。现在撰写哲学史的人只需要将中国学术史上的各种"学"置换成"哲学"。但其思想内容是原汁原味的中国货。在探讨中国哲学的合法性问题时,关注作为哲学思想、观念与作为一种学科形态的哲学理论的界限。从学科的实质内容上,张岱年无论在撰写中国哲学史或创立自己的哲学体系时,都强调的是"中国的"哲学,而不是"哲学在中国"。既然中国哲学与中国历史文化、语言文字以及价值趋向密不可分,既然我们不能割断历史,重建一门学科,那么对传统进行创造性地转换,是我们重建中国哲学的基石。

张岱年并不否认中国哲学的建立和发展,当然离不开西方哲学思想的滋润,但绝不是西方哲学的复制品,而是一种融合中西的再创造。例如,与西方哲学相比较,中国哲学固然缺乏严格的形式系统,但有其实质性系统。张岱年在重写中国哲学上的概念范畴方面的努力以及将现代分析方法引入到其哲学体系中,也说明了

---

① 参见张岱年著,林大雄整理:《张岱年学述》,浙江人民出版社1999年版,第50页。

其受西方学科建构的影响。从现代学科的特性来看,传统的经史子集统合、文史哲不分的状况,在 20 世纪的中国不可能进行下去。在西方学科门类分类和西方哲学的影响下,学科的分化是大势所趋。"而与此直接相关的一个问题是,面对专业化的教育、科研体制和社会分工,中国哲学必须具备某种知识形态,必须拥有自己的逻辑体系,必须进入公共的语言系统。于是乎引进西方哲学的概念和方法阐释中国哲学,为之建立某种逻辑系统,便成为几代哲学家一个重要的努力方向。"[1]

为了回答中国有没有哲学这一问题,谢无量、胡适、金岳霖、冯友兰、张岱年等一批学者,就试图按照自己对哲学的理解以及按照西方哲学学科模式创建一门中国哲学。中国有哲学吗? 一门学科的形成有哪些因素呢? 现代学术的成型至少包括三个不可或缺的因素:(1)"学"的自觉。此是对"现代学术"的精神、方法和架构的充分自觉和反省。(2)现代学人群体和学术作品。此是指已有相当数量的认同并致力于现代学术的学人群体,并已经产生出一定数量的代表作品。(3)支撑现代学术的教育、法律制度体系。没有制度基础,现代学术很难成为广泛而深厚的社会存在。[2]

在 20 世纪 20—30 年代,中国的现代学术体系已经基本形成。作为哲学这门学科来说,它有最有代表性的一群学术群体,清华学派即系一例。现代大学的教育体制已经确立,北京大学、清华大学已经有哲学专业。这期间除了张岱年的《中国哲学大纲》之外,许多专家和学者撰写和出版了一大批有关中国哲学史的著作。谢无

---

① 郑家栋:《断裂中的传统:信念与理性之间》,中国社会科学出版社 2001 年版,第 462 页。

② 参见陈鹏:《"清华哲学学派"与"学"的自觉》,《哲学动态》2002 年第 2 期。

量出版了第一部中国哲学史,他认为,虽然"哲学"一词是从西方传来的,但是"道"是普遍和统一的。虽然他把儒学等同于"哲学",并且写法非常传统,但把哲学分为形而上学、知识论和伦理学却是按照西方模式来划分的。

中国有没有哲学? 这个问题是冯友兰在编写中国哲学史过程中第一次明确表述出来的。金岳霖在给冯友兰的《中国哲学史》的审查报告中提出:"所谓中国哲学史是中国哲学的史呢? 还是在中国的哲学史呢?"①按照冯友兰的理解,哲学是按照西方本来意义来理解的,因此中国哲学的合法性取决于在中国的学术传统中是否存在一种西方意义上的哲学。虽然金岳霖回避了中国有无哲学的问题,但他质疑的是,冯友兰所论及的哲学是不是本然的"中国哲学"? 在金岳霖看来,冯友兰只是在借哲学这个名称的基础上整理国故。这就涉及问题的核心:以胡适和冯友兰为代表的中国学者按照西方模式和话语所写的中国哲学史是不是中国哲学史? 这样的学术话语、概念范畴、治学模式是否合法? 是否合中国学术传统的法?② 这是从史的角度看。从论的角度看,20 世纪30—40 年代不少哲学家通过建构自己的哲学体系来彰显中国哲学的特色,如熊十力、冯友兰、金岳霖和张岱年等人就是其中的代表。熊十力的哲学思想集中地体现在他的《新唯识论》中。虽然他的哲学思想绝大部分来自中国传统资源,但受印度哲学和西方哲学的影响的痕迹也显然可见。"新唯识论"哲学的特点是将本

---

① 冯友兰:《中国哲学史》(下册),华东师范大学出版社 2000 年版,第 436 页。

② 参见潘卫红:《金岳霖问题与冯友兰问题——关于中国哲学的合法性讨论的探开来——张岱年 20 世纪三四十年代的中国哲学观及其启示》,《清华大学学报》(哲学社会科学版)2004 年第 4 期。

体论、宇宙论、人生论、知识论融会贯通成一体。在熊十力眼中，只有形而上学或本体论是哲学研究的范围，其余都是科学的领域。冯友兰的《新理学》是运用逻辑方法重建形而上学以回应维也纳学派拒斥形而上学理论的第一部中国哲学著作。其重要思想是"接着宋明理学讲的"，而不是"照着宋明理学讲的"。此外，冯友兰所谓"最哲学底哲学"排除了事实、经验的内容，而重视概念、命题，从形式和逻辑方面肯定真际。关于这一点，有学者指出："冯先生所说的'形上的'，只是形式的、抽象的、逻辑的，因而把道德价值范畴的义理之性与科学原理的飞机之理等量齐观。这不仅妨碍了从价值合理性上理解'理'、'太极'范畴的内容丰富性和条理性，尤其忽略了这些道德价值的形而上的根据、形上学的源头。我们这里所说的形而上是指的超越理据、终极信念，不是冯先生的'形上学'的含义。《新理学》的最哲学的哲学将此作为具体内容予以洗汰。"①冯友兰的"最哲学底哲学"经过他本人抽象之后，已经成为形式的空套子，不仅失去了宋明理学乃至中国哲学范畴本身所寓含的价值，也失去了中国哲学之空灵智慧。这也反映了用逻辑解析法用于界定中国哲学的局限性。

因此，冯友兰把哲学派别中对实际有所肯定者划归到科学的范畴。但是，冯友兰把哲学与科学看成是两种不同的学问，从而缩小了哲学研究的范围。对于冯友兰的"最哲学底哲学"的提法，张岱年是不认同的。他认为，这是理本论（如程朱之学的客观唯心主义）和实证论学派界说哲学的定义，实际上提倡的是最抽象的或最远离具体经验的哲学。按照唯物观，物质为诸象之本，物质为

---

① 郭齐勇：《形式抽象的哲学与人生意境的哲学——论冯友兰哲学及其方法论的内在张力》，《中州学刊》1998 年第 3 期。

理之所依附,物质范畴为解释生活所必需,与其提倡"最哲学底哲学",不如提倡"最真确的哲学":"所谓最哲学的哲学,实以界说之不同而不同。是故,与其讲最哲学的哲学,不如讲最真确的哲学,即最合于客观实在的哲学。从基本观点言之,物本论可谓比较接近于最真确的哲学。"①由此,张岱年得出的结论是,由于哲学系统不同、流派不同,其给哲学所下的定义也不尽相同。哲学家面对新的经验、新的事物会试图建立描写与客观实在相吻合的理论体系。新的哲学体系的更新将永远是"未济"。张岱年认为,"真确的理论体系"必须囊括以下三个方面的含义:第一,不设立超越的概念范畴。即强调以实际经验作为最后的依据。否则,概念范畴的设定便漫无边际。第二,不设定虚幻的区别。与经验无征的虚幻不作为哲学体系的区别。第三,不以一偏的概念范畴统赅总全,即在设定哲学概念时不以偏概全。张岱年认为,真确的哲学体系应该综合各派哲学之所见,去特殊哲学之所弊。从冯友兰和张岱年给哲学和哲学体系下的定义来看,冯友兰的"新理学"哲学深深打上了宋明理学的烙印,而张岱年的哲学定义充分体现了唯物论的特点,同时具有综合创新、与时俱进的精神。张岱年的这种综合和沟通的精神是中国哲学理性上一种批评性的自觉。它强调中国哲学的这门学问本身的立场:对于道德价值的重视。至于对西方哲学的形式和概念范畴并不是说全盘照单接受,也不是完全弃之如敝屣。无论如何,中国哲学的全貌和真精神必须充分展示。

面对金岳霖的问题和冯友兰的问题,张岱年认为,不同时代不同的哲学家对于哲学的理解不尽相同,通过给哲学下一个宽泛定

---

① 《张岱年全集》第3卷,第11页。

义的方式，就可以把中国哲学包括进去。这样张岱年的哲学概念就成了一个类称和虚位范畴。何谓虚位范畴？"虚位范畴指各家通用而可以加上不同规定的范畴。定名范畴指具有确定内涵的范畴。"①陈修斋也认为这种虚位范畴是一种无定论的观点："无定论正是哲学的本性，只有无定论的问题才是真正的哲学问题，而真正的哲学问题总是无定论的，如果一旦有了定论，则它就是科学问题，而原本不是或不再是哲学问题了。"②哲学原本是对智慧和真理的追求过程，不同的民族对其理解不尽相同。哲学在中国就可以成为以自己的方式表述的内容。张岱年反对的是用特称来指代哲学概念，这样就为中国哲学的重建打下了基础。"张岱年先生敏锐地发现，中国哲学的存在之所以成为问题，关键在于对'哲学'概念的理解，那些声称中国没有哲学的人，在于对'哲学'概念作了一种西方话语的理解。因此，他运用分析的方法，对哲学概念的内涵展开论析，打破了西方哲学话语对'哲学'概念的垄断。"③张岱年所坚持的是一般哲学之界说，而不是一家哲学之解说。"如此，凡与西洋哲学有相似点，而可归入此类者，都可以叫做哲学。以此意义看哲学，则中国旧日关于宇宙人生的那些思想理论，便非不可名为哲学。中国哲学与西洋哲学在根本态度上未必同；然而在问题及对象上及其在诸学术中的位置上，则与西洋哲学颇为相当。"④张岱年认为，中国哲学在研究的问题及研究的对象上与西方哲学旗鼓相当。宋明理学中对真理的追求不亚于西方哲

① 《张岱年全集》第 4 卷，第 465 页。
② 陈修斋：《关于哲学本性问题的思考》，《武汉大学学报》1988 年第 2 期。
③ 李维武：《中国哲学的继往与开来——张岱年 20 世纪三四十年代的中国哲学观及其启示》，《清华大学学报》(哲学社会科学版)2004 年第 4 期。
④ 《张岱年全集》第 2 卷，第 3 页。

学,苏格拉底重视美德,孔子亦强调道德追求。尽管张岱年将哲学分为宇宙论、人生论和致知论三个部分,他也意识到中国的宇宙论与西方的宇宙论观点不同,中国的人生论的宏富远远超过了西方的论述,在知识论的建构上中国哲学也有自己的特殊性。中西哲学在以上三个方面的兴奋点与着力处不能完全相提并论。但是,中国哲学的差异性不能成为中国哲学不能生存的理由。成中英的观点与张岱年的看法颇为相似。在他看来,理性和经验、知识和价值都可能成为哲学的不同表达形式:"哲学可以有不同的形式,不同的民族可以在不同的形式下做哲学工作,但哲学的形式(理性的、逻辑的、方法的)又必须得到一种经验的还原;通过这种还原,我们便能对人类及其文化作出建设性的贡献。"[①]张岱年认为,中国哲学的现代化必须既强调整体经验,又要掌握条分缕析的方法,既重视差异性,也要看到一般性。

在张岱年看来,中国哲学这个名词不仅可以指"中国人的哲学",也可以指"中国系的哲学"。"中国人的哲学"包括儒家、道家及佛家哲学;中国系的哲学是与西洋系、印度系等不同的系数并驾齐驱的哲学。张岱年认为,佛教虽然是中国人的哲学,但却源自印度系,不是由中国传统中产生出来的,因此在《中国哲学大纲》中作为旁流而冷落一边。此外,对于政治哲学、历史哲学、美术哲学等特殊形态的哲学,张岱年也未予论及。他所关心的是中国的一般哲学,也即是中国传统哲学。"哲学之各派别之所谓哲学,虽不相同,然皆可谓属于哲学。是故,哲学之各派别之所讲,虽面目迥殊,而亦有其共同之点。此哲学之不同派别之共同点,即哲学之基

---

① 李翔海编:《知识与价值——成中英新儒学论著辑要》,中国广播电视出版社1996年版,第365页。

本特征,亦即哲学之本指之所在。"①在张岱年看来,无论是中国人哲学中的诸子之学、魏晋玄学、宋明道学(理学)或清代的义理之学,还是古希腊的哲学、古印度的梵学,都是研究宇宙的根本原理、探讨人生的根本准则,考察人生认识的规律的学问,毫无例外地应该称为哲学。

形成对照的是,西方自亚里士多德到黑格尔都试图将哲学作为无所不包的对现实的系统描述和解释。他们认为:"哲学被认为是一种更基本的、包罗更广泛的知识形式,这不仅因为它企图把各门科学的结果结合在一起并将它们同各种不同的方法相互比较,相互关联,同时也因为它企图根据科学所确定的事实和人类社会实践中产生的价值,来创造一种统一的世界观。"②张岱年在给哲学下定义时,充分考虑到了哲学海纳百川的包容性和中国哲学作为一门地域性学科的特殊性,从而避开了在中国哲学合法性讨论中涉及的是"中国哲学"还是"哲学在中国"的非此即彼的尴尬困境。在这里,普遍性和特殊性转变成为一元与多元的区分、"理一分殊"、"月印万川"的呈现。张岱年认为,中国哲学和西方哲学都是哲学的不同形态,因此,中国哲学应该有自己的表达方式、自己独特的话语权。

张岱年还从中国哲学史的研究范围来证明中国本来有哲学的存在。他指出,人们通常认为中国的学术分科模糊不清,因而缺乏现代意义上的分类学科。事实上,如果仔细梳理其本来的面目,就发现中国古代哲学有自己本来的研究范围与对象。张岱年认为,中国古代的学术分类有经学(六艺之学)、哲学(诸子之学)、文艺

---

① 《张岱年全集》第3卷,第5页。
② 保罗·利科:《哲学主要趋向》,商务印书馆1988年版,第2页。

（诗赋）、军事学（兵法）、天文算学（术数）及医学（方技中主要的）。由于中国古代学者同时兼治几门学问，因此人们认为那几门学问不可划分。因此，张岱年得出这样的结论："所以，应该承认，在古代中国，学术是有一定程度的分科的，而在古代中国的几门学问中，有一门学问类似我们所谓哲学。"①他认为，中国古代哲学研究的内容包括天道观、方法论、伦理学（人生观）、古今观（历史观）和治道观（政治哲学）五个部分。中国古代哲学与西方哲学的研究范围不完全相对应，但有大致对应的部分，不对应的地方正是中国哲学的特殊性所在。"中国过去没有哲学，中国传统的学问中没有可以叫作哲学的部门。实际上，根据我们的考察，这两方面是大致相应的。这就是说：中国本来有哲学。"②不止在一个场合，张岱年反复申辩这样一个事实："我认为，中国古代虽无哲学之名，却有哲学之实。"③他认为，中国哲学的理气问题可谓相当于西方思维与存在的问题；心物问题可谓相当于西方哲学中精神与物质的问题。中国哲学的最高问题有自己的表述方式，只不过名称相迥而已。"中国哲学也有与西方哲学的最高问题相类似的问题，虽然是用不同的名词概念来表达的，而具有相似的深切内涵，因而具有相等的理论意义。"④张岱年不仅从中西图书分类、学科分类的角度，而且从中西哲学关于哲学最高问题的表述方式方面，再次证明中西对于同一问题的不同表述，从而从中西不同的范畴意义上确认了中国哲学的合法存在。从一门成长发展的学科来看，也不可能是一成不变的僵化模式。"中国哲学史的研究，或由

---

① 《张岱年全集》第 5 卷，第 64 页。
② 《张岱年全集》第 5 卷，第 63 页。
③ 《张岱年全集》第 5 卷，第 284 页。
④ 《张岱年全集》第 7 卷，第 161—162 页。

博返约,或由约返博;或纯化为哲学认识史,或泛化为哲学文化史;或宏观,或微观;或纵向,或横向,都可以'自为经纬,成一家之言';并只有经过这样的两端互补的反复加深,才可能不断提高科学水平。"①东西之间在自己的研究范围和方法上或殊途而同归,或保持必要之张力。圣贤之血路,散殊于百家,古今中外概莫能外。

此外,张岱年除界定哲学与中国哲学的含义以外,还就哲学的性质、哲学与科学的关系、哲学之功用、哲学的类型以及哲学之命题意谓语做了探讨。在张岱年看来,无论是中国哲学,还是西方哲学,其本性为"深察不已:察而又察,察察不已"②。这种"察"就是考察、观察宇宙、人生和知识。哲学的主要性质包括:"哲学是天人之学——关于宇宙人生的究竟原理与最高原理之学。这里的究竟原理也即是普遍原理;哲学是衡鉴之学——衡量一切事物,鉴别一切价值,彻底批判、彻底诘问之学;哲学是有理的信念之学——提供生活行动的最高标准。"③从下定义的角度看,张岱年首先强调哲学是"天人之学",即"究天人之际"的学问,把探求宇宙自然的基本原理作为行动指南。"批判、诘问之学"又接纳了西方哲学理性传统的特性,批判、诘问哲学命题的是非。"信念之学"也即是人生之学,不同的国家、不同的时代都会给人提供不同的人生信念。张岱年讨论哲学的性质时,是考虑到了中国哲学的不同特点的,因而具有较大的包容性。

从审视科学与哲学的关系看,张岱年认为哲学审衡科学的基

---

① 萧萐父:《吹沙集》,巴蜀书社1991年版,第567页。
② 《张岱年全集》第1卷,第350页。
③ 《张岱年全集》第1卷,第403页。

本假定、基本概念。科学能发现新事实,哲学不能发现新事实,但能给发现的新事实以解释。科学承认假设而不加追问,哲学则加以追问。就哲学的功用看,"从表面上看哲学似乎是无用之学,然而无用者常有取无用之大用。最低限度上,哲学可以说是文化之主导准则,只要人类文化存在一日,则哲学亦将存在一日。"①在张岱年看来,哲学不仅可以认识世界,确立理想与价值,还可以使人自知,使人觉醒,使人发奋。张岱年认为,一切学术的体系都由命题组成,无论是哲学还是科学皆然,而命题即人对事实之符号表示。由此,他把哲学命题分为事实命题或经验命题、名言命题和价值命题三大类。哲学中最关键的命题是名言命题,即关于基本概念范畴的命题。所以在其后的哲学研究中,张岱年尤其重视对哲学概念范畴的研究。通过对上述内容的探究,张岱年给哲学,特别是中国哲学的性质、功用做了清晰的界定。在《人与世界——宇宙观与人生观》、《认识·实在·理想》以及《哲学思维论》等著述中,张岱年对上述问题做了精辟的阐发。这一切为中国哲学的合法生存营造了适宜的环境和土壤。

通过追溯哲学概念的起源,比较中国哲学概念的内涵和外延,张岱年证明了中国哲学与西方哲学在概念范畴上的异同。通过论述哲学的基本特征,指出哲学是一种类称,西方哲学不仅仅是哲学的唯一范型。他既没有把哲学的冠名权拱手交给他人,也没有站在种族中心主义的立场完全拒斥西方的科学精神,而是从世界文化发展的滚滚浪潮中,寻求普遍永恒的潮流而从善如流。这样把中国积累厚实、富有哲思的思想史纳入到广义的哲学中去,找到转型后中国哲学的正确定位。"张先生的这一看法,长期以来代表

---

① 《张岱年全集》第 1 卷,第 405 页。

了大多数人的意见,可以说具有相当的典型性。"①从张岱年给哲学下定义的方式来看,他既重视哲学的共性,又看重哲学的个性。张岱年从不把西方哲学范型作为唯一的标准来解读,他首先肯定了哲学的个性、地域性或特殊性。这种肯定不是削足适履、圆纳方凿式的机械对接,而是中西哲学精华的结合。作为产生于中国本土的中国哲学应该具有自己的思想传统、概念范畴和问题意识。中国哲学不必亦步亦趋地唯西方哲学的马首是瞻。只有充分地挖掘和珍视本土资源,才能开辟出中国哲学的一片新天地。张岱年充分肯定了中国哲学自身的价值以及存在的合法性,从而为中国哲学作为一门学科的确立作出了无可替代的贡献。

第二节　中国哲学的特殊旨趣

张岱年认为,要使中国哲学成为一门完备的、具备现代形态的学科,不仅仅要借鉴西方哲学的资源和方法论,而且更重要的是要了解中国哲学的特色,这样不至于简单地用西方哲学来比附误会中国哲学。通过注意中国哲学与西方哲学的相互定位,张岱年不遗余力地辨析和凸显中国哲学的独特价值与地位。他不仅以逻辑分析的精密细致的手法解析中国哲学的概念范畴,而且从宏观上致力于诠释中国哲学的真精神、真奥义,从而将中国哲学以其哲学面目示于人。从张岱年对中国哲学的深切领会、体认来看,我们无不领略到这位传统的护道者在价值世界中建立知识大厦的努力。浸润在传统哲学的长河中,张岱年努力找出中国哲学的普遍理性

---

① 景海峰:《从"哲学"到"中国哲学":一个后殖民语境中的初步思考》,《江汉论坛》2003 年第 7 期。

形式和特殊性,作为与"他者"沟通和对话的媒介,来揭示中国哲学所蕴涵的大智慧与真精神。张岱年认为,中西哲学的异同主要表现在中西思维方式的异同、中西本体论的异同以及中西概念范畴的异同。

中国哲学到底有哪些特殊的旨趣呢?

张岱年在《中国哲学大纲》中总结了中国哲学的六大特点:第一,合知行。中国哲学在本质上是理论与实践相结合的产物,思想学说与生活实践融合成一片。所谓"广大高明不离乎日用","极高明而道中庸",是"为学"、"为人"的理想境界,强调的是"践履工夫"和"身心修养"。第二,一天人。中国哲学中人生最高理想是自觉地达到与天人合一的境,主张宇宙本根与人的心性相同,人道与天道是一个世界,而不是两个世界。中国哲学无论是儒还是道,从一开始就追求"万物一体"的境界,与西方异质文化一开始重视冲突、对立恰好相反。中国哲学思想的核心所在是人与自然的统一,人与人之间的和谐。中国哲学在人类与自然、灵魂与肉体之间没有西方哲学中的对立与紧张。第三,同真善。中国哲学认为,求真即是求善,求善即是求真,善真合一。追求知识与追求至善是一枚硬币的两面。第四,重人生而不重知论。中国哲学非常看重现实人生的探求,而忽视了知识问题。先秦虽然有致知之方,但作为整体并不系统。宋明哲学对"格物致知"论述透彻。因而可以看出,虽然在整体上强调人生论,中国哲学还是有知识论和方法论的。第五,重了悟而不重论证。中国哲学不注重形式上、逻辑上的论证,而重生活上的实证和内心的冥合。中国哲学家习惯用随感式的、片段的、零碎的言说表达自己所感悟的思想。中国哲学家对名言隽语、比喻例证尤为感兴趣。因为他们相信"书不尽言,言不尽意",或者用诗歌表达哲理,发展到极致就是佛祖"拈花微笑"式的暗示或"目击而道存"式的体悟。冯友兰把这种方法称之为形而上学的"负的方法"。这种"烘云托月"的方法直接以可感觉者表示不可感觉。中国古典诗词中的"欲辨已忘言"就是近于道的或诗的代表。第六,既非依附科学亦不依附宗教。张岱年指出,中国历史上没有正式的宗教。中国哲学心目中的"天"绝非主宰之天。在此,张岱年也否认了儒家是"教"的说法。认为孔子敬鬼神而远之的思想对中国传统文化影响非常大。相比较,印度哲学是宗教不分,西方哲学与基督教关系密切。中国哲学从来没有把证明神的存在作为哲学的命题。中国哲学特别是儒学是一种特殊的人生智慧,是生命的学问。从 20 世纪 30 年代一直到 20 世纪末期,张岱年认为儒学不是宗教,它只是把超越外在的天道与世俗的生活、自我修养连在一起的慧解。张岱年所总结的这六大特色,真切地把握了中国哲学的血脉和精髓。其中,合知行、同真善、重了悟而不重论证三个特色深受前辈哲学家熊十力的影响。从《十力语要》中,我们可以窥见到熊十力对张岱年在上述方面的影响。

张岱年清醒地意识到,要建立中国哲学的合法性就必须对自身的特色资源有清晰的了解。但是,仅仅立足于中国哲学的资源还不够,还必须接纳西学东渐以来西方哲学的理论方法。"将来的中国新哲学,固然必是西洋哲学影响下的产物,而亦当是中国旧哲学之一种发展。"①张岱年认为,中西哲学是必然的历史趋势。20 世纪中国最有原创力的哲学家熊十力、金岳霖和冯友兰三家学说充分表现了中西哲学的融合。熊十力将《易传》生生不已思想与柏格森生命哲学的融合即系一例。在评价西方哲学对上述三家影响时,张岱年说:"在熊十力的哲学体系中,'中'居十分之九,

---

① 《张岱年全集》第 2 卷,第 615 页。

'西'居十分之一。金先生惯于用英语思考问题,然后用中文写出来,对于中国古代哲学的精义也有较深的体会和感情,金先生的体系可以说是'西'居十分之九,'中'居十分之一。唯有冯先生的哲学体系可以说是'中'、'西'各半,是比较完整意义上的中西结合。"①对于以上前辈或同辈的哲人,张岱年是敬佩有加,不仅是对他们的人格气象,而且是对他们的学识思想。熊十力特立独行的豪迈气概令张岱年感到振奋,虽然不赞同其"境不离识"的哲学观点,但对其创立的"新唯识论"敬佩不已。虽然他也从金岳霖那里学习过逻辑分析法,但是对其《论道》、《知识论》中占十分之九的西方哲学的影响不能完全苟同。

笔者认为,虽然问道于三位前贤,张岱年的设想是,从熊十力那里学习有创生性的中国哲学的思想内容,从金岳霖、冯友兰那里学习逻辑分析方法。对于陈寅恪在给冯友兰的《中国哲学史》出版时的"审查报告"所提出的两点卓识,张岱年是深深赞同的:一是研究古人的思想,应具了解之同情;二是在中外思想的交流中,输入外来的学说,应经吸收改造之过程。对于张岱年来说,更重要的是,运用外来学说,并不是放弃中国哲学发展的独特思路,勾勒出自身特有的问题,建构自己的概念体系这个目标。尤为重要的是,"必须一方面吸收外来学说,一方面不忘本民族之地位"②。对于陈寅恪关于思想史的远见张岱年极为认同。在《陈寅恪先生关于思想史的卓识》一文中,张岱年再次阐发了陈寅恪的观点:即研究中国古代哲学史必须对古人的学说作了解之同情,深切了解其苦心孤诣,与古人之思想神游冥会。张岱年认为,陈寅恪的观点是

---

① 《张岱年全集》第 8 卷,第 469 页。
② 陈寅恪:《金明馆丛稿二编》,上海古籍出版社 1980 年版,第 252 页。

研究哲学史方法论的至理名言。陈寅恪还提出了对待外来文化的一个具体方法："避名居实,取珠还椟"。即要吸收外来文化的精华,拒绝那些华而不实、不合中国国情的东西。也就是说,面对西方文化的冲击,我们应当站在本土文化的立场,看中国应该挑选什么和接受什么,自己决定取舍的标准。陈寅恪后来提到的"新瓶旧酒"关系也就是对待外来文化的内容与形式关系。除了肯定陈寅恪的观点外,张岱年进一步指出,吸收外来的先进思想,其目的在于壮大自己,而不是否定自己、贬抑自己。在张岱年看来,所谓"新瓶"就是指西方哲学的形式系统,所谓"旧酒"就是中国哲学中有生命力、有活力的内容。对于"新瓶"的逻辑分析法,张岱年运用娴熟,对于"旧酒"中的唯物主义传统,张岱年也运用了西方之"指"进行了点石成金的转换。前文提到的"唯物、解析和理想"的综合创造,就是陈寅恪所提倡的"新瓶旧酒"的最好体现。张岱年意识到,从事中国哲学的研究必须兼宗中西哲学之所长,在充分吸收西方哲学的成就的同时,还要竭力继承和发扬中国古典哲学中的精髓思想。中西哲学的融合是历史发展的必然趋势,无论"华夏中心主义论"或"西方中心主义论"都是狭隘的偏见。

除此之外,中国哲学中有哪些"死的"与"活的"东西呢? 中国哲学与西方哲学比照起来还有哪些特殊旨趣呢?

在给哲学或中国哲学下定义时,张岱年所追求的是哲学的共性。这是为中国哲学找到合法性立足的根据。但是,如果只是强调共性,那么中国哲学这棵大树上开的花,并不会比西方哲学大树上开的花娇艳明媚。如果只有同而无异,中国哲学这棵大树上结出的果实将是"无花果"。更重要的是,张岱年认为,我们应该"同中见异"地去考量中国哲学,这是中国哲学之所以成为中国哲学,而不是他国哲学之本。传统对于张岱年来说是大树之根须,舍此,中国哲学大树的枝叶无法得到润泽。因此,张岱年认为,对于中国古代哲学的积极的、"活的"应该同情地了解,对于其消极的、"死的"应当剔除。这是以一种理性的态度对待自身的文化价值。张岱年指出,对于中国传统哲学的批判与继承,应当建立在实事求是地区别哲学精华和糟粕的基础之上。在《中国哲学大纲》一书中,张岱年总结出六大"活的"和六大"死的"传统,其中六大活的有:第一,中国哲学中从一开始就没有西方哲学家怀特海所说的"自然之两分"的传统。中国哲学中的宇宙论不像西方哲学中把现象和事实分为二事,未尝认为现象现而不实,实在实而不现。这是中国区别于其他哲学的一大特色。第二,中国哲学认为宇宙是个生生不已无穷无尽的变易历程,宇宙大化流行、变动不居,但一切变化是有序的和有联系的。第三,中国哲学承认变化是有条理性的,变化的特点在于"反复"和"两一"。中西哲学中都有辩证法,所不同的是中国哲学的辩证法始终以反复和两一作为客观世界的规律,而西方哲学的辩证法是以观念辩证法为主。第四,中国哲学的最大贡献在于人生论,讲究人我和谐之道。西方哲学中的人我紧张关系凸显了中国哲学人生论的价值。第五,中国哲学注重知行合一,将思想与生活打成一片。相对比的是,印度哲学主张脱离现实而追求彼岸的幸福,西方哲学将知识和价值一分为二。第六,中国哲学中致知论颇为简略,但笃实可贵的倾向是,直截了当地承认客观事物的外在性和可知性(陆王一系除外)。①

关于第一大特色,可以明显感觉到熊十力对张岱年的影响。在熊十力的体用论中,他将宇宙论与本体论融通为一,并重新确立

---

① 参见《张岱年全集》第2卷,第615—617页。

起本体宇宙论，这是熊十力哲学最重要的成就，而这正是中国传统哲学的一个重要特质。张岱年不仅服膺熊十力关于本体与现象统一的观点，而且反对把本体与现象割裂开来。他指出："哲学之为学也，自当以解决宇宙人生根本问题，为其主要任务。"谈宇宙论，欲明辨体用："宇宙本体之省称，用者，本体之流行、至健无息、新新而起、其变万殊、是名为用。"①从宇宙论中，熊十力领悟到体用不二，推之以人生论，则天人合一。大海水成为众沤，众沤与大海水为一。可以说，中国哲学所讲的"体用一源，显微无间"直到熊十力的"体用不二"这里才发挥到淋漓尽致的程度，也才能在真正意义上避免体用两橛。但是，张岱年的过人之处是，不仅肯定体用、本末、源流的统一，更重要的是，坚持中西哲学中都有本体论。至于第二、三、四点，张岱年在建构自己的哲学体系时，已经将这些特点糅合进自己的思想。将反复、两一提炼为大化论的条理系统，是张岱年对中国哲学史研究的重要贡献，也是对中国辩证法研究的重要贡献。涉及中国哲学中致知论，张岱年虽然认为比较简略，但并不是说内容贫乏，只不过在形式上采取了论纲式的体裁，言简意赅，而含义却是丰赡的。因此，无论在《中国哲学大纲》，还是在《天人五论》中，张岱年注意在形式上对知识论展开较为详细的论证。在张岱年看来，填补中国认识论形式上的不足，是完成建构中国哲学合法性的一项使命。"中西哲学各有特色。中国哲学含有许多精旨深义，但缺乏形式上的条理系统，往往以粹言隽语表示出来，而缺乏精密的论证。西方哲学强调论证，条理缜密，而往往过于冗繁，但其注重论证还是应该学习的。"②张岱年这种开放的胸

---

① 黄克剑等编：《熊十力集》，群言出版社1993年版，第380页。
② 《张岱年全集》第7卷，第465页。

襟、辩证的态度对待中西哲学,给后人指出了研究中国哲学的正确思路。

无独有偶,成中英从中西哲学比较的视角,也举出了中西哲学的传统表现的四个方面的差异:第一,内在的人文主义与外在的人文主义。中国的人文主义不把万物排斥在人之外,肯定人也就是肯定万物。不但讲究人际关系,而且也讲究人与自然之间维持一种善的关系,因而是内在的人文主义。西方的人文主义是相对于中世纪神学而言的,它强调人应该肯定自己,而不应该完全受制于上帝。西方科学强调认识自然,改造自然。第二,生机的自然主义与机械的自然主义。从整体的本体意识出发,中国人把自然看成是有生命的运动整体,人可以与之沟通。强调天地万物与人同体,把宇宙看成是变动不居、生生不已的《易经》思想贯穿于中国人的生命之中。所以中国人重视生命,重视后代。不需要一个外在的上帝就感到自己的生命有意义。第三,具体的理性主义与抽象的理性主义。理性是反省整体性、对它作重新把握的一种自觉。理性主义相信透过人的理性可以得到有关实在的真理。基于一种整体本体的思考,中国哲学的理性主义趋于具体化。它表现在三个方面:中国哲学中的终极实在,并不是逻辑界说的一般与抽象的术语,而是一种普遍的具体的内容;中国哲学中所示范的道德理性,不仅要处理人的实际问题,而且保证人在人生实践中自始至终与理性相连接;中国哲学主要朝向道德与政治的目的。第四,人格修养的实用主义与功利的实用主义。中国哲学的现代化必须包含两层含义:一是找出它的普遍理性形式,作为与其他思想沟通的媒介;二是必须对文化的发展和生活本身发生一种作用,即把价值理想灌注于现实,也把现实的问题和要求投射在理想世界之中。西方哲学是如何在知识宇宙中安顿价值,中国哲学则是如何在价值中建立知识。① 在成中英的四大点中,我们可以看出其第一、第二大点与张岱年的观点几乎不谋而合,只不过提法和措辞略有不同而已。第一点的"内在的人文主义"在实质上就是一种本体与现象的不隔,本体与现象之间虚实相涵,离开现象无本体;第二点的"生机主义"与张岱年的"宇宙是个生生不已的变易历程"都是来自于《易传》的思想,大化流行的宇宙观可由人的直觉经验而得。关于具体和抽象的理性思维这一点,张岱年在《中国传统思维方式概说》一文中曾也作为一种思维方式的而拈出来,在下文中笔者还要提及。成中英提出的第四点事实上在张岱年上述第五点中也已经涉及,也就是中国哲学讲究思想与行为的一致。不同于印度哲学追求来世的幸福,中国哲学看重的是"此岸"的生活。

从时间上看,张岱年早在 20 世纪 30—40 年代就高瞻远瞩地看清了中西哲学的种种异同,成中英则在 20 世纪后期也用中西比较哲学的话语进行了精练的总结。我们不得不惊叹张岱年对中国哲学脉搏的准确把握,其对中国哲学的整体性的理解功夫让人感到震撼。而成中英对中西哲学中知识与价值之间张力的诠释,也显示了其出乎中国哲学之外而又入乎中国哲学之内的中西学功底。只不过张岱年的中学更加厚实渊远,这样说也不算为过吧。

在论及中国哲学"活的"内容时,张岱年始终用一种批评的眼光审视中国哲学建构中的重大缺陷。可以看出,张岱年在考察这些缺陷时,自觉或不自觉地用西方哲学作为其批评预设的参照。归根结底,张岱年认为中国哲学的大弊有六:第一,中国哲学中的宇宙论有尚无薄有的思想倾向。中国哲学家因而崇尚幽远的玄

---

① 参见李翔海编:《知识与价值——成中英新儒学论著辑要》,中国广播电视出版社 1996 年版,第 18—29 页。

想,而不肯对事物作精密的研讨。第二,中国的人生思想有崇天忘人的倾向。由于受道家思想的影响,中国哲学家都以天为人的标准、人的理想。天是至善所在,而一切恶的根源皆在于人。因此除荀子外,缺乏征服自然的哲学。第三,中国的人生思想,又有重内遗外的大病。中国哲学家多讲专注内心的修养,而不重视外物的改造。以涵养内心精神生活为贵,荒疏利用厚生的世事。第四,中国的人生思想,因过于重理,遂至于忽略生。西方哲学有所谓力的崇拜,中国哲学中鲜见其痕迹。实际上,理与生、德与力是应该并重的。第五,中国的人生思想,不注意人群之为一体。道德教训只注重人我关系,而不注意群己关系。第六,中国的人生思想,倾向于轻视知识。孔墨未尝反知,道家乃持反知的态度,后来哲学家大都不看重知识,不注意对自然研究。唯程朱比较注重知识与人生的关系。① 值得注意的是,张岱年论及的六大弊病中有五大弊病涉及中国的人生思想。中国哲学人生论宏富卓越这是其所"见",而"见"中有弊则是一把双刃剑。如专注内心修养伴随的结果必然是忽视外界的改造;又如崇天忘人也可以说是"天人合一"的理据所在。否定了对天的崇敬,人又如何与之合一呢? 早在 20 世纪 30 年代张岱年就意识到中国哲学的未来是要与国际"接轨"的,因此,要确立中国哲学的正当性就必然要克服这些弊病,只有这样才能与西方哲学达成真正的沟通和理解。真理的颗粒只有经过扬弃之后才更加有价值。此外,这里我们看到张岱年陷于一种尴尬难堪的境地:一方面,中国哲学之所以为中国哲学,是因为它应该表现出传统思想学说的个性或民族性;另一方面,作为哲学的一种普遍性的诉求,中国哲学难以摆脱西方霸权话语或游戏规则的钳制。

---

① 参见《张岱年全集》第 2 卷,第 617—618 页。

张岱年一方面准确地诊断出中国哲学的病灶所在,另一方面又感到撇开西方哲学的器械又很难治疗这些疾病。由此,可以看到西方哲学话语霸权的阴影始终焦虑地影响着中国哲学合法性的存在。

值得庆幸的是,张岱年对中国哲学的批判和继承有着十分清醒的认识。固然中国哲学的起步需要西方概念范畴的"他律",但是一种学科的发展与成熟更需要学科内部的"自律"。对于张岱年来说,自律不仅仅是西方哲学概念术语的使用,而且是继承两千多年来中华文化发展史上一切"有价值的东西"。"区别精华与糟粕,这应该就是批判继承的主要方法,也是批评继承的基本原则。"①1957 年,冯友兰发表了《中国哲学遗产的继承问题》和《再论中国哲学的遗产继承问题》的文章。在文章中他认为,中国哲学史中有些哲学命题一是抽象的意义,一是具体的意义。他认为抽象的意义是可以继承的,而具体的意义是不可以继承的,这种观点被称为"抽象继承法"。对于这种观点,张岱年认为是错误的:其错误不在于区别哲学命题的抽象与具体意义,而在于没有把区分精华和糟粕作为批判和继承的主要方法。抽象意义的提法本身并非不科学,关键是吸取中国传统哲学的精华是建构中国哲学的活水源头,这是对"古为今用"的正确理解。研究中国哲学史并不是发思古之幽情,而是因为哲学是时代思想精华的体现,从古代哲学思想中摄取精华是现代中国哲学发展的基础。此外,"洋为中用"的精髓是吸取西方理论思维的特长,以弥补中国哲学之短。在张岱年看来,无论中学或西学,都有其合理的因素,都可以经过批判的分析与改造,拿过来为中国哲学大厦的建构所用,使中国哲

---

① 《张岱年全集》第 5 卷,第 258 页。

学得到丰富与发展。西方哲学的理性、显性、逻辑性以及对外事物的追求方面是其长,中国哲学的"尚无薄有"、"崇天忘人"、"重内遗外"、"重理忽生"、"重德轻知"、"重人我轻群己"是其弊。张岱年以犀利的目光批判,反思着中国哲学的病态机体,力图通过改造找到医治的良方。方法是通过西方哲学这个"他者"的镜子去照自己的病根所在。张岱年的这种中西互释的方式,不仅解决了哲学作为纯学术理论建构的正当性,而且推动了中国哲学参与到世界学术发展中去。张岱年主张的是"今中为体,古洋为用",继承古代思想的精华和吸取西方哲学的长处,着眼点是建构现代形态的中国哲学。中国哲学研究要想突破传统的经学模式,就必须从运用西方哲学的范式和传统的精华中获得力量。张岱年、冯友兰等人的中国哲学的研究之所以取得突破性的成就,在于他们在中国哲学研究中建立了不同的"典范性"。"他们之所以能够做到这一点,除了他们分别具有一些不同的因素外,他们都得益于两个最基本的途径:一是他们在'方法论'上具有高度的自觉性并拥有一套'系统的方法';二是他们本身就是哲学家或者是理论家,他们各自具有一套哲学和理论并形成了从整体上诠释中国哲学的'一贯之道'。简单地说就是他们都从一种哲学范式和深度视点中获得了真正和持久的力量。"①这种别具一格的"典范性"就是他们在体认中国传统哲学特质的基础上,对中国传统哲学的诸种新知进行绅绎、诠释、整合,让腐朽的旧木绽放出新芽。传统对于张岱年来说意味着超越时空向度,既强调创造性转换,又吸收融合西方哲学的精华。中国哲学除了以上特殊旨趣外,还有着三个显著的

---

① 王中江:《"范式"、"深度视点"与中国哲学"研究典范"》,《江汉论坛》2003 年第 7 期。

特质,即中国哲学的创化日新,生生不已;相依相待,整体和谐;事实与价值的连接,语言与超语言的贯通。这些原创性的智慧不仅是华夏族群的哲学智慧,也是全人类极其宝贵的思想来源。① 它为新世纪中国传统哲学的创造性转换提供了新的契机。

与众不同的是,张岱年始终从一种角度客观地看待中西哲学的不同特点。也就是说,我们应当重视中国哲学的特殊性,但也不应该忽略西方哲学的一般性。当代中国哲学史的研究应当采取一种"新方向",这个"新方向"就是研究中西哲学的异同。"哲学学科中,中国哲学与西方哲学当然有可以通约、可以比较之处。不同文化背景下产生的哲学具有某种一致性、互通性,因此相互翻译、诠释、比较的哲学研究工作不仅有可能,而且有意义与价值。"②张岱年认为中国哲学的特殊性是显而易见的,但是也不能夸大特殊性。例如有人认为,中西哲学的根本差异在于,西方哲学在于重知,中国哲学在于在重行。事实上,西方哲学家也有重生活体验、追求生活智慧,中国哲学家也有重求知的。这种化约性的论断只能说明问题的一面。张岱年认为中西哲学的比较切忌肤浅套解的做法,在建构中国哲学合法性过程中除了把握中国哲学本身的特色、脉络之外,还应该注意把握中西哲学思维方式的异同。

中西哲学传统的不同还主要表现为思维方式的不同。所谓的思维方式指自觉或不自觉地运用种种思想的方法或模式。中西哲学之所以呈现不同的形态,最主要原因是两种思维方式从来就没有"齐一"性。张岱年认为,中国传统哲学的思维模式主要表现有

---

① 参见郭齐勇:《中国传统哲学的特质及其创造性转化的新契机》,《华中科技大学学报》(社会科学版)2003 年第 3 期。

② 郭齐勇:《"中国哲学"及其自主性》,《文史哲》2005 年第 3 期。

如下几个特点:第一,中国古典哲学富于辩证思维。在传统哲学的辩证思维中又包含了整体思维和对待思维。所谓"整体思维"即强调部分和整体之间的密切联系,强调"观其会通"。所谓对待思维即任何事物都包含相互对立的两个方面。所谓"刚柔相推"即表示两个对立面的相互吸引和相互排斥,这是一切变化的根源。第二,中国传统哲学中的直觉方法。"直觉"在传统哲学中称之为"玄览"或"体"(体认、体会、体验、体悟、体察等),强调用身体去感觉。如庄子宣称的"无思无虑始知道"的超越感觉经验和理性思维的境界。第三,中国传统哲学思维方式的模糊性。其主要表现是用词的歧义性,名词概念缺乏明确的界说。一个名词既可以表示具体,亦可表示抽象的意义。人道和天道的内容不分。第四,中国传统思维方式中重视具体思维模式。无论是阴阳五行模式还是经学模式都是具体的思维模式的代表。张岱年认为,中国哲学要想与西方哲学、印度哲学携手并进,必须对传统的思维方式进行变革更新。主要是一方面致力于分析思维的精密化,另一方面致力于辩证思维的条理化。还应该打破经学模式,提倡哲学中的创造性思维。① 张岱年的唯物、分析、理想的综合创新论正是这一思路的体现。因此,对于张岱年来说,传统的经学模式阻碍了创造性思维和思想的自由发展。中国哲学的合法性必须建立在对传统的思维模式的变革的基础上,只有这样中国哲学才能创新发展。脱胎于传统经史子集的中国哲学,必须走思维方式条理化、精密化的道路。这是对中国哲学成为一门独立的显学的理性批判与认识。

要全盘否定中国传统哲学的思维模式是不可能的,因为中国

---

① 参见张岱年:《中国传统哲学思维方式概说》,载张岱年、成中英等著:《中国思维偏向》,中国社会科学出版社 1991 年版,第 7—17 页。

人不可能同西方人一样用同一种模式思考问题。对于传统哲学中的正确的思维方法应该发扬提高，对于偏向应该纠正。最明显的是，中国传统哲学的思维方式的优点在于辩证思维，其缺点是分析方法薄弱。对于直觉思维，张岱年认为，哲学思维是直觉与理性思维二者的结合。中国哲学除了自觉地确认哲学的知识形态外，也应该把直觉思维纳入其范围。这一点比冯友兰更加开放，从而消解了哲学史研究的独断论倾向。对于冯友兰来说，直觉、顿悟、神秘体验等虽然有较高的价值，但是他却把它们排斥在哲学方法之外。冯友兰认为，哲学作为一种知识形态的理论前提是概念的界定和分析、命题的严格演绎和论证、问题的澄清。冯友兰的哲学方法是完全科学的方法，由于强调哲学的科学性、客观性和理性，他选择将"负的方法"如直觉、顿悟和神秘体验清除在"学"的范围之外。实际上，西方哲学家如柏格森、尼采、胡塞尔都采用了直觉思维的方法。中国哲学中的墨家和宋明理学虽然也比较重视分析的方法，但总的来说中国哲学中分析思维的水平还不高。虽然现代形态的中国哲学重视分析方法，但不能求全责备地要求中国学术史上的哲学家们完全以分析的头脑思维。因此，在研究中国哲学史时，我们必须顾及中国传统哲学的深层思维方式。中国重直觉的思维方式是不能简单地用西方哲学重分析的"奥卡姆的剃刀"剃去并清理干净的。

张岱年睿智地、辩证地看到中西哲学的异同。虽然在中西哲学之间确实有较大的思维差异，并没有一条泾渭分明的界限。就思维方式而言，在近代分析思维成为西方哲学占主导地位的思维方式；而中国哲学中的思维方式是辩证的。但是，在西方哲学中也有辩证思维的传统，中国哲学也有分析的传统。因此，不能笼统地说，凡西方哲学都是分析的，中国哲学都是辩证的。只是如果分出主次,那么就可以说西方哲学以分析为主,中国哲学以辩证为主。就辩证思维而言,中西哲学之间既有相同的一面,又有相异的一面。其相同的一面是,二者都不主张 A 等于 A,A 不等于非A 式的分析,而是主张对立之间的统一;其不同的一面是,西方哲学更强调对立面的斗争,而中国哲学更强调对立面的统一。经过张岱年的这种层层分析,中西哲学思维方式的特点就非常清晰了。①

从上述提到的几条中国人的哲学思维特点来看,张岱年把重心放在了"体"字上(体认、体悟)。他说:"我们东方人的思维特点是体认、体悟,要是论条理的细腻,还是西方哲学。西方哲学条理比较细腻,论证比较详细,逻辑性特强,分析得特别仔细。中国哲学虽然逻辑性不太强,可是有许多深刻的体悟。"②强调中国哲学的体认特点是张岱年长期经过对中国哲学的沉潜内敛而得出的结论。"体认"一词始于庄子,用西方哲学术语解释叫"知觉"。但知觉与体认不同,体认强调从自己的身体开始反省,从生活中认识真理。张岱年认为,生活本身就是体认,而不必在生活中再去追求体认。体认哲学反映了中国哲学重视生命、重感通之情、以人为中心的意义。张岱年同意日本著名学者冈田武彦对于中国哲学基本精神的观点,即就研究对实在的知性而言,西方的分析方法是可行的、出色的,但就对根本实在的切身体验来说,中国哲学则显得优

---

① 参见蒙培元:《张岱年的中西哲学观及其"综合创新论"》,《北京大学学报》(哲学社会科学版)2004 年第 5 期。

② 张岱年、冈田武彦:《中国哲学与二十一世纪》,《浙江学刊》1998 年第 3 期。在张岱年与日本著名学者冈田武彦于 1995 年 12 月的对谈中,张岱年就中国哲学的基本特征及其在世界哲学中的位置,以及中国哲学与 21 世纪这一前瞻性的问题,发表了不少独到见解。

越。两位 20 世纪的儒学大师的深切感受是,在哲学建构中放弃理论是不行的,但做学问的第一要义还在于体认。冈田武彦甚至把中国哲学称为"体认之学"、"体认哲学",他甚至认为中国哲学的世界性意义就在于体认。体认之学的最初方法是"心之存养",后来到"体之存养",万物归于心,心又归于身体,身是心之本源,宇宙生气之充实处。冈田武彦甚至把自己的为学之道归结为简易直截、平淡寻常的"身学"。这与张岱年强调的气的哲学有异曲同工之妙。

关于体认,张岱年还多次讲到冯友兰与熊十力关于"良知"的争论。冯友兰曾问熊十力,你所说的"良知"是不是假定,熊十力说怎么能说是假定的,这是当下呈现的,也就是一种体认。熊十力晚年舍佛归儒而提出了"摄体归用",即肯定实体在万物之内,万物含有实体。他所谓的实体包含心物两个方面的内容,但仍然强调心灵的主动作用。对熊十力孜孜不倦追求真理的独立思考精神,张岱年敬佩有加,尽管对其推崇体认为本的方法不能完全赞同。张岱年认为体认很重要,但分析同等重要,二者应该并行不悖,相得益彰。没有分析就无法从事哲学研究。在这里,我们看到张岱年心路的一个变化历程,从早期的怀疑直觉法或体认法到晚期的推崇而后认同体认法。在 20 世纪 30 年代,他认为直觉法是逻辑研究以外的方法,因为它直接冥会实体,不假耳目,不假推论,置心物中,甚至认为佛教及陆王的反观内省法,是"此更不过是自欺欺人而已"①。虽然张岱年早期也提到直觉的妙悟、贯通、灵感对于艺术有作用,却认识不足。他说:"古今推崇直觉法之哲学家

---

① 《张岱年全集》第 3 卷,第 30 页。

甚多,然而直觉之价值究竟如何,实属疑问。"①他认为,直觉法带给人的感觉是"不识庐山真面目,只缘身在此山中"。因而将其排除在哲学思维方法之外:"直觉固有其功用,然而并非真可信恃之方法。"②从早期的重分析,轻直觉,到晚期的分析与直觉并重,我们既看到张岱年哲学思想的一个飞跃,也看到了张岱年从早期忽略轻视中国哲学的心性之学到逐渐认同它的独特价值。这无疑是对传统哲学中重直觉倾向的一个回归。这是朝他自己提出的体验——解析——会通的路数的真正跨越。直到后期,张岱年才意识到真正的中国哲学应该有其特色,而"会通"一方面既指兼综不同的学术体系取长补短,摒弃妄见,融会贯通,又可以指中国哲学中的通观或"以道观之",缩百年为一瞬,观沧海为一粟,抚古今于须臾,知永恒于一瞬。这是一种重体悟的永恒观和广大观,也是一种重妙悟的精神修养。

张岱年指出,从方法论上看,讲究分析的西方哲学用公式表示就是"是就是是,非就是非"。"是是非非"的界定非常清楚,无模棱两可。印度哲学是"非非",所谓"想入非非"也。你说某东西"是"也不对,"不是"也不对,说不对也不对,说对也不对,所以叫否定一切的虚无主义,是一种否定一切的哲学。中国哲学是讲"是中有非,非中有是","阴中有阳,阳中有阴"。阴阳对立统一的观点比较深刻。这就是中国哲学区别于西方哲学和印度哲学的特征。③ 中国哲学的"是中有非,非中有是"固然体现了中国哲学辩证法的特长,但是涉及概念术语的界定则不能让人是非莫辨。中

---

① 《张岱年全集》第3卷,第30页。

② 《张岱年全集》第3卷,第30页。

③ 参见张岱年、冈田武彦:《中国哲学与二十一世纪》,《浙江学刊》1998年第3期。

国哲学在充分借鉴西方哲学精华的基础上正在日益走向成熟。事实上,中国现代哲学就是在借重西方重条理、重分析的基础上,经过几代人草创,在自己丰富的思想传统中建构了一个与西方哲学一样历史悠久的中国哲学。其中,有张岱年等一辈的哲学家对中国本土资源的痛切体认、舍离和认同,在哲学概念上又接受了西方哲学的标准来达到学科的自律。体认哲学可以说是中国哲学的"内在本性",系统化、条理化是哲学作为一门学科的"外在规范"。为了反击西方哲学的傲慢与偏见,回应西方霸权话语,中国哲学必须走综合创新的道路。综合创新对于张岱年来说,是建立在中西比较哲学的基础之上,从思维方式上比较,从研究方法上比较。张岱年认为,只有中西比较才有中国哲学的鉴别和创新,这样才不至于用西方哲学的模式来生搬硬套中国哲学。张岱年指出,中西哲学是有可比性的,综合创新的前提是中西哲学有可通约性,也就是他曾说的文化元素的可析性。通过比较,中国哲学家发现了中国哲学本身的特殊旨趣,看到了自己的长处和不足,这对于 21 世纪的中国哲学尤其重要。在 21 世纪世界将面临着各种冲突的加深,文明之间、人与自然、人与社会、人与人、人的心灵等五大冲突对哲学提出了严峻的拷问。① 不同于重分析、重差别、重分离的西方哲学,中国哲学强调和谐、强调统一、强调聚会、强调会通的思想将为世界哲学大家庭贡献出有益的资源。如儒家的"万物一体之仁"的共生共存的思想将会消弭人与人、人与自然的紧张困顿。既然中西哲学有其可通约性,佛教曾成功地被中国哲学濡化吸收,中国

---

① 参见张立文著:《和合哲学论》,人民出版社 2004 年版,第 43—45 页。又参见李振纲、方国根著:《和合之境——中国哲学与 21 世纪》,华东师范大学出版社 2001 年版,第 291—293 页。

哲学为什么不能从西方哲学中吸取灵感呢？张岱年认为,中西哲学都应该相互吸取可取的价值。"从前中国有一句话,叫做不是西风压倒东风,就是东风压倒西风。我认为,东风西风相互压倒这个思想恐怕不对,应该是东风尊重西风,西风也应该尊重东风。"①在张岱年看来,中西哲学应该互尊、互学、互补。夜郎自大的"华夏中心主义"或妄自尊大的"欧洲中心论"都是错误的。如何摆脱20世纪的对立与混沌,开拓共存共生的21世纪是当代中国哲学,也是世界哲学共同面临的一大课题。西方哲学之所以把中国哲学一直排除在专业哲学之外,除了中国哲学本身重视历史,不强调某一特殊方法论的应用外,还有西方哲学的自我文化中心主义立场。相反,中国的自我文化中心观念并不否认西方文化的存在,而是否认它对中国现实的价值。"至今,西方哲学的主流对于包容中国哲学的可能性仍执一种冷漠态度,并以种种形式的简约主义(re-ductionism)为这种冷漠辩护。简约主义的基础大体上仍然属于从笛卡儿起就一直主导现代西方哲学的启蒙主义范畴。它通常带来某种普遍主义的(universalistic)、往往是方法论上的参照标准,也包括相对主义的一种普遍形式,即否认任何形式的文化可比性。"②

安乐哲还认为,时至今日,西方哲学主流对中国哲学仍然保持一种西方中心主义的优越性。这种优越性造成的结果就是对中国哲学的傲慢与偏见。这种相对主义的冷漠如同非一日之寒

---

① 张岱年、冈田武彦:《中国哲学与二十一世纪》,《浙江学刊》1998年第4期。

② 安乐哲(Roger T Ames):《差异比较与沟通理解——当代西方学者研究中国哲学的倾向及障碍》,载《中西文化与20世纪中国哲学》,学林出版社1998年版,第190页。

的坚冰难以打破。不过,从另一个角度看,西方哲学内部当今也面临各种理论和方法的挑战,如新实用主义、后结构主义、解释学、新马克思主义、解构主义、女性主义哲学、环境哲学以及后现代思潮等。这种解构破除了西方哲学高高在上,唯我独尊的优越感,从而增加了世界哲学的多样性,带来了西方哲学界一场革命。"正是这场革命奠定了西方和中国哲学传统间相互影响,相互充实的基础。"①张岱年试图说明的是,中西哲学不仅有可比性,也有互补性。在中西哲学之间穿梭比较,张岱年试图把中国传统哲学与西方哲学的发展建立参照系,以正确估价中国哲学传统。

在中国哲学的建构问题上,张岱年以海纳百川、气势磅礴、高屋建瓴的广阔视野来解读、洗汰、继承、批判、比较、融通中西哲学。他既看到中国哲学的特殊旨趣,也看到了西方哲学的特长。他既坚持发扬中国哲学传统中重合、重辩证的思维特征,也对西方分析方法青睐有加。直觉与理性、分析与综合对于张岱年建构中国哲学来说有如车之两轮、鸟之两翼,缺一不可。他既坚持继承传统的精华,也重批判传统之糟粕。他既重传统的思维方式,又重严谨的分析思维,兼取中西之长,因而能够站在时代的高度,对古今中外的哲学问题做出理性地回答。质言之,他用冷静、睿智的哲学头脑来诠释并参与建构了中国哲学。无论是在 20 世纪的草创阶段,还是在 20 世纪末期,他对中国哲学脉络的整体把握是准确的、理性的和富有前瞻性的。

---

① 安乐哲(Roger T Ames):《差异比较与沟通理解——当代西方学者研究中国哲学的倾向及障碍》,载《中西文化与 20 世纪中国哲学》,学林出版社 1998 年版,第 191 页。

第三节　概念范畴研究的创新

人类的认识必须由感性上升到理性,概念、范畴、共相、普遍性是哲学理性思维不可缺少的表达的手段。早在20世纪30年代张岱年就意识到,由于中国哲学形式上的隐性特点,在很大程度上为诘难中国哲学合法性的人找到了口实,而要确立中国哲学的合法性,让中国哲学成为一门响当当的学科,就必须重视概念范畴的研究。"在人类知识史之研究中,最重要的当是各个范畴概念之历史的考察,即探究个范畴概念之形成与演变的历程。"①的确,哲学在一定程度上是一种概念范畴的思维。

在张岱年的哲学史研究中,他始终重视概念范畴的研究。张岱年的思路是,健全中国哲学必须再次审视中国哲学中的若干范畴和范式,也即是学科的命名、概念、方法和标准等。更重要的是张岱年早期受维也纳学派的影响,认为哲学不是科学,哲学是厘清概念的活动。知识的基础在于概念与命题,哲学的本质活动就是承担概念与命题的厘清活动。张岱年指出,概念命题的厘清不仅对于科学非常重要,而且主宰着一切科学,是一切科学的灵魂,因为只有厘清概念之后,科学命题的真实意谓才成立。哲学虽然不是科学,但却是科学之王,对科学起主导作用,如果没有概念的厘清活动,所有各种哲学命题便都是无意义的。②

在张岱年的哲学研究中,他把概念范畴作为确立中国哲学合法形态的突破口。从《中国哲学大纲》开始,张岱年就以问题为

---

① 《张岱年全集》第1卷,第58页。
② 参见《张岱年全集》第1卷,第84页。

纲,即以哲学的基本概念、范畴的源流变迁为要点,来研究中国哲学体系。这是一种史论结合的写法。其难点就在于,不仅要从不同的角度考镜源流,辨章学术,而且要从浑沦庞杂的体系中,审其基本倾向,析其辞命意谓,即特别是需要对中国哲学中基本范畴概念作精确细致的解析。以往的学术研究由于将文学、历史、伦理、美学等不同的学科掺入中国哲学史中,因而模糊了它应有的研究对象。如前所述,张岱年早就指出了中国哲学不是缺乏它应该有的脉络条理,也不完全缺乏概念范畴的研究,重要的是彰显其内在的条理,厘清其应有的概念,同时借助西方概念范畴的精确性来改造中国哲学中的概念范畴研究。虽然《中国哲学大纲》对中国哲学的概念范畴做了粗略的探索与诠释,其重点还不是放在哲学概念范畴的研究上,但是它毕竟为后期系统研究概念范畴打下了基础。

何谓概念? 张岱年说:"概念是事物的本质的反映。"①人认识事物不是简单、直接的反映,而是通过概念等抽象过程形成的。《新牛津英语词典》给概念下的定义是:"Philosophy: an idea or thought which corresponds to some distinct entity or class or entities, or to its essential features, or determines the application of a term(especially a predicate), and thus plays a part in the use of reason or language."②(哲学:指与某种显著的实体、类别或基本特征相对应的观念或思想,或者能决定一个术语的应用(特别是谓词),因而在运用理性或使用语言时起着重要的作用。)由此可以看出,概念是

---

① 《张岱年全集》第 4 卷,第 148 页。

② 参见《新牛津英语词典》,Oxford University Press、上海外语教育出版社 1998 年版,第 380 页。

反映事物属性的观念,是反映对象本质属性的思维形式、哲学学科
体系中的思维单元。

何谓范畴?"范畴是基本概念,是关于世界事物的基本类型
的概念。"①简单地说就是理论、学说的基本概念,是人类认识自然
与社会现象的纽结。1987年出版的《中国大百科全书》"哲学卷"
对范畴的解释是,范畴是反映事物本质属性和普遍联系的基本概
念,是人类理性思维的逻辑形式。范畴(category)一词出自希腊
文,原指表达判断的命题中的谓词。译为汉语,取《尚书·洪范》
中的"洪范九畴"一语的"范"、"畴"二字,有基本分类的意思,意
谓基本原则九类。因基本概念有"洪"即大之意,又有类别的归属
之意。现代哲学意义上的范畴是人们认识掌握世界的思维形式和
逻辑工具,也是人们的基本陈述方式和语言表达。它至少有指示、
证明、分类、表述等四个基本功能。张岱年所说的范畴,也即是基
本概念。

20世纪美国哲学家库恩(Thomas Kuhn,1922—1996)对科学
发展持历史阶段论。他认为每一个科学发展阶段都有特殊的内在
结构,体现这种结构的模型即库恩所谓的范式。根据库恩的理论,
一切科学革命都必然要在基本上牵涉所谓"范式"的改变。那么,
"范式"究竟是什么意思?库恩在《科学革命的结构》中对"范式"
这个中心观念有极为详细而复杂的讨论。但简单地说,"范式"可
以有广狭两义:广义的"范式"指一门科学研究中的全套信仰、价
值和技术,因此又可称为"学科的型范"(disciplinary matrix)。狭
义的"范式"则指一门科学在常态情形下所共同尊奉的楷模。这
种狭义的"范式"也是学科范型中的一个组成部分,但却是最重

_____

① 《张岱年全集》第4卷,第149页。

要、最中心的部分,因为范式确定了某一学科研究的方向、方法、手段、过程、标准等等。一个科学理论成为范式,必须具备两个条件:第一,它解决了旧范式所不能解决的问题,开拓了新的认识领域,扩大和深化了研究范围和背景条件,具有发散性思维的特点;第二,它留下了有待解决的问题和疑点,为科学界集中精力攻克难关准备了条件。① 库恩的范式说对我们重新审视中国哲学的基本概念有着指导意义。因为每一门自成体系的学科,都由独到的理论范畴、概念与命题推衍构成;每一门学科实质上就是一系列范畴产生、演变、发展的历史。

不仅如此,范畴是认识之网上的扭结,是理性思维在去粗取精,去伪存真的积淀,升华中的结晶。科学的哲学史研究,应当揭示人类哲学认识的矛盾发展的逻辑进程。这个逻辑进程,集中地体现在哲学范畴的产生发展和衍变之中。生活时间中形成的普遍概念以及各门具体科学概念被精练成科学范畴;哲学范畴的内涵由贫乏到丰富,由简单到复杂,由朦胧到清新,由具体到抽象;哲学范畴之间的依存、转化、联系日益形成明确的系统;这些都标志着人类哲学认识一步步提高和深化的过程。② 在哲学思维范围的领域内,概念和范畴有一个从小到大、从窄到广、由低到高的区别。它们是人类抽象思维的结晶,然而二者的界限又不是绝对的。"'概念'和'范畴'作为人类理性思维的逻辑形式,一般来说,前者是对某类事物性质和关系的反映,后者则是从总体上反映事物的本质属性和普遍联系的基本概念。所以,范畴高于概念。一个范

---

① 参见赵敦华:《现代西方哲学新编》,北京大学出版社 2001 年版,第 207 页。

② 参见萧萐父:《吹沙集》,巴蜀书社 1991 年,第 406 页。

畴往往含摄着属于这个范围的若干概念,从而构成一个具有内在有机联系的概念系统。"①张岱年意识到,概念并不是一成不变的,而是运动的和相互转化的,而且范畴也有内在的矛盾与能动因素。在中国哲学史上,很难将一些变动不居的概念与其他范畴之间划一条明显的界限,虽然某一时期的概念包含较大的范围,而在另一时期却被弱化,甚至被淘汰。"哲学的概念范畴都有一个提出、演变、分化、会综的历史过程。同一个范畴,不同的思想家、不同的学派,对之有不同的理解。"②对于张岱年来说,中国哲学史中的概念和范畴都有确定性和灵活性的对立统一,都有变易性和稳定性的统一。"概念与范畴,不是凝固了的,而是有韧性的,常随经验之发展而改易其内容与意谓。"③二者之间的区别不是绝对的,有时还可以相互转化,与其花力气界定其界限,不如厘清主要概念或范畴的意义。因此,在张岱年哲学研究中,有意以"概念范畴"并举。这种独特而明智的选择是有其历史原因的。这并不是说张岱年有意放弃了对概念范畴的区分,恰恰相反,区分概念、范畴的含义,确定其历史来源,是张岱年反击中国哲学无实质形式的自觉意识。

在《中国哲学史方法论发凡》一书的第四章中,张岱年就"如何分析哲学的概念范畴"进行了较为详细的讨论。④ 张岱年用逻辑分析的手段仔细区分了名词、概念、观念、范畴和命题的区别。中国古代哲学中所讲的名实关系中的"名"即是指"概念"。子路曰:"卫君待子而为政,子将奚先?"子曰:"必也正名乎!"(《论语·子路》)孔子有孔子的名实观,主要可以从他提倡的"正名"的

---

① 朱立元、何林军:《范畴新论》,《河北学刊》2004 年第 6 期。
② 《张岱年全集》第 4 卷,第 450 页。
③ 《张岱年全集》第 1 卷,第 189 页。
④ 参见《张岱年全集》第 4 卷,第 148 页。

主张中体现出来。孔子在原有的名词术语里注入了新的蕴涵。《论语》里包含了上百个具有较为稳定之"所指"的名词术语,是孔子对古代传统所作的独特的诠释。这一用新的名实关系来统一旧的名实关系的"正名"诠释方法,决定了中国文化中"开来"的思想创造主要在"托古"的名义下发生。孔子逻辑的最大贡献就在于发现了名的意义,即"所以谓"。但孔子没有意识到,"所以谓"脱离了"所谓"的实际关系就是空洞无物和毫无意义的。① 把"主词"或"所谓"(实)这一词语引入中国逻辑是墨翟的功劳。墨子把这两个语词定义为:"所以谓,名也;所谓,实也。"(《墨子·经说上》)。张岱年指出,古代的"名"并不完全等同于"概念"。《墨经》将"名"分为达名、类名和私名三类。达名是最高的类概念,类名指的是一般概念,私名指的是个体名称。其中达名、类名可以说是概念,而私名则不然。公孙龙所谓的"指"也是概念。"概念是对于客观事物的类型和规律的反映。"②同一概念可以用不同的名词来表示。张岱年认为,观念与概念是有区别的,观念是观察事物而有的思想,不是表示事物的类。有些观念是概念,有些观念不是概念。"范畴是基本概念,是关于世界事物的基本类型的概念。"③通过对名词、概念、范畴等的详细区分,张岱年所想强调的是在哲学史研究中要对不同的概念范畴做深入的分析和确切的了解,以免张冠李戴。

首先,张岱年考察了中国哲学史上概念范畴研究的渊源和中西概念的通约性问题。他指出:"所谓概念,所谓范畴都是西方的

---

① 参见胡适:《先秦名学史》,学林出版社1983年版,第64页。
② 《张岱年全集》第4卷,第149页。
③ 《张岱年全集》第4卷,第149页。

翻译名词。在先秦时代,思想称之为'名',宋代以后有的学者称之为'字',南宋陈淳所著《北溪字义》,清代戴震著《孟子字义疏证》,其所谓'字'即概念范畴之义。'名'和'字'是从其表达形式来讲的;'概念'、'范畴'是从其思想内容来讲的。"①在这里张岱年确定了中国哲学史上概念范畴研究的先行者是陈淳。陈淳的《北溪字义》原名《字义详解》,主要是阐述朱熹《四书集注》的理学思想,有些像一部简明哲学词典。它从"四书"中选出若干重要的范畴如性、命、诚、敬、仁、忠等,分为二十六门,一一加以疏释论述。② 事实上,除了陈淳的《北溪字义》外,由朱熹、吕祖谦编订的《近思录》摘北宋四子之菁华,集理学之大成,经历元明清七百年而不衰,在中国哲学史上占有重要的地位。它不仅体现了理学的思想义理,而且各卷之间有脉络可寻,在很大程度上弥补了"语录体"之不足。《近思录》十四卷分门别类地划分为:道体、为学、致知、存养、克治、家道、出处、治体、治法、政事、教学、警戒、辨异端、观圣贤。其体系提纲挈领、纲举目张,凸显了理学发展的脉络。成书以来,不仅成为儒家学者开物成务、内圣外王的入门书,而且为中国哲学史的范畴研究提供了不可多得的范本。如果再由此上溯,周敦颐的《太极图说》在阐释宇宙生成论过程中,提出了太极、理、气、性、命等一系列哲学范畴,也是理学的基本范畴。

的确,中国哲学史上不乏有关概念范畴的佳作,它们与西方的范畴有通约性吗? 在中国哲学的本体论研究中,张岱年已经向我们证明,中国哲学中确实存在本体论。在范畴概念研究中,张岱年

---

① 《张岱年全集》第 4 卷,第 449 页。

② 参见[宋]陈淳著,熊国祯、高流水点校:《北溪字义》,中华书局 1983 年版。陈淳字安卿,漳州龙溪人,学者称北溪先生。生于宋高宗绍兴二十九年,即公元 1159,死于宁宗嘉定十六年,即公元 1223 年。

又通过挖掘哲学史,向我们证明中西方哲学史的概念范畴意义相近:"所谓洪范九畴,意谓基本原则九类,这一含义与西方所谓范畴有相近之处。在西方哲学史上,从亚里士多德以来,各家对所谓范畴亦有不同的理解,直至今日,仍有学者加以新诠。简单说来,概念是表示事物类别的思想格式,而范畴则指基本的普遍性概念,即表示事物的基本类型的思想格式。"①张岱年认为,概念范畴是人类思维的基本工具,是哲学研究不可缺少的逻辑形式。按照亚里士多德的理解,无论是作为主词还是作为谓词的范畴,都是对客观事物的不同方面进行分类和归纳而得出的基本概念。中国哲学对概念有其归类和划分,西方哲学也有其不同的区划,但都是人类文明和思维形式逐渐发展起来的成果。即使在西方,各家各派对所谓范畴的理解也不尽相同,在亚里士多德那里,范畴的含义既有本体论的意义,指事物的一般属性,也有属于逻辑学、语言学、语词问题的意义,而在柏拉图和苏格拉底那里,范畴指一般普遍性的概念。我们又何故对中西概念范畴作"齐一性"的要求呢?

从知识论的角度看,张岱年很早就认为,既然感觉是一切知识的来源,是知识过程中的第一层次的要素,思维或概念的知识是知识过程中的第二层次的要素。概念知识从感觉经验中来。概念是主体把感觉活动中得到的材料加以加工改造、加以抽象得来的。范畴是人类行动之历史的产物,而概念的产生与社会生活中物质生产的实践是密切相关联的。无论中国哲学,还是西方哲学的概念都深切反映了客观世界。无论中国哲学,还是西方哲学都需要运用和使用种种概念,其目的是认识世界。认识世界就必须利用抽象思维和一般概念范畴。由于世界的丰富性和复杂性,中国哲

---

① 《张岱年全集》第4卷,第450页。

学有必要改造旧概念以适应新的形式,特别是改造中国哲学史上旧的概念范畴以适应新哲学形态的发展。但是,把中国哲学史上的概念范畴统统抛掉,置换成西方的概念范畴,无疑是缘木求鱼。由于概念范畴使用时具有边界的不确定性,含义的多层次性(知识论、本体论和语言论),张岱年在大多数情况下倾向将它们的特殊语境预设淡忘掉,以免造成概念范畴的误用。

虽然概念范畴具有通约性,可以双向阐释、翻译,但是,张岱年提出,中国哲学的概念范畴与西方的确实有区别:"中国古代哲学中,有一些概念、范畴,与西方的表面相似,而意义却有很大区别。"①主要原因是自五四运动以来,中国传统哲学中的概念范畴一方面受到白话文的冲击,另一方面将西方哲学的概念范畴转化为现代汉语后,是选用古汉语中的概念术语,还是用白话文的术语? 有些概念在表面上与汉语相吻合,但实际上相差很远。中国古代哲学所用的概念范畴与西方的不同,没有人像黑格尔一样采用"思维与存在"这个表达方式。西方哲学的概念范畴被翻译引进中国后,我们需要对其概念的预设做区分。尽管我们引进了共相、殊相、实体、属性、本质、具体、抽象、一般性、个性、偶然、个体、形式、内容等等,但孔、孟、荀思想中根本没有这些观念。如果我们不假思索地使用这些概念,就会遮蔽中国传统哲学的丰富性,或者使古人讲洋话,穿西装,从而埋没了中国哲学的独特价值。例如,西方古代客观唯心论的基本范畴是"观念"或"理念",中国古代客观唯心论的基本范畴是"理"。唯心论和唯物论都是翻译名词,亦可译为"观念论"。既然跨文化过程中,翻译概念不可能完全对等,多重定义法是我们不得不使用的方法,即一个词汇可能有几个

① 《张岱年全集》第 4 卷,第 219 页。

对应词。使用西方的概念术语意味着我们进入了一个完全不同的异邦。"中国古代唯物论的基本概念是'气'。今天所谓'物质'也是一个翻译名词。在中国古代,'物'指个别的东西,'质'指固定形体的物。而与西方哲学所谓物质相当的挂念乃是气。"①因为中国古代的物质可分为"物"和"质"两个名词,前者指具体的实物,后者指固定的实质。因此,在哲学史的研究中,审慎地鉴别中西哲学概念范畴的细微差别是必要的。中西之间概念范畴大相径庭,不小心则失之毫厘,差之千里。

张岱年进而指出:"不同的哲学理论包含不同的概念、范畴;不同的民族的哲学理论,更是有不同的概念、范畴。"②如果说不同文化差异是由思想范畴引起的,那么哲学上的差异则更是由不同的概念范畴造成的。中国哲学在走向世界的过程中最大的障碍之一,就是中国古代哲学概念术语的翻译。中国哲学中的这些概念范畴很难在西方哲学语言中找到完全对等。这些概念范畴有仁、义、理、智、信、心、性、知、天、圣人、君子、和、道、德、正、孝、命、恕、忠等等。在它们面前再高明的翻译家常常一筹莫展。"应该看到,哲学概念从来就不是纯粹的形式工具,可以无限制地到处使用。哲学是历史性很强的学问。哲学的基本概念都渗透着历史内容。"③虽然也有人(如安乐哲等)提出将中国哲学的概念范畴直接罗马化,但是罗马拼音 Xin 究竟是汉语的"心"还是"信"?这里涉及的是中西哲学概念范畴的翻译、阐释问题。我们看到的 xin

---

① 《张岱年全集》第 4 卷,第 124 页。
② 《张岱年全集》第 4 卷,第 217 页。
③ 张汝伦:《中国哲学的自主与自觉——论重写中国哲学史》,《中国社会科学》2004 年第 5 期。张汝伦讲的是随意使用西方的哲学概念,会造成混乱,笔者这里反其意而用之。

只能是"心"或"信"的镜花水月。

张岱年早就注意到了这种中西概念貌合神离的现象。他举出了"本体"这个范畴为例。"本体"是西方哲学的一个重要范畴。西方近代哲学认为,"本体"与"现象"是相对的,现象是现而不实,本体是实而不现。中国古代哲学中也有"本体"的概念,如果用西方的观点解释中国哲学的观点就南辕北辙。比如说张载在《正蒙》中说:"太虚无形,气之本体;其聚其散,变化之客形尔。"(《太和》)如果按西方"本体"的概念解释为太虚为气的本体,是唯一实在,而气是太虚所表现的假象,就完全违背张载的原来意义。晚明时期,心学家用本体指心的本来内容,都不是唯一实在的含义。"心"在中国哲学中有时指意识主体,有时指意识活动,有时则指先验的道德理性。又如,中国哲学中的"神"与西方哲学或宗教中的"神"的含义也很不相同。西方的"神"通常指人格的上帝,而中国哲学中所谓"神"指自然界中的微妙变化,如"阴阳不测之谓神"(《系辞上》)。虽然在现代汉语中这种意义已经基本不用了,但是在中国传统哲学中却是一个重要概念。①

张岱年还指出了中国古代哲学中的一些概念在西方哲学完全找不到对应的情况。最典型的是,西方古代唯物论的基本范畴是"物质",中国古代唯物论的基本范畴是"气"。"气"作为中国传统哲学中的范畴含义非常广,是指构成万物的原始材料。它既有运动变化,又有连续性。与西方物质的概念又不同。众所周知,由于中西思维方式的异同而产生了中西独特的范畴和概念。一旦译者试图把一种语言翻译成另一种语言,尤其是这些语言之间没有渊源关系的时候,不同类型的名称与范畴意义就显现出来。任何

---

① 参见《张岱年全集》第4卷,第219—221页。

试图把古汉语哲学文本翻译成一种西方语言的人都将意识到,汉语文本的意义类型不同于翻译语言的意义类型。翻译必然会建立起不同于原文的关系的共振网络。例如,"本性"与"自然"这两个术语,都被英译为"nature",但是这两个术语在中文中没有语义学联系,这两个术语的确切意义也颇有不同。

张岱年注意到了中西概念范畴的非对应性与语义的非对应性。"中国古典哲学有一套与印度哲学、西方哲学不同的概念范畴。有些范畴是难以用西方(语言)翻译的。"①中国哲学有自己的一套"概念体系"(conceptual schemes),如阴阳五行、道、气、理、诚、神、善恶、天等。这些范畴和概念与西方哲学中的对等物是不同的。人们能够在翻译中传达出词或句子的核心意义,然而翻译中词与句子的意思只是原文部分的对应。由于概念范畴的非对应性而造成语义翻译的非对应性。当语言以及人们所使用的概念体系——没有共同历史渊源的时候,原文与译文的差异必然更大。例如,"天"这个概念从周代开始,人们认定"天"与"上帝"相同,"天"的意思是指"天空"(sky),但作为最高力量的角色,传统上英译为"Heaven"(天空、上天、天堂),在西方的阐释中给了它一个言外之意。在西方文化中"Heaven"是某个神秘所在,那里为好人死后所去的地方,或者作为"上帝"的委婉的表达。中国传统统治者被译为"天子"(son of the sky),对西方人来说有点匪夷所思。但自然之"天"指的是四季的更替,对于中国人而言,它也决定朝代更迭的适宜时机。儒家中的"天"的观念体现了对超越的向往。但"天人合一"中的"天"和"人"分不清楚,自然和人分不清楚,这就是中国思想的模糊性所在,而英文中的 Heaven 很难体现这种语

---

① 《张岱年全集》第7卷,第128页。

义对应。汉语的"天"在英语中有不同的对应语义,如 heaven, the world, on earth, under the sky, universe, nature 等等,如何选择与"天"相对应的语义,就需要对中西哲学传统有较深的了解。

如果"天"源于自然神,像商代甲骨文中的山神与河神,那么,它的地位则来自自然界的等级体系中天的重要性。在商周之际,"天"又是从"帝"、"上帝"演变而来。从甲骨文卜辞可知,上帝这个至上神是主宰,它的号令被称为"天命"。当"天"与"地"组成一对时,"天"作为天空的物质世界的意义是易于证明的。儒家与道家文献就这一点而言是共同的。而且在道家中,"道"取代"天"成为第一原则。"天"与"地"有时被描述为雄与雌这一对,司职万物的生长繁衍。并且,"天"在中国古代对于朝代的兴衰是负有责任的。中国传统文化的精义也就是"天人合一"。用钱穆的话来说就是:"人心与生俱来,其大原出自天,故人文修养之终极造诣,则达于天人之合……中国传统文化,虽是以人文精神为中心,但其终极理想,则尚有一天人合一之境界。此一境界,乃可于个人道德修养中达成之,乃可解脱于家国天下之种种牵制束缚而达成之。个人能达到此境界,则此人已超脱于人群之固有之境界,而上升到宇宙境界,或神的境界,或天的境界中。"①作为哲学研究者应该对传统哲学中的主宰之天、造物主与权威之天、义理之天、德化之天、命运之天采用不同的对应语义来诠释,而不应只简单地把"天"消解为自然之天(sky),而忽略其文化哲学意义。又如"就'理'的翻译而言,现有的译法并不就是令人满意的,李约瑟不喜欢用 law 翻译'理',而葛瑞汉说过,即使他选择 principle,也并不比 law 好多少。作为中国人,我们对英语体会很浅,但'理'的概念中没有 law

---

① 钱穆:《中国学术通义》,台北学生书局 1975 年版,第 13 页。

所涵有的'法'的意思,而 principle 又不能充分表达'理'所有的'规律'的意思。现代汉语中的'规律'与'条理'毕竟有别。"①中西哲学交流中的最大难度不是内容的传递,而是两种不同的概念范畴的诠释和表达。这是张岱年在研究概念范畴时一直在思考的首要问题。

实际上,在概念范畴的研究中,张岱年非常注意中西哲学概念译名的通约性问题。他先后讨论了"哲学"、"物质"、"气"、"自在"与"自为"、"思辨哲学"、"机械"与"有机"、"质量"、"意识形态"等概念术语的翻译问题。写下了《关于若干哲学译名的商榷》《我的哲学观》等商讨中西哲学范畴等应的文章,嘉惠士林。在他看来,引进西方概念术语不能张冠李戴,沐猴而冠。中西概念范畴的细微差异、通约性和不可通约性问题涉及概念范畴使用的准确性,不可不究。自印度佛教传入中国以来,中国哲学通过"格义"("格"比配、比较;"义"概念、项目)的方式,成功地将佛教的概念融入了本土文化。格义原来的意义是通过比附、连类中国文化,使人们熟悉本来陌生的外来概念范畴。现在,从广义上讲是指中西文化互动中概念范畴的双向传译。它是与异质文化相遇、交流、对话的必然的、本质性的开端。在中国哲学史上,玄奘所创立的唯识宗以其严密的推证和分析以及因明的技巧,弥补了中国本土思想的不足。但唯识宗在中国哲学史上扮演的角色和影响远远没有禅宗大,其根本原因就是唯识的概念范畴过分依赖佛教的那一套,而不能像禅宗那样将概念范畴本土化。应承认,中国思想的更新异质文化功不可没。20 世纪以来,为了建立客观独

---

① 陈来:《宋明哲学中的"道"、"理"范畴》,载《中国哲学的诠释与发展——张岱年先生九十寿庆纪念论文集》,北京大学出版社 1999 年版,第 207 页。

立的知识系统,中国哲学从西方哲学中吸取了大量的概念范畴。从陈寅恪、汤用彤到冯友兰都十分重视中西概念范畴的格义和翻译问题,以及引进外来概念范畴的必要性。张岱年也不例外。概念范畴的确立毕竟为中国哲学的合法性建构提供了不可缺少的形式系统。

在中国哲学史的研究中,张岱年把概念范畴研究放在首要的位置,因为中国哲学的立足点要建立在一套完整的概念范畴体系之上。建立这套概念范畴体系首先要做的就是厘清中西哲学概念范畴的异同。这样一方面做到有效、合理地使用西方概念范畴的资源,另一方面又清晰地、审慎地界定了中国哲学中概念范畴,达到了一石双鸟、一箭双雕的目的。由此看来,研究中国哲学史要具备西方哲学史的基本知识。中国古代哲学著作,从形式上看,条理系统不够明显,有些概念范畴的含义深刻而难以理解。但是,如果把中国古代哲学的一些概念范畴,与西方哲学中相类似或相近的进行对照研究,就比较容易了解所包含的深湛意蕴。

除了重视中西哲学概念范畴的对比研究外,张岱年对中国哲学中概念范畴的历史演变也非常注意。在哲学史的发展过程中,概念范畴必将有一个起源、发展、演变、转化的过程。这种发展演变主要体现在这样几个方面:第一,概念和内涵和外延有一定的时代性。随着时代的推移,概念的内涵和外延有缩小或扩大,如"学"在孔子时代指学习诗、书、礼、乐,现在包括人文科学、社会科学和自然科学的内容。"若有王者起,必将有循于旧名,有作于新名。"(《荀子·正名》)随着社会的发展,有些概念范畴需要继承下来,有些范畴需要创新。例如,"实践"在传统哲学中主要指"躬行实践",其中包括道德行为和日常生活,而现在受西方哲学的影

响,是指改造世界、变革现实的活动。张岱年总结了中国哲学概念
范畴演变的三个特点。第一,历史性;第二,双重性或两重性,也可
叫学派性,即同一范畴在不同的学派那里有不同的用法,有不同的
理解;第三,综合性或融贯性,即宇宙哲学与道德哲学、本体论与伦
理学、认识论与修养方法概念范畴的密切结合。① 这三点是关于
概念范畴研究的体验和总结,对哲学史的概念范畴研究有着积极
的指导意义。

就第一点历史性而言,张岱年指出,从宏观角度看,中国哲学
的范畴演变先后经历了四个阶段:它们是先秦阶段、汉魏两晋六朝
隋唐、宋元明清和近代。在先秦时期所提出的仁、智、勇、学、思、中
庸等范畴概念一直被后人普遍使用。在第二阶段中,主要是玄学
和佛学中影响较大的佛教如天台、华严、禅宗都有一套范畴体系。
第三阶段有三个最高范畴即气、理、心。宋明理学给中国哲学史上
的范畴赋予了大量新的含义。第四阶段主要是近代新范畴从西方
的传入,如物质、精神、规律、现象、思维、存在等等。其中有些范畴
的翻译在中国哲学史上都可以找到根据,是中西哲学综合的产物。
近代学者严复、王国维、章士钊在译介西方哲学概念范畴上用力甚
勤,功不可没。毋庸置疑,现代中国哲学的发展与他们在打通中西
哲学概念范畴所做的努力是分不开的。经过进一步切分,张岱年
把先秦至明清时期的哲学划为 20 个哲学概念范畴。它们是西周
至春秋时代的概念范畴、孔子哲学范畴、孟子哲学范畴、《周易大
传》中的哲学范畴、荀子哲学范畴、《礼记》中的主要范畴、老子哲
学范畴、庄子哲学范畴、《管子》与法家的哲学范畴、墨家、名家的
概念范畴等共计 20 类。

---

① 参见《张岱年全集》第 5 卷,第 578—584 页。

就第二点学派性而言,情况比较复杂。张岱年提及概念范畴的使用有这样几种情况:(1)不同的学派对同一哲学范畴有不同的理解。先秦诸子百家如儒家、墨家、道家、法家、名家、阴阳家各有各的概念范畴,每一学派有每一学派的范畴体系。即使是中国哲学史上的同一范畴,在各家各派各个不同的哲学家那里可能含义都不同。张岱年说:"例如,同一个天字,孔墨所谓天指上帝,庄荀所谓天指自然。同一个道字,张(载)戴(震)所谓道指气化(物质变化过程),程(颐)朱(熹)所谓道指先于事物的理(绝对观念)。同一个义字,儒家所谓义与利相反,墨家所谓义与利一致。"①唯物主义与唯心主义对同一概念范畴用法和界定也有不同。如"体"在儒家和佛家的范畴中理解就不相同。(2)即使是同一学派,不同的哲学家在不同的时期赋予同一概念范畴不同的含义。

同时,从概念的提出到概念的发展有一个历史过程。概念范畴的延续性和生命力在于此。例如在儒家学派内对"命"的解释,孔子承认天命,但对于命没有非常明确的界说。孟子说:"莫之为而为者,天也。莫之致而致者,命也。"(《孟子·万章》)接着孟子提出了"立命",即掌握自己的命运之说。荀子的"节遇谓之命"(《荀子·正名》),强调"命"的偶然性和外力因素。"在中国哲学史上,一个有生命力的哲学范畴创立后,常常被众多的哲学家共同使用。他们在使用同一范畴时,有时沿用旧义,有时对旧义进行修正,有时甚至否定旧义而赋予新义。从而同一范畴在不同的哲学体系中,往往具有不同的含义。张岱年在《中国哲学大纲》中敏锐地辨析这种同名异义的情况,他对'性'的概念分析就足以反映这

---

① 《张岱年全集》第8卷,第340页。

一点。"①(3)同一流派同一时期的哲学家对同一概念范畴所指也不相同。如宋明理学对"理"的理解:"'理'的意义常用者即有五种:指宇宙的普遍法则,指人的本性,指道德准则,指事物的本质和规律,指人的理性。新儒家的哲学家们在使用这些概念时,并不预先说明其使用概念的特定立场,这就要求我们必须仔细地判断每一处具体使用的意义。"②脱离了具体的哲学语境,涉及概念范畴只能停留在其表层,其深层意义却难以触及。在没有概念的预设的情况下讨论哲学问题,无异于无的放矢。

如果说张岱年的《中国哲学大纲》的主要核心是放在哲学的问题意识上,兼综讨论概念范畴的流变,那么,《中国古典哲学概念范畴要论》则是专门研究中国哲学概念范畴演变的一部扛鼎之作。其主要特点是运用逻辑解析法清楚地界定每一个概念范畴的定义,界说具有逻辑性和层次性,特别是界定每一个概念范畴是在追踪每一个概念范畴的历史源流、演变中展开的。

同陈淳的《北溪字义》相比,虽说陈淳继承和改造了许多旧的哲学概念范畴,对理学新的范畴也进行了细致的推究,其理论思维有超越前贤之处,在中国哲学史上起过重大作用,但是张岱年的《中国古典哲学概念范畴要论》更是超迈前贤,主要表现在理论和逻辑思维上更缜密细致、更有条理性,在考察概念范畴的源流、流变上更注重各家各派的不同观点,同时不拘于陈见。例如,陈淳将"仁义理智信"作为一个概念范畴来论述,不若张岱年

---

① 范学德:《综合与创造——论张岱年的哲学思想》,教育科学出版社1989年版,第88页。

② 陈来:《宋明哲学中的"道"、"理"范畴》,载《中国哲学的诠释与发展——张岱年先生九十寿庆纪念论文集》,北京大学出版社1999年版,第197页。

将其作为五个概念范畴分而论之,细腻严密。又如在讨论"诚"的概念范畴时,陈淳分别从天道论和人伦两个角度来谈,主要发挥程伊川"无妄之谓诚"的理学观点对"诚"的理解;张岱年则从《说文》开始给"诚"下定义,先后引述了《中庸》、郑玄《礼记注》、荀子《不苟》、周敦颐《通书》、朱熹《中庸章句》、王夫之《张子正蒙注》、《读四书大全说》和《尚书引义》中的言论来阐发"诚"的哲学概念范畴的流变。从中我们可以看出,《中庸》以"诚"为天道,认为自然有一定的规律性;在荀子那里,"诚"既是君子的养心之道,又是天地四时有常的显现;在周敦颐那里"诚"是至善的本性,具有先验道德意识;在朱熹那里是指客观必然性;在王夫之那里是指客观实在性与客观规律的统一。张岱年通过引证以上诸家的直接言论来凸显"诚"的概念范畴的演变与含义,有凭有据,真实可信。

他依靠的方法是通过引证大量翔实的材料,让事实本身说话。在解释其他概念范畴时,笔者发现,张岱年几乎是采用同样的手法。这种研究方法当然有其利弊,其益处在于原文的引用具有权威性和可信度,结合上下文的语境去具体理解概念范畴在语言环境下所展现的意义;其弊端在于大量材料的堆积使作者本身的思想观点隐没不彰。例如对"诚"这个概念最后的结论没有见到作者对它的界定,不能不说是个遗憾。那么对于现代学者来说,"诚"意味着什么呢?"诚不仅限于对自己诚实。既然所有的自我都是关系构成的,那么,诚就意味着在某人的交往中要可信、真诚。这是富有成效地将他自己整合到他的社会、自然的和文化的环境中去。在宇宙论层面,诚之道发育万物,峻极于天。诚不是指事物是什么,而是指事物怎样才能够在它们的协同与联合中很好地、富有成果地存在和发挥作用。"①葛瑞汉认为,"诚"(integrity)源于"成",用作某物的成熟(与"生"相对)。字形上加"言"字旁以示区别,表明某人所说的话完全真实可靠。我们以英语的几分曲解为代价将它译为"integrity"(诚实),而不是更通俗的对应词"sincerity";我们使用"integrity"、"integral"、"integrate"联合了全心全意与真心诚意两层意思,这在英文中本是分离的。② 西方汉学家对"诚"的界定或者让我们从另一个角度观察到中西哲学言说方式的差异性。中国哲学家重视疏释,从古至今有序地列举前贤昔哲的宏论,至于结论呢,让后人去盖棺定论吧。与此不同的是,西方哲学史家更看重理性的言说和清晰的界定。要之,张岱年界定概念范畴的特色是"疏中有析"或"析疏结合"。

关于第三点综合性或融贯性。要了解中国哲学的真谛和奥秘,就必须了解概念范畴在本体论、认识论和人生论方面的运用。例如,"道"在老子那里既有本体论、人生论又有宇宙论的意义。因此,"道"既是最高本体,又是人生最高标准。中国哲学中宇宙论与人生论不分的情况,被旁人直接指证为中国哲学的缺点之一。关于这种认识论与修养论、本体论与伦理概念范畴纠缠不清的情况,这是一种"难得糊涂":一方面有其思想深刻性的一面;另一方面又给人雾里看花,水中望月的模糊感。但是,张岱年认为,中国哲学要进一步健全发展就有必要疏释其中的类别,需要的是"难得清醒"。这也是为中国哲学的合法性殚精力竭地寻找出路。

中国哲学中到底有没有一个自成体系的概念范畴体系呢? 张

---

① 郝大维、安乐哲著,施忠连译:《汉哲学思维的文化探源》,江苏人民出版社1999年版,第168页。

② 参见葛瑞汉:《论道者:中国古代哲学论辩》,中国社会科学出版社2003年版,第157页。

岱年是这样回答这个问题的:"中国古代哲学,从周秦到宋元明清,是否可以说有一个通贯综合的范畴体系呢?应该肯定是有的。这个范畴总体系应该包括儒家、道家、玄学、理学的长期流传和广泛使用的范畴。"①张岱年所做的不仅仅是廓清某一哲学概念的不同层次,将其用逻辑分析的工夫清晰地一一辨明解说,而且为了叙述和研究起见,有必要对整个中国古典哲学的概念范畴进行分类。这样,从宏观上,张岱年把中国古典哲学的概念分为三大类:一是自然哲学的概念范畴;二是人生哲学的概念范畴;三是知识论的概念范畴。他指出,这三个类别按照中国传统分类来表示可以称为天道之名、人道之名和为学之方。如上所述,传统上中国哲学并没有十分清晰界定三个类别的区分,它们之间既有相互交叉,也有相互涵盖。

张岱年从"历史而逻辑"的角度出发,设计了中国古代哲学范畴总表。其中他列出 78 个单一范畴,48 对对偶范畴。在单一范畴中,张岱年区分了最高范畴、虚位范畴和定名范畴。其中定名范畴和虚位范畴是张岱年的创新。定名范畴是指具有确定内涵的范畴,如命、和、同、有无等;虚位范畴是指各家通用而可以加上不同规定的范畴。定名范畴和虚位范畴的创立解决了中国哲学史上有些范畴意义不确定性、模糊性、多义性的难题。在对偶范畴中,张岱年又区分了天道范畴、人道范畴和知言范畴。传统中国哲学是"天人之学",在知识论上有欠缺,张岱年坚持有必要将中国古代哲学范畴按照天道、人道和知识三类划分,体现了他煞费苦心地凸显中国哲学的外在形式和知识论传统。在张岱年看来,知人、知天即属于知言范畴,尽管只有学思、名实、知行、是非、智愚、真伪、言

---

① 《张岱年全集》第 4 卷,第 464 页。

意、能所、格物致知九对范畴,但毕竟将中国哲学的认识论范畴形态呈现给了世人。有关对偶范畴的研究,确是张岱年的一种创新。他不仅洞察幽微地探询了对偶范畴的相互对立、相互映衬或相反相成的特性,更注意到对偶范畴所包蕴的内在矛盾。

关于中国哲学合法性争论的焦点之一是中国哲学缺少认识论。事实上,《尚书》中的《洪范》可以说是我国古代认识论史上最早的哲学认识论著作。不仅是其思想内容具有对以往认识经验的反思性质,而且明确地提出"敬用五事"、"明用稽疑",因而是明显具有认识论意义的。从《中国哲学大纲》中"致知论"部分讨论,到《中国古典哲学概念范畴要论》中知识论概念范畴的划分,以及早期对孔子论知、学、思、行的认识论思想的申论,张岱年想证明给世人的是,中国哲学不仅有宏富卓越的人生论、宇宙论,而且有自己认识论的传统。

与张岱年不同的是,冯友兰创立"新理学"的初衷正是为了对中国哲学中的经验做理智的分析。他认为:"中西哲学必有某种根本的相似之点,否则就没有理由把它们都叫做哲学。分析它们的相似点时,我基本上限于它们的形上学学说,或限于有形上的认识论学说,因为只有在这里最容易对中西哲学进行比较。"①冯友兰看到的只是中西哲学认识论的相似之处,而张岱年不仅看到相似点,也看到了相异点。特别是在中国哲学的概念范畴的研究中,张岱年别开生面地对中国哲学史上的概念范畴钩玄提要,不务详尽,对新旧概念范畴进行了对比,诠释旧的概念范畴,改造或补充新的概念范畴,从而将中国哲学的概念范畴研究推进到一个前所

---

① 鲍霁主编:《冯友兰学术精华录》,北京师范学院出版社1988年版,第550页。

未有的崭新阶段。

张岱年在概念范畴研究中,既考察了历史上哲学家提出概念范畴的先后历史顺序,也照顾了范畴从普遍到特殊的逻辑顺序。同时,他还注意在疏释概念范畴时,强调逻辑层次性,即由普遍到特殊,由全至偏,也注意概念范畴阐释的由浅入深,由简至赜,纠正了陈淳《北溪字义》和明代《性理大全》中章目次序杂乱、分析不周全透彻的弊病。

不仅如此,张岱年对于容易混淆的概念以及它们之间的细微差别也做了诠释。例如,矛盾、相反不能等同。矛盾有种种性质不同的矛盾;相反有性质相反、同类相反和非同类相反三个方面;①同一与统一不能混淆,"同一"是指两种事物完全没有区别,而"统一"是指矛盾着的双方相即不相离。"概言之,统一指对待者不相离,同一指对待之不相异。"②在理论上廓清这些概念的区别,涉及对辩证唯物论的正确理解,从而没有给不可知论留下空间,对实践有直接的指导意义。"我国近现代哲学界对这些概念并不陌生,历来沿用以表述一种对立观念。但正因此而难免有一些严格辨析之误,往往把矛盾与差异、矛盾与相反视为等同范畴,造成理论上的混淆。"③

张岱年对中国哲学概念范畴的辨析和区分,使人们在使用这些概念范畴时表达更精确,从而更准确地、更好地认识客观事物特有的本质特性,为中国哲学合法性的建立夯实了坚实的基础。

---

① 参见《张岱年全集》第1卷,第136页。
② 《张岱年全集》第3卷,第34页。
③ 衷尔钜:《张岱年对唯物辩证法若干概念范畴的论析》,《佛山科学技术学院学报》(社会科学版)2002年第1期。

第四节　哲学研究中的问题意识

世纪之交的中国哲学的走向问题,成为中国哲学学科生死攸关的存亡问题。如何走出中国哲学合法性危机,超越中国哲学合法性问题,是每一个哲学工作者必须面临的问题。中国哲学的合法性问题,在本质意义上,归根结底是中国哲学必须应答这样一些问题:什么是哲学? 什么是中国哲学? 中国有没有哲学? 中西哲学之间是否只有一个按照西方人设置的模式? 中国哲学将向何处去? 在很大程度上,中国哲学的危机和合法性实际上凸显了现代中国哲学的问题意识。通过提出问题、发现问题,人们的思路会变得越来越清晰,对中国哲学的学术框架和学科本身从深度和广度上更加了解。回应中国哲学是不是哲学的诸问题,反省中国哲学的生成道路,一个世纪以来,成了每一个哲学工作者无法回避的问题,张岱年也不例外。

一百多年来,中国哲学与西方哲学遭遇后所面临的历史性的挑战,是中国传统哲学认识的一次转向。同胡适、冯友兰、金岳霖苦心经营中国哲学时遇到的问题一样,张岱年对中国哲学的本质特征做了深层次维度的思考。这些思考不仅涉及中国哲学的元哲学的研究,而且更反省和检讨了各种思维方式和研究方法的有效性。通过抓住中国哲学的实质问题,张岱年主张哲学形态的多元性和开放性,否定和驳斥了西方哲学是哲学的唯一合法形态的说法。张岱年认为,西方哲学的尺度和参考坐标并不是哲学论说的唯一标准,西方哲学并不完全具有普适性。无论是在张岱年对中国哲学的创建过程中,还是在他对哲学史研究过程中,都凸显了强烈的哲学问题意识。这些问题意识触及中国哲学的界定、中西哲学的比较与融合、问题意识下的中国哲学史重构、中国哲学概念范畴的规范性、哲学的思维论、哲学方法论、史料学问题以及哲学的综合创新问题等。

一、问题与问题意识

何谓问题？"所谓问题，是指人在实践活动中感到或发现应当解决而暂时没有条件、或因疏忽而未解决的矛盾。问题是知与不知的对立统一，是知识中的不知部分，是关于不知的部分。问题既反映着现有实践和认识的广度和深度，又反映着向未知领域探索前进的广度和深度。"①何谓哲学问题意识？问题意识是指在哲学研究中认识意识到的一些问题，是人们的怀疑、焦虑、探究的心理意识状态。通过不断地提出问题、分析问题、质疑问题和解决问题，问题就会涣然冰释，迎刃而解；同时思索和质疑问题本身是哲学创新的起点。易言之，所谓问题意识，是对事物"内在理性"的一种突破，是指人以质疑索解的态度审视主客观世界所形成的一种思维方式和文化观念。质疑和判断命题的真伪是问题意识思考的重点。

就哲学本身的概念来看，哲学就是爱智慧。爱智或追求智慧应该是人的本性。我们也可以说思考问题是人的自然之性。张岱年指出："常人如发生真切爱智之心，便会对哲学问题发生兴趣。科学家如作进一步的深察而注意根本究竟问题，便会成为哲学家。"②"爱智，换言之，即对事物'深察不已'，察而又察，不以已察者为满足，而更审察之。惟其为深察不已，故或欲深入实际，不以

① 李思民：《问题意识的理论阐释》，《哈尔滨学院学报》2002 年第 1 期。
② 《张岱年全集》第 1 卷，第 173 页。

表面的知识自满;或欲审勘、衡量一切科学之根本假设,厘清一切科学之根本概念与命题。"①张岱年认为,深察不已的长期结果就形成了知识论。对智慧的追求体现了殚精竭思,而沉思和分析的特征就是哲学问题意识的表现,它是一种面向本体的思和面向前提的思,也是一种面向生活世界的思。

在西方,哲学的问题意识可以追溯到古希腊。智者派的问题意识是,带着强烈的怀疑主义和相对主义倾向,他们常以怀疑、批判的态度批判世俗。与其相反,苏格拉底的问题意识是,人们必须清理自己的观念,了解用词的真正意义,准确地为概念下定义。其问题意识的问答法对现代西方哲学仍有不可估量的影响。近代西方的问题意识是通过反思人类理智的认识能力展开的。笛卡儿、洛克和贝克莱的问题意识关注人文精神,坚持独立思考。如果说休谟的问题意识体现在动摇了科学理性的基石,毁坏了宗教信仰的基础,那么康德的问题意识则既要为知识寻找坚实的基础,又要为信仰留有余地。在现代西方哲学中,尼采的问题意识是通过解构传统文化道德观念,破除神话和权威,寻求创造新价值而实现的。从分析哲学开始,西方哲学的问题意识发生了重大转变,从认识论之思转变成对认识工具——语言的思。总体来说,西方哲学的问题意识体现了沉思与分析。哲学的产生于惊奇、好奇和对事物的质疑以及努力寻求问题的答案的过程之中。② 张岱年早在年青时就熟读西方哲学经典,对于西方哲学的问题意识有着清醒地认识,在建构中国哲学的过程中,他始终以西方的问题意识来关照

---

① 《张岱年全集》第 1 卷,第 172 页。
② 参见宋清华、崔希福:《西方哲学的问题意识》,《新疆社会科学》2004 年第 1 期。

中国哲学的问题意识。这一点可以体现在他对中国哲学的界定、中西思维方式的异同、概念范畴的廓清等诸方面。中西哲学问题意识的关照,给了张岱年一面镜子,使他看清了中国哲学本身的问题和优点。

张岱年提出,除了对概念、命题方面进行批评之外,还要对有些问题进行批评、批判。他早在 20 世纪 30 年代就对问题的性质作出了考察。他认为,第一,问问题也是一种活动,也是一种行为。任何活动都有所"表示"。问问题这一行为本身当然也有所表示。第二,每一问题都是根据一个命题的。每一问题都包括了一个断言。例如"人生的目的是什么"? 这便是根据"人生有目的"这一命题所作出的回答。① 张岱年所说的"断言"即是对问题的解答。问题本身可以分为能问的问题和不能问的问题。有些不证自明的问题,如"人能问问题吗"是属于不能问的问题。张岱年主要从逻辑分析的角度说明,对于任何问题都要考察一下命题的根据是什么,同时考察命题的真妄。因此,张岱年认为,在讨论哲学问题时,应当先考察其所根据的假设或观点,也即是命题。"一切学术之系统,皆由命题组成,哲学科学皆然。命题即人对事实之符号表示。"②那么,在张岱年看来,中国哲学传统的自省绝非属于问题意识,道德自省的目的在于达到至善和成人成圣。"中国古代哲学有自己的特殊性,忽视中国哲学的特殊性,硬把西方哲学的模式套在中国哲人的头上,是不对的。但是过分夸大了中国哲学的特殊性,以至抹杀中国哲学与西方哲学的一般性,也是不对的。"③要彰

---

① 参见《张岱年全集》第 1 卷,第 46 页。
② 《张岱年全集》第 3 卷,第 12 页。
③ 《张岱年全集》第 5 卷,第 68 页。

显现代哲学的形态,就必须注重哲学的一般性问题,即对知识的追求和对生活智慧的追求。

问题意识的积极意义在于,从哲学本身的角度出发,解决哲学问题是哲学存在的终极意义所在,也是哲学学科自我完善的过程。从哲学问题的发现和确定角度看,发现哲学问题也就是发现自身的局限,确定和解决问题是一种积极的自我完善的追求。人类只有不断地突破自身的局限,才能不断地发现问题和解决问题。中国哲学作为一门现代形态的学科,必然有许多需要解决的问题。只要从多角度、多侧面去分析问题的起因和源头,抓住问题的症结,采取不同的方法,透过现象看本质,就能够把握中国哲学问题的全貌,看到中西哲学更深层次的问题和关系,问题也就会迎刃而解。当然,看到中国哲学自身的局限不但需要深邃的洞察力,要需要有胆识与勇气,更需要一种智慧和创造精神。

二、问题意识与哲学思维

在建构自己的哲学体系《哲学思维论》过程中,张岱年显示了非常强的哲学问题意识:他不仅就哲学的基本特征、哲学系统与理论探索、哲学系统的不同类型等哲学的功能做了论述,而且就哲学命题、命题类型、意谓之准衡、真妄与正谬等哲学上之意谓方方面面做了详细的分类与剖析。

哲学问题的根本在于问题意识,而问题意识又在于哲学命题。张岱年认为:哲学命题属于哲学思维论的范畴。什么是命题? 命题即人对事实之符号表示。根据他的划分,命题又可分为三大类:(1)事实命题或经验命题,即表示经验事实之命题;(2)名言命题,即关于符号或命题之命题;(3)价值命题,即关于理想或事实与理想之关系之命题。事实命题按照其范围,又可分为统赅命题,即关于宇宙之全部事实,或大部分事实之命题。规律命题,即关于一类事实或一定范围内之许多事实之命题。特殊事实命题,即关于一件事实之命题。经验内容命题,即关于直接经验之命题。其中事实命题又可分为实有命题,即陈说某事某物或事实之存在之命题。摹状命题,即摹写叙述某事物之状态或某事实之情形之命题。名言命题可分为形式逻辑命题(演绎逻辑)与方法论命题(归纳法与其他方法)两种。价值命题可分为基本价值与准衡命题、特殊价值与批评命题和行为准则命题三种。① 张岱年认为,过去有关宇宙哲学之命题多属无意谓,最典型的是柏拉图的独立于理念世界的命题,以及黑格尔的关于绝对理念或绝对精神的命题,由于它们的不可验证性而无意谓。为了使自己的哲学体系更加有体系的形态,张岱年采用了逻辑分析法这把快刀,仔细切分了命题、命题的类别、基本命题、意谓的准衡、真妄与正谬等哲学命题的方方面面,分析洞烛幽微,对概念范畴的命题和事物的异同关系的命题做了全面的探讨。其不足的是,在分析哲学命题的有谓与无谓时,以唯物、唯心的二分法说明唯心论的命题是无意谓的,是错误的。关于这一点,张岱年自己也做了检讨和反思。

其中,张岱年提出的"共同意谓说"是他语言哲学中问题意识的突破。张岱年的共同意谓说,可以看作是为概念的来源与形成说提供一种新的思路和解释。对于金岳霖来说,无论是感觉经验或概念知识,都是针对个人说的。可以说,他考察的是个体的人在认识过程中,如何运用具有普遍性的概念去把握和规范客观实在的问题,而这普遍性的概念之来源与形成,他将其看成是人在认识过程中概念与所与的互动过程。正因为如此,金岳霖关于概念的

---

① 参见《张岱年全集》第 3 卷,第 13—14 页。

摹状与规律作用说,固然具有辩证思维的特征,却同时也给人一种模棱两可的感觉,即没有说清概念从根本上是先验的还是后验的。在这个问题上,张岱年提出了不同于金岳霖的说法。他认为,感觉是个人的,思维活动也是个人的,但是作为思维运用工具的概念,却是社会的。这就是说,一个具体的认识活动尽管通过个人实现,其实具有社会性,因为其使用概念是社会性的。张岱年将这种概念由于具有人类共同经验的基础,称之为"共同意谓"。① 张岱年的共同意谓即强调概念并非个人创造,而是人群共同的产物。人与人在不同环境下、不同时间、不同地点能相互理解且能相喻,就是共同意谓的结果。张岱年把概念范畴当作了社会产品是他的一个创见。

在张岱年看来,哲学问题内容不仅作为特殊内容被置放于特定普遍概念命题之下,说明问题与概念命题之间存在关联,或者说问题内容必然通过概念命题的中介分享着同一种存在。因此,张岱年说:"哲学之命题,即关于基本概念范畴之命题,即关于一切事物之基本异同关系之命题。"②在张岱年看来,中国哲学中的墨学中的名辨之言,公孙龙、荀子的论名之说,只能属于中国哲学中的名学,并不是严格意义上的知识论的范畴。中国哲学中先秦的墨、名、庄、荀以及北宋的张、程有论述知识的言说属于有一定的知识论之实,无知识论之名。就流派而言,不如西方哲学众多,就论证分析而言,不及西方哲学详细。因此,中国哲学要成为现代形态的哲学,就需要在哲学知识论、思维论上加以建构。

---

① 参见胡伟希:《"共同意谓说":张岱年的语言哲学观略论——兼论其对金岳霖语言哲学的超越》,《哲学研究》2003 年第 6 期。

② 《张岱年全集》第 3 卷,第 21 页。

张岱年试图从哲学命题的特征上来论证中国哲学在形式上的合法性。在逻辑实证主义的冲击下,形而上学的哲学命题受到了挑战。为了反击逻辑实证主义对哲学合法性的攻击,张岱年提出了自己的命题意义理论。按照新实证论的说法,哲学处理的是无意义的命题,根本没有存在的必要;按照实用主义的标准,哲学是无用之学,也无存在的必要。按照张岱年的命题意义理论,实用主义的错误在于把"有用"这个名言命题的意义标准引用到事实命题上,而新实证论的错误在于认为一切泛经验命题及价值命题都无意义,也无存在的必要。哲学尚不能存在,遑论中国哲学?张岱年的命题意义理论为中国哲学在内容上的合法性提供了理论支持。张岱年意识到,要肯定中国哲学的合法性,必须在意义理论上跳出逻辑实证主义的窠臼,为中国哲学中众多的统赅命题和价值命题寻求意义支撑。①

从西方哲学的传统上看,演绎、归纳与辩证法是哲学思维不可缺少的手段。鉴于中国哲学有演绎、归纳、辩证诸法之实,而无诸法之名,其主要原因是运用的人多,真正讲明讲透的不多。张岱年所思考的问题是,既要将西方逻辑引入中国哲学,又要继承发挥中国传统哲学中的名辩逻辑思想,从而赋予中国哲学以理性化、概念化和范畴化,又不背离中国哲学本身的特色。在《天人五论》的"哲学思维论"中,张岱年就形式逻辑与方法论、演绎、归纳法、辩证法以及逻辑以外的方法,以及其历史演变、功能、作用等方面做了建构。

中国哲学中的"逻辑"一名来自于英语的音译。孙中山译为

---

① 参见刘静芳:《中国哲学的合法性——从冯友兰到张岱年》,《安徽大学学报》2004年第4期。

理则学,严复译为名学,而张岱年认为孙中山的理则学更达意,目前台湾使用的理则学就是采纳孙中山的译法。① 从传统上看,中国虽然有名辩之争,但真正的西方意义上的逻辑学是不发达的,起码缺少西方逻辑学的外在形式,即命题形式的转换。相对照,西方的逻辑传统始于亚里士多德,而归纳法则肇始于近古。19 世纪以来,数学家注意数学与逻辑的关联和会通,创立了数理逻辑,其中怀特海和罗素就是其集大成者。虽然现代西方逻辑与亚里士多德时代的逻辑不可同日而语,但仍属于演绎范围之内。张岱年综观西方逻辑的历史后,提出了西方逻辑的发展类型:"显然,在张先生看来,西方古代逻辑只有传统逻辑——即演绎逻辑这一型,而到了我们的近代,归纳逻辑、'辩证法',才得以成熟,并且与演绎逻辑一起形成了三支重要的类型。"②传统的演绎逻辑有同一律、矛盾律和排中律三种形式。形式逻辑是以命题形式来研究的,即对于事实的基本结构形式有所断定。

张岱年不只是在建构自己的哲学体系时,注重西方的形式逻辑,更重要的是,他眼里的问题意识,使他不得不将视野投射到中国哲学的重建上来,为了凸显中国哲学内在的义理逻辑,他尝试性地提出了中国哲学的"义理构架"。在《中国哲学大纲》中,他试图建立的中国名辩之学的构架是:(1)名、正名。张岱年追溯到孔子、公孙龙、墨家、荀子关于名的理论;(2)辞,辩。张岱年从厘清墨家的争辩之辩与辩说之辩的区别开始,指出"说"与"辩"之不同。在论及《经上》中的"大故"、"小故"时,张岱年引用冯友兰对

---

① 参见《张岱年全集》第 3 卷,第 22 页。

② 张斌峰:《辩名与析理——张岱年先生的"逻辑"思想论》,《信阳师范学院学报》(哲学社会科学版)2004 年第 4 期。

其的释义："'此所谓小故,今逻辑中称为必要原因;此所谓大故,今逻辑中称为充足及必要原因。'(自'此所谓小故'至此,冯友兰先生说。)"①张岱年还详细探讨了《小取》中关于立辞的七种方法,并用现代西方逻辑来比附会通。它们是:一或。或是今逻辑中所谓或然,亦曰概然。二假。假是假设。现在未然,不过假设如此。三效。效是近乎今所谓演绎的一种方法。效即为之若法,法即标准。效即是大前提为法,效仿前提而拟出结论。四辟。辟是比喻,以他物明此物。五侔。侔是以彼辞证此辞。六援。援即是援例。七推。推是接近今所谓归纳法的一种类推法。② 张岱年指出,辟、侔、援、推都是现代意义上的类推法,即近代逻辑中所谓泛化类推(Generalized Analogy)。类推是归纳的基础,与归纳有密切的联系。不少西方汉学家认为,中国无哲学的依据之一就是,中国哲学缺乏对真假问题的兴趣,以及"反事实条件句"(counter factuals),诸如"如果它不是这样……某事将发生"这样的陈述句并未有效地出现在中国哲学中。③ 张岱年选出的有关名辩学中"假"的推类法的例证,无疑对此类观点是一种有力的反驳。

张岱年的问题意识在于,在诠释中国哲学的名辩之学时,他始终与西方逻辑进行对比。这就在引进西方的逻辑的同时,将中国古代的名辩之学纳入逻辑的范围,这无疑预设了逻辑类型的多元主义,间接地暗示了在中国古代哲学中也有与西方逻辑相类似的学科,显示了张岱年中国哲学的本土意识。"总之,张先生不仅开

---

① 《张岱年全集》第 2 卷,第 598 页。

② 参见《张岱年全集》第 2 卷,第 599—601 页。

③ 参见葛瑞汉:《论道者:中国古代哲学论辩》,中国社会科学出版社 2003 年版,第 453 页。

创性地提炼出——中国古代名辩学的范畴体系（或者说，他是最早构设出中国古代名辩学的'义理架构'的中国哲学家），而且对中国古代人文思维逻辑的主导推理类型——'类比推理'有独到的创造性实践。正是在这一意义上，我们可以说，张岱年先生开了中国古代名辩逻辑研究之先河。"①

从古希腊开始，自亚里士多德创立形式逻辑以来，西方哲学在形式逻辑上比较发达。中国先秦时代的名辩之学也是形式逻辑，但不如希腊形式逻辑精密。希腊除形式逻辑之外还发明了辩证法。"辩证法"一词是依照希腊文翻译的，瞿秋白曾译为"互变法"，张东荪改译为"对演法"，张申府曾改译为"对勘法"，张岱年本人为了兼顾原文的音义，把它译为"对理法"，但由于"辩证法"一词比较流行，也就约定俗成下来。在中国的先秦时代，辩证思维也比较发达，足以与希腊的辩证思维媲美。中国哲学中的辩证法自先秦延绵至今，成为中国哲学的一个显著特点。因此，中国哲学的合法性的建立在于挖掘辩证法的主要原则。何谓辩证法？辩证法的概念所指称的显然是一种学说，即一种关于联系和发展的学问，或者说与形而上学对立的世界观、宇宙观和方法论。黑格尔关于辩证法是普遍联系和发展的思想，已成为辩证法的通常含义。在这个意义上，辩证法经历了三种基本的历史形态：古代朴素辩证法、以黑格尔为核心的唯心辩证法和马克思唯物主义辩证法。②

---

① 张斌峰：《辨名与析理——张岱年先生的"逻辑"思想论》，《信阳师范学院学报》（哲学社会科学版）2004 年第 4 期。这一说法似乎有待商榷。众所周知，胡适的《先秦名学史》是这方面的开山之作。但无论如何，张岱年在义理架构上确实有开创性的贡献。

② 参见《哲学大辞典》马克思主义哲学卷，上海辞书出版社 1990 年版，第 999 页。

在这三种辩证法中,张岱年推崇的是唯物辩证法或科学辩证法。

首先,在不依傍黑格尔辩证法的基础上,张岱年对辩证法的概念做了界定:"辩证法乃是考察事物之全貌以发现事物之变化规律之方法,亦即,考察一历程内诸要素与一切相互关系,以及其对于历程以外之其他要素之一切关系,而寻求历程之内在的变化根源,厘定历程之发展规律,以达到对于历程所含之诸现象之全面的理解。"①张岱年的界定既吸取了黑格尔关于普遍联系和发展的思想,更重要的是又强调考察事物发展变化的规律,尤其是重视"历程的内在变化根源"。这一点无疑受中国哲学中《易传》、《道德经》为主的变动不居、生生不已的变易辩证思想的影响。通过进一步用逻辑分析法,张岱年把辩证法的基本概念解析为十二种类型:(1)变化。辩证法为关于变化之逻辑,变实为辩证法之基本概念。(2)历程。变化之相续谓之历程。历程有三:一泛历程;二系统历程;三个体历程。(3)否定。否定为逻辑之一重要观念,形式逻辑亦以否定为基本概念之一。(4)对立,亦曰对待。对待为辩证法之中心观念。对待有二:一是相反;二是矛盾。(5)冲突。两相对待之物之相向运动,或两相对待之性质之相互排斥的关系,谓之冲突。(6)统一,亦曰合一。凡两相对待之性与物,从一个方面看,相互为对待,从另一方面看,有密切的关系。(7)同一。两相对待者,于统一之关系外,更有同一之关系。(8)和谐。对待不唯相冲突,更常有与冲突相对待之现象,是谓和谐。(9)联系。相区别者常相分离,虽然相分离亦可相互影响,是谓联系。(10)内在矛盾。相矛盾的两项,此包含在彼之中;或共同包含于更大的统一体之中,是谓矛盾。(11)否定之否定。自形式逻辑的观点而言,

---

① 《张岱年全集》第3卷,第28页。

立定与否定为对待,而否定之否定即是原来之立定。(12)扬弃。变化多系由立定而否定而否定之否定,然否定之否定对于立定与否定之关系,实非仅消灭而已,乃更容纳之。① 从张岱年给辩证法基本概念的界定看,这些所界定的内涵是中西哲学辩证法结合的产物,而其主要思想如关于变化、历程、和谐、矛盾的思想都来自中国传统哲学这片肥沃的土壤,其否定之否定、扬弃等概念又来自黑格尔。从哲学的合法性来看,现代中国哲学无疑是中西融会的产物,特别是就其概念范畴和命题形式上看,张岱年为了综合创新,吸收了先秦的"实践辩证法"思想和西方的理性辩证思想。从先秦的辩证法的理论功能上看,它主要是一种探求如何避免矛盾、转化矛盾的经世致用的"智慧术"。从辩证法的形态上看,它不是表现为注重概念辨析和逻辑演绎的纯理论形态,而主要表现在具体实用的生活艺术。与西方辩证法不同的突出特点是,中国哲学的辩证法求同尚中,不仅追求矛盾的平衡与和谐,而且更重要的是承认矛盾和运动的存在。老子的求同尚中即是最典型的形态。而《易传》的辩证思想是一方面提倡对立、斗争的刚健有为、积极进取的辩证思维,另一方面又注重刚柔阴阳互补关系。由于中西哲学都有辩证法的悠久传统,张岱年充分融合了二者的长处和短处,来建立新的中国哲学的辩证法。例如,先秦辩证法在具体表述形式中,最常见的是借助于"涤除玄览"的直觉体验和"豁然贯通"的神秘顿悟,辩证法范畴往往是模糊多义的,缺少对概念的辨析和语言的陈述。一方面它体现了中国哲学辩证法的包容性和灵活性,另一方面使许多辩证法命题充满多义性、模糊性和直观性。为了克服这些逻辑规范和层次推理程序的缺陷,张岱年借鉴了西方形

---

① 参见《张岱年全集》第 3 卷,第 32—36 页。

式逻辑的优点加以整合。他的探讨不仅涉及本体论含义的辩证法,即辩证法是客观世界存在、发展、变化的辩证性质和普遍规律,还把辩证法作为认识论,即辩证法是人类思维、认识、概念的辩证法性质和发展规律。并且,根据主观与客观相统一的原理,论证了辩证法的本体论含义与认识论含义是相统一的。张岱年进一步指出,中国哲学的辩证法是中国形象思维和抽象思维结合开出的绚丽之花。中国哲学富于辩证思维,因而中国哲学的一些基本范畴具有深奥的含义,表现为多方面的规定的综合,或两个对立的规定的综合。例如"气"既有客观存在的意义,又有能动的本性。中国哲学中的辩证思维与实证科学都同等重要,相辅相成的。"辩证思维虽然不是中国所独有的,但仍然是中国传统文化的一个特点。不能因为辩证思维不是中国所独有的就贬抑辩证思维在中国哲学和中国文化中的作用;也不能把中国没有产生自己的近代科学的原因归咎于辩证思维。"①张岱年指出,中国15—16世纪之所以没有产生自己的近代科学,有着复杂的原因。我们不能简单地将其归结为中国辩证法中整体思维的思维方式,而强调西方以形式逻辑的抽象辩证思维,应该说分解的研究方法和整体思维各有其所长。这是一种冷静、客观的分析。

就辩证法概念的辨析和界定上,张岱年可以说是竭尽全力,使尽解数,不仅条理清楚细致,而且将中西实践辩证法和西方演绎辩证法概念之诸种含义,搜罗殆尽。在张岱年看来,西方形式逻辑的定位是一种静态的结构,主要研究存在的形式,而中国哲学辩证法可谓研究变化之规律。中国传统的辩证法与西方的演绎法从表面上看是冰炭水火不容,互相排斥,事实上却相反相成,殊途同归。

① 《张岱年全集》第6卷,第53页。

辩证法必须运用演绎与归纳,归纳须用演绎,如无演绎便无归纳。演绎先于归纳,而归纳又先于辩证,演绎是基础。张岱年以兼收并蓄的方法去融会中西辩证法,为中国哲学的合法性找到了不容被驳倒的依据。

不仅如此,张岱年还对辩证法的基本原则、辩证法的基本要求、辩证法的原则推衍、辩证法原则的性质、辩证法之运用、历程诸要素的关系类型、辩证法与演绎归纳的关系做了十分完备、十分周全详悉的论述。其分析之透辟、析理之严谨、条理之清晰在中国哲学史上不能说是后无来者,至少是前无古人。在辩证法的理论建构和理论推衍上,就20世纪的中国哲学家而言,张岱年居功甚伟,独领风骚。张岱年的问题意识还体现在撰写《中国哲学大纲》时的独特思路。

《中国哲学大纲》是中国哲学史上第一部以问题为纲的哲学书,其主要内容是将中国哲学中所讨论的主要哲学问题选出来,考察其源流和问题的焦点,辨析条理系统的一部史论结合的中国哲学问题史。在《序论》中,张岱年花了大量篇幅来讨论建立中国哲学所面临的合法性问题。通过区别哲学与中国哲学的异同,张岱年说:"如此区别哲学与非哲学,实在是以西洋哲学为标准,在现代知识情形下,这是不得不然的。"①"不得不然"的心迹暴露出张岱年的苦衷与尴尬。其中主要的问题除了中西哲学在界定上的不同、基本倾向的不同之外,更主要的是中国哲学缺乏西方哲学知识上的条理系统。因此,建构知识论成了张岱年的"不可完成的任务"。除了注意对知识论本身内容的诠释,张岱年也注意对中国哲学史上知识论的钩沉。作为这一问题思考的结果,《中国哲学

---

① 《张岱年全集》第2卷,第1—2页。

大纲》必须由《致知论》组成。其中他较为具体地涉及知识的性质与来源、知识的可能与限度以及真知问题。在知识的性质和起源上,张岱年提出了三种界说:第一,主外说,承认外界独立,以知识起源与感官由外界得来的印象。荀子、王充、颜习斋、戴东源是其代表。第二,兼重内外说,承认外界的独立。墨子、张子、程朱和王夫之是其不同的四派代表。第三,主内说,认为认识出于内,不源于外。陆王是其代表。

尽管在《中国哲学大纲》一书中比比皆是精心摘引出来的古代哲学家的原文,其目的在于"拿出证据来",然而仔细考察字里行间,我们可以发现张岱年自己的论述、阐释、见解与观点。更值得注意的是,他所具有的问题意识与运用的研究方法。当时的中国哲学的研究还刚刚脱胎于考证的阶段,即"学说的考订"。如何摆脱传统经学的桎梏? 如果我们把20世纪20年代以后的哲学研究视为"哲学研究",而不是传统的"经学研究"的话,那么,张岱年的《中国哲学大纲》同胡适、冯友兰的哲学史著作一样,是中国哲学从"经学研究"走向"哲学研究"的典范之一,是经学走向哲学的里程碑。或者说,他已经摆脱了"汉学"与"宋学"之争,既否定章炳麟的"古文经"之存在的合法性,又质疑了康有为的"今文经"之存在的合法性,他认识到,经学理论必须重构,中国古代经学与哲学结合浑然一体的方式,不仅束缚了思想的自由发展,而且"我注六经"的方式使解经之语半属臆说,虽然有大量的创新观点,实际上仍然难以摆脱经典的羁绊。通过打破解经的哲学形式,张岱年推动中国哲学走向了一种现代形态的哲学研究。

那么,透过中国哲学的问题意识的弥漫风雾,更新重构中国哲学的目的是什么呢?

张岱年认为,中国哲学必须对文化的发展和生活本身发生一种作用,即把价值理想灌注于现实,也把现实的问题和要求投射在理想世界之中。这是现代中国哲学必须思考的首要问题。在他看来,中国哲学的整体功用不再是书斋式的清谈,解经疏注,而是为民族振兴提供行动的指南。从宏观上讲,哲学关切到民族的振兴,国家的兴亡,是民族精神的具体体现。"中国现在所需要的哲学,乃是一种有力量的哲学,能给中华民族以勇气的哲学。须能从绝望中看出生路,从危险中看出光明,从死中看出生,从否定中看出更进的肯定。须能鼓舞人的勇气,培养人的斗争意志,激励人的坚忍精神。惟其如次,才能把中国从危亡中拯救出,才能有助于民族的再兴。"①张岱年苦苦思索的中国哲学不仅仅是坐而论道的空谈,而是为中华民族的复兴,为哲学的再生寻找一条出路。为了打造新的哲学形态,张岱年提出了综合中西之长的"综合创新说"。在张岱年的构思中,这种新哲学必须在方法上加以创新,只有运用新工具、新方法才能发前人之所未发。为了求真的严谨,张岱年提出的"唯物、理想、分析"三结合的模式。他始终把建构新哲学与民族的兴亡紧紧联系在一起。"中国能不能建立起新的伟大的哲学,是中国民族能不能再兴之确切的标示。而如想创造新的哲学,必须先认清现在中国所需要。"②在张岱年眼里,中国哲学的自治、自主和自觉与民族的生死存亡息息相关。在张岱年的哲学构建中已注意到,中国哲学在一段时间内过分沉溺于静,而主动不足,以至于有人说中国文化是主静的文化。他一直思考的哲学问题是,如何恢复宏毅刚健的中国传统哲学,这就是为什么张岱年对于刚健的《易传》、重动的张载、重刚动的王船山与重现实、动、功利的

---

① 《张岱年全集》第1卷,第239页。
② 《张岱年全集》第1卷,第242页。

颜元、李塨格外推崇的原因。他所思考的问题是,在 20 世纪初如果没有一种刚健、勇猛精进的哲学,就无法激活中国思想。"在此时是需要一个伟大有力的哲学作一切行动事业之最高指针的。"①"中国若不能创造出一种新哲学,则民族再兴只是空谈。哲学上若不能独立,别的独立更谈不到。"②张岱年深深意识到,中国哲学的自律和自治不仅关系到中国是否有哲学的问题,更关系到民族兴衰存亡的问题,中国哲学绝不应该是跟在西方后面照猫画虎、照葫芦画样的附庸。作为民族精神的体现,中国哲学必须具有自己的合法地位,唯其如此,中华民族的振兴才有希望。易言之,有什么样的哲学就有什么样的民族精神。

最后,从"唯物、理想、解析"三合一的哲学模式中,我们也看到了张岱年的哲学问题意识。张岱年为什么把唯物放在首位呢?在他看来,唯物主义能发挥人的主观能动性,改造现实、认识世界,把人从空虚的幻想中解放出来;道德理想是中国哲学中人生论的精髓,中国哲学中三分之二的内容是关于人生论,批判地继承其合理内核是我们的神圣使命;分析是西方现代哲学中的最大贡献,况且又是哲学命题和思考问题本身要求精确的手段,中国哲学要想走向现代哲学形态,就必须借用西方哲学中的这把利器。这些方面的问题,是张岱年在建构哲学体系时必须纳入其问题框架的。张岱年的综合创新的问题意识,超越了以西释中或以中释西的对立模式。就其在方法上而言,它倚重的是条分缕析的细腻的分析法;就其在内容上而言,完全是以中释中。

通过张岱年的阐发推衍,关于中国哲学史的思维特长和知识

① 《张岱年全集》第 1 卷,第 237 页。
② 《张岱年全集》第 1 卷,第 299 页。

论逐渐显现出一条清晰的轮廓。通过将哲学命题的意谓、西方的形式逻辑、辩证法援引和衔接到当代中国哲学的建构中,张岱年的哲学体系具有鲜明的时代特色,也即是具有现代意义上的哲学形态。张岱年在 20 世纪初期具有的哲学问题意识,使他能对中国哲学的危机以及合法性问题,有着比其他人更清醒、更理性的认识。这是张岱年反思中国传统哲学的结果,也是他建构现代意义上的中国哲学所付出的、开启山林的艰辛努力。

三、问题意识与认识途径

就具体的哲学本体论建构而言,按照中国哲学的本来面目研究中国哲学,厘清中国哲学固有的概念范畴体系,彰显中国哲学的知识论形态,确立中国哲学的合法性,是张岱年一直思考的主要问题。

虽然中国哲学最注重人生,认识论的问题非中国哲学之长,但在论及天人关系、伦理价值、道德涵养时,必然实际到"闻道之方"、"致知之方"。中国哲学中关于"方法"一词的最早出处应该是来自墨子。他说:"中吾矩者,谓之方,不中吾矩者谓之不方。是以方与不方,皆可得而知之。此其何故? 则方法明也。"(《墨子·天志》)这就是有名的"方法"与"圆规",前者为度方形之法,后者为度圆形之法。后来"方法"演变成做各类事情的方法与手段,或者是认识和改造世界的目的方向、思路、途径、策略等选择系统。它通常涉及"做什么"和"怎么做"的问题,而后者是为前者的目的服务的。张岱年认为:"既论及致知之方,便亦必因而论及知之所缘起,知之可能与否,以及真知标准等问题。所以中国哲人,也多论及知识与方法,不过非其所重而已。"[1]那种认为中国哲学

---

① 《张岱年全集》第 2 卷,第 521 页。

完全没有认识论与方法论的观点,其实是错误的。他注意到,中国哲学中致知之方与德行涵养相依不离是中国哲学的特点。知识论是在伦理学的范围内发生的,即这里所讲的知识的获得、知识的发展并不像西方哲学那样是在对自然的认识中形成的,而是以道德修养为基础。如张载把"德性"作为知识的主要来源。在朱熹那里,"格物穷理"也是一种道德践履,而"格物致知"是这种道德认识论的最简洁的表达。在当下,不少人拿西方认识论的范畴、问题框架来套中国的道德认识论,是很肤浅的做法。"哲学作为对世界终极把握的学问,在西方,最初是以宇宙本体论模式占主导地位,近代以后主客相分,认识和主体凸现。作为对世界终极问题的把握与理解,在中国思想上同样存在,哲学这种人类的精神追求的最高学问在中国同样存在。"①17 世纪以来,西方学者把整个中国学术称之为"汉学",主要局限于对中国学术在语言文字上的翻译和介绍,中国哲学也从属于"汉学"之下。有些西方人认为中国哲学的思辨只停留在人类精神最原始、最不发达的阶段,因而对中国的道术学、义理学持贬低的态度。中国哲学同"汉学"一道被少数西方人称为"描画有象形文字的木乃伊",其鄙视心理昭然若揭。自法国汉学家马勒伯朗士(Nicolas Malebranche,1638—1715)提出"中国没有哲学"以来,西方学术界许多人都在喋喋不休地重复他的老调,认为中国哲学不具备哲学的特征,其主要借口是中国没有方法论、认识论,没有思辨性。黑格尔更为刻薄地说:"我们看到孔子和他的弟子们的谈话(即《论语》——译者)里所讲的是一种常识道德,这种常识道德我们在哪里都找得到,在哪一个民族里都

---

① 楼宇烈、张西平主编:《中外哲学交流史》,湖南教育出版社 1998 年版,第295 页。

找得到,可能还要好些,这是毫无出色之点的东西。孔子只是一个实际的世间智者,在他那里思辨哲学是一点也没有的……"①黑格尔的偏见之一在于,他曲解了中西哲学知性和思辨概念之间的关系问题。但从形式上说,文德尔班为哲学史方法提出的两项标准,即以"语文—历史的科学"作为处理文本的基础手段和以"批判—哲学的科学"对文本进行有效的哲学解释,可以说是两种不同的哲学方法论路数。② 用中国哲学的话语来表达,前者可谓训诂性质的文本阐释,后者可谓义理性质的反思性质。在我看来,中国哲学总的路数是一种语文—历史的路数,强调对经典的疏释,而轻视黑格尔所谓的思辨性。

当然,首先我们得承认哲学是离不开思辨的,哲学的概念、命题应该进行清晰的辨析,哲学命题必须经过严格的推论。张岱年所提倡的解析法就是想吸收西方哲学的这一优点。然而,哲学思辨和知性方式的进路并不止一种,就康德与黑格尔而言,现象学与分析哲学的进路也大相径庭。其次是人与整个精神世界相联系的思与辨。金岳霖曾区分了元学立场和知识立场。在他看来,元学立场应该以整个人作为主体。借用他的表述,哲学思辨也可以理解为以整个的人作为主体而展开的哲学思考。具体而言,它并非仅仅限于逻辑的、理性的规定,而且也着眼于情意、体验、直觉、领悟等方面。质言之,以人的具体性为出发点。哲学思辨的另一个含义是辩证思维。与知性相联系的另一个方面是逻辑分析。对世界的把握既要以人的整个存在、以人的整个精神世界为出发点,同

---

① 黑格尔著,贺麟、王太庆译:《哲学史讲演录》第 4 册,商务印书馆 1981 年版,第 97—98 页。

② 参见文德尔班:《哲学史教程》,商务印书馆 1987 年版,第 25 页。

时也需要一种辩证的观点,以扬弃分离的、抽象的立场,达到具体的统一的世界。①

　　张岱年认为,中国哲学并不缺乏思辨传统,如辩证法就有丰富的思辨内容。因此,对于思辨本身的含义需要进一步廓清。英文speculation(德语spekulation),在20世纪20年代译为"玄学",至30年代,有些学者认为"玄想"有贬义,于是改译为"思辨"。这样的改译其意虽佳,但实际上并不适当。其理由之一是分析哲学也有思辨的因素;其二是英文、德文的原文都有"投机"、"臆测"的意义。恩格斯在《路德维希·费尔巴哈和德国古典哲学的终结》一文的末节曾用这个字作为双关语,中文思辨不能体现。实际上,"思辨"二字出自"博学之、审问之、慎思之、明辨之、笃行之"(《中庸》)这句话。张岱年认为,旧译"玄想"虽然不能符合信达雅的标准,但较"思辨"稍胜。张岱年说明speculation译文的目的在于指出:"思是思维,辨是辨析,亦即分析。任何哲学思维都离不开思辨,怎么说只有speculative philosophy才是思辨的呢?"②张岱年关于思辨含义的辨析,强调哲学具有玄想和思辨的二重性,有力地回击了以黑格尔为首的西方中心主义者的傲慢,反击了甚嚣尘上的中国无哲学的偏见。

　　黑格尔的宥见在于把西方哲学范型看作是唯一的哲学领地,而不能将视野扩展到其他具有丰富内涵的哲学系统,从而忽略了多元哲学智慧,贬低中国哲学的原创意义的思维成果。此外,黑格尔将道德价值排除在哲学范围之外,也是很成问题的。事实上,求善与求知并非截然分离。哲学既是对智慧的追求,同时也给人提

①　参见杨国荣:《中国哲学:对话与建构》,《河北学刊》2004年第1期。
②　《张岱年全集》第6卷,第274—275页。

供一种安身立命的终极关怀。张岱年指出西方哲学并非哲学唯一的范型的问题,显然是一种开放的、不拘泥于一种地域性的视野。中国哲学特殊的认识论形态,并不影响其成为世界哲学家族的合法成员。

但是,中国哲学也不能完全置世界哲学发展潮流于一旁。首先,中国哲学的现代化必须找出它的普遍理性形式,作为与其他思想沟通的媒介。的确,与希腊哲学相比,中国哲学的理性证明要弱得多。其次,中国哲学的理性隐没在其特殊的思维方式和求知方法之中。"在一般读者用以了解中国'哲学'观念的名著如《论语》、《道德经》和《周易》中,理性思辨或证明根本付诸阙如。近几十年来在中国概念的分析、专门术语的确认,论证中逻辑缺环背后的预设(presupposition)的揭示、有关辩证法的残卷的校勘考订、尤其是汉语语法的研究工作,已经揭示出大多数中国古代思想家,比他们过去常常看起来的样子要有多得多的理性。除了热衷于逻辑谜题(logical puzzles)的诡辩论者外,确实还存在一个学派,即后期墨家,完全充分分享了使全部知识纳入理性范围的希腊理想。"①除了人们认为的实践理性的特点外,中国哲学还用格言、体证、寓言和诗歌用以指导生活。葛瑞汉认为,中国哲学思想主要受到其语言结构的制约。古汉语以单音节为主的语言,每个音节都有自己的表意符号,根据词序和语法下小品词的位置与功能来组织,这种特点使中国哲学呈现与西方分析思维不同的关联思维和关联宇宙建构。

怎样确定与中国哲学关联思维和关联宇宙建构相适应的问题

① 葛瑞汉、张海晏译:《论道者:中国古代哲学论辩》,中国社会科学出版社2003年版,第9页。

意识、观念框架、话语系统,并在此基础上建立一套中国哲学的诠释方法?

张岱年认为,哲学是世界观和方法论的统一体,有什么样的世界观就有什么样的方法论。正确的世界观即是符合实际的世界观,正确的方法论即是导致正确的认识方法。方法论是世界观的基础。研究中国哲学史的正确途径,就是根据辩证唯物主义和历史唯物主义的基本原理来分析、研究中国哲学史上每个哲学家的哲学思想,阐明哲学发展过程的客观规律。他反对胡适提出的,历史是一个很服从的女孩,百依百顺的由人们替她涂抹打扮。研究哲学史应该博古通今,既要熟悉传统的哲学思想,也要对当前的问题意识和前沿问题有所了解。"夫知古不知今,谓之陆沉;知今不知古,谓之盲瞽"(《论衡·谢短篇》)。就是指既反对脱离现实,也反对"盲瞽"。司马迁所说的:"明天人之际,通古今之变。"(《报任少卿书》)就是中国哲学家所肩负的使命。在张岱年看来,虽然哲学史的研究不能代替哲学问题的研究,但哲学与哲学史有其不可分的联系,哲学史的研究方法就是探求古今往来的哲学家的本意要旨的方法。

张岱年建构哲学史的问题意识使他觉察到,必须促进中国哲学史的科学化,而科学化的关键在于科学方法的运用,以及对每个哲学家作出全面、辩证的、精密的分析。哲学史的研究既要做到观点和资料的统一,实事求是,又必须体现历史方法与逻辑方法的统一,从而更好地发现哲学思想发展的规律性和概念范畴的演变。在涉及哲学史研究的任务时,众所周知,西方哲学史包括三个部分:逻辑(包括认识论)、形而上学(关于宇宙的整体探究和非辩证的思维方式)和伦理学(关于道德问题的研究)。中国哲学史的研究范围如何? 张岱年认为,至少也应该包括三部分:1. 自然观,亦可称为天道观;2. 认识论,亦可称为方法论;3. 伦理学,亦可称为道德论。他提出,为了发现哲学问题,有必要加强理论思维能力。哲学史是理论思维发展的历史,而发现客观规律、客观思维联系的思维就是理论思维。分析与综合是理论思维的具体运用。发现和解决哲学问题离不开理论思维。

中国哲学的合法性在很大程度上依赖于中国哲学史学科的规范。胡适、冯友兰试图规范中国哲学史研究的做法是,撰写中国哲学史,而不是义理学史,对于中国哲学的发展演变过程用西方哲学的模式进行整理和改写。自然不同的改写方法,形成了各具特色的中国哲学史。

中国哲学史研究中的理论分析方法向来为胡适、冯友兰、张岱年等人所倚重。哲学的变革首先在于方法的变革,中国近现代哲学史上方法论的变革就引来了中国哲学的一场革命。不过在他们的问题意识里,都赞同这样一个想法,中国哲学在现代和将来都必须进行创造性的转换,或者说走张岱年的提倡的“综合创新”的路子。中国哲学现代化的道路是条条道路通罗马,但所不同的是从不同的角度、不同的方面、采用不同的方法对中国传统哲学进行改造,使中国哲学具有现代形态,更好地走向世界,与世界对话。对于冯友兰先生来说,他用心良苦地用正的方法,即用现代哲学的科学性和理性精神去改造中国哲学逻辑不清、用价值代替事实的思维模式。但是,用正的方法造成的弊病是,他所作的理、气、道体、大全的纯形式的推理好像是把具有活的精神生命和丰富内容的中国哲学变成了一种文字和概念游戏。这种方法似乎过于冷峻、呆板,从而把中国哲学丰富的内容抽空了。冯友兰之所以要用负的方法来收场,是因为他感到最有生命力的不是他的正的方法(分析方法),而是负的方法(直觉法）。①

对于张岱年来说,他必须吸取冯友兰在哲学方法论上的教训。
首先,同冯友兰一样,他也必须摆脱传统哲学注经或解经的方法,
但又不能完全抛弃传统哲学的概念范畴,同时也要摆脱中国传统
哲学的话语系统和言说方式,又不依傍西方哲学的概念范畴和理
论框架。从对中国哲学的概念范畴的研究来看,张岱年较好地完
成了这一任务。更重要的是,在方法论上,张岱年既要用分析方法
的理性思辨去整理传统中国哲学,又不能阉割传统哲学的骨髓、风
貌和活的精神。从他所撰写的《中国哲学大纲》来看,张岱年以问
题意识为主线进行中国哲学史的研究,凸显了中国哲学的焦点问
题和哲学命题,使他在方法上、范畴分类上更游刃有余。在《中国
古典哲学概念范畴要论》中,通过运用逻辑分析法,张岱年对中国
哲学的概念、命题作出了清晰地、有层次的辨名析理的界定,矫正
了以往同一概念范畴因人因时理解不一、歧义迭出的弱点。可见,
他在方法论的运用上显然是成功的。

哲学是理论思维的学科,理论分析方法是建构中国哲学史不
可缺少的方法。张岱年认为,哲学命题的理论意义可分为两层含
义:一层是一般的理论意义;一层是特殊的理论意义。一般意义也
可称为抽象意义,特殊意义也可称为具体意义。"哲学命题的一
般意义即对于客观实际中普遍联系或普遍规律的一般理解。哲学
命题的特殊意义即对于客观实际中普遍联系或普遍规律的具有时
代局限的理解。"②如古代哲人提出哲学命题时,往往把特殊事例

---

① 参见王中江、高秀昌主编:《冯友兰学记》,生活·读书·新知三联书店
1995 年版,第 242—243 页。

② 《张岱年全集》第 5 卷,第 271 页。

看成普遍性的，经过历史演变才发现其特殊性。此外，在理论分析中还应该注意中国哲学命题的两层意义，如变与常、形与神、道与器、理与事的关系命题，其一般意义表示一种普遍联系，其特殊意义表示在一定范围内的表现形式或特殊例证。质言之，一般与特殊的关系也就是抽象与具体的关系。还有一个值得注意的问题是，有些哲学命题不仅有两层意义甚至还有多层意义，如程朱学派的"性即理"既可指一物之性、一物之理，也可指人的本性即人生应该遵循的理，还可以指人性的内容——仁义礼智是万事万物的最高原理。在不同的语境下，它们所指也不同。有些哲学命题的一般意义古今一贯，先后同撰，有些则随着时代而发生变化，不能不辨。因此，对于哲学命题要进行理论分析，倘若浅尝辄止，穿凿附会，是难以发现哲学命题的真实意蕴的。因此，理解中国哲学学说真谛的方法在于"好学深思，心知其意"（《史记·五帝本纪》）。

张岱年对于哲学思想的抽象意义和特殊意义的思考具有非常明显的问题意识。20世纪50年代出现了否定传统的思潮，张岱年对于哲学遗产的批判继承问题进行了比较深入的思考。继承什么？怎样继承？继承的标准是什么？中国哲学中的古今思想既有连续性，又有差异性，既有时代性，又有规律性。哲学研究既要注意到时代内容会随着时代的演变而逐渐变化，又要注意其反映的普遍规律。对此，冯友兰提出了"抽象继承法"。虽然冯友兰的"抽象继承法"与其创立的新理学体系有着内在的联系，即共相和殊相、一般和个别的关系是其探讨的根本问题。同张岱年一样，冯友兰认为哲学命题有抽象意义与具体意义，抽象意义也就是一般意义、普遍意义，具体意义也就是特殊意义。他们的视角在于，从多角度对中国哲学思想做更全面的了解，辨析优秀文化遗产加以肯定和继承。不同的是，冯友兰认为，具体的意义是不能继承的，一般的规律和道理才是可以继承的。如果在具体意义上继承只能是复古倒退,因此冯友兰的抽象继承对传统理论是一种扬弃,揭示了新旧理论交替中继承的方法问题。例如西方哲学的命题是对于西方文化传统而讲的,并非放之四海而皆准,其普遍原则就需要从实际中抽出来加以研究。具体到抽象、抽象到具体是一个辩证思维的升华过程,二者是不可分割的。无论是冯友兰还是张岱年提出的抽象继承和具体继承,其目的在于对传统哲学命题进行了解、分析、鉴别、剖析、批判的继承,在于弘扬传统哲学。在冯友兰和张岱年看来,重建中国哲学,既不能斩断源头,否定传统,也不能抱残守缺,更不能搞全盘西化的民族虚无主义。1979 年,张岱年在《哲学研究》上发表了《论哲学思想的批判继承》,对于冯友兰在 1957年发表的《中国哲学遗产底继承问题》和《再论中国哲学遗产底继承问题》两篇文章中提出的"抽象继承法"提出了批评。张岱年认为,错误不在抽象意义和具体意义本身,而在于没有把区分精华和糟粕看作是批判继承的主要方法。他认为哲学命题的抽象意义固然可以继承,其具体意义有时也未尝不可继承。对于"抽象继承法"的围攻,张岱年认为是不正确的。① 事实上,张岱年的精华与糟粕之分,与毛泽东在《新民主主义论》中所说的"剔除其封建糟粕,吸收其民主性的精华"的思想相吻合,旨在强调科学性、民主性与革命性,不免染上了特殊时期浓重的意识形态的色彩。肯定冯友兰的抽象继承法是一种实事求是的态度,然而张岱年在批评冯友兰的错误时,又没有意识到自己的局限性。

虽然张岱年对黑格尔的概念范畴体系包含在绝对理念之中的唯心论观点不能认同,但是他却服膺黑格尔的"历史的与逻辑的

---

① 参见《张岱年全集》第 8 卷,第 614 页。

统一"的方法论观点,即黑格尔认为全部的哲学史是一个有次序的进程,哲学是必然的,每一原则在一定时间内都是主导原则,哲学史的内容是理性的科学成果。黑格尔给张岱年的启迪是,研究中国哲学史就必须注意中国哲学发展史与概念、范畴的发生、发展、演变上的一致性。张岱年将此原则应用到考察中国哲学固有的概念范畴中,取得了瞩目的成就。张岱年注意到,同一概念范畴在不同的时代、不同的哲学家,赋予不同的含义,并且概念范畴的衍变经常是由简单到繁复、由含混到清晰。例如,道、气、神、诚、理、性、心都有其历史的转化过程,在阐释概念范畴的演变过程中,既注意其历时性的同时,也要充分照顾到其逻辑性。

"历史与逻辑的统一"方法扩大了张岱年思考中国哲学的视阈。它的另一个意义是,在中国哲学史上,哲学最高问题在不同的时代采取不同的形式,有不同的内容:先秦哲学的最高问题是天道问题,汉代哲学的基本问题是"天人之际"的问题,晋代哲学的基本问题是"有无",南北朝时代是形神问题,唐代又回到了天人问题,北宋返回到有无问题。

对于所探讨的哲学问题或概念范畴,张岱年提出了对哲学遗产的批判继承。这是一种以科学客观的态度对待哲学遗产。中国哲学的智慧如山似海,像一团真火,也就是庄子所说的"火传也,不知其尽"(《庄子·养生主》)。要使这团真火熊熊燃烧下去,必须以他们的生命作为燃料传下去。同时,真理与谬误,陈腐与智慧,必须经过洗汰陶冶才能分开。经过两千多年的发展,中国哲学经历了兴盛衰微,经过历史的磨难和阵痛,正在走向新的世纪。在转型期的中国哲学面临着两大难题:一是对传统思想的肯定与继承;二是为中国哲学的合法性而完善某种形式系统。在张岱年看来,值得继承的有中国古代的唯物论和无神论传统、中国古代的辩

证思维传统、中国古代的道德修养方法和认识方法、中国古代对专
制主义进行批判的传统等,都是中国哲学的宝贵资源和精神遗产。
很显然,由于时代的局限,张岱年对中国传统哲学中的心性修养以
及直觉思维,是有所忽略的。关于给中国哲学穿上某种形式的合
法性外衣的观点,在当下面临中国哲学的危机时刻,显得弥足珍
贵。张岱年说:"中国哲学书,向来没有形式上的条理系统,朱子
作《近思录》,目的在分类辑录北宋诸子的哲学思想,似乎应该作
一个条理分明系统严整的董里了,但结果却分成了十四部分,各部
分相互出入的情形颇甚。中国哲学既本无形式上的条理系统,我
们是不是应该以条理系统来表述之呢? 有许多人反对给中国哲学
加上系统的形式,认为有伤于中国哲学之本来面目,或者以为至多
应以天、道、理气、性、命、仁、义等题目顺次论述之,而不必组为系
统。其实,在现在讲中国哲学,最要紧的工作却正在表现出其系
统。给中国哲学穿上系统的外衣,实际并无伤于其内容,至多不过
如史太公作《史记》'分散数家之事',然也无碍于其为信史。我们
对中国哲学加以分析,实乃是'因其固然',依其原来隐含的分理,
而加以分析,并非强加割裂。"①在张岱年看来,中国哲学的合法性
要依赖于这样一件外衣,也就是西方哲学的形式系统,就像一个人
穿上各种衣衫并不影响他的内在品质一样,张岱年认为,给中国哲
学穿上系统的外衣对其内容无伤大雅。尽管中国人西装革履,还
是难以改变中国人固有的天下家国情怀、中国人的一本性。况且,
如果仔细探求,中国哲学本来也有其内在的脉络条理,依其隐含的
脉络进行分析,无碍于其信。事实上,现代中国哲学的产生,正是
引入西方哲学的概念范畴来诠释中国哲学,赋予形式松散的中国

---

① 《张岱年全集》第2卷,第4页。

哲学以严谨的系统。在这一点上,张岱年是看得非常清楚的,且其问题意识也是犀利的。他在继承的过程中既认清了中国哲学自身的优点,也不讳言自身的缺陷。只有对中国哲学进行透辟的彻悟,才能有这样一剑封喉的问题意识和深刻的检讨。

中国哲学的问题意识还应该包括与中国哲学的思维方式直接相关联、怎样确定中国哲学史的研究对象、圈定中国哲学史的研究范围,并依据此对应相关史料作出取舍的基本原则。中国古代哲学典籍浩如烟海。古经及诸子的书固然是哲学史料,而注经、史论、文集之中也有许多与哲学史有关的资料。毋庸讳言,冯友兰所著的《中国哲学史史料学初稿》是关于中国哲学史史料学的开创性的著作,而张岱年所撰写的《中国哲学史史料学》则考察、钩沉、调查和发掘了从先秦到近代的大量有价值的真实史料,体现了其方法论上的独特问题意识。张岱年认为,就史料学研究来说,只有勘察其来源,鉴甄其真伪,将实物史料与文字史料结合在一起考订,确定其年代和价值,才能正确地评价和研究某一哲学家的思想。中国哲学史的研究如果没有史料作支撑,就成为"游谈无根"的臆说,因此,史料的整理是中国哲学史研究的一个有机组成部分,是基础性的研究工作。

为此,张岱年提出了哲学史料整理的五种方法:史料的调查与鉴别、校勘、训诂、史事的考订、史料的诠次。史料的调查与鉴别的方法首先是泛观博览,其次是深入考察。泛观博览从查图书目录开始,再查历代史籍的论述,再次查总集类书,最后查古典注释。深入调查是要细心钻研,务求了解精义邃旨。史料的辨伪要有充足的理由,证实要有充分的证据。校勘在过去叫校雠。其主要方法有:第一对校法,考察善本、孤本、原本的源流;第二内校法,根据本书前后文本句校对;第三参校法,查阅其他书籍查校;第四误文举例。关于训诂,张岱年对于惠栋、戴震、段玉裁、王念孙等乾嘉学派的治学方法推崇有加。它们是第一,重证据、求训诂,不随意下结论。第二,不依孤证定案,如只有一条证据,只说"疑"如何如何,绝不隐匿反证;第三,注意寻求训诂校勘的通例;第四,不掠美不抄袭,凡引用前人成就一定要写明。① 张岱年对乾嘉"朴学"治学的科学性予以充分肯定。结合乾嘉朴学的治学方法,张岱年提出了关于如何运用哲学方法的观点。在张岱年看来,所有的哲学方法的实际运用,必须以哲学修养作为基础。博览强记、广说博辩只是从事哲学研究的必备之条件。哲学之真工夫修养还应该包括:第一,存诚。即必须有追求真理的诚意。如果没有诚意,哲学只不过是粉饰之学。求真之诚,还应该做到崇证验,即不作无据之妄说。在证验的过程中不先立论,再寻求证据,不忽略细微问题或问题的细节,不讳自己所不知。第二,善疑。疑人所不能疑,不曾疑,以怀疑的明烛照亮所疑的每一个问题,从固定的成见或桎梏中解放出来。第三,能辟。辟即是开辟新思路。创立新范畴,发前人所未发,开辟哲学研究的新天地。② 强调"存诚、善疑和能辟"的修养工夫,再结合解析、体验、会通的哲学方法,将科学的方法与传统的方法结合在一起,从而进一步完善了中国哲学研究的方法。

关于史事的考订,张岱年提出了四点:第一是广泛收集有关史料;第二要鉴别史料的真伪;第三要解决史料的矛盾;第四要严守史料所证明的限度。研究哲学史要注意考察有关资料的内在联系并进行区分与会综,厘定史料的次序和逻辑层次。最后,为了发扬实事求是的学风,求得科学的结论。张岱年总结出哲学研究者必

---

① 参见《张岱年全集》第4卷,第183—195页。
② 参见《张岱年全集》第3卷,第69—70页。

须做到的四点:博览、深观、谨严和历史观点。① 这几点加上"辨析",共同构成了张岱年毕生治学方法的经验总结。此外,张岱年认为考证至少要符合"周"、"衡"、"严"、"微"四个字,即各个方面的观点都要注意到,都要平等对待,不偏不倚,甚至从相反的观点考虑问题,证据的收集要谨小甚微,材料不能抓来就用。要勇于怀疑,但不能轻易得出结论。这一点与冯友兰提倡的考证方法非常切合。对于笃信古代史学家的传说的"信古"和轻易否定古代记载的"疑古"的研究哲学史料的方法,张岱年认为是不足取的,因此,他提出了"析古"的主张,即对待古代的哲学资料要加以审慎的分析,有了真凭实据要予以肯定,没有实据要加以否定。张岱年既不"信古"也不"疑古"的严肃性,表明他对中国哲学史研究始终保持清醒的头脑,并用科学的观点指导中国哲学史的理论建设。

当前随着出土史料发掘的日益丰富,中国哲学史的面貌有可能被重新或改写的趋势,除了王国维所提倡的地下材料和地上文献相互参政的"二重证据法"外,出土简帛的研究方法可以把张岱年总结的鉴别、校勘、训诂、史事的考订、史料的诠次方法作为指南。例如,在校勘法中,张岱年就错简、误文、衍文、脱文的出现,确定底本的问题、异读非异文的问题,都进行了阐发。就《道德经》其人其书的问题,张岱年列举了 6 部著作,19 部校刊本,14 篇文章,包括长沙马王堆发现帛书《道德经》甲乙本,在方法论上进行细微的分析,从而得出了帛书《道德经》中的有些文句确实胜于通行本,但帛书也有许多错误的结论。② 张岱年在方法论、史料学方

---

① 参见《张岱年全集》第 4 卷,第 208 页。
② 参见《张岱年全集》第 4 卷,第 309—310 页。

面的建构,为中国哲学作为一门真正独立的学科付出了艰辛的努力,其科学求实的实证精神,开拓进取的勇气,深邃的睿智令人敬佩。中国哲学的发展正是有这样一些献身其中的人,才能蓬勃昂扬地向前发展。不仅如此,出土简帛为中国哲学研究提供了大量新的材料与佐证,"半个世纪以来的考古发现,大量的简帛佚籍尤其是楚地简帛佚籍的问世,确实为中国哲学创造性转化提供了新的契机。"①张岱年在中国哲学史料学所开拓性的贡献与提供的实证研究方法为简帛佚籍的研究提供了方法论上的指导。

不足之处是,张岱年在强调中国哲学史的研究中使用阶级分析的方法,把哲学思想看成是一定阶级利益在哲学上的反映,认为有必要对于每一时代的哲学思想进行阶级分析,无疑这些观点是特定时期阶级斗争的产物。其结果是把唯物主义说成是进步阶级利益的代表,而唯心主义是保守阶级的代表,从而打上了特定时期意识形态的烙印。一个人的哲学思想固然与其阶级出身有关,但他的思想是否能代表整个阶级的利益而反对另一个阶级,这是个值得进一步商榷的问题。此外,他把孟子的"知人论世"的观点,当做对其学说进行阶级分析也有些不妥。当然,阶级分析方法本身是没有问题的,关键在于将它教条化和普遍化,因而遮蔽了问题本身的本质意义。

无论如何,张岱年在哲学史的研究中有着清醒的问题意识。对于哲学史研究中可能出现的种种问题和困难,他都竭力做过设想和探讨,从提出问题到思考问题到解决问题,他提供了走出哲学迷宫的路向标和指南针。他不仅提出了哲学和哲学史研究中的问

---

① 郭齐勇、欣文:《中国文化与中国哲学的自觉——郭齐勇教授访谈》,《学术月刊》2003 年第 9 期。

题,而且分门别类地予以逻辑性的归类,通过探讨用史料和史实佐证其观点。这种科学的方法和态度,使中国哲学的学科形态朝着理性、实证的轨道上延伸。来者可以通过他所树立的路向标和路径,抵达重建中国哲学的目的地。

自西方汉学家马伯乐郎士从中西哲学比较的角度,提出了"中国没有哲学"的观点以来,三个世纪过去了。虽然马伯乐郎士是最早有自觉意识进行中西哲学比较的人,但是他对中国哲学的"误读"是显然存在的。也有西方汉学家从自身的境遇中把中国哲学看成是道德哲学、实践哲学,认为其中没有一点思辨色彩。黑格尔即是这种论调的代表。他所谓有形的太阳从东方升起,但"自觉的太阳"却只悬挂在西方的盲见还在谬种流传。韦伯也主张,中国哲学是顺世的哲学,其目的为了造就理想的君子人格,减缓人与人、人与社会的张力。如果把马伯乐郎士看成是这些观点的源头的话,西方人对中国哲学的种种误读一直流传到今。时至今日,马伯乐郎士、黑格尔等人的观点在西方学术界还有较大的影响,德里达就是其继任者之一。"百多年来,传统学术,从分类到研究方法,都被强势的西方社会科学与人文科学的标准、规范所限制和宰割。这些规范和限制,以单线进化论为背景,系从自然科学的理论与方法移植过来。此一话语霸权,套在中国传统学术上,这就是今天中国人文学术的尴尬。"①在西方人的偏见和权力话语的支配下,中国哲学向外伸展的空间明显受到制约。中国哲学的自我完善是完全吸纳西方哲学的人文科学标准,还是回到自给自足的经学模式?兼容性和排斥性始终在彼消此长。"那么,是把这副偏好米面的老肠胃割除,换成长于消化牛肉的新肠胃,还是调养

---

① 郭齐勇:《儒学与儒学史新论》,台湾学生书局印行 2002 年版,第 65 页。

这米面肠胃使之对那夹生的牛排也同样能够消化吸收,以求强筋壮骨、刚柔相济? 这是当今中国人所应思考解决的重大问题之一。"①

是生存还是毁灭? 张岱年认为,中国哲学的生命前途在于,创立中国哲学的自主与自觉性。因此,在创建中国哲学的体系和建构自己的哲学思想的下车伊始之时,张岱年有意识地就中国哲学的界定、中国哲学的特殊旨趣、中国哲学概念范畴的规范和创新、中国哲学的认识论和方法论等问题进行了深入的、卓有成效的研究。

就哲学的界说而言,张岱年反复申论,古今中外中西哲学没有统一的界定,因此哲学这个术语应该是一个类称,而不应该把西方哲学看成所有哲学唯一的范型。中西哲学的研究范围都涉及宇宙论、人生论和知识论,只不过不同国别、不同时期的哲学家对这三个方面各有所侧重或兼而治之。中国哲学的合法性在很大程度上依赖于中国传统思想中原有的哲学思想。张岱年所做的就是运用西方的逻辑方法来发掘中国哲学的微言大义。与胡适、冯友兰所不同的是,张岱年非常在意他所建构的是"中国哲学",而不是"哲学在中国"。胡适、冯友兰所存在的问题是用西方的基本概念、基本方法、基本框架来规范中国哲学,结果是中国哲学的材料成为西方哲学的证据和论点。张岱年一方面意识到这种尴尬,另一方面他不想用西方哲学的这个圆规来画中国哲学这个圆,邯郸学步地跟在别人后面走。因此,在结构体系上突破西方哲学的框架,努力探索中国传统哲学自身的民族特点,包括特殊的主题、特殊的旨

---

①　姜生、郭武:《明清道教伦理及其历史流变》,四川人民出版社 1999 年版,第 7 页。

趣、特殊的思维方式、特殊的范畴体系和认知途径，是张岱年为中国哲学合法性竭力奋斗的着力点。

本着这种目的，张岱年一方面致力于诠释中国哲学的真精神、真奥义；另一方面为了彰显中国哲学的独特价值，张岱年也注意在哲学形态上向西方哲学借鉴"金手指"，他所强调的是中西互释、相互定位的策略。对中国哲学的特质，张岱年是有深切的体认的。这些特质是中国哲学建构的宝贵资源，是中国哲学发展的独特之路。对于西方哲学条理缜密、论证细致的方法，张岱年以一种包容的胸怀予以接受。对于中国哲学中的人生论，张岱年既看到其利，又看到其弊。他所总结的关于中国哲学的六大"活的"和六大"死的"，至今是我们所看到的关于中国哲学特质的最有批判性、反思性的凝缩和提炼。张岱年对于传统中国哲学既有深切的同情与了解，又超脱了狭隘的民族意识，超然于将情感与理性混为一团。他认为，只有这样中国哲学才能与世界进行沟通，中国哲学的特殊性和合法性才能更好地凸显。通过对中国传统思维方式的考察，他既看到了传统思维方式之长，又认识到变革传统思维方式的必要性。

对于中国哲学的发展走势，张岱年站在了世界哲学的高度，给中国哲学予以定位。他肯定了中西哲学的可比性和通约性，又肯定各自的独特价值。东风和西风不是相互压倒的关系，而是相互尊重的关系。在中国哲学的建构中，妄自尊大和随声附和都是不可取的。中国哲学绝不止是依傍什么样本摹画来的，只有在自己的民族文化大树的根基上吸收异质文化的养分，中国哲学的参天大树才能撑起一片绿叶天。无树无木无根，就无所谓浇灌、吸收，吸收是为了壮大自己的根须。中国现代形态的哲学必须建立在传统之上，只有传统根深叶茂，现代中国哲学才能绿叶扶疏，四季常青。传统与现代、中学与西学,在张岱年看来,都有其互补性。穿梭往来于中西哲学之间,使张岱年能更好地会通其精髓。"别求新声于异邦"的目的,是为了传承中国传统的绝学。传承绝学是为了与世界对话,走向世界。"这两位老人在平静地告别这个世界时,发出的却是时代的最强音。冯友兰先生的临终遗言是'中国哲学一定要走向世界。'张岱年先生的遗愿是'北大的学术、中国的学术,一定要走向世界。'"①这不仅是中国现代哲学家杜鹃啼血的呐喊,更是一种希冀:期盼中国哲学在凤凰涅槃中得到重生。为了建立中国哲学的现代形态,几代哲学家贡献出了他们毕生的智慧。张岱年就是其中的杰出代表。中国哲学学科的发展与完善离不开中西哲学的对话、交流与沟通。张岱年在概念范畴上的借鉴与创新,在方法论上的整理与弘扬,进一步体现了中国哲学本身的特性。"我们应力图发掘中国哲学不同于西方哲学的特性与价值,力图改造依傍、移植、临摹西方哲学的状况,但中西哲学的交流互渗已是不刊的事实,且也有助于逐步发现'中国哲学'的奥秘,'中国哲学'学科的生存与发展,必须保持世界性与本土化之间的必要张力、包括中国哲学史的研究方法,也需要借鉴欧美日本,当然不是照搬,而是避免自说自话。"②中华的哲学智慧绝不逊于西方哲学的智慧,通过在对话中冲破西方话语权的钳制,凸显中华族群的哲思主体性和哲学问题意识的普世性是张岱年毕生的夙愿。

在整个中国哲学史上关于概念范畴的研究,张岱年将占有永

---

① 赵敦华:《中国哲学现代形态的建立及其世界意义》,《学校党建与思想教育》2004 年第 7 期。

② 郭齐勇:《中国哲学:保持世界性与本土化之间的必要的张力》,《天津社会科学》2004 年第 1 期。

久性的、不可替代的地位。通过寻源察流,张岱年对中国哲学史上的主要概念范畴的形成及其衍变里程,进行了全面的研究。在诠释范畴、厘清范畴和创立范畴方面,到目前为止无人能出其右。哲学是关于思维的学问,而思维的不可缺少的手段是概念范畴。对中国哲学的概念范畴的厘清直接关系到中国哲学作为一个学科的合法性存在。一方面,张岱年注意到中西哲学概念范畴的对应性和非对应性问题,并辨别其异同;另一方面,他也注重中国哲学概念范畴内在固有的逻辑联系和层次性。通过廓清概念范畴在不同流派、不同哲学家、不同时期的演变和含义,张岱年证明了中国哲学中有一个自成体系的概念范畴体系。通过对 126 个中国传统哲学的概念范畴"历史而逻辑"地疏释和分析,张岱年纠正了以往中国哲学概念的多义性的模糊性。他在概念范畴上的创新,使中国哲学以更加理性的知识形态示于世人。

在考虑中国哲学的自主性问题上,张岱年始终有着强烈的问题意识,即中国哲学需要在知识论、方法论的建构过程中弥补其不足。为此,在建构《天人五论》中,张岱年在哲学思维论建构上用力甚勤。他先后对哲学的基本特征、哲学命题之意谓、形式逻辑与方法论、辩证法的主要原则及其运用等思维方法进行了详尽的诠释和历史的叙述。这是张岱年探求哲学真理时特有的问题意识。在思维方法上,张岱年既综合创新了传统的思维方法,又积极主动地融会西方的方法。"为学之方"对于张岱年来说,既要建立一套中国哲学的合理的诠释方法,又要对中国哲学史的史料学有所阐发。他对中国哲学史史料学研究提出的原则和方法,至今对中国哲学史的发展仍有具体的指导意义。

20 世纪 40 年代,冯友兰到美国讲中国哲学史,觉得自己讲中国哲学史像是在博物馆中做讲解员。"讲来讲去觉得自己也成了博物馆中的陈列品,觉得有自卑感,心里很不舒服"①。那么,现在冯友兰式的自卑感还存在吗? 中国哲学如何不再让人看成是博物馆里的陈列品,在新的世纪里又会老调重弹吗? 这种"自我阉割"的焦虑还会感染每一个研究中国哲学史的人吗? 即使是当下,有人提倡的"讲自己"或"自己讲",还存在一个怎样讲的问题,即是讲古话,还是讲普通话? 抑或是讲洋话? 面临的听众又是谁?②

如果我们重温张岱年的哲学睿思,这一切都会烟消云散,涣然冰释。在中国哲学自主性、合法性的问题上,张岱年不仅给我们提供了周全缜密的论述,更重要的是,它赋予了我们以"待从头重新收拾旧河山"的民族自信心和捍卫传统的勇气。

① 《张岱年全集》第 8 卷,第 481 页。
② 从 20 世纪初至今,中国哲学研究有三个路向:一个路向是"照着讲",如胡适在 20 世纪初把中国哲学思想纳入西方哲学的框架;另一个路向是"接着讲",如冯友兰在融会贯通的基础上接着程朱理学讲而提出了"新理学";最后一个路向是张立文提出的"自己讲",以尝试超越前面两种路向。"自己讲"反对用西方哲学来套中国哲学,以找出中国哲学发展内在规律性和逻辑联系。关于此方面的内容,请参见刘景钊、韩进军:《和合之路:中国哲学"自己讲"的努力与贡献——张立文教授访谈录》,《晋阳学刊》2006 年第 3 期。

结　语

　　"暮色苍茫,雄鹰展翅。"①西学东渐几个世纪以来,西方哲学这只智慧之鹰翩然而至中土。20 世纪的中国哲学怎样放眼眺望盘旋在中土大地上的这只西方雄鹰? 是做一只甘为其下的燕雀? 还是与之并肩搏击长空、鹰扬虎视的鸿鹄?② 抑或是"嘤其鸣矣,求其友声"?

　　作为原生型的中国哲学,有着历史的传承和融合古今异质文化的悠久传统。先秦诸子百家争鸣的学风为后世宽容、平等地对待"他者"文化提供了良好的典范。宋明理学对佛学的吸纳、融通、转化极大地丰富了中国哲学的心性内涵。明清之际的启蒙思潮为西学的输入作了思想上的准备,黄宗羲、顾炎武、王夫之等人的民主思想可以直接对接西学中的有关内容。乾嘉朴学的治学方法与近代实证科学方法不无相通之处。自林则徐"开眼看世界"以来,有识之士纷纷放下了唯我独尊的民族意识,把目光投向了西

---

　　① Hegel, Frederich. Tr. T. M. *Knox Philosophy of Right*, Oxford: Oxford University Press, p. 13. 黑格尔在《权利哲学》中说的这句话的原文是:"The owl of Mineva spreads its wings only with falling of the dusk." 密涅瓦的猫头鹰是智慧女神,也即西方哲学的象征。

　　② "鹰扬虎视"一语出自《诗经·大雅·大明》:"维师尚父,时维鹰扬",形容如雄鹰之飞翔,如虎之雄视,气势威武不凡。

方。一方面,说明了中国传统哲学博厚高明、海纳百川、有容乃大的胸怀和气概,另一方面,先贤们意识到,要剔除传统经学中暮气沉沉的部分,使它焕发昂然生机,我们不可避免地要在不同文化间的交流中展开对话和沟通。这一思想前奏为转型时期的中国哲学这只鸿鹄展翅高飞提供了必要的气候和条件。

张岱年的哲学思想正是20世纪中外哲学思潮交汇后的新生儿。早在20世纪30年代,张岱年就率先提出了"综合创新"的论说。一方面,他看到了中国传统文化博大精深、恒久不息的生命力,延续和更新往圣的绝学是他始终不渝的天命;另一方面,他妥善地处理了本土文化与外来文化的关系,自觉地、有选择地对待"他山之石"。在中西哲学的交锋中,他睿智地观察到其中的同中有异、异中有同,超越了中西对立、体用两橛的思维定势,寻觅到传统与现代相契合的生长点。同时在坚持中国哲学自主性、独立性的过程中,他从未放弃传统哲学中开放的、多元的、普遍主义的预设。张岱年哲学的包容性和宽容性折射出中华文化厚德载物的一面,其多元性的视阈并不妨碍他对本土资源的坚守。在知识与价值的张力中,张岱年始终思考的是怎样重建能体现传统哲学中那些具有普世性的精神。为此,他极力挖掘与继承中国传统哲学的精华,同时力主贯通中西哲学。"贯通"首先意味着对中国哲学的体认,张岱年对传统的体认之深切在20世纪的哲人中并不多见。哲学是什么? 在张岱年看来,哲学是"究天人之际"的学问,也就是人与世界交融合一的生活世界的学问。因此,大体来说,张岱年反对独立于人之外的概念王国,强调天人合一、物我交融的生活世界。虽然他借鉴了西方逻辑分析的方法,但在他那里宇宙和人生、天与人始终没有割裂开来。张岱年的哲学不是依傍"西方中心主义"的副本,或是逾淮之枳,而是融会了中国先哲思想之精髓与西方哲学之优长。张岱年不仅是旧血脉的继承者,而且是在中西文化的激荡中能够回答诸多重大问题的创新者。这一点是其他诸家哲学形态所不能比拟的。古与今,传统与现代,在张岱年的构思中成为一个绵延的连续体与统一体。我们可以毫无愧色地说,他是将传统推向现代,将现代贴近传统的连接点。一言以蔽之,张岱年是20世纪中国哲学"综合创新"集大成者,是传统的守望者,是当之无愧的中华真精神的传人。

"周虽旧邦,其命维新。"(《诗经·文王·大雅》)冯友兰把它阐释为"旧邦新命"。同理,在张岱年看来,哲学的发展与民族的勃兴生死攸关。"有力的哲学可以激发民族的潜能。中国需要的哲学,乃是一种有力量的哲学,能给中华民族以勇气的哲学。须能从绝望中看出生路,从危险中看出光明,从死中看出生,从否定中看出更进的肯定。须能鼓舞人的勇气,培养人的斗争意志,激励人的坚忍精神。唯其如此,才能把中国从危亡中拯救出,才能有助于民族的再兴。在一时代能有积极作用的哲学,必是能助其民族应付新环境的哲学,有变革现实之力量的哲学。"①张岱年哲学思想的创新具有时代的使命感和博大的气魄,他把哲学与民族的生死存亡联系在一起,而不只是坐而论道或风花雪月的吟唱。为此,他需要从先哲那里吸取创造力量。这样,《易传》和孔子等的儒家思想自然而然地成为他的刚健弘毅精神之源。

《易传》荡荡不息、生生不已、大化洪流的宇宙观,既使人反观人生大本大源,又裁成天地,辅相万物,融合天地人三才,在天道、人道、地道的叙事框架下展开了认知上的宇宙情怀与终极追求。对于张岱年来说,光大中华文化慧命,开创中华民族的新运,必须

---

① 《张岱年全集》第1卷,第239页。

注重《易传》的刚动、盎然生机、生生不易的思想。"生"对于张岱年来说，除了生命、生活、生生、生发、生化等意义外，还获得一种哲学上的意义。他把自己的宇宙观概括为"生生两一，一本多极"，为的是突出宇宙变易不息的变化历程和性质。无论是在"动的天人合一"、"生与理之两一"，还是在"以和为贵"的哲学命题中，张岱年都返本归《易》。就"易"本身的含义来理解，尤其重要的是，他服膺《易传》富有日新、生生不息的精神。从变易的辩证关系中，张岱年推出了"变中有常"的哲学观。《易传》的天人同构、时空合一、中正和合的思想方式与价值取向，是宇宙生命的本体理念与生命融合。无疑，张岱年的哲学思想与《易传》建立了亲缘性和承续性，其中的刚健主"动"的思想就是易学精神的弘扬。从张岱年的哲学体系中"事理论"的主体部分受《易传》影响，可见一斑。张岱年还意识到，易学中的保合太和、德合无疆、含弘光大的儒家生态伦理，将为消解西方工具理性重压下的人与自然的紧张提供有益的启迪。易言之，张岱年从《易传》中披沙拣金、探骊得珠，发掘出对其"综合创新"极有价值的思想资源。

张岱年的哲学是从中国传统哲学古树上绽放的新芽。像往圣先哲一样，他把目光投向了宇宙间的一切现象或问题，覆盖了当下的生活内容。张岱年的哲学思想不仅充分关怀现实的人生，提倡"孔颜乐处"，也活脱脱地表现了积极有为、热爱人生的理想主义人生观。孔子仁学的仁爱与忠厚、宽恕与洒脱、洞见与智慧、平实与刚毅，在张岱年的思想和人格中体现得淋漓尽致。张岱年认为，儒学具有人的宇宙观、生活世界以及超越性层面上的普世性，从而不停地对儒学作"因革损益"和现代化的转换，让其同自己的思想一道走向现实、走向世界。先秦儒学关注的中心对象始终是人，即人的本质、人的价值、人的权利、人的自觉、人格尊严、人的主体意识。张岱年接过儒家哲学中有关人的观念的论说,建立了以人为中心的价值学说。他揭示了中国哲学的核心是人生论,人生论的重镇是价值学说,而价值学说的中心则是人的本质意义。对于张岱年来说,履行了人道就体现了天道。他认同儒家重视此岸、远离彼岸的传统,肯定了道德的崇高和尊严,力图在现实世界中实现和提挈人的精神境界。在"以人为本"和"群己一体"的哲学命题中,张岱年所探讨的基本问题都涉及人之所以为人、人与群体、人与社会的和谐的传统范畴,其中不乏真知灼见,值得我们进一步反思和领会。特别是在当下提倡"以人为本"的话语环境中,重温张岱年关于人的透彻阐释,更加感觉到其理论张本与传统儒学的"人"接通了起来,水乳交融,一脉相承。同时,他对中国哲学中人的价值、人格价值的精辟论述,道前人所未道。他直接主导着20世纪后期国内关于人的价值学说的讨论。

在撰写本书的过程中,笔者并没有对"综合创新"本身进行解说,原因是在我看来,"综合创新"是指张岱年运用的一种思维模式,其目的是重组和洗汰传统的不足,保留有利于变革的资源,其终极目的是在创新之后继续与传统保持认同。如果对儒学传统采取一种工具主义的态度,那么传统还有多少需要保留下来呢?张岱年的"综合创新"是站在传统坚实的土地上。在唯物、理想、解析的综合中,以及在"天人五论"中,张岱年所探究的中心主旨是事理、天人、群己等传统哲学的命题。现代西方逻辑分析只不过为张岱年的"综合创新"思维模式提供了重要的手段,其落脚点和着力点还是放在了本土的资源。在笔者看来,无论是张岱年的"综合创新",还是逻辑解析,如果离开了对传统哲学的依托,都是无的放矢、失之空疏。如果把"综合创新"比作嫁接后开花结果的树,那么逻辑分析法就是嫁接术,而传统哲学正是使树能枝叶繁茂、四季常青的种子和肥沃土壤。离开了种子和土壤,我们能企盼花果飘香么?

　　因此,传统对于张岱年是须臾不可离的空气、阳光和土壤。熊十力的哲学生命直接追寻到《大易》思想所寄托的慧命,冯友兰是"接着"宋明理学讲的,张岱年的学统又在哪里呢? 在我看来,张岱年哲学思想的基石源自先秦儒学、老子的辩证法和上述论及的《易传》。在此基石上,张岱年建构了自己的哲学思想。在"物统事理"、"物源心流"、"动的天人合一"以及"生与理之两一"等哲学命题的阐发中,张岱年从张载、王船山、颜元、李塨的手里接过主"动"的旗帜。如果说张岱年的哲学思想中有一条怦然律动的主线,那么触摸到这一脉动,也就把握了其哲学大厦的建筑风格。我们在考察这一主"动"的线索时,不应该忘记支撑其观点背后的历史动因。像张岱年他所崇敬的先哲张载、王夫之一样,他的上半生也生活在风云激荡的岁月。我认为,主要原因是 20 世纪上半叶中国社会积重难返,张岱年试图以主"动"之学转变当时中国社会惰弱习气,抵御列强,同时提倡学以致用,躬行实践,以振兴中华。哲学是时代精神的体现,哲人登高一呼而四海望之。张岱年奉行的是为民族复兴而立言、立德,"当今之世,舍我其谁?"《孟子·公孙丑下》虽然张岱年没有颜元"开两千年不能开之口,下二千年不敢下之笔"(王源:《居业堂艺集》卷八)式的峻激狂狷,但他毕竟是一位"直道而行"的士人,挽狂澜于既倒,扶大厦之将倾,超越小我,立天地之大我,迫使他在哲学理论的创建中自觉地担当起华夏文明的薪火传人,从而使中国传统士子铁肩担道义的使命感在他的哲学思想中得到完美的体现。

　　我们必须注意到张岱年主"动"的哲学思想在 20 世纪的后期也经历了嬗变的心路历程。从早年提倡的"兼和"到晚期强调"以和为贵",从早期把"万物并育而不相害,道并行而不相悖"(《中庸》)改为"万物并育而更相害,道并行而亦相悖",以强调"相害"、"相悖",也即是矛盾的对立面,到后来重新回归《中庸》的原旨,而重视"小德川流,大德敦化"(《中庸》),一本而万殊的多样性。小德如涓涓溪流,脉络分明,往而不息,天地之大德,源深本厚,化育无穷。张岱年体认到,这是人与人、人与社会、人与物、文明与文明之间和谐相处的最高理想。

一方面,张岱年对中国哲学的最高境界"天人合一"有着深深的认同,因为它超越了知识性、功利性的意识;另一方面,为了让中华文明的源头活水流向世界,在建构中国哲学的主体性、自主性上,他不遗余力地彰显其知识形态。在知识与价值之间,张岱年试图找到一种平衡。为此,他在《中国知论大要》一文中清理了先秦的理性言说,以证明中国哲学知识论虽然没有系统的论述,但仍有其实质系统。在《中国哲学大纲》中的第三大部分,他着力梳理了中国哲学的知识论传统。他指出:"中国哲学中,知识论不甚发达,然亦非无有,不过不如宇宙论与人生论之丰富整齐而已。在西洋哲学,知识论之发达,亦近三百年来之事;在上古及中古,关于知识,亦仅有断片的学说,与中国哲学类似。"①张岱年纠正了"欧洲中心主义"的傲慢与偏见,即只有西方才有"哲学",中国"无哲学"。从哲学到中国哲学的界定、中西哲学的异同和特殊旨趣,他正本清源,激浊扬清,指出了中国哲学的实质形态与体系,给了那些跟在西方人后面鹦鹉学舌地讲"哲学"的人以迎头痛击。如果说冯友兰的《中国哲学史》是奠定中国哲学史通史的典范,那么张岱年的《中国哲学大纲》则奠立了中国哲学通论的典范。对于后者,我们

---

① 《张岱年全集》第 2 卷,第 552 页。

还需要进一步重新认识。关于中国哲学的特殊性问题、中国哲学"活的"或"死的"问题、关于中国哲学学科建设问题,张岱年逐一铺陈,立论令人心悦诚服。在概念范畴研究的创新方面,张岱年对中国哲学的概念范畴的研究有着独特的贡献。一方面,他主张中西哲学在概念范畴上不存在一个超然的标准来决定概念含义的一致性,这是其不可通约性的一面。他所强调的是不能用西方哲学的概念范畴来套中国的概念范畴,不同的范式决定不同的世界观,不同的世界观之间的差异性是不可通约的。这是中国哲学的特殊性所在。另一方面,从哲学的普遍性来看,中国哲学要走向世界,必须要在概念范畴等知识形态上下功夫。张岱年也认识到,中国哲学必须清理在含义上模糊不清的弊病。有鉴于此,他全面、系统地考察了中国哲学史上的概念范畴,在疏释中既注意到其历史性,也兼顾到其逻辑性,竭力做到二者的统一。事实上,张岱年在中国哲学概念范畴、中国哲学方法论上所作的继往开来的研究,在20世纪中国哲学史上鲜有人能与之比肩。

随着时光的流逝,张岱年后期对中国哲学的体认和把握,越来越真,越来越准。自黑格尔以来,西方哲学几乎把哲学的规范性本质理解为"反思"。在黑格尔等人看来,如果说反思性不是哲学思维的唯一本性的话,那它也是哲学思维的一个根本性的特点。黑格尔等人认为中国无"哲学"的观点,主要是拿西方的理性尺度来度中国哲学。对于中国哲学的基本特征和在世界上的位置,张岱年作了剖析和探索。张岱年认为,哲学不是一种价值无涉的事实性思维,它有其终极性和超验性。中国哲学对宇宙人生的终极思考,给人找到了安身立命的依托和信靠。在张岱年看来,从某种程度上讲,中国哲学是"体认哲学",从观察事物开始,再有所体于内,观之愈深,体之愈切。从体察生命万物开始,到重感通之情,人的整体价值透过道德法则与天道融合在一起。"天命之谓性,率性之谓道,修道之谓教"(《中庸》),充满了形而上学的终极追求。了解"天命"与"性"在于对人道的体认。"合内外之道,故时措之宜"(《中庸》),强调的是尊德性与道问学并重,内省与外观统一。因此,中国哲学不乏体验的内容,从体察、体认、体会、体验、体证到体道,也不缺少感通的体验,从感触、感怀、感悟、感受、感应到感召。"以道观之",重在"观"之后的"感"。看云起云飞,花开花落,鱼翔浅底,大浪淘沙,一叶知秋,嘤鸣燕舞。一粒沙可以"观"世界,一朵花可以"感"人生。白居易的"来如春梦几时多,去似朝云无觅处"(《花非花》),不仅是对花儿的感悟,更是对春天、人生顿悟良多。程颢的"万物静观皆自得,四时佳兴与人同"(《秋日偶成》),通过对大自然的静观,而得出生生不已的体验。从哲人兼诗人的韩愈、苏轼、杨万里、程颢、朱熹到王夫之,谁不用诗表达自己的哲思? 这就是诗与真追求的和谐统一,也是中国哲学重直觉、体悟、观感之特点。因此,张岱年认为,中国哲学必须重视"体验——解析——会通"的路数。

冯友兰把用诗歌表达对人生的形而上的思考,称之为"用负的方法讲形而上学"。"用正底方法,讲形而上者,以思议讨论不可感觉只可思议者,以思议表现不可感觉,亦不可思议者。用负底方法讲形而上学者,以直觉'见'不可感觉,只可思议者,以及不可感觉亦不可思议者;以可感觉者,表现不可感觉,只可思议者,以及不可感觉,亦不可思议者。诗人亦如此。"[①]这种审美与喻理的结合,体现了中国哲学中"负的形而上学"的静观自然,忘我而化入物境的"无我之境"。王国维通过透析"观物"的物我关系而提出

---

① 冯友兰:《三松堂学术文集》,北京大学出版社 1981 年版,第 562 页。

"无我之境",发前人之所未发。这种"无我之境"实际上已进入洞照客体、剔除偏见、容纳万境的物我两相契合。"小子何莫夫学诗?"(《论语·泰伯》)因为,诗歌除了兴观群怨、真挚感情的自然流露之外,更主要的是许多诗哲进入了不言道德而自然合乎道德的境界。这种重视诗兴的特质既避免人们陷入理性的偏执,又避免走向宗教的迷狂。

晚年的张岱年非常认同陶渊明的《饮酒》:"采菊东篱下,悠然见南山。山气日夕佳,飞鸟相与还。此中有真意,欲辨已忘言。"张岱年认为其中的"见"、"飞鸟"、"真意",还有"忘言",表现了无穷的道体并传递了人和自然境界的"天人合一"。

行文至此,整部书稿的撰写已接近尾声。非常巧合的是,时值2005年4月24日,是哲人张岱年身后百年一周年的日子。黄昏时分,放眼窗外,春意盎然,莺飞草长,绿草青青。笔者突然感悟到哲人从"蓄草"体验对存在界之真生命的体贴,对自然万物一体之仁的洞见,感怀到"四时佳兴与人同"的含义。万物的春意、生意,让人体验到即生即仁的默识。若张岱年在天有灵,定能看到此刻的郁郁青草也会心有灵犀地赞同"与自家意思一般"(《河南程氏遗书》卷三)。面对哲人们对生命世界的智慧领悟,此时此刻的我只能体证"此中有真意,欲辨已忘言"的真谛了。

主要参考文献

一、原著部分

1. 《中国哲学大纲》,1943 年中国大学印为讲义,1958 年商务印书馆出版,1982 年中国社会科学出版社修订再版,1992 年台北蓝灯文化事业公司再版。有日文译本,题为《中国哲学问题史》。

2. 《中国唯物主义思想简史》,中国青年出版社 1957 年版。

3. 《中国唯物主义思潮简史》,中国青年出版社 1957 版,1983 年再版,有波兰译本。

4. 《张载——中国十一世纪唯物主义哲学家》,湖北人民出版社 1957 年版。

5. 《中国伦理思想发展规律的初步研究》,科学出版社 1957 年版。

6. 《中国伦理思想发展的基本规律》,科学出版社 1958 年版。

7. 《中国哲学发微》,山西人民出版社 1981 年版,此书收集张岱年 1954—1957 年、1977—1980 年所写的关于中国哲学的大部分论文。

8. 《中国哲学发微》,山西人民出版社 1982 年版。

9. 《中国哲学史史料学》,三联书店 1982 年版。

10.《中国哲学史方法论发凡》,中华书局 1983 年版。

11.《求真集》,湖南人民出版社 1985 年版。此书收集张岱年 1932—1934 年的部分哲学论文及 1957 年撰写的《宋元明清哲学史提纲》。

12.《玄林评儒》,湖南人民出版社 1985 年版。此书收集张岱年 1981—1984 年撰写的关于中国古代哲学的论文。

13.《真与善的探索》,齐鲁书社 1988 年版。

14.《文化与哲学》,教育科学出版社 1988 年版。

15.《中国伦理思想研究》,上海人民出版社 1989 年版。

16.《中国古典哲学概念范畴要论》,中国社会科学出版社 1989 年版。

17.《中国文化传统简论》(合著),浙江人民出版社 1989 年版。

18.《中国文化与文化论争》(合著),中国人民大学出版社 1990 年版。

19.《张岱年文集》(第 1—第 6 卷),清华大学人民出版社 1989 年版。

20.《张岱年学术论著自选集》,首都师范大学出版社 1993 年版。

21.《张岱年学术自传》,巴蜀书社 1994 年版。

22.《张岱年文化学术随笔》,中国青年出版社 1996 年版。

23.《张岱年全集》,河北人民出版社 1997 年版。

24.《中华的智慧》(主编),上海人民出版社 1989 年版。

25.《中国唯物论史》(主编),河南人民出版社 1994 年版。

26.《孔子大辞典》(主编),河南人民出版社 1994 年版。

27.《中国文史百科》(主编),浙江人民出版社 1998 年版。

28.《宇宙与人生》,上海文艺出版社 1999 年版。

29.《张岱年学述》,浙江人民出版社 1999 年版。

30.《直道而行》,大众文艺出版社 2000 年版。

31.《文化与价值》,新华出版社 2004 年版。

二、张岱年 1996 年—2003 年发表的论文和文章
（不包括《张岱年全集》已收录的部分）

1.《理学的历史意义》,《学术研究》1996 年第 1 期。

2.《附张岱年给作者的回信》,《船山学刊》1996 年第 1 期。

3.《中国传统道德的价值》,《高校理论战线》1996 年第 2 期。

4.《儒家伦理与企业道德》,《安徽大学学报》（哲学社会科学版）
1996 年第 3 期。

5.《关于干部道德》,《中国哲学史》1996 年第 3 期。

6.《〈巴姆哲学文集〉第一卷序言》,《学海》1996 年第 4 期。

7.《〈道家哲学智慧〉序》,《社会科学战线》1996 年第 5 期。

8.《论当然》,《北京大学学报》（哲学社会科学版）,1996 年第
5 期。

9.《建设新道德——儒学作为一个整体已经过时》,《教育艺术》
1996 年第 6 期。

10.《树立民族自尊,弘扬爱国精神——〈心灵长城——中国爱国
主义传统〉序言》,《中国出版》1996 年第 6 期。

11.《祝贺〈学术月刊〉创刊四十周年》,《学术月刊》1997 年第
1 期。

12.《试谈"横渠四句"》,《中国文化研究》1997 年第 1 期。

13.《值得深入研究的心学潮流》,《东岳论丛》1997 年第 1 期。

14.《张岱年:论当然》,《哲学动态》1997 年第 2 期。

15.《漫谈和合》,《中华文化论坛》1997 年第 3 期。

16.《优化全民族思维方式的成功探索——评〈毛泽东邓小平思维

方式比较研究〉》,《哲学动态》1997 年第 4 期。

17.《漫谈和合》,《社会科学研究》1997 年第 5 期。

18.《中华文明的现代复兴和综合创新》,《教学与研究》1997 年第 5 期。

19.《中国哲学大纲》,《北京大学学报》(哲学社会科学版)1997 年第 6 期。

20.《推荐〈中国传统人生哲学〉》,《高校理论战线》1997 年第 6 期。

21.《读〈干部道德建设读本〉有感》,《求是》1997 年第 13 期。

22.《21 世纪将是中西文化更益加强交流的世纪》,《中华文化论坛》1998 年第 1 期。

23.《题词》,《社会科学战线》1998 年第 3 期。

24.《天人合一评议》,《社会科学战线》1998 年第 3 期。

25.《儒学与儒教》,《文史哲》1998 年第 3 期。

26.《中国哲学与二十一世纪》,《浙江学刊》1998 年第 3 期。

27.《天人之道辨析》,《中国文化研究》1998 年第 3 期。

28.《中国哲学与二十一世纪》(续),《浙江学刊》1998 年第 4 期。

29.《21 世纪是中国文化大发展的世纪》,《文艺研究》1998 年第 4 期。

30.《综合创新,兼容中西》,《社会学》1998 年第 6 期。

31.《理论价值和超前预见——推荐〈和合学概论——21 世纪文化战略构想〉》,《中国图书评论》1998 年第 6 期。

32.《〈中华武德通史〉序》,《学术月刊》1998 年第 8 期。

33.《21 世纪中国哲学的一个重要课题——〈中国文化与马克思主义〉序言》,《中国社会科学院研究生院学报》1999 年第 1 期。

34.《传统理解和超越——张岱年先生访谈录》,《社会科学论坛》

1999 年第 3 期。

35.《纪念孔子诞辰 2550 周年》,《中华文化论坛》1999 年第 3 期。

36.《"双百"方针的硕果——祝贺〈文艺研究〉创刊 20 周年》,《文艺研究》1999 年第 4 期。

37.《画册具有历史意义和现实意义》,《中国图书评论》1999 年第 5 期。

38.《铸造新精神,建设新文化——千年之交新文化瞻望》,《天津师大学报》(社会科学版)2000 年第 1 期。

39.《新世纪的期望》,《学术月刊》2000 年第 1 期。

40.《我看二十一世纪中国学术发展前景》,《中国文化研究》2000 年第 1 期。

41.《中国哲学中理气事理问题辨析》,《中国文化研究》2000 年第 1 期。

42.《纪念朱谦之诞生 100 周年》,《世界宗教文化》2000 年第 2 期。

43.《语丝》,《社会科学家》2000 年第 3 期。

44.《会通中西,综合创新——国学大师张岱年访谈录》,《社会科学家》2000 年第 3 期。

45.《经济全球化与中国文化发展的道路》,《华夏文化》2000 年第 4 期。

46.《文化创新与文化继承》,《中国文化研究》2000 年第 4 期。

47.《新千年感言:中华民族伟大复兴的世纪》,《中国科学院研究生院学报》2001 年第 1 期。

48.《回忆在清华的岁月》,《清华大学学报》(哲学社会科学版)2001 年第 2 期。

49.《〈春秋战国政治辩证法思想研究〉序》,《黑龙江社会科学》2001 年第 3 期。

50.《二十世纪中国哲学史研究概况》,《南通师范学院学报》(哲学社会科学版)2001年第4期。

51.《"仁人"钟敬文》,《民俗研究》2002年第1期。

52.《中国哲学的演变及其现代价值——梅良勇著〈中国古代哲学论稿〉》,《徐州师范大学学报》(哲学社会科学版)2002年第2期。

53.《中国文化的基本精神》,《齐鲁学刊》2003年第5期。

54.《文化传统和综合创新》,《江海学刊》2003年第5期。

55.《中国文化与文化中国——为〈中国文化研究20年〉序》,《社会科学战线》2003年第5期。

56.《运用马克思主义来看待儒学》,《光明日报》2000年7月11日。

57.《中国文化的要义不是三纲六纪》,《北京日报》2000年8月7日。

58.《经济全球化与中国文化发展道路》,《光明日报》2000年10月17日。

59.《做学问的三个基本方法》,《人民日报》2000年1月30日。

60.《当代青年与文化建设》,《人民日报海外版》2001年1月2日。

61.《中国文化与新的世纪》,《光明日报》2001年1月16日。

62.《弘扬学术,批判迷信》,《光明日报》2001年5月8日。

63.《深入研究中华民族和中华民族精神的力著》,《中华读书报》2001年5月16日。

64.《拂去遗忘》,《人民日报海外版》2001年6月35日。

65.《"仁人"钟敬文》,《人民日报》2002年1月7日。

66.《〈美德故事新编〉序》,《光明日报》2002年6月6日。

67.《综合创新文化观的运用》,《光明日报》2003年4月22日。

68.《中西哲学比较的几个问题》,《美中社会和文化》2003 年第6 期。

三、著作部分

1. 艾兰著,张海晏译:《水之道与德之端》,上海人民出版社 2002年版。

2. 鲍霁:《冯友兰学术精华录》,北京师范大学出版社 1988 年版。

3. 北京大学哲学系编:《中国哲学的诠释与发展——记张岱年先生九十寿庆纪念文集》,北京大学出版社 1999 年版。

4. 陈淳著,熊国祯、高流水点校:《北溪字义》,中华书局 1983年版。

5. 陈岱孙、季羡林、张岱年等:《冯友兰先生纪念文集》,北京大学出版社 1993 年版。

6. 陈来:《古代思想文化的世界春秋时代的宗教》,生活·读书·新知三联书店 2002 年版。

7. 陈来:《朱子哲学研究》,华东师范大学出版社 2000 年版。

8. 陈来:《宋明理学》,辽宁教育出版社 1992 年版。

9. 陈来:《有无之境——王阳明哲学的精神》,人民出版社 1991年版。

10. 陈来:《古代宗教与伦理:儒家思想的来源》,生活·读书·新知三联书店 1996 年版。

11. 陈序经:《东西文化观》,中国人民大学出版社 2004 年版。

12. 成中英:《合内外之道——儒家哲学论》,中国社会科学出版社 2001 年版。

13. 成中英主编:《本体诠释学》,北京大学出版社 2002 年版。

14. 成中英、郭齐勇、潘德荣主编:《本体与诠释:中西比较》,上海社会科学出版社 2003 年版。

15. 曹锡仁:《中西文化比较导论——关于中国文化选择的再检讨》,中国青年出版社 1992 年版。

16. 崔大华:《儒学引论》,人民出版社 2001 年版。

17. 杜国平:《"真"的历程——金岳霖理论体系研究》,中国社会科学出版社 2003 年版。

18. 范学德:《综合与创造——论张岱年的哲学思想》,教育科学出版社 1989 年版。

19. 方朝晖:《"中学"与西学——重新解读现代中国学术史》,河北大学出版社 2002 年版。

20. 方克:《中国辩证法思想史》(先秦),人民出版社 1985 年版。

21. 方克立、王其水:《二十世纪中国哲学》(第三卷 论著述评),华夏出版社 1997 年版。

22. 冯契、汤一介、成中英、张岱年等:《中国哲学范畴集》,人民出版社 1985 年版。

23. 冯天瑜:《新语探源:中西日文化互动与近代汉字术语生成》,中华书局 2004 年版。

24. 冯友兰:《三松堂学术文集》,北京大学出版社 1983 年版。

25. 冯友兰:《三松堂全集》,河南人民出版社 1986 年版。

26. 冯友兰:《中国哲学简史》,北京大学出版社 1985 年版。

27. 傅伟勋:《从西方哲学到禅佛教》,生活·读书·新知三联书店 1989 年版。

28. 高克立:《五四的思想世界》,学林出版社 2003 年版。

29. 葛荣晋:《中国哲学范畴通论》,首都师范大学出版社 2001 年版。

30. 葛瑞汉著,张海晏译:《论道者:中国古代哲学论辩》,中国社会科学出版社 2003 年版。

31. 郭齐勇:《熊十力思想研究》,天津人民出版社 1993 年版。

32. 郭齐勇:《郭齐勇自选集》,广西师范大学出版社 1999 年版。

33. 郭齐勇:《儒学与儒学史新论》,台湾学生书局 2002 年版。

34. 郭齐勇主编:《中国古典哲学名著选读》,人民出版社 2005 年版。

35. 郭沫若:《中国古代社会研究》(上、下),河北教育出版社 2002 年版。

36. 哈佛燕京学社、三联书店主编:《公共理性与现代学术》,生活·读书·新知三联书店 2000 年版。

37. 贺麟:《文化与人生》,商务印书馆 1988 年版。

38. [德]海德格尔:《存在与时间》,生活·读书·新知三联书店 1987 年版。

39. 胡军:《分析哲学在中国》,首都师范大学出版社 2002 年版。

40. 胡伟希:《观念的选择:20 世纪中国哲学与思想透析》,云南人民出版社 2002 年版。

41. 胡伟希:《中国本土文化视野下的西方哲学》,首都师范大学 2002 年版。

42. 胡伟希:《知识、逻辑与价值——中国新实在论思潮的兴起》,清华大学出版社 2002 年。

43. 胡治洪:《全球语境中的儒家论说:杜维明新儒学思想研究》,生活·读书·新知三联书店 2004 年版。

44. 黄俊杰:《传统中华文化与现代价值的激荡》,社会科学文献出版社 2002 年版。

45. 姜广辉:《颜李学派》,中国社会科学出版社 1987 年版。

46. 金岳霖:《论道》,商务印书馆 1985 年版。

47. 金岳霖:《知识论》,商务印书馆 1983 年版。

48. 匡亚明:《孔子评传》,齐鲁书社 1985 年版。

49. 李德顺:《新价值论》,云南人民出版社 2004 年版。

50. 李江凌:《价值与兴趣:培里价值本质论研究》,中国社会科学出版社 2004 年版。

51. 李梅:《权利与正义:康德政治哲学研究》,社会科学文献出版社 2002 年版。

52. 李维武:《二十世纪中国本体论问题》,湖南教育出版社 1991 年版。

53. 李翔海:《知识与价值——成中英新儒学论著辑要》,中国广播电视出版社 1996 年版。

54. 李泽厚:《中国古代思想史论》,天津社会科学出版社 2003 年版。

55. 李泽厚:《中国近代思想史论》,人民出版社 1979 年版。

56. 李振霞主编:《当代中国十哲》,华夏出版社 1991 年版。

57. 梁漱溟:《中国文化要义》,学林出版社 1987 年版。

58. 林毓生:《中国传统的创造性转化》,生活·读书·新知三联书店 1988 年版。

59. 列文森著,郑大华、任菁译:《儒教中国及其现代命运》,中国社会科学出版社 2000 年版。

60. 刘大钧:《周易概论》,齐鲁书社 1988 年。

61. 刘鄂培:《综合创新——张岱年先生学记》,清华大学出版社 2002 年版。

62. 刘鄂培、衷尔钜:《张岱年研究》,清华大学出版社 2004 年版。

63. 罗素:《西方哲学史》,商务印书馆 1988 年版。

64. 吕希晨、王育民:《中国现代哲学史 1919—1949》,吉林人民出版社 1984 年版。

65. 楼宇烈、张西平:《中外哲学交流史》,湖南教育出版社 1998年版。

66. 蒙培元、任文利:《国学举要》(儒卷),湖北教育出版社 2002年版。

67. 蒙培元:《情感与理性》,中国社会科学出版社 2002 年版。

68. 蒙培元:《中国哲学主体思维》,人民出版社 1993 年版。

69. 蒙培元:《理学范畴系统》,人民出版社 1989 年版。

70. 庞朴:《儒家辩证法研究》,中华书局 1984 年版。

71. 钱穆:《现代中国学术论衡》,生活·读书·新知三联书店 2001年版。

72. 商戈令:《道德价值论》,浙江人民出版社 1988 年版。

73. 上海文艺出版社编:《反思传统与价值》,上海文艺出版社 1991年版。

74. 上海中西哲学与文化比较研究会编:《中西文化与 20 世纪中国哲学》,学林出版社 1998 年版。

75. 司马云杰:《文化价值论》,山东人民出版社 1990 年版。

76. 舒衡哲:《张申府访谈录》,李绍明译,北京图书馆出版社 2001年版。

77. 唐君毅:《文化意识宇宙的探索——唐君毅新儒学论著辑要》,中国广播电视出版社 1992 年版。

78. 唐明邦、程静宇:《中国古代哲学名著选读》,武汉大学出版社 1988 年版。

79. 田文军:《冯友兰传》,人民出版社 2003 年版。

80. 田文军:《冯友兰新理学研究》,武汉出版社 1990 年版。

81. 王路:《走进分析哲学》,生活·读书·新知三联书店 1999

年版。

82. 王善博:《追求科学精神——中西科学哲学比较与融通的哲学透析》,广西人民出版社 1996 年版。

83. 王玉樑:《当代中国价值哲学》,人民出版社 2004 年版。

84. 韦政通:《中国文化概论》,岳麓书社 2003 年版。

85. 吴根友、欧崇敬、王立新:《中国哲学的创造性转化》,云南人民出版社 2004 年版。

86. 夏甄陶:《中国认识论思想史稿》(上卷),中国人民大学出版社 1992 年版。

87. 萧萐父、李锦全:《中国哲学史》(上、下卷),人民出版社 1983 年版。

88. 萧萐父:《吹沙集》,巴蜀书社 1991 年版。

89. 萧萐父主编、郭齐勇副主编:《熊十力全集》,湖北教育出版社 2001 年版。

90. 徐水生:《中国古代哲学与日本近代文化》,(台北)文津出版社 1993 年版。

91. 薛德震:《人的哲学论说》,中国社会科学出版社 2004 年版。

92. 严正:《儒学本体论研究》,天津人民出版社 1997 年版。

93. 殷海光:《中国文化的展望》,上海三联书店 2002 年版。

94. 余英时:《文史传统与文化重建》,生活·读书·新知三联书店 2004 年版。

95. 余英时:《中国思想传统的现代诠释》,江苏人民出版社 2003 年版。

96. 余英时:《士与中国文化》,上海人民出版社 2003 年版。

97. 张申府:《所忆》,中国文史出版社 1993 年版。

98. 张申府:《张申府学术论文集》,齐鲁书社 1985 年版。

99. 张岱年、汤一介等:《文化的冲突与融合——张申府、梁漱溟、汤用彤百年诞辰纪念文集》,北京大学出版社 1997 年版。

100. 张岱年、成中英等:《中国思维偏向》,中国社会科学出版社 1991 年版。

101. 张岱年著,林大雄整理:《张岱年学述》,浙江人民出版社 1999 年版。

102. 张立文:《中国哲学范畴发展史》(天道篇),中国人民大学, 1988 年版。

103. 张立文主编:《理》,中国人民大学出版社 1991 年版。

104. 张立文:《宋明理学研究》,人民出版社 2002 年版。

105. 张立文:《和合哲学论》,人民出版社 2004 年版。

106. 张立文:《和合学概论——21 世纪文化战略的构想》,首都师范大学出版社 1996 年版。

107. 张世英:《哲学导论》,北京大学出版社 2002 年版。

108. 张耀南、陈鹏:《实在论在中国》,首都师范大学出版社 2002 年版。

109. 郑家栋:《断裂中的传统》,中国社会科学出版社 2001 年版。

110. 中国现代哲学史研究会编:《中国现代哲学与文化思潮》,求实出版社 1989 年版。

张岱年哲学思想研究综述

　　张岱年(1909—2004)是20世纪中国哲学史上卓然独成一家、有着重要影响的哲学家、思想家、国学大师。张岱年1909年出生于河北沧县,1933年毕业于北平师范大学。历任清华大学助教,中国大学讲师,清华大学副教授、教授,北京师范大学教授,北京大学教授、博士生导师,中国哲学史学会会长、中国文化书院名誉院长、中华孔子学会会长。主要著作有《中国哲学大纲》、《中国哲学发微》、《中国哲学史方法论发凡》、《中国伦理思想研究》、《真与善的探索》、《文化与哲学》等。1996年出版的气势恢弘的《张岱年全集》(第1—第8卷)收录了张岱年从1931到1995年撰写的文章和论著,共计超过了四百万字。这一数字还不包括张岱年从1996年到2003年发表出版的其他成果。在长达七十多年的哲学研究和探索中,张岱年给我们留下了蔚为壮观的学术成果。总的来看,张岱年的学术研究主要分三个方面:一是中国哲学史的阐释;二是哲学问题的探索;三是文化问题的研讨。在文化研究方面,他提出了"综合创新论",在20世纪后期在中国哲学、文化界有着广泛的影响。从20世纪80年代起,国内的哲学史学者、文化学者对张岱年宏富博大的哲学体系和生平学术从不同的侧面、不同的层次进行了研究。据笔者粗略统计,从20世纪80年代起到

21 世纪年初约 20 年左右的时间,共计有 180 多篇文章。这些文章或论著对于我们深入研究张岱年哲学思想、了解 20 世纪中国哲学的发展历程不无启迪之处。

一、张岱年哲学思想研究的历史现状与概况

青年时代的张岱年就立下了学术救国之志,深入研究古代哲学典籍,博览西方现代哲学文献。在其兄张崧年的指导下,他大量研读英国哲学家罗素、摩尔、怀特海的哲学著作,分析哲学的方法和理论成为张岱年的研究方法和思想的重要来源。同时,张岱年阅读了马克思和恩格斯的著作以及其他的唯物主义哲学的译著,认识到"辩证唯物论和历史唯物论是当代最有价值的学说"。在 20 世纪 20 年代至 30 年代中期,先后写了《先秦哲学中的辩证法》、《秦以后哲学中的辩证法》、《关于新唯物论》、《辩证唯物论的知识论》、《辩证唯物论的人生哲学》、《论外界的实在》、《谭理》等重要的哲学论文。1931 年当张岱年发表《关于老子年代的假定》一文,冯友兰竟然把二十多岁的张岱年当成了"一年长宿儒",并评价张岱年是"好学深思"之士,许诺其堂妹与张岱年先生订婚,共结秦晋之好。冯友兰可以说是最早慧眼识珠的人,他不仅看中了张岱年的人品天资,更重要的是敏锐地观察到了青年张岱年在哲学上的发展前途。受张崧年"列宁、罗素与孔子,三流合一"思想的影响,张岱年提出了"文化综合创新"的思路:今后哲学一个新路,当是将唯物、理想、解析综合于一。在方法论上,他将唯物辩证法与形式逻辑的分析方法综合起来;在理论上,他将现代唯物论哲学与中国古代哲学的优秀传统结合起来。第一次系统梳理了中国古代哲学的唯物论思想,阐发了中国的辩证法思想,显扬了中国人本思想,而且作出了以马克思主义哲学观点解释社会人生的

尝试。这种将辩证法与逻辑解析法创造性地结合的方法受到了中国哲学界的重视,孙道升在《现代中国哲学界之解剖》①中把张申府、张岱年兄弟的哲学理论称之为"解析法"的新唯物论,并给予很高的评价:"此派具有批判的、分析的精神,其作品在新唯物论中,可谓最值得注意的,最有发展前途的"。孙道升的评价可以看成是对张岱年哲学思想的最早的客观评价。

20世纪30年代中期至40年代,中华民族正值生死存亡之际,"应付此种危难,必要有一种勇猛宏毅能应付危机的哲学。此哲学必不是西洋哲学之追随模仿,而是中国固有的刚毅宏大的积极思想之复活,然又必不采新孔学或新墨学的形态,而是一种新的创造。"1935—1936年,张岱年用两年的时间写成50万字的《中国哲学大纲》,以哲学问题为纲,分别叙述其源流发展,以显出中国哲学的系统条理,具有较高的学术品位,为学界所公认。1942—1944年间,张岱年以振奋民族精神为己任,先后著成《哲学思维论》、《知实论》、《事理论》和《品德论》等书稿,分别论述了对立统一规律、形式逻辑定律、唯物论和人生观,初步形成了自己的一个完整的哲学结构,而成为20世纪成一家之言的哲学家。孙道升在《现代中国哲学界的解剖》一文中,把张岱年的哲学思想称为"解析法的新唯物论","意为把解析法输入于新唯物论中",而"新唯物论亦称辩证唯物论"。② 苏渊雷在1936年给张岱年的信中,也称赞其理论是"尊论谓以新唯物论为本,先求唯物与理想二义之结合,而兼综解析法,以此求一真的可信有为的哲学,能作生活之

---

① 《国闻周报》1935年,第12卷45期。

② 参见郭湛波:《近五十年中国思想史》,北平人文书局1936年版,第402页。

指导的哲学……"由于历史的屈曲、"文革"时期人妖颠倒的年代，直到20世纪80年代有关张岱年哲学思想的研究才迟迟展开。

《综合与创造——论张岱年的哲学思想》是研究张岱年哲学思想的第一部专著。20世纪80年代范学德花了两年多时间，置身于图书馆，查阅了当时所有张岱年的全部论文和著作，终于写出了该专著。该书由教育科学出版社于1989年出版。全书共十三章：第一章"无穷的探索"，涉及的是张岱年哲学上的综合创造；第二章"介绍新'唯物论'"，涉及外界的实在、辩证唯物论的人生哲学等内容；第三章"唯物论、理想论、解析法的综合"，探讨了"哲学上一个可能的综合"、"分析的新唯物论大纲"等内容；第四章"中国哲学中死的与活的"，厘明了中国哲学固有的条理系统；第五章"'两一'、'反复'"，具体分辨了张岱年辩证法提到的两个基本概念；第六章"离识有境"，反驳了人在认识之外无独立存在的外在世界，而肯定外在世界独立存在，坚持了唯物论的基本观点；第七章"天下为器、理在事中"，强调了张岱年认为的事、理、物俱为实有，并说明"事为根本、理在事中"；第八章"生与义"，涉及的是张岱年提倡了"兼和"、"充生达理"的人生观；第九章"天人之际"，论述了张岱年的"天人之学"；第十章"救弊补偏"，提及的是哲学应该坚持一定的阶级观点；第十一章"好学深思，心知其意"，探讨的是文化体系分析法和理论分析法；第十二章"养新德、起新知"，涉及的是张岱年的道德观；第十三章"中华精神"，提出中华民族的基本精神是"自强不息、厚德载物"。该书的优点是对于张岱年的哲学思想讨论的面非常广，梳理有条有理，分析客观，但由于张岱年哲学的研究还处于早期阶段，可供参考的资料不多，故在深度上还有待进一步完善。然而，范学德高度概括了张岱年的哲学思想和文化学术观，是对张岱年哲学思想作出公允、系统评价的第一人。从这一点上看，确实十分难能可贵。

1983 年 12 月 30 日下午，北京大学哲学系举行"冯友兰先生从教六十周年、张岱年先生从教五十周年庆祝会"。会上，北京大学哲学系主任黄楠森、清华大学副校长赵访熊、北京大学校长张龙翔先后致辞，向两位先生祝贺。他们在讲话中共同回顾并热情赞扬了两位先生半个世纪以来，一直投身于中国哲学方面的教学和科研工作，在批判和继承、整理和发扬我国固有的文化遗产，在建立和发展中国哲学史学科以及为祖国培养人才等方面，作出了不懈的努力和积极的贡献。的确，张岱年同冯友兰一样，在弘扬传统文化方面，在中国哲学作为一门独立学科的建设中，既有论又有史；在奖掖和培养后学方面，诲人不倦，"桃李不言，下自成蹊"。作为一个哲学家和哲学史家，人们把张岱年和冯友兰称为 20 世纪后期中国哲学史上的"双子星座"。

1991 年，中央党校的李振霞编撰的《当代中国十哲》（华夏出版社）一书，论述 10 个学者，其中收入的哲学家依次有李达（1890—1966）、杨献珍（1896—1993）、艾思奇（1910—1966）、梁漱溟（1893—1988）、冯友兰（1895—1990）、熊十力（1885—1968）、贺麟（1902—1992）、金岳霖（1895—1984）、张岱年（1909—2004）、胡适（1891—1963）。10 位哲人的排列顺序"只好大体上以他们在哲学领域出场的先后和地位，作了现在这样的安排"。10 位哲人中张岱年是最年少的一个，也是十哲中最后离世的一哲。无论如何，这也表明张岱年在当代中国哲学界应有的地位。

1995 年 12 月 28 日至 30 日由澳门中国哲学会主办、中国社会科学院哲学研究所协办的"综合创新文化观研讨会"在澳门举行。中国大陆和澳门、香港地区的三十多位学者与会。新华社澳门分社宣传文体部张栋处长、澳门文化司魏美昌副司长、澳门基金会顾

问冯少荣和澳门文化教育界多位著名人士莅临开幕式。与会学者
们对张岱年早在 20 世纪 30 年代就提出的综合创新文化观的内涵
和意义进行了深入广泛的讨论,充分肯定了综合创新文化观的学
术价值和现实意义①。有的学者指出:"综合创新文化观对传统
'体用说'的最根本的突破,是抛弃了中西对立、体用二元的思考
方式,主张以平等的态度、求真理的诚心对待中学和西学。"有的
学者指出:"综合创新文化观较好地解决了真理观和价值观的统
一问题,只有坚持真理尺度,才能克服'中体西用论';只有坚持合
理的价值尺度,才能克服全盘西化论和'西体中用'论。"与会的学
者们认为,不仅要在理论上注重切磋综合创新论,更重要的是在实
践上进行综合创新。讨论会结合张岱年在这方面所做的开拓和尝
试进行了总结。与会学者们认为,人类文化都是推陈出新、综合创
新的。张岱年的综合创新论既是对人类文化发展规律的总结,也
体现了当前人类文化发展的趋势。因此,张岱年的文化观将对中
国文化和世界文化产生重要的影响。

　　1996 年,河北人民出版社出版了《张岱年全集》(以下简称
《全集》)。《全集》记录了张岱年 65 年(1931—1996)的学术足迹。
第 1 卷为 30 至 40 年代所写的论文和杂著;第 2 卷为《中国哲学大
纲》;第 3、4 卷为 40 年代至 80 年代所写的专著;第 5、6 卷为 50 年
代至 80 年代发表的论文;第 7 卷为 1990 至 1995 年所发表的论
文;第 8 卷为读书札记、回忆短文、为其他学者写的序跋等。《全
集》的出版不仅引起了国内外媒体的广泛关注,而且一个哲学家
在世时即出版了个人全集在中外哲学史上可谓是凤毛麟角。《全
集》是研究张岱年思想不可缺少的工具,它所涵盖的翔实而全面

---

① 　参见《哲学研究》1996 年第 3 期。

的文献,对我们把握张岱年的哲学体系可起到毕其功于一役的
作用。

1999年,林大雄整理的《张岱年学术》由浙江人民出版社出
版。该书以张岱年口述,林大雄采访笔录的形式叙述了张岱年的
家庭身世、求学历程、学术生涯,并附录了张岱年的平生思想述要、
年表(到1997年止)和主要著作目录。这本小册子是一个了解张
岱年生平的小型回忆录,它简明、扼要地对张岱年的生平作一鸟瞰
回顾。但是,其中主要内容在出版的《张岱年全集》(第8卷)中已
经收录。同年,秦英君在其所著的《当代中国哲学思想史》(河南
大学出版社1999年版)的著作中,在第五章"张岱年的哲学思想"
中拨出一章专门讨论其哲学思想,主要有"生平与著作"、"前期思
想回顾"和"50年代以来的哲学思想"几个部分。其中,对张岱年
有关中国哲学史的研究,讨论得比较具体和详细。

为了庆祝张岱年先生90寿诞和学术活动70年,北京大学哲
学系于1999年5月在北京大学举办了"庆祝张岱年先生90寿辰
学术讨论会"并编辑出版了《中国哲学的诠释与发展——张岱年
先生九十寿庆纪念文集》(北京大学出版社1999年版)。季羡林
在该书的《序》中说:"张先生是哲学家,对于中国哲学史的研究有
湛深的造诣,这是学术界的公论……独对于先生的为人,则心仪已
久。他奖掖后学,爱护学生,极有正义感,对于任何人不阿谀奉承,
凛然一身正气,又决不装腔作势,总是平等对人。这样多的品质集
中到一个人身上,再加上真正淡泊名利,唯学是务,在当今士林中,
真堪为楷模了。"该书对张岱年的学术思想和成就作出了高度的
评价:"在哲学上,张先生是中国现代少数自成一家之言的哲学家
之一;在中国哲学史研究领域,他的著作等身,造诣甚深;在文化问
题的研讨方面,他提倡'综合创新论'的文化观,产生了很大的影

响。他不仅是北京大学,也是中国当代文化界的德高望重的学术大师。"在研讨会上,学者们提交了 6 篇研究张岱年哲学思想的论文,依次是:刘鄂培《试论张岱年先生哲学体系的建立》、衷尔钜《中国哲学的理论创新——张岱年先生的辛勤探索》、李存山《气论与新唯物论——张岱年先生哲学思想述评》、许抗生《张岱年先生的孔、老思想研究》、王东《张岱年综合创新论求索》以及刘仲林《张岱年"知本达致"思想初探》。围绕张岱年哲学体系的建立、新唯物论的观点、综合创新论以及张岱年在孔子、老子研究方面所取得的成就展开论述。

2002 年 4 月,刘鄂培任主编的《综合创新——张岱年学记》由清华大学出版社。著名学者季羡林在该书的"序言"中高度评价了该书说:"这是一本研究当代中国哲学思想的专著,一本有较高学术价值的好书。"该书是一本研究张岱年哲学思想的力作。全书共 16 章,分为四篇:一、哲学思想;二、综合创新;三、生平著作;四、文化访谈。其中第一、二篇全面深入地探讨了张岱年哲学思想和文化观,并结合 20 世纪中华思想文化进行阐发。第三篇涉及的是张岱年家庭影响、学术渊源、学术的心路历程。第四篇的文化访谈以刘仲林提问,张岱年回答的方式,让人身临其境地感悟张岱年铸造新中华精神、建设新中华文化的见解。该书指出张岱年哲学的理论基础是辩证唯物论,而新唯物论是"接着"气论讲的;发掘和整理中国古代辩证唯物论是张岱年哲学思想的独特贡献;"兼和"是张岱年哲学思想的精髓。成型于 20 世纪 80 年代的"文化综合创新论"是 30 年代所提出的"文化综合创造论"的升华和完善。80 年代,张岱年根据时代的变化正式提出他的"文化综合创新论",其目的是建设具有中国特色的社会主义新文化,为中国文化的发展探索出一条新路。不仅如此,张岱年的"文化综合创新论"体现了中国思想发展的基本规律。该书引人注目的观点是，张岱年所倡导的"文化综合创新论"在实质上代表了中国哲学现代化、中国文化现代化的思想主潮。在 20 世纪 90 年代以前，人们很久以来忽略了张岱年哲学的独创性。可以说该书是找回了历史的真实，"即找回了张岱年在'五四'以来中国文化发展史和哲学发展史上的真实地位"①。该书在谈到综合创新的要旨时，认为"综合创新"是中国文化的一个传统：第一次中国思想史的"综合创新"是春秋战国孔孟仁学的建立，第二次"综合创新"是西汉——黄老之学和董仲舒的新儒学；第三次"综合创新"是在佛教中国化的基础上，两宋理学的建立，确实有闪光之处。参加《综合创新——张岱年先生学记》撰稿的学者有刘鄂培、衷尔钜、李存山、王东、程刚、杨君游、羊涤生和刘仲林。撰写人数易其稿，一改再改，力求全面完整地审视和挖掘张岱年丰富的哲学思想和蕴藏的文化内涵。可以说，他们较好地做到了这一点。就阐发的深度和引证材料的规范性来看，该书超越了以前出版的有关张岱年思想研究的著作，可以看作是张岱年哲学思想研究的里程碑式的作品，它的出版引起了学者们的广泛关注。

2004 年 5 月 16 日，"纪念张岱年先生诞辰 95 周年暨中国文化综合创新学术研讨会"在北京召开。来自海内外的百位专家、学者参加了由清华大学人文学院主办的这次会议。此次会议原本是准备庆祝张岱年 95 寿辰暨学术研讨会，但不料张岱年于 4 月 24 日急遽驾鹤西去，因而这次研讨会成为张岱年逝世后的第一次张岱年学术思想研讨会。学者们指出，身为 20 世纪我国著名哲学家、国学大师，张岱年在百年中国思想文化和哲学发展中作出了重

---

① 参见王兴国：《找回历史的真实》，《船山学刊》2003 年第 2 期。

要贡献。他为我国教育和哲学理论界培养了大量人才。他从 20世纪 30 年代开始，就以唯物论哲学为基础重新诠释中国哲学，建立了以范畴和问题为中心的中国哲学研究范式；他所提出的"文化综合创新论"至今仍有重要的现实意义。① 大会出版了由刘鄂培、衷尔钜编写的《张岱年研究》(清华大学出版社 2004 年版)，该书收录了许多知名学者如冯友兰、李学勤、张岂之、方克立、陈来、刘鄂培、钱逊、李存山、王中江等人研究张岱年哲学和学术思想的四十多篇论文，其中包括 1995 年 12 月 28 日至 30 日在澳门由澳门中国哲学会主办、中国社会科学院哲学研究所协办的"综合创新文化观研讨会"上学者们提交的部分论文。尽管编者在"编后"中说明"《张岱年研究》是从 1984 年至 2004 年在报刊上已经发表的文章中选出来的。由于篇幅所限，仍有不少佳作，只能忍痛割爱了"。事实上，《张岱年研究》所收集的论文写作的时间跨度准确地说是从 1994 年到 2003 年这 10 年间，尽管如此，它是海内外对张岱年研究的最有代表性的最新成果和精华。它不仅加深了学者们对张岱年学术成就的理解，而且通过它还可以前瞻中国哲学、文化发展的未来。

综观 20 世纪 80 年代开始到现在为止的二十多年时间，笔者认为，有关张岱年哲学思想研究大致可以分为三个时期：1982—1992 年为第一个时期，这一时期主要研究张岱年的中国哲学史；1993—2003 年为第二个时期，这一时期主要探讨张岱年的哲学思想和文化思想；2004 年至今为第三个时期，这一时期主要是张岱年逝世后的有关回忆、悼念和综合性的文章、专集。这种划分只是个粗线条，其中可能有交叉重叠的部分。从 20 世纪 80 年代起，研

---

① 参见《人民日报》2004 年 5 月 17 日第 11 版。

究张岱年哲学思想的主要学者有刘鄂培、衷尔钜、方克立、陈来、钱逊、李存山、王东、郭齐家、刘笑敢、范学德、刘仲林、王中江、羊涤生、钱耕森、游唤民、许抗生等人。以下，笔者试图为有关研究张岱年哲学思想的不同范围罗列几条发展主线，同时也注意理顺研究文章和著作发表的时间顺序和大致脉络。

二、有关张岱年哲学史方面的研究和评价

1982年包遵信在《读书》杂志第11期发表了《张岱年〈中国哲学史史料学〉读后》，这篇文章可以看成是系统研究张岱年哲学思想之滥觞。张岱年的《中国哲学史史料学》于1982年由生活·读书·新知三联出版社出版。《中国哲学史史料学》是继冯友兰《中国哲学史史料学初稿》之后有关中国哲学史料学的开创性著作。包遵信认为，中国哲学史的有关资料散布于浩如烟海的经、史、子、集之中，张岱年通过评述群籍，从经注、史论、文集中挖掘出宝贵的资料，加以提纲挈领地整理编排，实在是对中国哲学史的一大贡献。包遵信说："这样做不但会推动中国哲学史的研究，甚而也会促进'中国哲学史史'一课的建立"。张岱年的《中国哲学史史料学》对中国哲学史的史料作了全面的调查，考察各种史料的来历，确定其作为真实史料的价值，确定史料的年代，鉴别其真伪，并对有关史料作出客观的评估，为学者、后学做了一件功德无量的好事。"这些内容对于开拓后学的眼界，无疑是有益的，内容详略不只是形式上分量多少的问题。我认为它也从一个方向反映了中国哲学史研究和50、60年代相比，深度和广度都有了相当的变化。"包遵信认为张岱年的《中国哲学史史料学》不仅规范了中国哲学作为一个学科的范式，而且深化了中国哲学史的研究。

1983年1月方立天在《人民日报》上发表了《第一部中国哲学

范畴史——评张岱年〈中国哲学大纲〉评述》；接着，又在《中国哲学史研究》上发表了《一部富有生命力的著作——再评张岱年〈中国哲学大纲〉》。张岱年的《中国哲学大纲》于1982年由中国社会科学出版社再版，作为张岱年早期的代表作，它完成于1936年，经过了22年的曲折经历才于1958年由商务印书馆出版，又经历了无数政治风波之后于1982年再版。在《一部富有生命力的著作——再评张岱年〈中国哲学大纲〉》一文中，方立天说："《大纲》经历了一代人的长期考验，证明它是富有生命力的。一部有学术价值的著作，终究会持久地引起学人的注目。事实上，它还引起国外学者的重视，日本学者泽田多喜男先生把《中国哲学大纲》译成日文，这不仅表明张著的学术价值，重要的是为中外学术交流增添了新的内容。"通常撰写哲学史的方法是以人物为主，张岱年的《中国哲学大纲》则明确将哲学史与哲学加以区分，以中土哲学问题为经，以思想发展为纬，从横的方面，以一种现代知识的形式，重新展示了中国哲学自身的问题意识、致思方式、内在结构和旨趣，同样具有发凡起例之功，因而可以称之为《中国哲学问题史》。方立天认为，从内容上看，张岱年的《中国哲学大纲》有如下的特色：其一，重视阐发唯物主义思想传统；其二，重视阐发辩证思想传统。此外，张岱年在整理中国古代辩证思想传统时，还特别注意具体分析。例如，对《庄子·天下篇》所载辩者学说21事的分析评价，作者基本肯定，在肯定中有否定。与此同时，方立天还指出了一些瑕不掩瑜的缺点，例如把中国哲学史中的佛教当作"客流"而全部略去，使中国哲学史失去了有机的部分；在宇宙论、人生论和致知论中，有关致知论的论述不到五分之一，未预充分展开等。

徐敏在1983年第3期《哲学研究》发表了《求实、谨严、精辟——读张岱年同志的〈中国哲学发微〉》一文。《中国哲学发微》

由山西人民出版社在1981年出版,主要探讨了中国哲学史的研究范围和研究方法。徐敏认为:"该书的一个显著特色,就是作者治学的求实的精神。此书不仅探索了中国哲学和世界各国哲学发展的普遍规律,而且特别注意研究中国哲学的特殊规律和它的独特形式。"徐敏还认为《中国哲学发微》的不足之处是它主要讨论的是古代哲学,对现代哲学存而不论,但无损于此书作为一部思想丰富、见解深刻的书。

1984年张岱年的高足刘笑敢在《哲学研究》第8期发表了《读〈中国哲学史方法论发凡〉》。从1979年起,张岱年就开始为北京大学哲学系硕士研究生讲授"中国哲学史方法论"课程,该书是根据讲课内容整理成书,由中华书局于1983年出版。刘笑敢指出了张岱年研究中国哲学史方法坚持了三点:第一,马克思主义关于"中国基本问题"与"哲学基本派别"的论断也适用于中国;第二,唯物主义的基本原则是实事求是,在研究哲学史料的基础上,我们必须对具体问题具体分析;第三,要明确肯定中国自周秦以来有一个唯物主义的传统,必须理解中国古代唯物论的理论内容,充分认识其历史价值。1986年《华东师范大学报》第1期登载了张岱年、任继愈等人的文章,主要谈中国哲学史研究趋势,张岱年的文章认为中国哲学史研究应该开拓新的领域,向广度、深度进军。张岱年、陈来、葛荣晋、许抗生、周桂钿、李明友、李存山、余敦康、辛冠洁在《中国哲学史研究》1987年第1期发表了《中国哲学史上关于人的价值观问题笔谈》。很显然,张岱年在80年代非常重视挖掘中国传统文化的价值观念,并且首次提出传统文化中的"贵"相当于现代的价值。1987年第1期发表的文章和作者是:张岱年《中国哲学关于人生价值的思想》、陈来《中国传统哲学价值观的类型和特点》、葛荣晋《中国哲学对人的类价值的探讨》、许抗生《对孔子有关人的价值学说的几点看法》、周桂钿《儒家之"人"与人的价值》、李明友《从理欲之辨看儒家的人生价值观》、李存山《儒家的理想人格与其理想人格的分裂》、余敦康《人的价值思想的普遍哲学意义》、辛冠洁《人的价值三议》。这一系列文章有一个共同点：作者中大都是张岱年的弟子且讨论的主题相同。研究张岱年的价值观思想，不可不了解这些文章的内容。刘宏章、范学德在《孔子研究》1987年第3期发表了《不倦的探索——论张岱年同志近年来对中国哲学史的研究》一文，指出结合中国文化来研究中国哲学史是张岱年研究中国哲学史的一个特点，另一个特点是张岱年把价值观作为中国哲学史研究的核心而予以重新评价，其贡献是打破了研究哲学史的僵化模式，开拓了中国哲学史研究的新领域。

围绕张岱年伦理思想研究的讨论还没有结束。张岱年所著的《中国伦理思想研究》是张岱年80年代中期撰写的一部关于中国哲学中伦理思想方面的重大问题的评析和研究方法论的专著。全书以问题为纲，共分十二章，另有附录两篇。杜寒风于1990年在《河北师院学报》第4期发表了《传统伦理价值的再发现——评介张岱年先生的〈中国伦理思想研究〉》。该文是对张岱年于1989年5月由上海人民出版社出版的《中国伦理思想研究》的书评，认为自1983年张岱年发起研究中国哲学史中的伦理思想以来，《中国伦理思想研究》总体上把握了中国伦理思想的脉络，对伦理史上的重要理论问题作了具体的分析，对伦理中的修养方法和修养境界作了独特的阐发。杜寒风认为，张岱年的《中国伦理思想研究》的出版不仅是对传统伦理思想的再发现，而且对研究中国伦理史有着积极的意义。张岱年既反对盲目崇古，又反对历史虚无主义，这种精神堪称是研究中国传统文化中实事求是学风的一个典范。可以看出，当时研究伦理学是一个热点。而这场对于伦理学讨论的动力来自于张岱年发表的有关伦理学的论文和著作。例如,熊坤新在《贵州大学学报》1991年第1期也发表了研讨张岱年伦理著作的文章——《一部关于中国伦理思想史方法论研究的专著:略评张岱年先生的〈中国伦理思想研究〉》。熊坤新认为,张岱年在中国伦理思想研究方面有许多创新的见解:在伦理学基本问题方面、在道德的阶级性与继承性方面、在"义利"与"理欲"之辨方面都有新的观点。该书的出版在学术界引起了很大的反响,学者们给予高度评价。在张岱年的鼓励下,后来熊坤新写了《民族伦理学》由中央民族大学出版社于1997年出版,张岱年为之作序。张岱年对国内的伦理学研究者的影响由此可见一斑。

在评价张岱年研究唯物论方面的论文,有予矛、王吉所写的《奏响主旋律,弘扬民族魂——简评〈中国唯物史〉的学术成就》,载于《甘肃社会科学》1994年第5期。予矛、王吉认为,中国哲学史源远流长,博大精深,而唯物主义代表这一源流的主旋律。虽然过去有不少哲学史著作,但等到新中国成立初才出版了一本论述唯物主义的纲领性的论著。张岱年主编的《中国唯物论史》以丰富、翔实、新颖的资料,以客观求实中肯的评述,将中国哲学这一主题思想,推到广大著者面前。予矛、王吉还认为《中国唯物论史》的出版有它的现实价值,而此书不足之处是有些地方考证过长。游唤民在《船山学刊》1995年第1期也撰写专门评价了张岱年的《中国唯物论史》。游唤民认为,张岱年主编74万字的《中国唯物论史》是我国第一部唯物论发展史,因而具有开拓性。它展示了中国唯物论的发展历程,揭示了中国古代唯物论发展的历史进程和基本特征,贯穿着马克思主义的方法论。它的出版,是我国哲学界研究的巨大成果,标志着中国哲学史的研究进入了一个新的阶段,其影响是深远的。戴斗勇在《中国社会科学》1995年第2期发表了《中国哲学传统的主流》的文章。戢斗勇指出,近十年中国实行改革开放,国内学术界对唯物主义传统的研究虽有较大进步,但仍失之零散。张岱年主编的第一部系统论述中国唯物论传统的巨著,列出了自先秦至近代唯物论哲学家八十余人,不仅突出了大多数学者认可的唯物主义哲学家如荀子、韩非、王充、王安石、张载、罗钦顺、王廷相、王夫之、孙中山等,而且还吸收了近年发掘的哲学家,如宋应星、吴廷翰等。"该书还将视野扩展到哲学本体论之外的广阔领域,发掘了古代兵家、农家和医学、天文学等自然科学以及无神论中新材料,从而使中国唯物论史展示了新的面貌:一方面突破了前人将孔孟老庄等看作是唯心主义哲学家,将程朱理学拒之于无神论大门之外的机械论,阐述了孔孟老庄的天人观、认识论、无神论中的唯物主义思想,专列了'程朱理学中的无神论观点'一章。"不仅如此,该文认为,张岱年主编的《中国唯物论史》还从文史技兵等方面发掘了许多一般哲学史书难以论及的哲学家,如公孟子、曹植、刘劭、刘峻、朱世卿、邢劭、李华、崔憬、刘知几等人,因而丰富了中国唯物论史研究的范围,具有创新性。

张风莲撰写了《独辟蹊径,综合创新——张岱年先生对中国哲学史的研究》一文,载当代哲学丛书编委会编《今日中国哲学》(广西人民出版社1996年版)。张风莲的观点是,张岱年在中国哲学史的研究领域独树一帜地提出了前人所未注意到的问题,开拓了中国哲学史研究的新领域,表现了大胆探索的精神,堪称中国哲学史研究的先行者。其《中国哲学大纲》成为中国哲学史界第一部从哲学问题史的角度,全面、系统地显示中国哲学理论体系的著作。张风莲认为张岱年是中国哲学的开拓者,主要体现在以下几个方面:1. 重视中国古典哲学的理论体系探索;2. 重视中国古典哲学的概念范畴的意义演变,在哲学界引发了一场关于古典哲学概念范畴讨论的热潮;3. 重视发扬中国古典哲学中的唯物论与辩证法思想;4. 重视对中国古典哲学中的理论思想的研究,提出了新观点;5. 重视对中国古典哲学中价值论的研究。"不仅做一个优秀的哲学史家,而且做一个杰出的哲学理论家,推动当前中国哲学理论的发展,是张岱年先生多年来所追求的",在哲学理论和文化综合创新论上,他也有自己系统的见解。

刘墨在《中国图书评论》1996 年第 5 期,也就张岱年的中国哲学史研究方面的成果发表了《中国哲学的分析与综合之路——读张岱年先生的〈中国哲学大纲〉》。自胡适 1919 年写出《中国哲学史大纲》上卷以来,到了 20 世纪 30 年代中国哲学史的研究便有了冯友兰的《中国哲学史》等一批力作。而张岱年的《中国哲学大纲》是以中国传统哲学"问题"为纲,全面展示中国哲学概念、范畴之内蕴。它是研究中国古典哲学无法绕开的一本书,是中国哲学从传统走向现代必须研读的著作。张岱年在宇宙论、人生论和致知论(包括方法论)方面的开拓性是有目共睹的。"张岱年先生不仅是哲学史家,而且是哲学家,他主张的哲学在认识论上是唯物的,在人生论上是理想的,在方法论上是分析的,完美的结合,恰是张先生此书所以成功的基础。"刘墨认为,像早已成名的一流学者梁启超、胡适、冯友兰、钱穆、罗根泽、顾颉刚等人一样,张岱年早在 30—40 年代就有所建树,毋庸置疑,他的哲学史观、哲学思想属于 20 世纪现代学术思想的主流。关于《中国哲学大纲》,牟宗艳在《文史哲》2002 年第 3 期发表了《张岱年先生的〈中国哲学大纲〉》的文章。牟宗艳指出,张岱年的《中国哲学大纲》既不是按照学案体,也不是按照通史体,而是按照问题解析体来进行叙述。它第一次把中国哲学系统化、条理化,辨别了中国哲学发展的基本倾向。同时,它也是一部中国哲学范畴史,如该论著把太极、阴阳、气、理、心、两一、大化、仁、无为等许多概念进行剖析。虽然自《中国哲学大纲》写成已经过去了半个世纪，但其学术开创性地位仍为学者所共识。

2004 年 8 月 10 日，周德丰、陆信礼在《光明日报》上发表了《20 世纪中国哲学史研究的三种模式》的文章。他们提出，20 世纪以来中国哲学史研究大致存在如下三种模式：1. "本土化模式"；2. "西方化"的研究模式；3. "中西结合"的研究模式。冯友兰、张岱年是"中西结合"模式的代表人物，并且认为"中西结合"模式是较为合理的研究模式。"因此，作为新世纪中国哲学史的研究者应该具备更广阔的世界哲学的视野，走中西结合的研究道路"。

三、有关张岱年哲学理论及学术思想方面的研究

张岱年的哲学体系既有哲学史方面的研究组成，又有哲学理论方面的建树和开创，是其哲学思想的有机组成部分，如同车之两轮、鸟之两翼。本部分的叙述将采用时间线性和研究张岱年的主要人物为中心的方式，交叉展开。

20 世纪 80 年代后期，范学德可以说是最早系统地对张岱年的哲学理论及学术思想进行研究的学人。范学德在《社会科学辑刊》1988 年第 5 期和《社会科学辑刊》1988 年第 6 期连续发表了两篇论文研究张岱年在 40 年代的辩证思想。范学德认为，详细地解析辩证法的基本概念是张岱年辩证法思想的重要特点。张岱年区别了"同一"与"统一"之间的不同。统一是指相互对立者不相离，同一则是指相互对待着不相异。张岱年的辩证思想的最重要的特色在于，高度重视辩证法所具有的方法论意义。与演绎法和归纳法一样，辩证法是逻辑方法论的三种基本思维方法。张岱年

对于方法论的研究具有开拓性的意义。张岱年关于辩证法的六个基本原则的基本思想，是根据恩格斯、列宁的思想阐述发挥而来的。恩格斯提出，辩证法有三个基本规律，列宁提出，辩证法有16个要素，对立统一是辩证法的核心。根据这些思想，张岱年进一步提出，辩证法有六个基本原则，而以对立统一为第一原则。每一个基本原则有三个要点。这样张岱年提出了辩证法的16个要点。而且，张岱年认为，从辩证法的基本原则可以引出三个基本方法准则，即解析与综合相结合、理论与实践一致、自己衡量。张岱年对"两一"、"反复"等中国古典辩证法的概念作了阐发，实现了创造性的转化。不仅如此，张岱年的辩证法思想的另一个重要价值在于，他成功地把唯物辩证法、中国古典辩证法和逻辑分析方法综合起来，实现了辩证法理论上的一个综合创造。不仅如此，1989年范学德还发表了研究张岱年的长文——《论张岱年哲学思想的形成》①该文认为，早在30年代，张岱年基本上形成了自己的哲学思想并提出了自己思想的基本纲领，他构筑的哲学思想体系属于有创建的新唯物论体系。

同一时期，还有一篇商榷文章：周清泉的《也释张载哲学中所谓神——兼向张岱年同志请教》，载《成都大学学报》（哲学社会科学版）1987年第2期，就张岱年对于张载的"神"的概念进行了质疑。

1990年陈来在《时代与思潮》（第三集）发表了《张岱年及其哲学思想》一文。陈来认为，张岱年的哲学思想可以分为三个方面：哲学理论探究、中国哲学史研究和文化问题研究。虽然张岱年

---

① 载中国现代哲学史研究会编：《中国现代哲学与文化思潮》，求实出版社1989年版。

的学术活动有此三个方面，但张岱年在国内外学术界的崇高地位与影响，主要来自他对中国哲学的研究。

　　这一时期研究张岱年哲学思想的主要人物是中国社科院哲学所的李存山。他于1991年在《中国社会科学》第6期发表了《并非陈迹——张岱年先生早期哲学思想的今日启示》，对张岱年的早期哲学思想进行了钩沉。该文认为，张岱年的早期哲学思想对于当前哲学界和学术界争论的问题，能给人以深刻的启示。如果细读他的著作，会从中有发现许多重要的价值的观点。李存山于1992年发表了《自强不息，创造综合——张岱年先生的学术生涯与思想要旨》，载《炎黄文化研究》（第3集）；在《社会科学战线》1992年第4期，又发表了《默而好深湛之思，诚而创综合之论——张岱年学术生涯录》，对张岱年的学术思想进行了较为全面的评价。在《哲学研究》1997年第7期上，李存山还发表了《张岱年先生的学术成就和思维类型》。该文就张岱年的整个哲学思想、学术成就、思维类型进行了详细的剖析。"在我看来，张先生的最具特色、最有价值的学术成就可能在以下几个方面：（一）他在哲学理论上的主要贡献就是在30年代提出了将中西哲学之精华融合一炉的'唯物、理想、解析'三结合哲学体系，这一体系就是将马克思主义同中国传统哲学相结合。（二）他在中国哲学史研究领域的主要贡献就是系统地梳理、阐释了中国哲学的主要理论问题和概念范畴，突出地标示了气本论在宋明道学中、唯物论在中国哲学发展中的存在和地位，并且对中国哲学的辩证法、伦理观和价值观进行了深入的研究。（三）他在中国文化研究领域的主要贡献是他将唯物辩证法用于文化研究，较早地提出并且一贯坚持了对中国传统文化的批判继承、对中西文化之优长的综合创新，他所强调的'自强不息''厚德载物'体现了中国文化自鸦片战争以来衰而复兴,自我更新,容纳世界文化之精华,综合创造,具有光明发展前途的内在民族精神。"李存山在《学术月刊》1998 年第 12 期发表了《新气学辩证——与张立文商榷》,就新气学的提法与张立文教授展开了讨论,其实质问题关切到张岱年有关中国哲学中气学的观点。李存山还认为,张岱年的思维类型是"蹈实而追求理想";在《气论与新唯物论——张岱年先生哲学思想述评》一文中,[①]李存山认为,张岱年对中国气论哲学的性质和特点作了最精确的表述。针对有些人把张岱年的哲学思想称为"新气学"的提法,李存山不敢苟同。他认为,张岱年的哲学思想应该称为"新唯物论",原因是张先生的哲学思想是以马克思主义的新唯物论为基础,并且与中国传统的气论有着继承、发展和创新的关系;其次是它综合了理想与解析,"是新唯物论之新的扩大"。这种新唯物论是担负着民族复兴和文化重建之使命的一种新的哲学,即中国的新唯物论。李存山在《学术界》1999 年第 2 期发表了《充生以达理,胜乖以达和——张岱年先生论人生之道》一文,认为道德理想主义是中国传统哲学之精华,张先生强调理想需以唯物为基础,他提出的"一本多极"、"物本心至"是对旧道德主义的一种批评和扬弃。宇宙大化中"天为人之所本,人为天之所至",张岱年的"天人之学"也就是关于宇宙、人生的根本原理的学说。"道德的继承与创新发展,是张先生的一贯思想"。的确,张岱年的哲学思想是现代唯物主义与道德理想主义的综合,"这样一种综合可谓有两个最显著的特点,即:一、既注重实际,又高扬理想;二、既正视现实生活中的矛盾,又谋求矛盾的合理解决而达到和谐的境界"。在《高校理论

---

① 载《中国哲学的诠释与发展——张岱年先生九十寿庆纪念文集》,北京大学出版社 1999 年版。

战线》2001 年第 6 期,李存山又撰写了《张岱年先生学术思想述要》,比较全面地研究了张岱年先生的哲学及学术思想:在哲学理论方面,他将唯物、理想、解析综合于一,是创造性的综合创新;在宇宙本原问题上,张先生继承和发扬了中国唯物论的思想;在哲学方法上,张先生肯定辩证法对于哲学问题研究最为重要;在"形神"、"心物"问题上,张先生也是"接着"气论讲。所有这些的目的是建立一种"广大深微的唯物论"。张岱年在 2004 年 4 月 24 日溘然长逝后,李存山又于 2000 年 5 月 11 日在《光明日报》理论版上发表了《张岱年先生的学术方向》一文,对张岱年的学术生涯、治学原则、哲学成就及思想作了阐述,认为张岱年的学术方向是把真与善、科学之"可信"与"可爱"、"修辞立其诚"与实现中华民族的复兴、实现全人类的和平相处和天人和谐有机地结合起来。显而易见,李存山对于张岱年哲学思想研究已经深入到较深的层面,而对其整个思想脉络的把握也十分准确。

李维武在其专著《二十世纪中哲学本体论问题》(湖南教育出版社 1991 年版)中,把 20 世纪中国哲学划分为三大主要思潮,即科学主义思潮、人文主义思潮和马克思主义哲学思潮,并且把张申府、张岱年划分在科学主义思潮之下。在第三章第四节中,李维武认为,张岱年对哲学本体论的建构提出了新的设想。通过对传统形而上学与逻辑经验主义的批判和改造,而主张在经验的基础上重建本体论。不仅如此,李维武还比较了张岱年与金岳霖哲学本体论的异同:张岱年通过改造西方现代哲学理论论证唯物主义的合理性,从而找到了中国传统哲学与现代唯物论的结合点,"张岱年的这一思想,比金岳霖那种'旧瓶装新酒'的做法要深刻得多"。

这一时期研究张岱年哲学理论的文章和涉及张岱年研究的论文还有:张岱年、熊坤新《中国古代伦理思想家关于天人关系问题之探析》,载《贵州大学学报》1994年第2期;《新长征》编辑部的特约记者邵汉明发表了《传统文化与现代文明——张岱年先生访谈录》,载《新长征》1994年第4期。张岱年就"传统文化与现代文明"发表了许多精辟的见解和独到的看法。《道德与文明》编辑部编写的《张岱年教授谈正确理解传统美德》,载《道德与文明》1994年第4期;西北政法学院王才干发表了《也论老子的本体论——就教于张岱年先生》,载《陕西师范大学学报》(哲学社会科学版)1995年第2期。王才干认为中国古代哲学的本体论特别是老子及先秦诸子的本体论多是本原意义上的本体论,而非本质意义上的本体论。对于张岱年在《论老子的本体论》一文中提出的"老子的本体论所以说是客观观念论"的提法,王才干表示不同意并提出了不同的观点。

张岱年、冈田武彦在《浙江学刊》1998年第3期共同发表了中日两国儒学大师的直接对谈,题目是《中国哲学与二十一世纪》,时间是1995年12月2日至4日,地点是北京友谊宾馆会议室。两位先生所谈的内容也非常翔实,涉及中国哲学的研究动态和方法、中国哲学的基本特征及其在世界哲学中的地位以及对21世纪的展望。冈田先生谈了怎样走上研究中国哲学之路,以及对哲学的体悟。两位先生都是为了解决人生的困惑、思想的困惑而研究哲学的。张岱年认为学问的第一要义在于体认,与西方哲学相比,东方哲学的优越性在于对根本实在的切身体验。生活就是体认,不必在生活中再去追求体认。此外中国哲学强调人伦,在现阶段我们应该建立新的人伦观念。两人的对话非常有见地,可以说是精彩纷呈。张岱年、季羡林、蔡尚思、郭齐勇、张立文、李申等在《文史哲》1998年第3期举行了笔谈《"儒学是否是宗教"笔谈》,就儒学是否是宗教展开讨论。张岱年认为,儒学不应该是宗教。

　　张岱年与20世纪其他一些哲学家的渊源和关联应该是非常
密切的,其中既有学术交往,也有学术影响。迄今为止,讨论张岱
年与其他哲学家哲学思想的异同、与哲学流派的关系的文章有:沈
勇在《河南师范大学学报》(哲学社会科学版)1999年第2期发表
了《浅析冯友兰、张岱年辩证法思想的异同》。沈文认为,冯友兰、
张岱年同为哲学家和哲学史家,对辩证法的认识都有独到之处:前
者主要在《中国哲学史新编》第7册中提出了两种辩证法问题,肯
定"仇必和而解"是客观辩证法;后者则早在30—40年代的《天人
五论》等文章中,提出"两一反复"、"事物变化之流,一乖一和"等
认识,致力于中西融合,把和谐与矛盾斗争统一起来。但由于观察
角度不同,导致他们对辩证法的理解有很大的不同:前者肯定"仇
必和而解",继承了儒家的"和为贵"的思想,是"接着"中国传统讲
的;后者是"用唯物辩证法的基本原理改造传统哲学的内容,并保
留了中国特色及形式,以实现中西综合、斗争与和谐互补"。郭一
曲在《现代哲学》2001年第2期撰写了《从"辩证综合"到"综合创
新"——张申府对张岱年的影响》。张申府(1893—1986)是中国
现代文化史上的重要人物,也是张岱年的胞兄。该文对张申府的
"辩证综合"思想与张岱年的"综合创新"之间的关系作了进一步
探讨,认为"辩证综合"重视"综合",而"综合创新"更加强调"创
新"。"辩证综合"是张岱年"综合创新"的发端,"综合创新"是一
种完善的理论体系,是建设有中国特色社会主义新文化实践的方
法论原则。辩证综合是基石,张岱年在此基础上建构了近代中国
哲学史上的一座丰碑。将张岱年的哲学思想与另一20世纪哲学
家的思想进行比较的是胡伟希。胡伟希在《哲学研究》2003年第
6期发表了《"共同意谓说":张岱年的语言哲学观略论——兼论
其对金岳霖语言哲学的超越》。该文的着眼点在"对张岱年语言

哲学观的研究,说明其实践唯物论的取向如何有助于他对语言的探讨,并导致其对金岳霖语言哲学观的超越"。张岱年的"共同意谓说"认为,概念的形成于来源是一种社会实践,任何个人的认识过程,或者说运用概念的过程也是一种实践。胡伟希从"理在事先"与"理在事中"、"理的存在"与"事的存在"等方面的问题展开讨论,得出张岱年的基本哲学思想观念已经超出了新实在论走向唯物论,但却仍然因袭着新实在论的名词概念与言说方式的结论。在讨论中国哲学的合法性问题中,刘静芳发表了《中国哲学的合法性——从冯友兰到张岱年》的论文(载 2004 年《安徽大学学报》2004 年第 4 期)。刘静芳认为,中国哲学的合法性问题要通过比照中西哲学相似性来解决。在这种比照中,张岱年在三个方面超越了冯友兰:1. 在内容上,张岱年不再要求哲学家面面俱到地研究宇宙论、认识论、人生论的各个方面;2. 在形式上,张岱年把注意力从哲学的形式系统转移到了其范畴和命题上;3. 在方法论上,张岱年把辩证法、实践、"为学之方"纳入到了哲学方法论框架中。因此,张岱年对冯友兰这三个方面的超越,为中国哲学的合法性提供了更有力的支持。

在张岱年先生 90 寿辰的庆祝会上,刘鄂培、衷尔钜、李存山、许抗生、王东以及刘仲林等人围绕张岱年哲学体系的建立、新唯物论的观点、综合创新论以及张岱年在孔子、老子研究方面所取得的成就展开充分的论述,所发表的 6 篇论文是对张岱年哲学思想最集中、最系统的研究。这在本文的开头部分已经提到,在此不再详叙。

令人感到欣喜的是,进入 2000 年,有关张岱年哲学思想的研究进一步走向多层次、多角度的研究。衷尔钜在《道德与文明》2000 年第 3 期上发表了研究张岱年道德思想的长文——《张岱年：现代中国所需要的新道德》。衷尔钜详细地分析了张岱年的道德思想，认为张岱年的新道德学思想的核心是"充生达理，胜乖以达和"，其基本原则是"理生合一，群己一体"。在此基础上，张岱年还提出了一系列的道德规范。这些都是运用马克思主义原理，总结了中国古代优秀文化道德遗产，尤其是立足于新中国建设的现实需要而提出的，具有重要的理论和实践意义。李存山在《学术月刊》2000 年第 6 期上发表了《新唯物论还是新儒学？——与张立文先生再商榷》。李存山认为张岱年先生的哲学思想应该属于新唯物论而不是新儒学，并就此与张立文展开商榷。刘鄂培就张岱年辩证唯物论思想中的一个重要观点"兼和"展开论述，并在《中国社会科学院研究生院学报》2000 年第 4 期上发表了《"兼和"——张岱年先生哲学思想的精髓》的论文。刘鄂培认为，"兼和"这个词是当代哲学家张岱年第一次提出，它意蕴深湛，"是我们研究、理解张岱年哲学思想的一个重点"。中国古代哲学有重"和"的优良传统，但"和"又有"守成"，这是中国辩证思维之不足。西方的辩证法多强调对立、斗争，重视质的飞跃，而"兼和"既重"和"又重"创新"。它既继承了中国传统文化重"和"的思想，又综合、融会了西方的唯物辩证法和中国传统哲学各派重"和"的思想精华，因此它高于中国传统。刘鄂培认为，"兼和"是张岱年哲学思想中的精髓，它丰富和发展了人类的辩证思想，具有很高的理论价值。

这一时期有关张岱年哲学思想研究发表的文章还有：李乐刚的《张岱年学术成就简介》，载《江汉论坛》2000 年第 9 期；付长珍的《文化与哲学的整合——记张岱年先生早期的哲学文化观》，载《学海》2001 年第 1 期；刘鄂培的《综合创新，直道而行——一代宗师张岱年先生的学术思想》，载《船山学刊》2001 年第 1 期；钱耕森的《清华大学哲学系与逻辑分析法》，载《中华读书报》2001 年 4 月 18 日；林桂榛的《"徒法不能以自行"究竟何意——兼与张岱年、郭道晖等先生商榷》，载《华中科技大学学报》2002 年第 6 期；王心竹的《"徒法不能以自行"到底何意？——与林桂榛先生商榷及经典文本诠释问题》，载《华中科技大学学报》（社科版）2003 年第 3 期；万俊人的《"兼和"之道及其道者的学术品格》，载《哲学动态》2003 年第 1 期；以及旅美学者 Xinyan Jiang 发表的有关张岱年《中国哲学概念范畴》英文译本的书评：Bookreview of Zhang, Dainian, *Key Concepts in Chinese Philosophy*, translated by Edmund Ryden, Yale University Press, 2002, in *Notre Dame Philosophical Reviews* 2003.1.6。

　　然而，有关张岱年哲学思想的研究还方兴未艾。中国社科院研究员衷尔钜在《佛山科学技术学院学报》（社会科学版）2002 年第 1 期上发表了《张岱年对唯物辩证法若干概念的论析》一文，认为矛盾、相反、差异、同一、统一等是唯物论和辩证法重要的概念范畴。由于这些概念范畴在理论上容易混淆，一些哲学论著对它们使用混乱。张岱年对于这些概念作了明晰的辨析，但张岱年的辨析及其价值尚未被人们所认识。重新认识和评价张岱年对于辩证唯物论若干概念范畴的论析，无论对澄清哲学理论的混乱还是纠正实践上的偏差，都是十分必要的。衷尔钜还区分了张岱年强调的矛盾、相反、差异不能等同，同一与统一不能相混，辩证法中"变"中有"常"，辩证法既讲乖违（对立）又讲和谐，并且辩证法与演绎、归纳法可互补。衷尔钜指出，由于张岱年关于辩证唯物论的论著大多数著述于 30—40 年代，他早年对于辩证唯物论的阐发与贡献被人们所忽略。重温这些哲学思想使我们能全面理解张岱年的哲学思想不无教益，而且张岱年的哲学思想不仅代表了先进文化前进的方向，随着时间的推移将更为后学所认识、理解和接受。研究张岱年哲学思维方法论的有刘俊哲，他在《西南民族学院学报》（哲学社会科学版）2002 年第 4 期发表了《张岱年哲学思维方法论》一文，认为张岱年是中国当代著名的哲学史家和哲学家，早在 20 世纪 30 年代就开始对哲学思维方法给予关照和探讨，从而建构起了他自己的哲学思维方法论体系。张岱年的哲学思维方法论是多元主义和重点论的统一，还包括各种思维方法相互为用，互为补充的思想。哲学思维方法的多元是指体验、分析、会通、归纳、演绎和直觉等，哲学方法的重点是辩证法和逻辑分析。"张岱年先生的哲学思维方法是他深入考察古今中西哲学方法，以及在此基础上综合创新的产物，其中蕴涵着值得充分肯定的合理性和独到的见解，也有着尚进一步完善的不足之处。"

作为张岱年先生的亲炙弟子，陈来在 80 年代初就发表了研究张岱年哲学思想的文章。进入了千禧年后，陈来在《河北学刊》2003 年第 3 期上又发表了《张岱年及其七十年的哲学因缘》一文，简要地回顾了著名哲学家张岱年先生七十余年与哲学结下的不解之缘，并重点总结了张岱年哲学的理论特色、治学特点、人生态度以及张岱年在中国哲学史领域所作出的贡献；2003 年 5 月 7 日，陈来在《中华读书报》上发表了《张岱年之哲学思想最新探寻》，对刘鄂培主编的《综合创新——张岱年学记》（清华大学出版社 2002 年 10 月版）一书，进行了评价。认为该书是由国内几位资深教授合作写成的，吸收了学界研究张岱年的最新成果。"因此，他们合作的这部书不仅是研究张先生思想的最新成果，也对于当代哲学、文化的思考和建设有一定的理论意义。"2004 年 6 月，在其师逝世后不久，陈来发表了《张岱年先生的学术贡献》，载梁涛主编《中国思想史研究通讯》（第二辑）（中国社会科学院历史所思想史研究室主办)。在该文中,陈来把张岱年先生的学术贡献和治学方法分为五个方面来阐发:1. 中国哲学体系问题研究的典范;2. 系统地开创了对中国哲学中唯气论和辩证法思想的研究;3. 创立了宋明哲学史的三派说;4. 厘清与界说中国哲学概念范畴的确切含义;5. 中国哲学价值观研究的奠基人。陈来认为,张岱年先生在国内外学术界的崇高地位与影响,主要来自他对中国古典哲学历史的研究和中国古典哲学体系结构的研究。

2003 年至 2004 年见证了研究张岱年哲学思想的高峰。张小平在《哲学动态》2003 年第 12 期上发表了《张岱年学术思想及其独特价值》一文,主要谈了三个方面的内容:1. 张岱年的哲学体系,包括体系的总纲、体系的丰富内涵、体系的主要特征;2. 张岱年的文化思想,涉及"综合创新"的三个核心问题,即中国文化向何处去的走向问题,综合什么、怎样综合的问题以及创新什么、怎样创新的问题;3. 张岱年学术思想的独特价值。众所周知,张岱年在《周易》研究领域有很深的造诣,逝世前,张岱年是中国周易学会名誉会长、山东大学易学与中国古代哲学研究中心学术顾问。他对当今易学研究的发展作出了多方面的贡献。于是,汤一介在《周易研究》2004 年第 3 期上发表《张岱年先生和〈周易〉》的文章,对张岱年在《周易》方面的研究做了总结归纳。汤一介认为,《周易》中的"刚健中正"体现了中华文化的精神,而张岱年本人也是"刚健中正"精神的体现。刘鄂培在《人民日报海外版》2004 年 4 月 23 日上发表了《论张岱年的学术思想》,认为张岱年的哲学思想有三个基石:中国哲学与文化、哲学辩证唯物论与社会主义新文化以及西方哲学与文化。以上三个基石,为张岱年先生的学术思想奠定了坚实的基础。2004 年 5 月 12 日,郭齐家在《读书时报》上发表《张岱年论读书治学》,把张岱年的治学思想概括为"博览、深观、辨析、严谨"八个字,并且认为张岱年在读书治学时坚持这八个字外,"还特别注意处理好四个方面的关系:读书与思考、哲学与科学、思想与生活、继承与创新"。

在刘鄂培、衷尔钜编写的《张岱年研究》(清华大学出版社2004年版)一书中,有一部分论文也涉及张岱年哲学思想的研究。它们是:陈庆坤的《张岱年先生对中国哲学本体论问题的厘清》;丁祯彦的《略论张岱年先生的"理论分析方法"》;李玉梅的《张岱年论怀梯黑的教育哲学》;王中江的《自然秩序与人间共同体生活理想——张岱年先生的"天人"会通及立义》;翁正石的《张岱年哲学观的一些问题》。其中,王中江的文章围绕张岱年的"自然与人"而展开的哲学心路和关怀,历程、创生和秩序,人类观和人间生活理想建构等方面来探讨,给人别开生面的感觉,是对张岱年哲学思想研究的进一步深化。限于篇幅,以上各文的观点可参阅《张岱年研究》一书,这里不再展开详细介绍。

为了纪念张岱年先生诞辰95周年,《清华大学学报》(哲学社会科学版)在2004年第4期组织了一批研究张岱年哲学思想的论文。它们是:周桂钿的《优秀的哲学史家必定是哲学家——〈中国哲学大纲〉与张岱年哲学》;干春松的《创造的综合和文化的创造主义——张岱年20世纪30年代的文化观》;李维武的《中国哲学的继往与开来——张岱年20世纪三四十年代的中国哲学观及其启示》;刘鄂培的《张岱年的学术思想及其人格魅力》。王东在《河北学刊》2004年第4期上发表了《张岱年学术思想的六大理论创新》一文,认为张岱年的主要学术贡献概括起来,就是在马克思主义综合创新论这一条红线的指导下,在中国哲学史与哲学理论研究、文化走向与民族精神研究、价值观念与伦理道德研究这三个层面上,产生了六个大的理论创新。这六大理论创新是:中国哲学史论,中国哲学理论,综合创新论,民族精神论,新道德论,新价值论。
正是由于这六大理论创新,使得张岱年成为20世纪中国哲学界有
独立思想体系的大家。王东把张岱年的民族精神论和新道德论从
其他的学术贡献中剥离开,是值得注意的。在当前振兴中华民族、
提倡民族精神的时刻,重温张岱年70年始终不渝地提倡中华民族
精神论具有非常重要的现实意义。王东认为,从20世纪30年代
起张岱年就系统地提出中华民族精神问题,"堪称是民族精神研
究第一人"。

四、有关张岱年中国文化和综合创新方面的研究

如同张岱年哲学思想方面的研究一样,有关张岱年中国文化
和综合创新方面的研究肇始于20世纪80年代中期。有关张岱年
关于文化方面的研究文章有:东摘的《张岱年论中国文化的特
点》,载《内蒙古社会科学》1986年第4期;王泾丰的《张岱年教授
谈中国文化的回顾与展望》,载《社会科学》1986年第6期;陈来的
《创造的综合——〈张岱年文集〉第一卷》,载《中国社会科学》
1989年第4期;于承武的《张岱年先生谈传统文化与社会主义精
神文明建设问题》,载《传统文化与社会主义精神文明建设》(中国
文史出版社1991年版);王伟华的《批判继承,综合创新》,载《天
津日报》1991年12月25日;崔在莹的《斧偏祛执,综合创新——
析关于中国文化未来的出路的讨论》,载《哈尔滨师专学报》1994
年第1期。这些文章都比较简略地提及张岱年论中国文化的特
点,或传统文化与社会主义精神文明之间的关系。但相对来说,这
些文章缺乏一定的理论上的深度。

李淑珍在《北京大学学报》(哲学社会科学版)1994年第4期
上,发表了《综合创新一代宗师——张岱年教授的学术生涯》。李

淑珍在该文第三部分提及,张岱年在 20 世纪 30 年代积极参加文化问题的讨论。1933 年,张岱年在《大公报·世界思潮》上发表了《世界文化与中国文化》的文章,强调文化问题只有用唯物辩证法对待,反对全盘西化论,也反对国粹主义,主张"应发挥固有的创造力,创造出新的文化"。20 世纪 80 年代,张岱年积极参加文化问题的讨论,发表了《文化与哲学》、《中国文化与中国哲学》、《中国传统文化的分析》、《中国文化的历史传统及其更新》、《文化传统与民族精神》等一系列文章。他既不赞成全盘西化,也反对儒学复兴论,而提出"文化综合创新论","认为应在马克思主义普遍真理的指导之下弘扬中国文化的优秀传统,吸取西方近代文化的先进成就,从而创造出社会主义的新中国文化"。

在研究文化与张岱年的综合创新论方面,刘仲林不遗余力,并取得了一些可观的成果。刘仲林先后发表了一系列文章,阐释、宣传综合创新论:《21 世纪中国哲学孕育与突破》,载《天津师大学报》1994 年第 6 期;《中国哲学中的"创建派"初探》,载《哲学研究》1994 年第 7 期;《中国传统文化革故鼎新的探索》,载《人民日报》1995 年 7 月 5 日;《中国哲学的创新与重建(一)——张岱年教授"综创论"访谈录》,载《天津师大学报》(哲学社会科学版)1996 年第 1 期;《综创论早期思想述评》,载《中国哲学史》1996 年第 3 期;《中国哲学的创新与重建(二)——张岱年教授"综创论"访谈录》,载《天津师大学报》(哲学社会科学版)1996 年第 5 期;《直道而行,自强不息》,载《天津日报》1997 年 4 月 13 日;《老骥伏枥,志在"综创"——初读〈张岱年全集〉》,载《理论与现代化》1997 年第 7 期;《中国文化的基本精神》,载《道德与文明》1998 年 7 月增刊;《文化创新的先行者——张岱年先生与天津市》,载《天津日报》1999 年 5 月 25 日;《中国文化与中国创造学》,载《天津师大学报》

1998 年第 5 期;《张岱年"知本达至"思想初探》,载北京大学哲学系编《中国哲学的诠释与发展——张岱年先生九十寿庆纪念文集》,北京大学出版社 1999 年;《创新文化建设的先行者》,《天津日报》1999 年 5 月 2 日。

在上文提到的《21 世纪中国哲学孕育与突破》论文中,刘仲林指出,在 20 世纪轰轰烈烈的两次文化大论战中,孕育出难能可贵的"综合创造"之路。在重建中国哲学的努力中有三个活跃的思潮颇引人注目,它们可以形象地称为新儒家、新道家和综创家。"综创家"是"综合创新派"的简称,亦称"创建派",其思想基础和核心是张岱年的"综合创造论"。方克立用"古为今用,洋为中用,批判继承,综合创新"四句话概括了综合创新派的基本方针。"与此同时,一些海内外学者也纷纷从各自角度提出了中国哲学的创造性转化、创造性诠释、创造性重构等见解。把中国哲学的'重建'与'创造'紧密联系在一起,已形成了一股有特色影响的思潮。在这一新的背景下,张岱年高瞻远瞩、审时度势,及时提出可在上述思潮基础上形成一个与新儒家立场和风格不同的学派,并亲自斟酌,提议可称之'创建派'。"在张岱年的指导下,刘仲林发表了《中国哲学中的"创建派"初探》(载《哲学研究》1994 年第 7 期)一文,就"创建派"的基本思想和方法、理论构架作了勾画。刘仲林认为,创建派的基础和核心是张岱年的"综合创新"观引进海外学者林毓生从 70 年代起提出的"中国传统的创造性转化"思想,吸纳傅伟勋的"创造的诠释学"的观点。不能不承认,刘仲林的设想非常开放、大胆,但要完全充实"创建派"的理论,还要假以时日。

可以看出,在五六年的时间里,刘仲林将其主要精力用于研究与弘扬张岱年的文化与综合创新论。其中,《中国哲学的创新与重建(一)、(二)——张岱年教授"综创论"访谈录》,分别登载在

《天津师大学报》(哲学社会科学版)1996年第1期和第5期上。通过面对面的访谈,刘仲林来龙去脉地把握了"综创论"提出的背景,它的演变、形成和确立。有关"综创论"最早的表述是张岱年1933年6月15日在天津《大公报·世界思潮》上发表的《世界文化与中国文化》一文中已经提出:"兼综东西两方之长,发扬中国固有的卓越的文化遗产,同时采纳西方的有价值的精良的贡献,融合为一,而创造出一种新的文化,但不要平庸的调和,而要作一种创造的综合。"从30年代的"文化创造主义"到80年代的"综合创新论",张岱年的文化哲学思想在走向成熟。在《中国文化与中国创造学》一文中,刘仲林受研究张岱年"综合创新论"的启迪,进而提出中国创造学的基本构想。在刘仲林的构想中,他试图将创造学与传统文化的创造性转换结合起来。这种新颖的思路无疑为研究张岱年的综合创新观拓宽了视野。在千禧之年的2000年,通过师生问答的形式,张岱年与刘仲林共同完成了访谈录《铸造新精神,建设新文化——千年之交新文化瞻望》。张岱年通过阐述"综合创新"论的观点要义,着重回答了传统文化向现代化转化的内在契机和源泉,总结了中国文化的基本精神,指出由《易传》"生生日新"学说引申、转化出来的创造精神,应该是现代中华民族精神的主要内容。

研究张岱年"综合创新"论及其哲学思想用力最勤者当数刘鄂培。除了研究张岱年的哲学体系、学术思想外,刘鄂培主要精力放在阐释张岱年的"综合创新论"。他在《中国哲学史》1996年第2期上,发表了《"综合创新论"对"体用说"的突破》一文,认为近百年来中国文化纠缠在"中体西用"或"西体中用"的泥沼中,而张岱年的"文化综合创新论"不谈"体""用",而是根据中国的具体国情,继承发扬传统文化的精华,博采西方文化之长,将两者"综合"而"创新"中国文化。在《论张岱年的文化观——"综合创新"论》一文中(《中国社会科学院研究生报》1997 年第 2 期)，刘鄂培认为，深入理解张岱年的"综合创新"文化观，对于进一步推动学术界研究，理解传统文化，超越传统文化，建立社会主义的新文化，有着积极的意义。该文叙述了张岱年的"综合创造"到"综合创新"的历程，相比较两者的思路是一致的，后者是前者的延伸和发展。但是，"综合创新"的不同是其中"新"字的含义。它实质上揭示了中国文化的发展规律，即上至先秦两汉，下逮明末清初，中国文化都是在创新中发展壮大的。进入 21 世纪人类已经进入了"综合创新"的时代，而新的时代需要新的文化观，张岱年的"综合创新"为人类文化的发展提供了可资借鉴的模式。在《船山学刊》2001 年第 1 期、第 2 期，刘鄂培连续两期发表了《综合创新，直道而行——一代宗师张岱年先生的学术思想》(上、下篇)的长篇论文。上篇从张岱年的学术思想、张岱年哲学体系特征及其价值进行了总结；下篇主要讨论的是张岱年的"文化综合创新论"。刘鄂培认为，张岱年的"文化综合创新"从 20 世纪 30 年代提出，到 20 世纪 80—90 年代的完善，经历了半个多世纪的锤炼，日益体现其理论价值和使用价值，而且具有普遍性的意义。刘鄂培还在《清华大学学报》(哲学社会科学版)2002 年第 3 期发表了《"综合创新"——张岱年先生的治学之道》一文，认为，张岱年在哲学上为中国纯同哲学的更新、转型探索出了一条新路，并建立了一个以辩证唯物论为基础，博采中西之长的新哲学体系。其主要特征是将辩证唯物论与中国传统的"气一元论"、"两一"等学说融为一体。在文化上，倡导"文化综合创新论"，为中国文化的发展探索出一个新的模式，对于当前建设具有中国特色的社会主义新文化，具有现实意义。

经过刘鄂培多年的努力，他与其他学者共同撰写了《综合创新——张岱年先生学记》一书（清华大学出版社 2002 年 10 月版）。全书共分为四编，其中二、四两编涉及的是文化与综合创新，占全书内容的一半。可见研究张岱年"综合创新"在刘鄂培心目中的分量。该书出版后，引起不少知名学者的关注，他们纷纷撰文评介。郭齐家在 2003 年 1 月 28 日的《中国文化报》上率先发表了《铸造新精神，建设新文化——评〈综合创新——张岱年先生学记〉》，指出："该书将岱老一生的学术成就加以整理，有规范性的文字表达出来传诸后世，完成了张岂之先生所说的历史赋予的使命"；张立文在 2003 年 2 月 11 日《光明日报》上发表了《中国哲学的综合创造之路》，认为"这是迄今为止最全面系统地介绍、评述张岱年学术思想的一部著作"，张岱年的"综合创新"文化观"对新世纪中国哲学和文化的发展极富启迪意义"；王兴国在《船山学刊》2003 年第 2 期上发表了《找回历史的真实——〈综合创新——张岱年学记〉读后感》，认为该书的出版找回了历史的真实，也即中心确立了张岱年在"五四"以来的中国文化发展史和哲学发展史上的真实地位，是研究张岱年学术思想的力作；李学勤在 2003 年 11 月 7 日的《人民日报海外版》上发表了《中国哲学的走向——读〈综合创新——张岱年先生学记〉》，认为该书的作者多数都是清华大学的资深教授，他们与张岱年先生交往密切，对其思想认识体会很深，并指出"关心中国文化、中国哲学的走向的人们，应该知道张岱年先生的见解，应该读《综合创新》这本书"。《综合创新学——张岱年先生学记》出版后，综创论文化观受到了学术界的普遍关注。

毫无疑问，刘鄂培、刘仲林是张岱年"综合文化创新论"的主要阐释者。同时，我们欣喜地看到，其他学人对张岱年的综合创新论也从不同的角度进行了研究。1996 年,钱逊在《哲学研究》第 3 期发表了《"综合创新"的一个范例——张岱年对"两一"(对立统一)的阐释》一文,指出张岱年在 30 年代写成的思想札记《宇宙观与人生观》和 40 年代写成的《事理论》、《天人简论》中都有专门的章节阐述"两一"的思想。其要点有三:第一,生生两一;第二,矛盾为变化之源,和谐为存在之基;第三,以兼和易中庸。其主要特点是,第一,综合中西,融合中西辩证法思想的特长;第二,立足于中国文化本位,充分发掘和运用中国哲学的思想资料来阐明对立统一的思想。

钱耕森在《天津师大学报》(哲学社会科学版)1996 年第 6 期上,发表了《中华文化发展的必由之路——评张岱年的"综合创新"的文化观》一文,提纲挈领地把张岱年的"综合创新"的文化观归纳为四个要点:第一,张岱年的"综合创新"的文化观,是对我国传统文化的发展过程的客观反映;第二,张岱年的"综合创新"的文化观,是对我国传统文化发展过程的经验总结;第三,张岱年的"综合创新"的文化观,是对 16 世纪以来我国文化论争中的各种文化观的反思与超越;第四,张岱年的"综合创新"文化观,是具有科学性与辩证性的。

洪晓楠认为,"中国向何处去"的问题一直是时代的中心问题。这一问题在思想文化领域中具体表现为"古今中西"之争,"综合创新"就是在新的历史条件下,对这一问题比较全面完整的回答(参见洪晓楠:《论"综合创新论"文化观》,《中州学刊》1998 年第 2 期)。在文化综合创新过程中,要把经过洗汰、挑选出来的各种体系的文化要素综合成现代化的中国文化系统,就必须做到:"第一,坚持马克思主义普遍真理的指导;第二,坚持社会主义原则;第三,弘扬民族主体精神;第四,走中西融合之路,以创造的精神从事综合并在综合的基础上有所创新。总之,文化的综合创新的理论基础,就是马克思主义的普遍原理;文化综合创新的核心就是马克思主义理论与中文化的优秀传统的综合。"洪晓楠指出,"综合创新论"既是对人类文化规律的总结,也体现了当前人类文化发展的必然趋势,它在建设有中国特色社会主义文化的过程中将发挥更大的作用。

综观张岱年上下七十余年的理论求索,实际上可以分为两个层次。王东在《张岱年综合创新论求索》一文(载北京大学哲学系编:《中国哲学的诠释与发展——张岱年先生九十寿庆纪念文集》,北京大学出版社1999年版),对这两个层次作了说明:第一个层次,是文化观的理论思维层次,就是力求上升到哲学高度,专门从宏观总体高度阐发马克思主义、中国特色社会主义综合创新论——综合创新文化观,从而回答中国的文化走向、思想源泉、哲学基础、民族精神问题;第二个层次,是中国哲学的具体研究层次,即以马克思主义综合创新论为指南,深入具体地探究比较中、西、马三大哲学,特别是重点研究中国古典哲学、中国古典文化中活的东西,以实现马克思主义哲学的中国化。王东的评价中肯、客观,较令人信服。

付长珍认为,围绕"中国文化何处去"这一课题,张岱年创造性地提出了"综合创新"的新文化建构模式,宏观上高屋建瓴,微观上寻幽抉微,为中国特色社会主义新文化的转型创造、整合建构提供了一个重要的"参照",作出了特殊的贡献,深入地探讨张岱年的这一文化观,不仅具有重大的理论价值,而且必将实际地推动有中国特色的社会主义文化建设。在《东方论坛》1999年第4期,付长珍发表了《新文化建构模式的探索——论张岱年先生的"综合创新"文化观》一文,指出:"张岱年先生所倡导的综合创新论,突出了民族主体意识,张扬了科学的批判精神,坚持了进步的文化价值观,指明了民族文化复兴的光明前途,在有中国特色的社会主义新文化建设中必将产生更大的影响,发挥更大的作用。"付长珍接下来在《学海》2001 年第 1 期上发表了《文化与哲学的整合——记张岱年先生早期的哲学文化观》。该文认为,张岱年的哲学观与文化观之间存在内在的联系,二者的有机碰撞和交融形成了张岱年的广博精神的哲学文化思想。"从哲学上的综合创造到文化上创造的综合,张先生的思想是一以贯之的。以哲学上的综合创造论作为理论基础,文化观上'创造的综合'乃是张岱年先生关于文化问题的根本观点。"

钟肇鹏认为,中西文化问题是关系到人类文化的走向和宏观发展的大问题。张岱年既反对东方文化优越论,也反对全盘西化论。他对文化问题的指导思想概括起来就是"综合创新论"。其要点是:1. 批判东方文化优越论,认为它是保守的、守旧的,因而不可取;2. 哲学是文化的最高层次,哲学不仅是文化的核心,而且是文化的指导思想;3. 我们面临的任务就是创建社会主义新文化。在《综合创新,发展中国哲学》(《哲学研究》1999 年第 7 期)一文中,钟肇鹏对张岱年提出的"文化综合创新论"充满了信心,"中华民族有五千年的优良的文化传统,'天之未丧斯文',这种新文化在 21 世纪必将出现"。

这一时期还有两篇访谈录,记录了张岱年与卫庶、张拴平等人的谈话内容。张岱年与卫庶的访谈题目是《传统——理解和超越》(载《社会科学论坛》1999 年第 3 期)。卫庶就文化问题的争论、中国文化传统的精髓、民族特点、传统文化与马克思主义的关系问题以及世界文化与中国文化的前途问题就教于张岱年先生。对传统文化进行反思,第一必须发展和吸纳中国传统文化的积极因素;第二应该发现传统文化的严重缺陷。这是今日必须解决的问题。张岱年提出:"我们要超越传统,超越传统须先理解传统。"理解不仅仅停留在对传统的反思之中,最重要的是推陈出新,发挥创造性的思维,总结过去的旧文化,开创社会主义新文化。关于世界文化和中国文化的前途问题,张岱年赞同文化多元论,"未来的世界文化必将是众多具有特色的文化共同繁荣的集合体"。张岱年与张拴平的访谈题目是《会通中西,综合创新——国学大师张岱年访谈录》(载《社会科学家》2000 年第 3 期)。在访谈中,张岱年强调,就总体而言,中国文化强调和谐、中庸之道、与世无争、顺应自然;西方文化强调斗争进取、崇拜力量、征服自然。我们要继承中华民族的优良传统,同时也要发扬刚健有为的精神。只有综合人类历史上一切优秀文化成果,才能创造出社会主义新文化,这是人类文明发展的大道。

刘鄂培继 2002 年主编了《综合创新——张岱年先生学记》(清华大学出版社)之后,他与衷尔钜于 2004 年又组织编撰了《张岱年研究》(清华大学出版社 2004 年 5 月版)一书。在该书第三编中收集了有关综合创新文化观的论文 13 篇,它们分别是:陈静的《继承传统与学习西方——简论"综合创新"的文化观》;程钢的《从"文化综合创新论"看中国近代文化观》;成中英的《论中国哲学的综合创造与创造综合》;李春平的《论张岱年先生"文化综合创新论"的理论根据》;李景源的《文化体用观与综合创新》;邝柏林的《张岱年的"综合创新"与哲学的转型》;魏宏远的《论张岱年先生的文化观》;杨君游的《综合创新,建设具有中国特色的社会主义新文化——张岱年文化综合创新论研究》;羊涤生的《试论文化的综合与创新》;游唤民的《揭示了文化发展的客观规律——"文化综合创新论"的管见》;于惠玲的《有中国特色社会主义的综

合创新之路》；于承武的《张岱年先生谈传统文化与社会主义精神
文明建设问题》；王东的《张岱年综合创新求索论》（该文已经在
1999 年张岱年 90 寿辰庆祝会的论文集中收录）。

此外，王杰、张友谊于 2004 年 7 月 13 日在《光明日报·理论
周刊》上，发表了《张岱年的"综合创新"论》一文，认为"综合创
新"论是张岱年在中国文化论争中提出的极富有价值的学说。这
种文化主张，是在研究和分析了中国近现代文化论争的各种学说
的基础上提出来的，特别是以马克思主义为指导，注意吸收了"会
通以求超胜"论、"民族大众文化"论中的合理因素。它符合中国
的国情，立足于中国的实际，并对以往的文化学说进行了分析、批
判和吸收、借鉴，强调弘扬民族主体精神，走中西文化融合之路。
王中江在《光明日报》2004 年 8 月 24 日的《理论周刊》上发表了
《中国文化，其命维新——张岱年先生"文化综合创新论"的特质》
一文，认为"文化综合创新论"既是探索中国文化的重建和复兴的
一种模式，也是张岱年文化观的核心所在。王中江把张岱年的
"文化综合创新论"概括为四个基本特质：第一个特质是张岱年的
文化创新论克服了拒斥中国传统文化和抛弃西化主义的"两极
性"和单向度立场；第二个特质是认为文化内容是由不同的要素
构成，因而文化内容是可选择的，通过主动吸取外来文化和辨析而
进行文化选择，从而保持本民族文化的主体性；第三个特质是"文
化多元共同体"，即"在改革开放的新时期，张先生依然坚持文化
多元化和百家争鸣方针，并运用'和而不同'的观念来说明文化多
元化和多样性对于创新的意义"；第四个特质是创新是文化和生
命的活水源头，认为文化的重建和创新不仅是文化的生命，而且是
民族复兴的条件，因此，张岱年的"文化综合创新论"不仅是一种
文化理论，同时也是张岱年先生的实践和经验的总结。

五、有关张岱年的生平及纪念文章

相对于研究 20 世纪的其他哲学家来说，我们对张岱年展开的研究还远远不够。本文的综述也可能仅仅只能反映一个张岱年研究现状的侧面。至于有关张岱年先生的生平介绍、学术生涯以及一般的访谈文章，就没有纳入到本综述的叙述中去。但并不是说这些文章没有研究价值可言，如田然写的《国学大师张岱年先生》（《文史哲》1995 年第 4 期）就是一篇比较详细介绍张岱年的家学渊源、学术生涯以及他开展的中国哲学史、中国文化方面的研究的有一定价值的文章。这类文章可分为两类：

一类是张岱年生前的学者、亲友、记者、弟子等人采访他所写的文章，表示对张岱年渊博的学识、高贵的人品、直道而行的性格的钦佩，并对其学术成就进行简明扼要的报道。这类文章有：梁燕城、羊涤生、温伟耀的《现代中国各大哲人的思想与风骨》，加拿大《文化中国》第五期，1995 年 6 月号；炎哥的《中国哲学界的不倒松：张岱年》，《中国人才》1996 年第 9 期；陈来的《自强不息、厚德载物的张岱年先生》，《纵横》1997 年第 3 期；过清的《国学大师张岱年》，《炎黄春秋》1997 年第 3 期；雷音的《自强不息，厚德载物》，《收获》1997 年第 5 期；舒柱的《张岱年题词——访张岱年教授》，《中外文化交流》1997 年第 6 期；宗璞的《刚毅木讷近仁——记张岱年先生》，《随笔》1997 年第 3 期；吴荣荃的《励志民族复兴，耄年致思不已——访张岱年先生》，《科学·经济·社会》1998 年第 4 期；石梅的《哲人张岱年》，《中华儿女》（海外版）1998 年第 5 期；东方鹤的《国学泰斗与神剑将军在一起》，《人民日报海外版》1998 年 12 月 12 日；刘鄂培的《育人、笔耕、清贫——贺张岱年师 90 华诞》，《文化月刊》1999 年第 5 期；培一的《"五·四"传薪——世纪老人张岱年剪影》,《跨世纪人才》1999 年第 5 期;刘鄂培的《哲学家张岱年先生》,《文史知识》1999 年第 9 期;姚骏的《耄耋之年,自强不息——记北京大学教授张岱年》,《中国高等教育》2000 年第 1 期;张拴平的《国学大师——张岱年》,《光明日报·理论周刊》2000 年 4 月 11 日;刘红的《国学大师张岱年》,《人民日报海外版》2000 年 6 月 28 日;章建潮的《张岱年:刚毅木讷之近仁》,《河北日报》2000 年 9 月 22 日;陈培一的《天行健,君子以自强不息——国学大师张岱年的百年足迹》,《中外文化交流》2000 年第 5 期;李乐刚的《张岱年学术成就简介》,《江汉论坛》2000 年第 9 期;吴琼、高慧斌的《直道而行——访〈世纪老人的话〉主人公张岱年先生》,《辽宁日报》2001 年 7 月 26 日;高增德的《言学无倦,诲人有德——记张岱年先生》,《社会科学论坛》2002 年第 1 期;段文明的《张岱年:当代国学大师》(人物春秋),《人民日报海外版》2002 年 2 月 11 日;段文明的《当代国学大师张岱年》,《中华文化论坛》2002 年第 3 期。段文明的《当代国学大师张岱年》,《中国社会报》2002 年第 3 月 13 日;魏德运的《幽微里的张岱年》,《中国教育报》2002 年 5 月 21 日;钱耕森的《张岱年先生安徽之行》,《江淮文史》2003 年第 4 期;张玉安的《自强不息,厚德载物:访著名哲学家张岱年先生》,《群言》2003 年 6 月 27 日;包广林的《厚德载物——张岱年〈直道而行〉读后》,《吉林日报》2003 年 7 月 26 日;等等。

这些文章的作者对张岱年毕生献身哲学的忘我的精神、刚毅木讷的人格魅力赞叹不已。作为第一代国学大师,"张先生终身勤勉、潜心学问、造福祖国的文化事业,堪称一代学人的楷模"。特别是在哲学园地,张岱年不辞劳作,辛勤耕耘,培养了大批哲学人才。这样一位哲人又对中国文化充满了信心,如过清在采访张岱年时,问他所提出的"文化综合创新论"是否会得到其他学人认同的时候,张岱年的答案是"吾道不孤"。在其亲友宗璞的眼里,张岱年是位刚毅木讷近仁的长者,她写道:"父亲(冯友兰)曾说他的著作读起来亲切有味,我想这是因为他提炼了中国文化的精髓,给我们的不仅是香醇的乳汁,而是乳汁的乳汁,是奶油。"这类文章读起来使人仿佛看到一个有血有肉的丰满的张岱年先生。

另一类是张岱年逝世后各位学者写的回忆、悼念文章。这类文章有:中国哲学史学会暨《中国哲学史》编辑部写的《哲人其萎,精神永存》,《中国哲学史》2004年第2期;范学德的《遥忆岱年先生》,《社会科学论坛》2004年第2期;钱耕森的《张岱年先生五进清华园》,《人民日报海外版》2004年5月7日;刘鄂培的《育人不倦,直道而行》,《光明日报·理论周刊》2004年5月11日;王中江的《哲人其萎——追思最后时日的张岱年先生》,《光明日报·理论周刊》2004年5月11日;周桂钿的《名师远去兮,风范不朽——沉痛悼念张岱年先生》,《读书时报》2004年5月12日;王博的《寓豪气于平实之中》,《光明日报·书评周刊》2004年5月13日;朱家雄的《敬悼张岱年》,《中华读书报》2004年5月19日;王如的《让智慧之花灿烂》,《人民日报》2004年5月21日;牛素琴的《追思张岱年先生》,《中华读书报》2004年6月2日;刘笑敢的《直道而行坎坷路——恩师岱年琐忆》,载梁涛主编《中国思想史研究通讯》(第二辑,中国社会科学院历史所思想史研究室主办,2004年6月);张立文的《自强不息,厚德载物——悼念张岱年先生》,《社会科学战线》2004年第4期。在此期间,全国各主要媒体、报刊、因特网或其他媒介对张岱年的去世都进行了大量的各种形式的报道,高度评价他的成就和不平凡的一生。中国哲学史学会暨《中国哲学史》编辑部在其所写的《哲人其萎,精神永存》纪念文章中说："张岱年先生是我国哲学界和思想文化界德高望重的著名学者，是现代中国少数有体系的哲学家之一，是当代中国哲学界和思想文化界的学术泰斗、一代宗师。他的逝世是我国哲学界和思想文化界的重大损失。"

为纪念张岱年先生诞辰 95 周年，并探讨张岱年提出的综合创新论和 21 世纪中国文化综合创新的途径和方式，2004 年 5 月 15 日，"纪念张岱年先生诞辰 95 周年暨中国文化综合作出创新学术研讨会"在清华大学隆重召开。李学勤、汤一介、方立天、张立文、周桂钿、郭齐家、牟钟鉴、陈来、姜广辉、万俊人、刘笑敢、胡军、吴光、李存山、宋志明、李维武等海内外百位学者和专家参加了此次学术讨论会。此次研讨会本来是庆祝张岱年先生 95 华诞，但想不到的是在此前的 20 天，张岱年却急遽离开了我们。与会者一致认为，张岱年是 20 世纪我国著名哲学家、哲学史家和国学大师。

张岱年先生走了。从 2004 年 4 月 24 日起，同仁、学者、弟子、亲友以及整个中国哲学界、文化界都沉浸在缅怀之中。再次捧读他那一卷卷丰美厚重的哲思著述，使人仰之弥高，钻之弥坚。他对宇宙人生的探索、对传统文化的发扬光大都保留在其著作的字里行间。继承和汲取张岱年先生的丰富的精神财富，传承中华文明是我等责无旁贷的使命。

附录二：

张岱年哲学思想研究文献及索引

（以文献发表的先后时间为序）

1. 包遵信：《张岱年〈中国哲学史史料学〉读后》，《读书》1982 年第 11 期。

2. 方立天：《第一部中国哲学范畴史——评张岱年〈中国哲学大纲〉评述》，《人民日报》（缩印合订本）1983 年第 1 期。

3. 方立天：《一部富有生命力的著作——再评张岱年〈中国哲学大纲〉》，《中国哲学史研究》1983 年第 3 期。

4. 徐敏：《求实、谨严、精辟：读张岱年同志的〈中国哲学发微〉》，《哲学研究》1983 年第 3 期。

5. 《哲学研究》编辑部：《北京大学哲学系举行冯友兰先生从教六十周年、张岱年先生从教五十周年庆祝会》，《哲学研究》1984 年第 2 期。

6. 陈来、张岱年：《方以智的本体论与方法论》，《江淮论坛》1984 年第 2 期。

7. 刘笑敢：《读〈中国哲学史方法论发凡〉》，《哲学研究》1984 年第 8 期。

8. 陈来：《张岱年学术思想评述》，载《时代与思潮(3)·中西文化交汇》1985 年。

9.《求索》编辑部:《杨超、张岱年等:笔谈老子研究》,《求索》1986 年第 1 期。

10.张岱年等:《〈华东师范大学报〉发表张岱年等谈中国哲学史研究趋势的文章》,《高等学校文科学报文摘》1986 年第 3 期。

11.东摘:《张岱年论中国文化的特点》,《内蒙古社会科学》1986 年第 4 期。

12.王泾丰:《张岱年教授谈中国文化的回顾与展望》,《社会科学》1986 年第 6 期。

13.张岱年、陈来、葛荣晋、许抗生、周桂钿、李明友、李存山、余敦康、辛冠洁:《中国哲学史上关于人的价值观问题笔谈》,《中国哲学史研究》1987 年第 1 期。

14.张岱年、严北溟等:《董仲舒的地位及其研究方法》,《河北学刊》1987 年第 1 期。

15.周清泉:《也释张载哲学中所谓神——兼向张岱年同志请教》,《成都大学学报》(哲学社会科学版)1987 年第 2 期。

16.刘宏章、范学德:《不倦的探索——论张岱年同志近年来对中国哲学史的研究》,《孔子研究》1987 年第 3 期。

17.范学德:《"和实生物""两一""反复"——论张岱年四十年代的辩证法观点》,《社会科学辑刊》1988 年第 5 期。

18.范学德:《"和实生物""两一""反复"——论张岱年四十年代的辩证法观点》(续),《社会科学辑刊》1988 年第 6 期。

19.冯友兰:《〈张岱年文集〉序》,《读书》1988 年第 11 期。

20.范学德:《论张岱年哲学思想的形成》,载中国现代哲学史研究会编《中国现代哲学与文化思潮》,求实出版社 1989 年版。

21.范学德:《综合与创造——论张岱年的哲学思想》,教育科学出版社 1989 年版。

22. 陈来:《创造的综合——〈张岱年文集〉第一卷》,《中国社会科学》1989 年第 4 期。

23. 陈来:《张岱年及其哲学思想》,载《时代与思潮——中西文化交汇》(第三辑),学林出版社 1990 年版。

24. 杜寒风:《传统伦理价值的再发现——评介张岱年先生的〈中国伦理思想研究〉》,《河北师院学报》1990 年第 4 期。

25. 于承武:《张岱年先生谈传统文化与社会主义精神文明建设问题》,载《传统文化与社会主义精神文明建设》,中国文史出版社 1991 年版。

26. 熊坤新:《一部关于中国伦理思想史方法论研究的专著:略评张岱年先生的〈中国伦理思想研究〉》,《贵州大学学报》,1991 年第 1 期。

27. 李存山:《并非"陈迹"——张岱年早期哲学思想的今日启示》,《中国社会科学》1991 年第 6 期。

28. 李维武:《张申府、张岱年:"解析与唯物的结合"》,载《二十世纪中国哲学本体论问题》,湖南教育出版社 1991 年版。

29. 李振霞:《中国哲学十哲》,华夏出版社 1991 年版。

30. 王伟华:《批判继承综合创新》,《天津日报》1991 年 12 月 25 日。

31. 李存山:《默而好深湛之思,诚而创综合之论——张岱年学术生涯录》,《社会科学战线》1992 年第 4 期。

32. 李存山:《自强不息,创造综合——张岱年先生的学术生涯与思想要旨》,《炎黄文化研究》(第 3 期)1995 年版。

33. 羊涤生:《介绍"真与善的探索"》,载《书林撷英》,清华大学出版社 1993 年版。

34. 崔在莹:《斧偏祛执,综合创新——析关于中国文化未来的出路的讨论》,《哈尔滨师专学报》1994 年第 1 期。

35. 田芳:《有感于张岱年先生的来信》,《华夏文化》1994 年第 1 期。

36. 张岱年、熊坤新:《中国古代伦理思想家关于天人关系问题之探析》,《贵州大学学报》1994 年第 2 期。

37.《新长征》编辑部:《传统文化与现代文明——张岱年先生访谈录》,《新长征》1994 年第 4 期。

38. 邵汉明、张岱年:《张岱年教授谈正确理解传统美德》,《道德与文明》1994 年第 4 期。

39. 予矛、王吉:《奏响主旋律,弘扬民族魂——简评〈中国唯物史〉的学术成就》,《甘肃社会科学》1994 年第 5 期。

40. 李淑珍:《综合创新一代宗师——张岱年教授的学术生涯》,《北京大学学报》(哲学社会科学版)1994 年第 4 期。

41. 郭齐家、相力:《自强不息,厚德载物》,载《师范群英光耀中华》,人民教育出版社 1994 年 6 月版。

42. 刘仲林:《21 世纪中国哲学孕育与突破》,《天津师大学报》1994 年第 6 期。

43. 刘仲林:《中国哲学中的“创建派”初探》,《哲学研究》1994 年第 7 期。

44. 游唤民:《开中国唯物史研究之先河——评张岱年主编的〈中国唯物论史〉》,《船山学刊》1995 年第 1 期。

45. 王才干:《也论老子的本体论——就教于张岱年先生》,《陕西师范大学学报》(哲学社会科学版)1995 年第 2 期。

46. 戢斗勇:《中国哲学传统的主流》,《中国社会科学》1995 年第 2 期。

47. 田然:《国学大师张岱年先生》,《文史哲》1995 年第 4 期。

48. 梁燕城、羊涤生、温伟耀：《现代中国各大哲人的思想与风骨》，加拿大《文化中国》第五期，1995 年 6 月号。

49. 刘仲林：《中国传统文化革故鼎新的探索》，《人民日报》1995 年 7 月 5 日。

50. 《自然辩证法研究》编辑部：《张岱年谈"周易热"》，《自然辩证法研究》1995 年第 8 期。

51. 张风莲：《独辟蹊径，综合创新——张岱年先生对中国哲学史的研究》，载当代哲学丛书编委会编《今日中国哲学》，广西人民出版社 1996 年版。

52. 张岱年：《附张岱年给作者的回信》，《船山学刊》1996 年第 1 期。

53. 刘仲林：《中国哲学的创新与重建（一）——张岱年教授"综创论"访谈录》，《天津师大学报》（哲学社会科学版）1996 年第 1 期。

54. 刘鄂培：《"综合创新论"对"体用说"的突破》，《中国哲学史》1996 年第 2 期。

55. 钱逊：《"综合创新"的一个范例——张岱年对"两一"（对立统一）的阐释》，《哲学研究》1996 年第 3 期。

56. 刘仲林：《综创论早期思想述评》，《中国哲学史》1996 年第 3 期。

57. 刘仲林：《中国哲学的创新与重建（二）——张岱年教授"综创论"访谈录》，《天津师大学报》（哲学社会科学版）1996 年第 5 期。

58. 刘墨：《中国哲学的分析与综合之路——读张岱年先生的〈中国哲学大纲〉》，《中国图书评论》1996 年第 5 期。

59. 钱耕森：《中华文化发展的必由之路——评张岱年的"综合创

新"的文化观》,《天津师大学报》(哲学社会科学版)1996年第6期。

60. 炎哥:《中国哲学界的不倒松:张岱年》,《中国人才》1996年第9期。

61.《思想政治课教学》编辑部:《北大教授张岱年提出——儒学作为一个整体已过时》,《思想政治课教学》1996年第10期。

62. 刘鄂培:《论张岱年的文化观——"综合创新"论》,《中国社会科学院研究生报》1997年第2期。

63. 陈来:《自强不息、厚德载物的张岱年先生》,《纵横》1997年第3期。

64. 过清:《国学大师张岱年》,《炎黄春秋》1997年第3期。

65. 袁尔钜:《时代智慧的篇章——读〈张岱年全集〉》,《中国图书评论》1997年第3期。

66. 羊涤生:《一代宗师的思想历程——评〈张岱年全集〉出版》,《人民日报海外版》1997年4月2日。

67. 刘仲林:《直道而行,自强不息》,《天津日报》1997年4月13日。

68. 张岱年、王东:《中华文明的现代复兴与综合创新》,《教学与研究》1997年第5期。

69. 雷音:《自强不息,厚德载物》,《收获》1997年第5期。

70. 舒柱:《张岱年题词——访张岱年教授》,《中外文化交流》1997年第6期。

71. 宗璞:《刚毅木讷近仁——记张岱年先生》,《随笔》1997年6月。

72. 李存山:《张岱年先生的学术成就和思想类型——祝贺〈张岱年文集〉出版》,《哲学研究》1997年第7期。

73. 刘仲林:《老骥伏枥,志在"综创"——初读〈张岱年全集〉》,《理论与现代化》1997 年第 7 期。

74.《中华文化论坛》编辑部:《〈张岱年全集〉出版》,《中华文化论坛》1998 年第 1 期。

75. 洪晓楠:《论"综合创新论"文化观》,《中州学刊》1998 年第 2 期。

76. 张岱年、季羡林、蔡尚思、郭齐勇、张立文、李申等:《"儒学是否是宗教"笔谈》,《文史哲》1998 年第 3 期。

77. 张岱年、冈田武彦:《中国哲学与二十一世纪》,《浙江学刊》1998 年第 3、4 期。

78. 索链、李伟:《与哲学宗教的心灵对白——近访张岱年先生》,《天地》1998 年第 3 期。

79. 侯艺兵:《哲学家张岱年》,《中国大学教学》1998 年第 4 期。

80. 吴荣荃:《励志民族复兴,耄年致思不已——访张岱年先生》,《科学·经济·社会》1998 年第 4 期。

81. 石梅:《哲人张岱年》,《中华儿女》(海外版)1998 年第 5 期。

82. 刘仲林:《中国文化的基本精神》,《道德与文明》1998 年 7 月增刊。

83. 李存山:《新气学辩证——与张立文商榷》,《学术月刊》1998 年第 12 期。

84. 东方鹤:《国学泰斗与神剑将军在一起》,《人民日报海外版》1998 年 12 月 12 日。

85. 沈勇:《浅析冯友兰、张岱年辩证法思想的异同》,《河南师范大学学报》(哲学社会科学版)1999 年第 2 期。

86. 李存山:《充生以达理,胜乖以达和——张岱年先生论人生之道》,《学术界》1999 年第 2 期。

87. 张岱年、卫庶：《传统理解和超越——张岱年先生访谈录》，《社会科学论坛》1999 年第 3 期。

88. 付长珍：《新文化建构模式的探索——论张岱年先生的"综合创新"文化观》，《东方论坛》1999 年第 4 期。

89. 刘仲林：《文化创新的先行者——张岱年先生与天津市》，《天津日报》1999 年 5 月 25 日。

90. 刘鄂培：《试论张岱年哲学体系的建立》，载北京大学哲学系编《中国哲学的诠释与发展——张岱年先生九十寿庆纪念文集》，北京大学出版社 1999 年版。

91. 衷尔钜：《中国哲学的理论创新——张岱年先生的辛勤探索》，载北京大学哲学系编《中国哲学的诠释与发展——张岱年先生九十寿庆纪念文集》，北京大学出版社 1999 年版。

92. 李存山：《气论与新唯物论——张岱年先生哲学思想述评》，载北京大学哲学系编《中国哲学的诠释与发展——张岱年先生九十寿庆纪念文集》，北京大学出版社 1999 年版。

93. 许抗生：《张岱年先生的孔、老研究》，载北京大学哲学系编《中国哲学的诠释与发展——张岱年先生九十寿庆纪念文集》，北京大学出版社 1999 年版。

94. 王东：《张岱年综合创新论求索》，载北京大学哲学系编《中国哲学的诠释与发展——张岱年先生九十寿庆纪念文集》，北京大学出版社 1999 年版。

95. 刘仲林：《张岱年"知本达至"思想初探》，载北京大学哲学系编《中国哲学的诠释与发展——张岱年先生九十寿庆纪念文集》，北京大学出版社 1999 年版。

96. 刘鄂培：《育人、笔耕、清贫——贺张岱年师 90 华诞》，《文化月刊》1999 年第 5 期。

97. 培一:《"五·四"传薪——世纪老人张岱年剪影》,《跨世纪人才》1999 年第 5 期。

98. 刘仲林:《创新文化建设的先行者》,《天津日报》1999 年 5 月 2 日。

99. 钟肇鹏:《综合创新,发展中国哲学》,《哲学研究》1999 年第 7 期。

100. 刘鄂培:《哲学家张岱年先生》,《文史知识》1999 年第 9 期。

101. 林大雄整理:《张岱年学述》,浙江人民出版社 1999 年版。

102. 张岱年、刘仲林:《铸造新精神,建设新文化——千年之交新文化瞻望》,《天津师大学报》2000 年第 1 期。

103. 姚骏:《耄耋之年,自强不息——记北京大学教授张岱年》,《中国高等教育》2000 年第 1 期。

104. 衷尔钜:《张岱年:现代中国所需要的新道德》,《道德与文明》2000 年第 3 期。

105. 张岱年、张拴平:《会通中西,综合创新——国学大师张岱年访谈录》,《社会科学家》2000 年第 3 期。

106. 钱耕森:《张岱年与安徽古籍整理》,《黄山日报》2000 年 4 月 7 日。

107. 张拴平:《国学大师——张岱年》,《光明日报·理论周刊》2000 年 4 月 11 日。

108. 魏德运:《幽微里的张岱年》,《中国教育报》2000 年 5 月 21 日。

109. 李存山:《新唯物论还是新儒学?——与张立文先生再商榷》,《学术月刊》2000 年第 6 期。

110. 刘红:《国学大师张岱年》,《人民日报海外版》2000 年 6 月 28 日。

111. 章建潮：《张岱年：刚毅木讷之近仁》，《河北日报》2000 年 9 月 22 日。

112. 《当代法学》编辑部：《张岱年谈文化综合创新》，《当代法学》2000 年第 4 期。

113. 刘鄂培：《"兼和"——张岱年先生哲学思想的精髓》，《中国社会科学院研究生院学报》2000 年第 4 期。

114. 陈培一：《天行健，君子以自强不息——国学大师张岱年的百年足迹》，《中外文化交流》2000 年第 5 期。

115. 李乐刚：《张岱年学术成就简介》，《江汉论坛》2000 年第 9 期。

116. 付长珍：《文化与哲学的整合——记张岱年先生早期的哲学文化观》，《学海》2001 年第 1 期。

117. 刘鄂培：《综合创新，直道而行——一代宗师张岱年先生的学术思想》，《船山学刊》2001 年第 1 期。

118. 刘鄂培：《综合创新，直道而行——一代宗师张岱年先生的学术思想》(续)，《船山学刊》2001 年第 2 期。

119. 郭一曲：《从"辩证综合"到"综合创新"——张申府对张岱年的影响》，《现代哲学》2001 年第 2 期。

120. 衷尔钜：《张岱年：现代中国所需要的新道德》，《道德与文化》2001 年第 3 期。

121. 钱耕森：《清华大学哲学系与逻辑分析法》，《中华读书报》2001 年 4 月 18 日。

122. 李存山：《张岱年先生学术思想述要》，《高校理论战线》2001 年第 6 期。

123. 吴琼、高慧斌：《直道而行——访〈世纪老人的话〉主人公张岱年先生》，《辽宁日报》2001 年 7 月 26 日。

124. 张岱年、任继愈、龚育之等：《2001 倾听文化》，《学习时报》

2001 年 12 月 31 日。

125. 衷尔钜:《张岱年对唯物辩证法若干概念的论析》,《佛山科学技术学院学报》(社会科学版)2002 年第 1 期。

126. 高增德:《言学无倦,海人有德——记张岱年先生》,《社会科学论坛》2002 年第 1 期。

127. 青柏:《综合创新——张岱年先生学记》出版,《船山学刊》2002 年第 2 期。

128. 刘鄂培:《"综合创新"——张岱年先生的治学之道》,《清华大学学报》(哲学社会科学版)2002 年第 3 期。

129. 青柏:《综合创新——张岱年先生学记》出版,《清华大学学报》(哲学社会科学版)2002 年第 3 期。

130. 牟宗艳:《张岱年先生的〈中国哲学大纲〉》,《文史哲》2002 年第 3 期。

131. 段文明:《张岱年:当代国学大师》(人物春秋),《人民日报海外版》2002 年 2 月 11 日。

132. 段文明:《当代国学大师张岱年》,《中华文化论坛》2002 年第 3 期。

133. 段文明:《当代国学大师张岱年》,《中国社会报》2002 年 3 月 13 日。

134. 刘俊哲:《张岱年哲学思维方法论》,《西南民族学院学报》(哲学社会科学版)2002 年第 4 期。

135. 魏德运:《幽微里的张岱年》,《中国教育报》2002 年 5 月 21 日。

136. 林桂榛:《"徒法不能以自行"究竟何意——兼与张岱年、郭道晖等先生商榷》,《华中科技大学学报》2002 年第 6 期。

137. 万俊人:《"兼和"之道及其道者的学术品格》,《哲学动态》

2003 年第 1 期。

138. Xinyan Jiang Book Review of Zhang, Dainian, *Key Concepts in Chinese Philosophy*, translated by Edmund Ryden, Yale University Press, 2002, in *Notre Dame Philosophical Reviews* 2003.1.6.

139. 郭齐家:《铸造新精神,建设新文化——评〈综合创新——张岱年先生学记〉》,《中国文化报》2003 年 1 月 28 日。

140. 方克立:《读书心得二则》,《光明日报》2003 年 2 月 11 日。

141. 王兴国:《找回历史的真实〈综合创新——张岱年学记〉读后感》,《船山学刊》2003 年第 2 期。

142. 王心竹:《"徒法不能以自行"到底何意?——与林桂榛先生商榷及经典文本诠释问题》,《华中科技大学学报》(社科版)2003 年第 3 期。

143. 一彤:《张岱年:发扬中华文化优良传统》,《漳州职业大学学报》2003 年第 3 期。

144. 陈来:《张岱年及其七十年的哲学因缘》,《河北学刊》2003 年第 3 期。

145. 钱耕森:《张岱年先生安徽之行》,《江淮文史》2003 年第 4 期。

146. 陈来:《张岱年之哲学思想最新探寻》,《中华读书报》2003 年 5 月 7 日。

147. 胡伟希:《"共同意谓说":张岱年的语言哲学观略论——兼论其对金岳霖语言哲学的超越》,《哲学研究》2003 年第 6 期。

148. 张玉安:《自强不息,厚德载物:访著名哲学家张岱年先生》,《群言》2003 年 6 月 27 日。

149. 包广林:《厚德载物——张岱年〈直道而行〉读后》,《吉林日报》2003 年 7 月 26 日。

150. 朱俊篷、马国胜：《献县成立"献王文化促进会"——国学大师为促进会题词》，《河北日报》2003 年 9 月 20 日。

151. 李学勤：《中国哲学的走向——读〈综合创新——张岱年先生学记〉》，《人民日报海外版》2003 年 11 月 7 日。

152. 张小平：《张岱年学术思想及其独特价值》，《哲学动态》2003 年第 12 期。

153. 中国哲学史学会暨《中国哲学史》编辑部：《哲人其萎，精神永存——沉痛悼念张岱年先生》，《中国哲学史》2004 年第 2 期。

154. 范学德：《遥忆岱年先生》，《社会科学论坛》2004 年第 2 期。

155. 《管子学刊》编辑部：《我刊顾问张岱年先生逝世》，《管子学刊》2004 年第 2 期。

156. 《学术界》编辑部：《著名哲学家、思想家张岱年先生逝世》，《学术界》2004 年第 3 期。

157. 《伦理学研究》编辑部：《崇真达善与群为一——沉痛悼念伦理学家张岱年先生逝世》，《伦理学研究》2004 年第 3 期。

158. 陈来：《张岱年先生的儒学观》，《中国哲学史》2004 年第 3 期。

159. 汤一介：《张岱年先生和〈周易〉》，《周易研究》2004 年第 3 期。

160. 陈来：《张岱年先生的儒学观》，《中国哲学史》（季刊）2004 年第 3 期。

161. 周桂钿：《中国哲学与张岱年》，《中国哲学史》（季刊）2004 年第 3 期。

162. 胡军：《论张岱年思想的理论特色》，《中国哲学史》（季刊）2004 年第 3 期。

163. 张学智：《张岱年思想的特质与名称》，《中国哲学史》（季刊）2004 年第 3 期。

164.《寻根》编辑部:《张岱年先生逝世》,《寻根》2004 年第 3 期。

165. 刘静芳:《中国哲学的合法性——从冯友兰到张岱年》,《安徽大学学报》(哲学社会科学)2004 年第 4 期。

166. 王东:《张岱年学术思想的六大理论创新》,《河北学刊》2004 年第 4 期。

167. 周桂钿:《优秀的哲学史家必定是哲学家——〈中国哲学大纲〉与张岱年哲学》,《清华大学学报》(哲学社会科学版)2004 年第 4 期。

168. 干春松:《创造的综合和文化的创造主义——张岱年 20 世纪 30 年代的文化观》,《清华大学学报》(哲学社会科学版)2004 年第 4 期。

169. 李维武:《中国哲学的继往与开来——张岱年 20 世纪三四十年代的中国哲学观及其启示》,《清华大学学报》(哲学社会科学版)2004 年第 4 期。

170. 刘鄂培:《张岱年的学术思想及其人格魅力》,《清华大学学报》(哲学社会科学版)2004 年第 4 期。

171. 张立文:《自强不息,厚德载物——悼念张岱年先生》,《社会科学战线》2004 年第 4 期。

172. 张斌峰:《辨名与析理——张岱年先生的"逻辑"思想论》,《信阳师范学报》(哲学社会科学版)2004 年第 4 期。

173. 韩莹:《沉淀是金——著名哲学家、哲学史家、哲学教育家、国学大师张岱年先生近访记》,《技术与创新管理》2004 年第 4 期。

174. 韩莹:《对国学大师的最后一次采访》,《今传媒》2004 年第 4 期。

175. 李保平:《一个编辑心中的哲学大师——记与张岱年先生的

几次交往》,《中国编辑》2004 年第 4 期。

176. 李翔德:《厚德载物,自强不息——张岱年的人格和治学精神》,《山西大学学报》(哲学社会科学版)2004 年第 4 期。

177. 刘鄂培:《论张岱年的学术思想》,《人民日报海外版》2004 年 4 月 23 日。

178. 钱耕森:《张岱年先生五进清华园》,《人民日报海外版》2004 年 5 月 7 日。

179. 李存山:《张岱年先生的学术方向》,《光明日报·理论周刊》2004 年 5 月 11 日。

180. 刘鄂培:《育人不倦,直道而行》,《光明日报·理论周刊》2004 年 5 月 11 日。

181. 王中江:《哲人其萎——追思最后时日的张岱年先生》,《光明日报·理论周刊》2004 年 5 月 11 日。

182. 郭齐家:《张岱年论读书治学》,《读书时报》2004 年 5 月 12 日。

183. 周桂钿:《名师远去兮,风范不朽——沉痛悼念张岱年先生》,《读书时报》2004 年 5 月 12 日。

184. 张岱年:《我与北师大》(引自北京师范大学校友会《校友通讯》第 27 期),《读书时报》2004 年 5 月 12 日。

185. 王博:《寓豪气于平实之中》,《光明日报·书评周刊》2004 年 5 月 13 日。

186. 朱家雄:《敬悼张岱年》,《中华读书报》2004 年 5 月 19 日。

187. 王如:《让智慧之花灿烂》,《人民日报》2004 年 5 月 21 日。

188. 钱耕森:《张岱年先生对中国哲学与文化的主要贡献》,《探索与争鸣》2004 年第 5 期。

189.《哲学研究》编辑部:《沉痛悼念张岱年先生》,《哲学研究》

2004 年第 5 期。

190. 陈瑛:《著名哲学家和伦理学家张岱年教授简介》,《伦理学研究》2004 年第 5 期。

191. 刘静芳:《张岱年论"本体"》,《华东师范大学学报》(哲学社会科学版)2004 年第 5 期。

192. 于奇智:《简说张岱年天人合一观》,《中国社会科学院研究生院学报》2004 年第 5 期。

193. 蒙培元:《张岱年的中西哲学观及其"综合创新论"》,《北京大学学报》(哲学社会科学版)2004 年第 5 期。

194. 胡军:《张岱年哲学慧观中的逻辑分析方法》,《北京大学学报》(哲学社会科学版)2004 年第 5 期。

195. 张学智:《怀特海与张岱年早年著作中的"事"概念》,《北京大学学报》(哲学社会科学版)2004 年第 5 期。

196. 牛素琴:《追思张岱年先生》,《中华读书报》2004 年 6 月 2 日。

197. 夏新:《努力前进,振兴中华——追忆张岱年先生对我的关怀》,《学校党建与思想教育》2004 年第 6 期。

198. 王杰、张友谊:《张岱年的"综合创新"论》,《光明日报·理论周刊》2004 年 7 月 13 日。

199. 刘笑敢:《直道而行坎坷路——恩师岱年琐忆》,载梁涛主编《中国思想史研究通讯》(第二辑,中国社会科学院历史所思想史研究室主办)2004 年 6 月。

200. 陈来:《张岱年先生的学术贡献》,载梁涛主编《中国思想史研究通讯》(第二辑,中国社会科学院历史所思想史研究室主办)2004 年 6 月。

201. 李存山:《张岱年先生的中国哲学史研究》,《哲学研究》2004 年第 6 期。

202. 李燕杰:《张岱年——当代圣哲》,《教育艺术》2004 年第 7 期。

203. 陈静:《继承传统与学习西方——简论"综合创新"的文化观》,载刘鄂培、衷尔钜编《张岱年研究》,清华大学出版社 2004 年版。

204. 陈庆坤:《张岱年先生对中国哲学本体论问题的厘清》,载刘鄂培、衷尔钜编《张岱年研究》,清华大学出版社 2004 年版。

205. 程钢:《从"文化综合创新论"看中国近代文化观》,载刘鄂培、衷尔钜编《张岱年研究》,清华大学出版社 2004 年版。

206. 成中英:《论中国哲学的综合创造与创造综合》,载刘鄂培、衷尔钜编《张岱年研究》,清华大学出版社 2004 年版。

207. 丁祯彦:《略论张岱年先生的"理论分析方法"》,载刘鄂培、衷尔钜编《张岱年研究》,清华大学出版社 2004 年版。

208. 李春平:《论张岱年先生"文化综合创新论"的理论根据》,载刘鄂培、衷尔钜编《张岱年研究》,清华大学出版社 2004 年版。

209. 李景源:《文化体用观与综合创新》,载刘鄂培、衷尔钜编《张岱年研究》,清华大学出版社 2004 年版。

210. 邝柏林:《张岱年的"综合创新"与哲学的转型》,载刘鄂培、衷尔钜编《张岱年研究》,清华大学出版社 2004 年版。

211. 李玉梅:《张岱年论怀梯黑的教育哲学》,载刘鄂培、衷尔钜编《张岱年研究》,清华大学出版社 2004 年版。

212. 钱耕森:《张岱年先生安徽之行与整理安徽古籍》,载刘鄂培、衷尔钜编《张岱年研究》,清华大学出版社 2004 年版。

213. 魏宏远:《论张岱年先生的文化观》,载刘鄂培、衷尔钜编《张岱年研究》,清华大学出版社 2004 年版。

214. 王中江:《自然秩序与人间共同体生活理想——张岱年先生

的"天人"会通及立义》,载刘鄂培、衷尔钜编《张岱年研究》,清华大学出版社 2004 年版。

215. 翁正石:《张岱年哲学观的一些问题》,载刘鄂培、衷尔钜编《张岱年研究》,清华大学出版社 2004 年版。

216. 王东:《张岱年综合创新求索论》,载刘鄂培、衷尔钜编《张岱年研究》,清华大学出版社 2004 年版。

217. 杨君游:《综合创新,建设具有中国特色的社会主义新文化——张岱年文化综合创新论研究》,载刘鄂培、衷尔钜编《张岱年研究》,清华大学出版社 2004 年版。

218. 羊涤生:《试论文化的综合与创新》,载刘鄂培、衷尔钜编《张岱年研究》,清华大学出版社 2004 年版。

219. 游唤民:《揭示了文化发展的客观规律——"文化综合创新论"的管见》,载刘鄂培、衷尔钜编《张岱年研究》,清华大学出版社 2004 年版。

220. 于承武:《张岱年先生谈传统文化与社会主义精神文明建设问题》,载刘鄂培、衷尔钜编《张岱年研究》,清华大学出版社 2004 年版。

221. 衷尔钜编:《张岱年研究》,清华大学出版社 2004 年版。

222. 于惠玲:《有中国特色社会主义的综合创新之路》,载刘鄂培、衷尔钜编《张岱年研究》,清华大学出版社 2004 年版。

223. 周德丰、陆信礼:《20 世纪中国哲学史研究的三种模式》,《光明日报》2004 年 8 月 10 日。

224. 王中江:《中国文化,其命维新——张岱年先生"文化综合创新留念"的特质》,《光明日报·理论周刊》2004 年 8 月 24 日。

225. 章立凡:《翻开尘封的历史——我所知道的张申府》,《作家文摘》2004 年 12 月 3 日第 6 版。

226. 许抗生:《张岱年论中国哲学中的"理"思想》,《河北学刊》2005 年第 1 期。

227. 方克立:《张岱年与二十世纪中国哲学》,《中国社会科学》2005 年第 2 期。

228. 陈来主编:《不息集——回忆张岱年先生》,北京大学出版社2005 年版。

附录三：

张岱年大事年表①

1909 年　5 月 23 日生于北京，家住北京西城西安门附近酒醋局胡同。

1912 年　随母亲赵夫人回乡居住。祖居河北省献县杜生镇小垛庄。

1915 年　进村私塾发蒙。

1920 年　母亲病逝，随父亲到北京居住。秋，入北京师范大学附属小学学习。

1923 年　小学毕业，入北京师范大学附属中学学习，开始对中国哲学产生兴趣。

1928 年　考入清华，不久退学；又考入北京师范大学教育系。在长兄张申府的指点下学习中西哲学著作。

1931 年　在天津《大公报·文学副刊》发表《关于老子年代的一假定》。

1932 年　在天津《大公报·世界思潮》发表《先秦哲学中的辩证法》、《秦以后哲学中的辩证法》等论文，并开始晤谈熊十力先生。

---

　　① 本大事记年表主要依据《张岱年全集》第 8 卷（河北人民出版社 1996 年版）及张岱年著、林大雄整理《张岱年学述》（浙江人民出版社 1999 年版）编成。

1933 年　在天津《大公报·世界思潮》发表《谭理》、《论外界的实在》、《世界文化与中国文化》等论文。师大毕业后，由冯友兰、金岳霖先生推荐，即受聘到清华大学哲学系任教。

1934 年　在天津《大公报·世界思潮》发表《辩证唯物论的人生哲学》等论文。3 月 4 日，父亲众清去世，哀郁成疾。秋，辞去清华大学教职。

1935 年　与冯让兰结婚，并开始撰写《中国哲学大纲》。同时在《国文周报》上发表《论现在中国需要的哲学》、《西化与创造》等论文。

1936 年　在《国文周报》上发表《哲学上一个可能的综合》一文。在中国哲学讨论会上宣读《生活理想之四原则》论文。写成《中国哲学大纲》初稿。秋，复任清华哲学系助教。

1937 年　日军侵华，开始蛰居读书研思。

1942 年　撰写《哲学思维论》、《知实论》。

1943 年　开始撰写《事理论》。到私立中国大学任教，《中国哲学大纲》印为讲义。

1944 年　任私立中国大学副教授。撰写《品德论》。

1945 年　1 月 28 日子尊超出生。8 月 15 日日本投降，为平生最快乐一天。

1946 年　清华大学复校，返校任聘哲学系副教授。讲授"中国哲学史"、《哲学概论》等课。

1948 年　撰写《天人简论》。12 月，清华园解放。

1949 年　与金岳霖先生共同开设全校大课"辩证唯物论"。

1950 年　移居清华新林院 41 号西半。被辅仁大学、北师大聘为兼职教授。

1951 年　被提升为清华大学哲学系教授。

1952 年　高等院校调整,调任北京大学哲学系教授。移居中关园平房 16 号。

1954 年　发表《王船山的唯物论思想》论文。

1955 年　与冯友兰先生共同讲授"中国哲学史"课程。冯讲先秦至两汉,张讲汉初至清明。发表《张横渠的哲学》论文。

1956 年　撰写《中国伦理思想发展规律的初步研究》,后由科学出版社出版。

1957 年　发表《中国古典哲学的几个特点》等论文。《中国唯物思想简史》由中国青年出版社出版;《张载——中国十一世纪唯物主义思想家》由湖北人民出版社出版;9 月受反右扩大化的影响,遭受诬枉,打入另册。

1958 年　受降级处分,到京郊黄村劳动。参加《中国哲学史教学资料汇编》的选注。《中国哲学大纲》由商务印书馆以宇同的笔名出版。

1962 年　摘掉"右派"帽子。

1963 年　为中文系古典专业讲授"中国哲学史"课程。在哲学系开"张子《正蒙》注"课程。

1966 年　文化大革命开始,靠边站。随后被勒令开始到学校扫地,抄大字报。9 月被抄家。

1969 年　10 月,到江西鲤鱼洲"五七干校"劳动。

1970 年　10 月,回京参加教学辅导工作。

1972 年　参加《中国哲学史》教科书的编写工作,负责撰写宋元明清部分。

1977 年　为中华书局新编《张载集》写前言。

1978 年　在《哲学研究》上发表《关于中国封建时代哲学思想上的路线斗争》一文,是 20 年后重新发表论文之始。主持哲学系中国哲学史教研室招收研究生工作,录取程宜山等 10 人。在山西太原召开"中国哲学史方法论讨论会",成立"中国哲学史会",被推为会长,后连任三届会长、名誉会长。任继愈、石峻、冯契任副会长,冯友兰、容肇祖等任顾问。同年迁入北京大学蔚秀园 26 号公寓。

1979 年　1 月,北京大学党委宣布 1957 年张岱年属于错划"右派",予以改正,完全恢复名誉和待遇,并为研究生开设"中国哲学史方法论"。发表《中国古代唯物主义的发展与自然科学的联系》、《论易大专的著作年代与哲学思想》等论文。

1980 年　撰写《孔子哲学解析》等论文。

1981 年　被教育部批准为首批博士生导师。

1982 年　开始招收博士研究生,录取陈来、刘笑敢二人为博士生。《中国哲学大纲》由中国社会科学出版社出版修订本;《中国哲学发微》由山西人民出版社出版;《中国哲学史史料学》由三联书店出版。

1983 年　《中国哲学史方法论发凡》由中华书局出版。迁居中关园 48 公寓 103 号。是年加入中国共产党。北京大学哲学系举行"冯友兰先生从教 60 周年、张岱年先生从教 50 周年庆祝会"。

1985 年　《求真集》、《玄儒评林》由湖南人民出版社出版。

1988 年　将《哲学思维论》、《知实论》、《事理论》、《品德论》、《天人简论》等论稿编为《真与善的探索》,由齐鲁书社出版。又,《文化与哲学》由北京教育科学出版社出版。

1989 年　　《中国伦理思想研究》由上海人民出版社出版；主编《中
　　　　　　华的智慧》（方立天任副主编，程宜山、刘笑敢、陈来参
　　　　　　加撰写），也由该出版社出版；《中国古典哲学概论范畴
　　　　　　要论》由中国社会科学出版社出版。刘鄂培编订的《张
　　　　　　岱年文集》由清华大学出版社出版。同年，范学德出版
　　　　　　了《综合与创造——论张岱年的哲学思想》，是有关张
　　　　　　岱年哲学思想的第一部专著。

1990 年　　《中国文化与文化论争》（程宜山执笔，张岱年定稿）由
　　　　　　中国人民大学出版社出版。同年，发表论文《论价值的
　　　　　　层次》。

1991 年　　发表《中国文化的改造与复兴》、《中国古代的人学思
　　　　　　想》、《中国古代唯物主义的理论形态及其演变》、《中国
　　　　　　哲学基本问题辨析》、《论弘扬中国文化的优秀传统》等
　　　　　　论文。李振霞编写的《中国当代十哲》，其中收录张
　　　　　　岱年。

1992 年　　将 1987 年至 1989 年发表的文章汇编为《思想·文化·
　　　　　　道德》论文集交由四川巴蜀书社出版。《张岱年学术自
　　　　　　传》后也由该出版社出版。发表《论价值与价值观》、
　　　　　　《试论新时代的道德建设》、《论中国哲学史上的学派论
　　　　　　争》等论文。

1993 年　　发表《中国古典哲学中的优良传统》、《客观世界与人生
　　　　　　理想——平生思想述要》等论文。10 月，《张岱年学术
　　　　　　论著自选集》由首都师范大学出版社出版。

1994 年　　发表《论重新估定一切价值》、《试论中国传统文化的传
　　　　　　统》等有关价值与传统文化的论文。

1995 年　发表《现代中国哲学发展的道路》、《中国传统哲学的继承与改造》等论文。12 月,由澳门中国哲学学会举办、中国社会科学院哲学研究所协办的"综合创新文化观研讨会"在澳门举行。

1996 年　《张岱年全集》于 12 月由河北人民出版社出版,总计三百七十多万字,共 8 卷。

1999 年　5 月,召开"庆祝张岱年先生 90 寿辰学术讨论会",并由北京大学出版纪念文集。

2002 年　刘鄂培主编的《综合创新——张岱年学记》由清华大学出版社出版。"文化综合创新论"引起学术界瞩目。11 月,出席中国人民大学孔子研究院成立庆典暨"孔子与当代"国际学术研讨会。

2004 年　4 月 24 日,张岱年先生在北京逝世,终年 95 岁。5 月 16 日,"纪念张岱年先生诞辰 95 周年暨中国文化综合创新学术研讨会"在北京清华大学召开。同年,刘鄂培、衷尔钜编论文集《张岱年研究》由清华大学出版社出版。

2005 年　4 月陈来先生主编《不息集——回忆张岱年先生》由北京大学出版社出版,荟集近六十位学者的回忆张岱年文章。

后　记

　　存在主义认为,人的一生是一个不断进行种种选择的过程,也是不断超越的过程,而一切选择或超越归根到底都是单个人的选择过程,或者说,每一个人都是通过所做出的连绵不断的选择决定生活,也就是说,每个人都是自己生活的设计师。

　　我之所以选择哲学思考作为我的一种生活方式,也是由于一系列机缘际会。第一次发生在 1996 年夏天的某一晚上。那天傍晚,晚饭后我照例在武汉大学优美的校园里散步。当我行至教三楼附近,看到一大群学子潮水般地涌向 101 阶梯大教室。一打听,原来是哈佛大学教授杜维明将要举行"人文精神与全球伦理"演讲。当我随着人流进入讲堂,不仅已经座无虚席,人头攒动,而且连讲台附近也里三层外三层围着人。我只好靠在门口处听这场讲座。杜先生清晰的思路,文雅的风度深深地吸引了每一个人。当时我对其所讲的内容"启蒙反思"、"文化中国"、"文明对话"以及"儒学创新"既感到新奇,又感到懵懂。改革开放后儒学的复兴,使每一个希望了解传统文化的学子感到兴奋,聆听这种教导,如久旱的禾苗遇春雨。为了听一场演讲,我从来没有站着两个多小时,而且是在武汉闷热的五月,身边挤满了和我一样求知若渴的听众。这是我第一次认识了杜维明先生,也意识到了中国传统文化对我的吸引力。

　　两年后,我有幸作为高级访问学者来到了蜚声中外的哈佛大学文理学院(Faculty of Arts and Sciences)。由于我是研究英美文学的,接待我的对应单位是哈佛大学的英文系。在远离祖国,远离家人的异地他乡,思念是剪不断的乡愁。不知怎地,人越在国外越多愁善感。在哈佛期间,除了英美文学外,我把自己的许多精力放在翻译唐诗上,以排遣"乡书何处达,归雁洛阳边"的思乡之情。另外,我所在的英文系离杜维明先生所在的东亚系和哈佛燕京学社不远,一有空,我就去旁听他们的讲座,仿佛只有置身于中国文化的氛围里我才感到我的归属。如果说思念亲人可以写信、发电子邮件或打电话,这种感觉很逼真,仿佛天涯只是咫尺,那么,思念祖国就比较朦胧了。在国外,有一个有利的地方是,借异国他乡这面镜子看清了自己是谁。我是谁? 这个在国内很少询问的问题,等人到了国外,就成为一个身份认同问题。寻找身份,寻找自己的文化源头不自觉地就变成了一种精神需求。

　　2001 年年初,我回到了生于斯,长于斯的荆楚大地。我在哈佛期间翻译的《新译唐诗英韵百首》也于次年由中华书局出版。而对于精神家园的追求、对于自己身份的认同的问题还在脑海里萦绕。五年前的仲秋时刻,我做出了一个自己都感到意外的决定:我打算报考武汉大学哲学专业的博士。我知道郭齐勇教授是当时人文学院的院长(现为哲学学院院长),是国内外有名的治中国哲学史的专家。我的希望是能够拜在这样的名师门下学习。2001年的 10 月,我与郭齐勇教授联系,谈了自己的经历和打算。郭师热情地接待了我,说随着中国文化的复兴,我们需要既懂中国哲学专业又懂外语的人,把中国文化推介到国外,并开出了考中国哲学专业博士研究生必读的书,这对我来说是极大的鼓舞。

　　我本是搞西方文化的,整天读书、教书看的都是英文书,现在却要拣起四书五经,其中所经历的磨砺如人饮水冷暖自知。应该说,这是一个大的"转向"和挑战,也是一次脱胎换骨的心路历程。在这几年里,我得到了武汉大学哲学学院中国哲学专业各位老师的耐心指导,以《张岱年哲学思想研究》为题的博士论文顺利通过答辩。

　　时光荏苒,历史仿佛从一个起点轮回到另一个起点。2006年2月24日至25日,我当时正在耶鲁(Yale)大学做富布赖特研究学者。我受威斯里安大学(Wesleyan University)费曼东亚研究(Free-man Center for East Asian Studies)中心主任安靖如教授(Stephen Angle)的邀请,参加了"新儒学与全球哲学研讨会"。在会上,我见到了哈佛大学(Harvard University)"燕京学社"社长杜维明先生,他还特地把研究张申府(张申府是张岱年的哥哥,周恩来的入党介绍人)的学者、威斯里安大学教授舒衡哲(Vera Schwarcz)女士介绍给我。舒女士是个"中国通",出版过有关七八部中国历史文化的书,20世纪80年代初就与张申府过从甚密。会后,应杜维明先生的邀请,我去波士顿参加了他主办的"哈佛燕京读书会"和他与"波士顿儒家"南乐山(Robert C Neville)和白诗朗(John Berthrong)的对话。1980年代中期,杜维明教授就曾经指出:儒学的未来发展或许需要经过纽约、东京、巴黎,再回到北京。我想,其实这里还应该加上波士顿。我注意到,波士顿儒学正逐步走向"全球哲学"的发展方向,寻找和谐,共同构筑全球伦理。趁此机缘,我把自己的博士论文呈现给杜先生,请他批评指正。想不到几天以后,当我回到耶鲁以后,我收到了杜先生的一封电子邮件。在邮件里他写道:"亲爱的刘教授,我刚刚读完了你的博士论文的头几章,它生动地呈现了张岱年其人以及哲学论说风格。恰好最近我读过张申府写的一篇令人感动、令人深省的论文。张氏二兄弟是现代中国真正杰出的思想家、士人和知识分子。我希望有机会再与你进一步交流有关张岱年的哲学思想。"（2006 年 2 月 28 日英文电邮，笔者译）在美国的一年时间里，我先后到哥伦比亚大学、西东大学等六七所美国高校去讲授中国传统文化和做学术交流。只有到了海外，我才发现自己的中国身份和自己的根到底在哪里。

与杜维明的缘分、与中国哲学的缘分，使我感到，冥冥之中有一只手在牵引着我，带着我走进传统文化的殿堂。这种无形的力量就是中国的崛起和中国文化的魅力。随着海外的中国文化热，越来越多的外国人对中国传统文化感兴趣了，文化的双向交流已成为不可抗拒的洪流。王国维、陈寅恪、胡适等人筚路蓝缕所做的中西互释的努力，在今天，启迪着更多的后人。

本专著是在我的博士论文基础上修改而成。在修改过程中，我得到了诸多师友的帮助：郭齐勇师从头到尾为论文的写作和修改付出了辛勤的劳动，美国库兹城大学（Kutztown University）《道：比较哲学》杂志的主编黄勇教授、湖北大学的康健先生一直给我精神上的鼓励。为了早日完成博士学业和修改完此书稿，在许多个节假日里我不能陪同年迈的双亲以及家人，他们也能理解。此书的责任编辑方国根编审为此书花了许多精力，一字一句严谨仔细地审读本书稿并提出修改意见，对此，我谨表示诚挚的谢忱。

由于张岱年的哲学思想体大精思，要做准确全面的论述非作者学力所能逮。书中的不足和疏漏之处，诚恳期望读者朋友予以指正。

刘军平

2006 年暮春改稿于美国耶鲁大学

2007 年初夏定稿于武汉大学珞珈山

责任编辑:方国根
装帧设计:何　苗
版式设计:陈　岩

图书在版编目(CIP)数据

传统的守望者——张岱年哲学思想研究/刘军平著.
-北京:人民出版社,2007.11
ISBN 978 - 7 - 01 - 006637 - 0

Ⅰ.传… Ⅱ.刘… Ⅲ.张岱年(1909~2004)-哲学思想
-研究 Ⅳ.B260.5

中国版本图书馆 CIP 数据核字(2007)第 172908 号

传统的守望者

CHUANTONG DE SHOUWANGZHE

——张岱年哲学思想研究

刘军平　著

人民出版社 出版发行
(100706　北京朝阳门内大街 166 号)

北京新魏印刷厂印刷　新华书店经销

2007 年 11 月第 1 版　2007 年 11 月北京第 1 次印刷
开本:880 毫米×1230 毫米 1/32　印张:17.875
字数:410 千字　印数:0,001-3,000 册

ISBN 978 - 7 - 01 - 006637 - 0　定价:37.00 元

邮购地址 100706　北京朝阳门内大街 166 号
人民东方图书销售中心　电话 (010)65250042　65289539